001ru Foto: jr

Reise Know-How im Internet

Aktuelle Reisetipps und Neuigkeiten
Ergänzungen nach Redaktionsschluss
Büchershop und Sonderangebote

www.reise-know-how.de
info@reise-know-how.de

Wir freuen uns über Anregung und Kritik.

Weitere KulturSchock-Titel:

Ägypten, Argentinien, Australien, Brasilien, China/Taiwan, Cuba, Ecuador, Finnland, Frankreich, Kleine Golfstaaten/Oman, Indien, Iran, Irland, Japan, Jemen, Kambodscha, Kaukasus, Laos, Marokko, Mexiko, Pakistan, Peru, Polen, Russland, Spanien, Thailand, Thailands Bergvölker und Seenomaden, Türkei, Ukraine, Ungarn, USA, Vietnam, Vorderer Orient

KulturSchock – Familienmanagement im Ausland
KulturSchock – Leben in fremden Kulturen

Joscha Remus
KulturSchock Rumänien

„Der Reiseschriftsteller Bruce Chatwin hätte an Rumänien seine Freude gehabt, denn dieses Land will erwandert werden ... Die wahre Schönheit des Landes erschließt sich dem Express-Reisenden nicht."

(der rumänische Schriftsteller *Mircea Cărtărescu* in einem Interview 2006)

009ru Foto: jr

Impressum

Joscha Remus
KulturSchock Rumänien

erschienen im
Reise Know-How Verlag Peter Rump GmbH
Osnabrücker Str. 79
33649 Bielefeld

1. Auflage 2006

Gestaltung
Umschlag: Günter Pawlak (Layout), Klaus Werner (Realisierung)
Inhalt: Günter Pawlak (Layout), Klaus Werner (Realisierung)
Abbildungen: siehe Bildnachweis S. 309

Lektorat
Andrea Buchspieß

Druck und Bindung: Fuldaer Verlagsanstalt GmbH & Co. KG, Fulda

ISBN-10: 3-8317-1496-7
ISBN-13: 978-3-8317-1496-4
Printed in Germany

Dieses Buch ist erhältlich in jeder Buchhandlung Deutschlands, der Schweiz, Österreichs, Belgiens und der Niederlande. Bitte informieren Sie Ihren Buchhändler über folgende Bezugsadressen:

Deutschland
Prolit GmbH, PF 9, D-35461 Fernwald (Annerod)
sowie alle Barsortimente
Schweiz
AVA-buch 2000, Postfach, CH-8910 Affoltern
Österreich
Mohr Morawa Buchvertrieb GmbH,
Sulzengasse 2, A-1230 Wien
Niederlande, Belgien
Willems Adventure, Postbus 403,
NL-3140 AK Maassluis

Wer im Buchhandel trotzdem kein Glück hat, bekommt unsere Bücher auch über unseren **Büchershop im Internet:**
www.reise-know-how.de

Wir freuen uns über Kritik, Kommentare und Verbesserungsvorschläge.

Alle Informationen in diesem Buch sind vom Autor mit größter Sorgfalt gesammelt und vom Lektorat des Verlages gewissenhaft bearbeitet und überprüft worden.

Da inhaltliche und sachliche Fehler nicht ausgeschlossen werden können, erklärt der Verlag, dass alle Angaben im Sinne der Produkthaftung ohne Garantie erfolgen und dass Verlag wie Autor keinerlei Verantwortung und Haftung für inhaltliche und sachliche Fehler übernehmen.

Der Verlag sucht Autoren für weitere KulturSchock-Bände.

Joscha Remus

KulturSchock Rumänien

Inhalt

Vorwort – jenseits der Stereotypen

Menschen neigen zur Vereinfachung. Das ist kein Wunder angesichts einer immer komplexer werdenden Welt. So manchem rutschen da aufgrund der Informationsüberflutung oder aus Unkenntnis auch schon einmal ganze Länder ins Klischee ab. Werden wir Deutschen im Ausland wirklich nur als Papst und Beckenbauer gesehen, wie es mir ein strahlender rumänischer Junge zurief, der sich selbst kurzerhand zu meinem Fremdenführer ernannt hatte?

Was also fällt Ihnen zu Rumänien als Erstes ein? Dracula? Ein Diktator namens *Ceauşescu?* Die dunklen Wälder Transsylvaniens? Die Turnerin *Nadia Comăneci?*

Einen Kulturschock wird sicherlich der Rumänienreisende erleben, dessen geistiges Reisegepäck vor allem aus Stereotypen besteht, die sich aus dem Dracula-Mythos speisen. Rund um den Karpatenbogen steht eben nicht an jeder Ecke ein in Nebel gehülltes Gruselschloss und die ländlichen Bewohner des transsylvanischen Hochlandes treten ihre wohlverdiente Nachtruhe keinesfalls nur mit Holzpflock und Knoblauchgirlanden bewaffnet an.

Eigenartig tief haben sich, trotz Vernunft und Aufklärung, finstere filmische Bilder und literarische Mythen über Rumänien in den Köpfen festgesetzt. Hinzu kommen moderne Themen, die vor allem vom Sensationsfernsehen so gerne bedient werden. Neben Dracula geisterten bald auch noch verwahrloste Kinder und Hunde, zum Verkauf angebotene Waisen und schnüffelnde Jugendliche durch unsere Köpfe. So manchem erscheint Rumänien heute wie ein fernes, entrücktes Land. Ein Land, das gerade einmal zwei Flugstunden von uns entfernt liegt, ist in den Köpfen der meisten Menschen weiter weg als Thailand oder Mexiko.

Zu den ersten, die sich von Klischees und Stereotypen frei machen konnten, gehörten Rumänienreisende, die einen Kur- oder Badeurlaub am Schwarzen Meer verbracht hatten. Bald zog es immer mehr Deutsche und Österreicher mit rumänischen Wurzeln in die Karpaten, zu den Moldauklöstern und in die stillen Täler des Maramureş. Sie kehren zurück mit Geschichten über uralte Riten, Maskentänze und Pferdemärkte, erzählen von herrlichen Klöstern mit Außenfresken und den Burgen, Wehrkirchen und mittelalterlichen Städten Siebenbürgens. Die Donaudelta-Touristen berichten von Pelikanen, Kormoranen, Seeadlern, Schilflabyrinthen, Zandern, schwimmenden Hotels und Ausflügen zu den Schlammvulkanen. Rucksacktouristen erkunden die weitläufigen Höhlensysteme der Karpaten, ziehen mit den Schäfern über die Almen, machen Ziegenkäse, lernen auf einem Öko-Bauernhof reiten oder bauen Flöße, um die Schluchten des Olt-Flusses zu durchfahren. Abenteurer und Outdoor-Sportler schwingen sich mit Gleitschirmen in die Lüfte, paddeln im Delta, wandeln auf den Spuren der Braunbären, fahren mit dem Mountainbike durch die Banater Berge oder klettern in den Felswänden der Bicaz-Klamm.

Rumänien ist überraschend vielfältig. Rumänien gleicht einer Zwiebel. Wenn man begonnen hat, die braune Schale der Klischees zu entfernen, zeigt sich jedem Besucher eine neue, tiefere Schicht. Rumänien ist kein Land für Express-Reisende. Die Menschen wollen, dass man ihnen begegnet. Fast überall suchen sie das Gespräch, denn sie lieben das Beisammensein und den Austausch. Gastfreundschaft hat hier einen sehr hohen Wert und ist auf liebenswerte Weise mit einer Prise Neugier und erfrischendem Humor gewürzt.

Dieser Humor hat vielen Rumänen, wie ein kurzer Blick in die Geschichte und kleine Rückblenden in die jüngste Vergangenheit zeigen werden, auch in den schwierigsten Zeiten und absurdesten Situationen geholfen. Als Leser erhalten Sie einen Einblick in die rumänische Kunst der Improvisation und in die unglaubliche Ausdauer, die Rumänen entwickeln können, wenn es ums Feiern, Tanzen und Musizieren geht.

Rumänien ist ein Land zwischen den Zeiten und zwischen den Welten. Auf seinem kurvigen und abenteuerlichen Weg in die europäische Gemeinschaft werden die inneren Spannungen besonders deutlich. Während in den abgeschiedenen Tälern uralte Traditionen gepflegt werden, ist das Schäferstündchen in den pulsierenden Städten längst abgeschafft. Besuchern fällt diese Diskrepanz besonders dann auf, wenn sie sich ein wenig abseits der üblichen Touristenpfade bewegen. Als Autor kann ich nur jeden darin bestärken, den direkten Kontakt zu den Rumänen zu suchen. Denn dann wird man die außerordentliche Vielfalt dieses Landes am besten sehen können. Selbst für ausgewiesene Rumänienkenner ist es immer wieder für eine angenehme Überraschung gut!

Joscha Remus

Nicu und sein Riesenhund Paco, an den er sich gerne „anlehnt“, wenn es mit dem Gehen mal nicht so gut klappt

003ru Foto: jr

Nicu, unser Zeitzeuge

„Rumänien hat seine Verwandlung von der gefräßigen Raupe zum freien Schmetterling noch nicht vollständig hinter sich. Erst wenn man sich die hässliche Fratze der Raupe immer wieder anschaut, das mühsame Leben, das damit verbunden war, kann man die Freiheit des Schmetterlings wirklich genießen. Doch fliegen müssen die Rumänen auch noch lernen."
Nicu S.

Wie rasant sich die Zeiten in Rumänien innerhalb weniger Jahre verändert haben, erfährt man am besten von Zeitzeugen. *Nicu,* ein pensionierter Lehrer und Hobbysoziologe aus Bukarest, wird darum im Verlauf des Buches einige Rückblenden einstreuen, die manchmal zum Schmunzeln, gelegentlich aber auch zum Nachdenken einladen sollen. *Nicu* ist immer bestens über (fast) alles informiert, was in seinem Lande vor sich geht und steht jenseits jeder Kritik, was eine eventuelle Anhänglichkeit an die „gute alte Zeit" betrifft. *Nicu* ist 68 Jahre alt und seit kurzem etwas gehbehindert, was ihn jedoch nicht davon abhält, ein strenger Beobachter des rasanten Wandels zu sein. Mit über 30 Fernsehprogrammen, vier Tageszeitungen, seinem Computer und vielen Freunden, die ihn besuchen kommen, hat er heute „alles im Blick".

002ru Foto: jr

RUMÄNIEN –
KARPATENSCHÖNHEIT ZU ENTDECKEN

Geographische und geopolitische Tortenschnitte

Kuchen oder Flunder?

Der Geologe und Höhlenforscher *Emil Racoviţa* hat die Landkarte Rumäniens einmal mit einer Hochzeitstorte verglichen. Mit dieser **Torten-Metapher** wollte er auf die historischen Begehrlichkeiten der vielen „Hochzeitsgäste" hinweisen, die sich im Laufe der Jahrhunderte ein möglichst großes Stück vom Kuchen namens Rumänien abschneiden wollten. Doch die ungewöhnliche Betrachtungsweise lässt sich auch geographisch deuten. In der Tat stellt sich das Land auf einer Karte, also von „oben" betrachtet, erstaunlich rund dar. Als obere der beiden Torten-Etagen könnte

Bukolische Idylle bei Grosăveşti oberhalb des Sees Izvorul Muntelui in der Moldauregion der Karpatenbogen angesehen werden, der auf einer Reliefkarte einen fast vollständigen Kreis um das Zentrum des Landes, die transsylvanische Hochebene, beschreibt. Nur nach Westen hin ist dieser Bogen leicht geöffnet. Doch just an dieser Stelle füllt das isolierte Gebirge des Apuseni zumindest teilweise die Lücke.

Einige fantasiebegabte rumänische Schriftsteller sehen in der Landkarte Rumäniens allerdings weniger eine Torte als eher eine **Flunder.** Dabei stellt die westliche, spitz zulaufende Region des Banat das Maul des Plattfisches und das Donaudelta mit der gesamten Schwarzmeerküste und der Region Dobrudscha seine Schwanzflosse dar. Biologisch geschulte Leser könnten nun einwenden, dass Schwanzflossen von Flundern wesentlich länger sind, doch geologisch bewanderte Rumänienkenner könnten diesen Einwand mühelos kontern: Durch den ständigen Transport von feinem Schlamm, der sich aus dem Geröll der Karpaten und Alpen gebildet hat, erweitert die Donau ihr Delta jährlich um mehrere Quadratmeter. Das bedeutet, die Landmasse Rumäniens nimmt kontinuierlich genau da zu, wo die etwas zu kurz geratene Schwanzflosse der Flunder zu finden ist.

Die Schweiz mal 6 und recht aktiv

Mit 22,5 Millionen Einwohnern hat Rumänien gerade einmal ein Viertel der **Einwohnerzahl** Deutschlands. Doch mit 238.391 km² Fläche ist Rumänien knapp sechsmal so groß wie die Schweiz und dreimal so groß wie Österreich und nimmt damit im europäischen Ranking den elften Platz ein. Mit einer durchschnittlichen **Bevölkerungsdichte** von 93,7 Einwohnern pro km² ist Rumänien noch nicht einmal halb so dicht besiedelt wie Deutschland (231 Einwohnern pro km²).

Die direkten Nachbarn Rumäniens sind die Ukraine, Moldawien, Bulgarien, Serbien, Montenegro und Ungarn. Der **geographische Charakter** des Landes wird von drei Regionen geprägt: dem Karpatenbogen, der Donau und ihrem Delta sowie der Schwarzmeerküste. Eine Frage, die im Geographieunterricht in den Schulen neuerdings gerne gestellt wird, ist die nach den Wasser- und Landgrenzen. Mit 2064 km besteht der größte Teil der rumänischen Landesgrenze überraschenderweise aus einer Wassergrenze (Schwarzes Meer und die Flüsse Donau und Prut), nur 1085 km sind reine Landgrenze.

Die **Hauptstadt Bukarest** liegt etwa auf demselben Breitengrad wie Mailand (etwas südlicher), während die nordöstliche Stadt Iaşi geographisch etwa auf gleicher Höhe mit München liegt.

Rumänien ist tektonisch recht aktiv. Beim letzten großen **Erdbeben** 1977 waren 1570 Tote zu beklagen und allein im Jahr 2001 gab es 78 Beben im

Land, die jedoch ohne Folgen geblieben sind. Etwa alle 30–40 Jahre treten in Rumänien schwere Beben auf.

Rumänien ist administrativ in **acht Regionen** oder 41 Kreise (plus die Hauptstadt Bukarest) gegliedert. Die Regionen sind sowohl aus geographischen wie auch historisch-kulturellen Gründen entstanden und heißen: Banat, Crişana, Maramureş, Moldau, Dobrudscha, Muntenien, Oltenien und Transsylvanien.

Klima – die ganze Temperaturpalette

Wie hätten Sie's denn gern? Von sibirischen Minusgraden über angenehm mild-mediterrane Tage bis zu glutheißen Sommern hat Rumänien alles zu bieten. Die unterschiedlichen Klimazonen sorgen dafür, dass das Wetter in den verschiedenen Landesteilen Rumäniens sehr unterschiedlich ausfallen kann.

Als **Kühlschrank Rumäniens** wird die Provinz Hargitha bezeichnet, in der schon Temperaturen von –43 Grad gemessen wurden. Doch auch im hohen Norden und in den Bergen des Karpatenbogens kann es im Winter empfindlich kalt werden. In der nördlichen Bukowina rund um Suceava trägt der von Russland und der Ukraine kommende eisige Wind Crivaţ (sprich: Kriwatz), der in den Monaten November bis Januar übers Land weht, ein Stück Sibirien nach Rumänien. Doch die Winter können auch erstaunlich sonnig und angenehm sein. So kann in den windgeschützten Wintersportorten Sinaia und Predeal das Thermometer im Dezember auch über 5 bis 8 Grad klettern.

Als offizielle Bezeichnung der Meteorologie für das Klima in Rumänien wird gerne die Wendung **gemäßigt kontinental** verwendet. Doch dieser Begriff bezieht sich auf einen rein hypothetischen Durchschnittswert. Gemäßigt kontinentales Klima findet man vor allem in der transsylvanischen Hochebene, entlang der Mureş und im Südwesten des Landes. Da die von Westen kommenden **Niederschläge** in den Sommermonaten bereits vom Karpatenbogen gestoppt werden, kann es im Donaudelta und an der Schwarzmeerküste von Juli bis September hingegen sehr trocken werden. Die Niederschlagsdauer sinkt dann auf 3 bis 4 Tage im Monat und die Meerwassertemperatur steigt auf 23 Grad. Angenehm mild ist es in Constanţa und entlang des schmalen Küstenstreifens auch noch im November, wenn die Temperaturen 12 Grad selten unterschreiten. Unter **glutheißen, regenarmen Sommern** hat vor allem das südliche Rumänien von Juli bis September zu leiden, wenn die Sonne auf die weiten Ebenen Munteniens und Olteniens prasselt. Aber auch die Südmoldau und die Dobrudscha zählen zu den wärmsten Landesteilen. In Bukarest klettern die

Temperaturen im Sommer sogar auf bis zu 38 Grad und von „gemäßigt kontinental" kann dann jeder Hauptstädter nur träumen.

Die durchschnittliche Niederschlagsmenge liegt in den rumänischen Karpaten bei ca. 1200 mm/Jahr (zum Vergleich: Feldberg im Schwarzwald 1912 mm/Jahr). Zu unerklärlichen, dramatischen Wetterveränderungen ist es seit dem Jahr 2004 gekommen, als starke Regenfälle Rumänien heimsuchten und zu großflächigen **Überschwemmungen** führten. Im darauf folgenden Jahr war es noch schlimmer, als in nur sechs Wochen in einigen Regionen die Niederschlagsmenge eines ganzen Jahres auf das Land prasselte. Besonders schlimm machte sich die von April bis August andauernde Überflutung in den östlichen Provinzen um Bacău und im Landkreis Vrăncea bemerkbar. Insgesamt war ein Viertel aller rumänischen Provinzen vom Hochwasser betroffen, es wurden 407 Orte überschwemmt sowie 4000 Häuser und 700 Brücken zerstört.

Die verheerenden Auswirkungen der heftigen Regenfälle werden von Naturschutzorganisationen auch auf die rücksichtslose Abholzung der Karpatenwälder zurückgeführt.

Die Karpaten – Wirbelsäule Rumäniens

Etwa ein Drittel der Landesfläche Rumäniens ist von Gebirgen bedeckt. Die Karpaten ziehen sich als Fortsetzung der Alpen über eine 1300 km lange Bergkette von Tschechien über Polen bis nach Rumänien, um mit einem nach Westen hin offenen Bogen am Eisernen Tor zu enden. Mit seinen höchsten Erhebungen wie dem 2544 m hohen Moldoveanu oder dem 2535 m hohen Negoiu sowie zahlreichen Bergen mit einer Höhe über 1800 Meter stellt der Karpatenbogen seit jeher gen Süden und Osten hin einen **natürlichen Schutzwall** dar.

Die **Besiedlungsgeschichte** Rumäniens ist aufs Engste mit seiner geographische Struktur verknüpft. Eroberungen durch die Hunnen, Tataren, Türken sowie diverse Reitervölker erfolgten im Laufe des Altertums und des Mittelalters ausnahmslos vom Süden und Osten her. Das flache Donaudelta im Süden, die niedrige Schwarzmeerküste im Osten und die weiten, offenen, südlichen Ebenen Olteniens und Munteniens erleichterten eine Eroberung aus diesen Richtungen – eben bis hin zum natürlichen Schutzwall der Karpaten. Historisch gesehen, hat der Karpatenbogen die Menschen Rumäniens zwar oftmals (auch ethnisch) getrennt, dem Land aber auch Stabilität und Halt verliehen, wie man noch deutlicher im Kapitel zur Geschichte sehen wird.

Geologisch gesehen, sind die Karpaten zu großen Teilen ein **Gebirge vulkanischen Ursprungs.** An einigen Stellen wie den Vulcanii Noroioşi

Der weltweit einzige Lehrstuhl für Höhlenforschung

Einige der imposantesten Höhlen Europas sind in Rumäniens Westen zu finden. Bereits ihre Namen klingen abenteuerlich. Sie heißen z. B. Gletscherhöhle *(Peştera Scărişoara)*, Bärenhöhle *(Peştera Urşilor)* oder Drachenhöhle *(Peştera Zmeilor)* und liegen kaum 100 Kilometer von der transsylvanischen Metropole Cluj-Napoca entfernt. So kann es nicht verwundern, dass man an der dortigen Babeş-Bolyai-Universität den weltweit einzigen Lehrstuhl für Höhlenforschung findet. In zahlreichen rumänischen „Höhlenclubs" haben sich die Liebhaber der interdisziplinären Wissenschaft Höhlenforschung, der Speläologie, organisiert. Elitäres Denken ist den Wissenschaftlern aus Cluj fremd. Sehr gerne arbeiten sie mit Hobbyforschern zusammen und bestimmen gemeinsam anhand von Pollenanalysen das Alter von Höhlengletscherschichten (z. B. 3700 Jahre in der Scărişoara-Höhle) oder arbeiten fächerübergreifend mit anderen Naturwissenschaftlern zusammen an der Frage, wieso die Höhlenbären vor 15.000 Jahren ausgestorben sind. Bereits im 19. Jahrhundert hatte man in der Drachenhöhle im Bihor-Gebirge Hunderte von Skeletten des Höhlenbären *(Ursus spelaeus)* entdeckt. Weltweit gilt dies als einer der spektakulärsten und größten Funde.

Bereits um 1850 wurden die ersten Höhlen „Touristen" zur Begehung zugänglich gemacht. So z. B. die Ialomitei-Höhle im Bucegi-Gebirge, die bereits erwähnte Gletscherhöhle im Bihor und die Meziad-Höhle im Padurea Craiului.

(Schlammvulkane) in der Nähe von Buzău und den Mofetten (sprudelnde Kohlenstoff-Dioxidquelle) bei Covasna gibt es noch geringe vulkanische Aktivität. Zahlreiche Kurorte entlang des Karpatenbogens wie Sovata, Baile Tusnad, Baile Herculane, Sinaia, Borsec, Slanic usw. machen sich die geologischen Besonderheiten der Karpaten zunutze und bieten ihren Besuchern Salz-, Hydro- oder Höhlentherapien an.

In den Süd- und Westkarpaten ist im Laufe von Jahrmillionen durch die Tätigkeit des Sickerwassers im Kalk- und Sedimentgestein eines der größten **Karsthöhlensysteme** der Welt entstanden. Zu den spektakulärsten Höhlen zählen die Eishöhle von Scărişoara, die zweitgrößte ihrer Art in Europa, und die Bärenhöhle, in der urzeitliche Knochenfunde die Höhlenforscher und Biologen aus aller Welt faszinieren.

Die Donau und ihr Delta

Die **wichtigste Lebensader Rumäniens** ist die Donau, die auf 1075 Kilometern die längste Strecke ihrer Reise auf rumänischem Boden zurücklegt und in die fast alle anderen Flüsse Rumäniens (direkt oder indirekt) münden. Das zur römischen Zeit mit zahlreichen Stromschnellen und Wasserfällen noch sehr wilde und ungezügelte Gewässer wurde im Lauf der Jahr-

008ru Foto: jr

hunderte reguliert und befahrbar gemacht. Am deutlichsten sieht man das rund um das **Eiserne Tor** an der serbischen Grenze. Hier durchbricht die Dunârea – so lautet die rumänische Bezeichnung für die Donau – das Banater Gebirge und ist für Schiffe nur durch Schleusen passierbar.

Auf ihrem weiteren Weg nach Osten bestimmt die Donau als Grenzfluss zu Bulgarien ganz wesentlich das Tiefland-Relief im südlichen Rumänien. Sie umfließt zum Schluss ihrer Reise das Bergland der Dobrudscha, indem sie noch einmal einen Umweg nach Norden nimmt. Nach insgesamt 2750 km erreicht sie die Stadt Tulcea im Donaudelta und spaltet sich in **drei Flussarme** auf: den südlich verlaufenden wilden Sfântu Gheorghe-Arm *(Brațul Sfântu Gheorghe)*, den mittleren, kanalisierten und begradigten Sulina-Arm *(Brațul Sulina)* und den wenig befahrenen, nördlichen Chilia-Arm *(Brațul Chilia)*, der den Grenzfluss zur Ukraine bildet.

Bevor die Donau ins Schwarze Meer strömt, bildet sie mit diesen drei Hauptarmen das mit 5000 km² zweitgrößte Flussdelta Europas (nach dem Wolgadelta) mit der größten zusammenhängenden **Schilflandschaft** der Welt. Das Delta ist eine gemischte Land-Wasser-Region mit Sümpfen, Seen, Dünen sowie zahlreichen Inseln und hat überraschenderweise sogar ein Bergplateau von über 100 Metern *(Bez Tepe)* aufzuweisen, ein Überrest des ältesten Gebirges Rumäniens.

Die Schwarzmeerküste

Die rumänische Schwarzmeerküste ist 245 km lang und zieht sich vom Städtchen Sulina im Donaudelta bis hinunter nach Vama Veche an der bulgarischen Grenze. Der schmale Küstenstreifen der Dobrudscha ist Rumäniens **Bade- und Urlaubsregion.** Rund um die bekannten Strände von Mamaia, Eforie und Mangalia versucht man international den Anschluss an die beliebten Urlaubszentren in Mallorca, Bulgarien oder der Türkei zu finden. Relativ unbekannt und damit touristisch noch nicht erobert sind die nördlichen Strände rund um Gura Portiţei am Südrand des Deltas.

Einen wahren Boom erlebt in den letzten Jahren die aufblühende **Kurmedizin** am südlichen Küstenabschnitt, an dem die Orte nach den Planeten unseres Sonnensystems benannt sind. In Neptun, Jupiter, Venus und Saturn tummeln sich inzwischen vermehrt auch westliche Kurgäste, da die mineralogische Zusammensetzung des Heilschlamms rund um den See Lacul Techirghiol einzigartig sein soll und die Preise für die dortigen Heilanwendungen wohl kaum zu unterbieten sind.

Flora, Fauna und das erwachende Umweltbewusstsein

Flora

Aufgrund seiner geologisch und klimatisch vielfältigen Landschaftsformationen weist Rumänien mit über 4200 Pflanzenarten eine in Europa einmalige **Artenvielfalt** auf. Abgeschlossene Täler bzw. Wasserlandschaften begünstigten die Entstehung von ca. 500 endemischen Pflanzen, d.h. von solchen, die nur um den Karpatenbogen oder im Donaudelta vorkommen. Noch vor 500 Jahren waren große Teile des Landesinneren und des nördlichen Landesteils fast vollständig von Wald bedeckt. Was die Provinz Maramureş im Nordwesten betrifft, liegt die vollständige Bewaldung sogar erst einhundert Jahre zurück. Heute sind noch 27 Prozent Rumäniens von Wald bedeckt. **Urwälder** findet man nur noch sehr vereinzelt in einigen abgelegenen Tälern, in denen mächtige Tannen, Fichten und Buchen bis zu 40 Meter Höhe erreichen können. Während im Hügelland bis

Westlich von Tulcea im Donaudelta stehen ganze Waldgebiete die meiste Zeit des Jahres unter Wasser

Nicus Rückblende: Wenn die Natur den Bach runter geht

Die neue Internet-Möglichkeit, sich mittels „Google-Earth" ganz nahe an die Städte und Landschaften unseres Planeten heranzuzoomen, führt beim kleinen rumänischen Ort Copşa Mică in Siebenbürgen zu einem erstaunlichen Bild. Das Tal östlich des Ortes hat eine dunkle Färbung. Nicu kann erklären, warum das so ist:

„Wenn in den 70ern jemand aus dem Ausland nach Copşa Mică gekommen wäre, dann hätte er vielleicht gedacht, die Rumänen würden Schwarzafrikaner in ihren Fabriken beschäftigen, aber nach Copşa Mică wurde ja nie jemand hineingelassen. Die Gesichter der Menschen in der Gegend waren vom Ruß der Fabriken völlig schwarz. Das ließ sich kaum mehr abwaschen. Die Frauen konnten keine weiße Wäsche zum Trocknen auf die Leine hängen und man hatte schon scherzhaft im Textilkombinat angeregt, ob man nicht schwarze Wäsche und Laken für die Gegend herstellen sollte. Man fragt sich heute, was die Arbeiter in diesem dreckigen Nest hielt - die höheren Löhne waren es, was sonst? Doch wenn Ceauşescu auf Besichtigung kam, dann wurden bereits Tage vorher die Schlote abgestellt und die vorderen Fassaden schön neu gestrichen - mit heller Farbe. Kaum war Ceauşescu dann wieder weg, ging das schwarze Theater von vorne los. Wenn der Wind aus westlicher Richtung wehte, wurde der ganze Dreck ins östliche Tal, manchmal bis rüber nach Mediaş geweht, dann wurden auch die Leute dort notgedrungen schwarz."

hinauf zu den steilen Hängen der Almen Steineichen, Eiben und Buchen das Bild beherrschen, gedeihen in der strengeren Karstlandschaft der Karpaten in erster Linie Nadelbäume wie Tannen und Fichten. Einige seltene Baumarten wie die Orient-Weißbuche und die Banater Schwarzkiefer stehen mittlerweile unter strengem **Naturschutz.** Das gleiche gilt für die in den Bergregionen noch erstaunlich häufig vorkommenden Pflanzen Edelweiß, Alpenrosen, Windröschen oder Enzian.

Im Frühjahr und im Sommer begegnet man in den Westkarpaten riesigen **Narzissen- und Lilienfeldern,** die sogar auf den einheimischen Landkarten verzeichnet sind *(Poiana de Narcise)* und die in folkloristischen Sendungen manchmal sogar den blumenübersäten Bergwiesen den Rang als begehrteste Hintergrundkulisse ablaufen. Auf Bergwanderungen lohnt es sich, ein Pflanzenbestimmungsbuch mitzunehmen, weil man viele der farbenprächtigen, **seltenen Blumen** wie die Königsblume, den Frauenschuh oder den Allermannsharnisch sonst vielleicht gar nicht benennen könnte, da man sie bei uns kaum noch antrifft.

Eine ganz eigene Pflanzenwelt findet man im **grünen Korridor des Donaudeltas.** Hier entwickelt sich im oft undurchdringlichen Schilflabyrinth zur warmen Jahreszeit eine Flora von fast subtropischem Charakter. Zwischen dichten Weidenbüschen, Ureichen und Lianen dominieren im Frühling die Farben Gelb und Grün, denn dann erblühen die Sal- und Silberweiden. Kurz darauf leuchten Wasserraps und Sumpfwolfsmilch mit den zahllosen Seerosen und Wasserminzen um die Wette.

Fauna

Die Fauna Rumäniens ist ebenfalls außerordentlich reich und vielfältig. Obwohl die rumänischen **Karpaten** nur 1,5 Prozent der Fläche Europas ausmachen, leben dort über 30 Prozent aller europäischen Großtierarten.

Besonders stolz sind die Naturschützer auf ihren Bestand an **Braunbären,** da über die Hälfte aller europäischen Bären ihr Revier zwischen dem nördlichen Rodnei-Gebirge und den südlichen Bergen um die Stadt Braşov bezogen haben. Erstaunlicherweise gibt es in der rumänischen Bevölkerung, auch von Seiten der Schäfer, kaum kritische Stimmen zu den Bären. Man lebt seit langer Zeit zusammen und scheint sich miteinander arrangiert zu haben. Meister Petz ist in Rumänien in allen zusammenhängenden Waldgebieten zu finden. In den letzten Jahren ist die Zahl der Bären wieder stark angestiegen und wird nun auf über 7000 geschätzt. Zum Vergleich: in Österreich lebten im Sommer 2006 gerade einmal 30 Braunbären.

Auch die rumänische Population der **Wölfe** ist mit 3500 Tieren sehr beachtlich und wächst weiter.

Ebenfalls im Steigen begriffen ist die Anzahl der **Baummarder** und **Wildkatzen,** die mit Vorliebe in den bewaldeten Schluchten der Südkarpaten herumschleichen. Dort kann der geduldige Naturfreund gelegentlich sogar Luchse, Auerhähne, Waldohreulen, Mönchsgeier und Steinadler beobachten.

Autofahrer sollten grundsätzlich auf allen Straßen, die durch Waldgebiete führen, sehr vorsichtig sein. **Hirsche, Rehwild, Füchse** und **Wildschweine** kommen in wesentlich größerer Anzahl als in Mitteleuropa vor und passieren die Straßen zu jeder Tages- und Nachtzeit.

Wer sich auf eine Höhlentour in den West- und Südkarpaten begibt, braucht sich vor Höhlenbären oder Hyänen, die hier noch in der letzten Eiszeit gelebt haben, nicht mehr zu fürchten. Selbst von den dort heute

004ru Foto: jr

ansässigen **Zwergfledermäusen** geht, aller üblen Nachrede zum Trotz, keinerlei vampirische Gefahr aus.

Ebenso wie Höhlenbären und Hyänen waren auch der Steinbock, das Wisent, der Biber und der Auerochse in Rumänien lange Zeit ausgestorben. Doch in einigen Naturreservaten in der Moldauregion werden aus Polen stammende **Wisente** wieder angesiedelt und auch der **Biber** macht bereits wieder Karriere als Wasserbauarchitekt. Biber waren in der ersten Hälfte des 20. Jahrhunderts in Rumänien ausgerottet worden. Eine neue Population von 164 Tieren, die 1998 am Olt ausgesetzt wurde, hat sich mittlerweile prächtig in den Karpaten eingelebt.

Absoluter rumänischer Rekordhalter ist, was den Artenreichtum betrifft, natürlich die Gruppe der **Insekten,** und das nicht nur im Donaudelta. Doch gleich darauf folgt die Gruppe der **Vögel.** Erstaunlicherweise gibt es in Transsylvanien mit 310 Vogelarten kaum merklich weniger als im Delta, das allerdings in besten Zeiten mit 325 Arten aufwarten kann. Das größte Naturschutzgebiet Rumäniens scheint eine magische Anziehungskraft auf Wasservögel aus aller Welt zu haben, die hier – entweder aus dem fernen Asien oder dem südlichen Afrika kommend – Rast einlegen. Zu den seltenen Arten, die andernorts vom Aussterben bedroht sind, gehören u. a. Silberreiher, Seeadler, Rothalsgans, Seidenreiher, Löffler und der sehr scheue Krauskopfpelikan.

Auch die hohe Anzahl der **Fisch- und Schlangenarten** bezeugt, dass man sich im Delta in einem wahren Tierparadies befindet. Neben Zander, Hecht, Wels, Barsch, Karpfen, Schleie, Karausche, Plattfisch, Aal und dem großen Stör tummeln sich über neunzig weitere Fischarten im Donaudelta. Dagegen nimmt sich die Zahl der Arten, die überwiegend in den Gebirgsbächen der Karpaten vorkommen, mit der Forelle und Äsche recht bescheiden aus.

Naturschutz

Rumänien besitzt unzweifelhaft viele ökologische Schätze. Die Spanne reicht von glasklaren Mineralwasserquellen über das größte zusammenhängende Waldgebiet Europas bis hin zum unvergleichlichen Pflanzen- und Tierbestand. Die **Karpaten** sind die **größte intakte Naturlandschaft** des Kontinents und das Donaudelta ist eines der größten Naturschutzgebiete Europas. Annähernd 6% der Landesfläche Rumäniens (1,25 Mio. Hektar) stehen bereits unter Naturschutz, weitere 6 Naturparks und 42 Naturreservate sollen hinzukommen. Heutzutage weiß jeder Gemüseverkäufer auf den Märkten von Timişoara bis Suceava, wie er den Begriff *Eco* (Öko), und jeder Pensionsbesitzer, wie er den Begriff *Agro-Tourismus* zu seinem Vorteil nutzen kann.

Traditionell setzt die Landwirtschaft in Rumänien keine Pestizide ein, Kälber und Schweine werden noch ohne Hormonpräparate aufgezogen. Ist Rumänien also ein grünes Musterländle? Nein, absolut nicht. Wie groß das ökologische Bewusstsein in der Bevölkerung wirklich ist, mag man daran ermessen, dass die rumänische **grüne Partei,** Federaţia Ecologista din Romania, bei den Parlamentswahlen 2004 ganze 60.000 Wählerstimmen bekam, was 0,2 Prozent der wahlberechtigten Bevölkerung entspricht.

Dabei hat das Land schon so manchen **Umweltschock** durchlitten. Den größten wohl im Jahr 2000, als in der Nähe von Baia Mare im Maramureş durch das Brechen eines Goldminen-Auffangbeckens der rumänisch-australischen Firma Aurul hochgiftiger, mit Zyaniden und Schwermetallen versetzter Schlamm in den Fluss Someş und von dort weiter in die Theiß und bis nach Ungarn gelangte. Der Aufschrei, der damals durch Europa (vor allem durch Ungarn) ging, verhallte nahezu ungehört. Einige Wochen später geschah in einem Bergwerk in Borsa, wieder im Maramureş, ein ähnlicher Unfall, der weder auf die Lernbereitschaft der Regierung noch auf die der Gold fördernden Industrie schließen ließ.

An schönen Bergseen herrscht in Rumänien wahrlich kein Mangel. Hier der Lacul Dragan in der Region Crişana. Im Hintergrund der 1418 m hohe Moliviş.

Der Fluch des Karpaten-Goldes

Die Region der **Westkarpaten** wird im Rumänischen auch als das „Land der Grünen Berge“ bezeichnet *(Țara munților verzii)*. Städte gibt es hier wenig, dafür aber viel Natur in ursprünglicher und unverdorbener Form. Eigentlich ein ideales Gebiet für Agrar- und Ökotourismus: natürlicher Landbau und Schäfereien, fette, saftige Bergwiesen und Almen, glasklare Bäche sowie unberührte Tannen- und Rotbuchenwälder. Doch es gibt auch das Gold, das bereits die Daker hier entdeckten und das schon bald die Begehrlichkeit des römischen Imperiums weckte. Die Römer schürften so lange in den Bergen des Apuseni-Gebirges, bis es ihnen nicht mehr ergiebig erschien. Erst einige Jahrhunderte später baute die kaiserlich-königliche Monarchie Österreich-Ungarns mit neuen Techniken und Geräten hier wieder Gold ab. Keine Frage, dass auch der Diktator *Ceaușescu* sich nicht sonderlich für die Naturschönheiten der Berge des Apuseni, sondern eher für seine goldigen Bodenschätze interessierte. Er legte mit seiner staatlichen Firma MINVEST den Grundstock zu etwas, das viele Bewohner des heutigen Zentrums des Goldabbaus in Roşia Montană nur noch den „Fluch des Goldes“ nennen: Gemeint ist die hemmungslose **Ausbeutung der Natur.**

Seit einigen Jahren engagiert sich die **Bergbaugesellschaft** Roşia Montană Gold Corporation (RMGC), eine Tochter der kanadischen Firma Gabriel Resources, stark im Gebiet rund um das goldreiche Cornatal. Sie möchte hier in den nächsten Jahren 300 Tonnen Gold und 2000 Tonnen Silber abbauen. Wenn die Grünen Berge abgetragen werden, verschwinden zwangsläufig auch die Gemeinde Roşia Montană (das historische Alburnus Major) und ihre umliegenden Dörfer. In bunten Prospekten warb die kanadische Bergbaugesellschaft für die **Umsiedlung** der 2000 Bewohner von Roşia Montană, die zukünftig in „schicke Fertighäuser mit rumänischer Flagge am Balkon“ ziehen sollen. Einige Bewohner sind traurig, dass sich über das „verfluchte Gold“ ihr Dorf entzweit hat. Sie finden es äußerst skandalös, dass man wegen dem bisschen Gold gleich die Toten ausgraben muss. Das hätten sich noch nicht einmal die Kommunisten getraut. Doch viele der ärmsten Bergbauern ließen sich relativ leicht umstimmen – mit Geld und schlagkräftigen Argumenten. Arbeitsplätze würden geschaffen und ihre Kinder bekämen eine kostenlose Zahnbehandlung

Doch wie will man Umweltschützern und Politikern klar machen, das anstelle von klaren Bergseen künftig riesige Pfützen mit braunem Minenwasser und Teiche voll giftiger Cyanid- und Schwermetallschlacke und anstelle der Grünen Berge kahle **Abraumhalden** zum neuen Landschaftsbild der Westkarpaten gehören würden?

Alan R. Hill, der Präsident des Unternehmens RMGC, setzt vor allem auf die Kraft der Habgier und die Wirkung von aussagekräftigen Bildern. Im Oktober 2005 hielt er in Bukarest einen Vortrag, in dem die sattgrüne Landschaft des Cornatals langsam von Bildern überlagert wurde, auf denen sich nur noch glänzende Goldbarren türmten. Er machte den Zuhörern im Athenee Palace Hilton klar, dass Rumänien einen Gewinn von „voraussichtlich 1,6 Milliarden US-Dollar“ mit diesem Projekt machen würde. Er appellierte an den Stolz der Rumänen, da sie mit Roşia Montană eines der

Ein Arbeiter aus dem Eisenhüttenwerk in Copşa Mică
auf dem Weg von der Nachtschicht nach Hause unter die Dusche

zehn größten Goldvorkommen der Welt besäßen. Ein weiterer Vorteil seien die archäologischen Entdeckungen, die aufgrund des Goldabbaus gemacht würden. So hätte man erst im Juli 2005 in Zusammenarbeit mit dem Rumänischen Nationalmuseum ein hydraulisches System entdeckt, mit dessen Hilfe die Römer ihr Gold aus den Bergen wuschen. Diese archäologische Entdeckung wäre niemals ohne die Aktivitäten der Bergbaugesellschaft gemacht worden.

Eugene David sieht das anders. Er ist der erfolgreichste Landwirt von Roşia Montană, ehemaliger Minen-Ingenieur sowie Führer der **Protestbewegung** gegen den Goldabbau, die sich Alburnus Major nennt. *„Zuerst einmal handelt sich nicht um eine Umsiedlung der Menschen von Roşia Montană, sondern um eine Vertreibung. Auch kommt das Geld nicht den Menschen und der Natur der Region zugute. Die Gewinne fließen ausschließlich in die Taschen ausländischer Investoren und einiger weniger rumänischer „Businessmen" wie Herrn Ovidius Tender. Zurück bleibt eine Mondlandschaft aus giftigen Schlacken, cadmiumverseuchten Bächen, unbewohnbaren Halden und einem stinkenden Sumpf aus Korruption und Erpressung."*

Eugene David und *Stephanie Roth*, die sich ebenfalls für den Erhalt der Landschaft und gegen deren Verwüstung einsetzt, hoffen nun auf die Europäische Gemeinschaft. Schließlich muss Rumänien, wenn es Mitglied werden möchte, gewisse ökologische Standards erfüllen.

Umweltsünden haben in Rumänien Tradition. Bereits *Ceauşescu* verstand unter Systematisierung nicht nur die Vernichtung ganzer Dörfer und eine Stadtpolitik, in der traditionelle Altstadtviertel einer architektonischen Monokultur aus Beton und Plattenbauten weichen mussten. Für ihn umfasste der Begriff auch die systematische **Veränderung ganzer Landschaften.**

So wurden z. B. westliche Teile des Donaudeltas trockengelegt, um sie für die Landwirtschaft nutzbar zu machen. „Sümpfe zu Ackerboden" hieß damals das ausgegebene Motto. Donaudelta-Gemeinden, die früher direkt am Wasser lagen und vom Wasser lebten wie Dunavăţa de Sus, wirken heute verlassen und verwaist, weil den Menschen mit dem Fischfang ihre Lebensgrundlage entzogen wurde. Selbst eine Initiative der rumänischen Regierung, die sich gemeinsam seit 1995 mit der UNECSO und dem deutschen WWF um die Renaturierung der trockengelegten Gebiete des Deltas bemüht, kommt für einige Dörfer des Deltas zu spät.

Heute weist die **Umweltschutzgruppe Eco-Carpatica** in Rumänien jedoch zu Recht darauf hin, dass man die Verschmutzung der Flüsse, die illegale Rodung der Wälder und andere Umweltsünden nicht mehr allein auf den Kommunismus schieben könne. Vielmehr müsse sich auch an der Haltung der Bevölkerung etwas ändern, die immer noch glaubt, die Natur wird's schon richten.

Für ihren Weg in die Europäische Union gibt sich die heutige rumänische Regierung, was die Verbesserung des Umweltschutzes betrifft, betont optimistisch. Doch ob harte Strafen für illegales Abholzen, strengere Luftfilter-Verordnungen und solche für die Abfallbeseitigung allein ausreichen, um auch einen **Wandel in den Köpfen** der Menschen herbeizuführen, wird sich erst in den nächsten Jahren zeigen. So entgegnete ein Gaststättenwirt am Vidrarul-See auf die Frage, warum er den riesigen Berg an Plastikflaschen direkt vor seinem Restaurant nicht entfernen würde: *„Was denn, in den angrenzenden Wald darf ich die Flaschen nicht bringen, in den See darf ich sie auch nicht mehr werfen, verbrennen soll schlecht für die Umwelt sein. Jeder Gast hält diesen Berg für eine Einladung, seine Flaschen noch dazu zu legen. Also warte ich auf den Tag, an dem es heißt, man bekäme Geld dafür, wenn man sie entfernt, dann lohnt sich das wenigstens."*

Engagierte Öko-Abenteurer

Rumänien ist ein Land zwischen den Zeiten und zwischen den Welten. Tradition und Moderne liegen oft nahe beisammen und nirgendwo wird dies so deutlich, wie in der neu aufblühenden Tourismusbranche, die längst nicht mehr nur auf Bergwanderer setzt, die die sanft geschwunge-

006ru Foto: jr

nen Hügel der transsylvanischen Hochebene beschreiten oder Kulturradler hofiert, die ein Moldaukloster nach dem anderen abgrasen. Längst hat der **Erlebnis- und Abenteuertourismus** die Berge, Höhlen und Schluchten der Karpaten erreicht. So mancher Schäfer im Apuseni-Gebirge mag anfangs noch einen Schreck bekommen haben, wenn über seinem Kopf plötzlich ein knallroter Paraglider auftauchte; doch ebenso wie an diese im Sommer allgegenwärtigen Gleitschirmflieger, haben sich die Hirten und Bauern mittlerweile auch an Fallschirmspringer, Mountainbiker, Endurofahrer und Quadpiloten gewöhnt. Ein Hotel in Moieciu de Sus bietet die mit vier riesigen Reifen ausgestatteten Quads für Off-Road-Fahrten in die nahen Karpatenberge allerdings mit der kleinen Auflage an, „die Bewohner der schönen ruhigen Almen" nicht zu sehr zu erschrecken und etwas auf den „Schafs-Verkehr" zu achten. Doch wo in Europa kann man schon – jenseits von Bußgeldkatalogen und Umweltschutzbestimmungen – so ungezwungen durch die Natur brettern wie in Rumänien?

Sergio Morariu, Wasserbauingenieur und Endurofreak, sieht das genauso. Rumänien sei eines der ganz wenigen Länder Europas, in dem man

In der Nähe des Klosters Neamţ: Braunbär im Bisonpark

Letzte Tänze – Bärenschicksale

Der Vorname *Ursu* („Bär"), der in Rumänien vor allem in Roma-Familien den männlichen Kindern verliehen wird, soll diesen – so will es die Tradition – die Kraft und den Mut eines Braunbären verleihen. Auf die Idee, ein Mädchen „Ursula" zu nennen, würde allerdings niemand im Land kommen. Der Name existiert in Rumänien als Frauenname nicht.

Bären sind Männersache, und dies bedeutete bis 1998 für die von einem Roma gefangenen Bären nichts Gutes. Die bis zu 250 Kilogramm schweren Petze mussten als so genannte Tanzbären oft ganze Familien ernähren. Dafür verpasste man einem Jungtier einen schmerzhaften Nasenring, der zur Dressur erforderlich war. Diese erfolgte, indem man den Bären auf eine erhitzte Eisenplatte führte und gleichzeitig einen bestimmten Takt auf einem Tamburin anschlug. Das, was für den Betrachter nach einem Bärentanz aussah, nämlich das Aufrichten und wechselnde Anheben der Hinterbeine, war für das Tier eine unglaubliche Qual. Schließlich hob es die Beine nur, um das glühende Eisen nicht zu spüren. Die Konditionierung sorgte dafür, dass die „dressierten Bären" bei einer Vorführung bereits allein beim Anschlagen des Tamburins zu „tanzen" begannen.

Dieser Tierquälerei, die lange auch in Bulgarien, der Türkei und Indien Tradition hatte, wurde auf Betreiben von Tierschützern und Organisationen wie „Vier Pfoten" in Bulgarien und Rumänien 1998 offiziell ein Ende gemacht, indem man alle Tanzbären für mitunter horrende Beträge freikaufte. Einige Roma investierten das Geld anschließend in kleine Affen, mit der Begründung, sie hätten schließlich nie etwas anderes gelernt, als „Dresseur" zu sein.

Die aufgekauften Tanzbären, denen man bereits als Jungtier die Zähne gezogen hatte und die ein Leben in Freiheit nicht kannten, wurden in eigens eingerichtete Reservate und Freilaufgehege gebracht.

sich als Endurofahrer so richtig ausleben könne. Wohl nirgendwo gäbe es ein so abenteuerliches, ursprüngliches und schönes **Off-Road-Gelände.** Doch das von *Morariu* angebotene Endurowandern sei neben Abenteuer und Tourismusförderung auch praktizierte Entwicklungshilfe. So baut eine Gruppe von engagierten „Enduromaniacs" Brunnen für notleidende Gemeinden in Borlova, eine andere hilft einem Krankenhaus in Caransebeş oder fördert Umweltschutzprojekte im Banat.

Abenteuertourismus und Ökologie gehen in Rumänien immer häufiger **überraschende Allianzen** ein, auch wenn das Engagement der Enduromaniacs unter Gesichtspunkten eines grünen und sanften Tourismus nicht hundertprozentig stimmig sein mag. So setzen sich erlebnishungrige Naturfreunde neuerdings am Oltfluss für eine Wiederaufforstung gerodeter Karpatenwälder ein und verknüpfen ihre Ökoarbeit mit der alten Kunst des Floßfahrens. Wer möchte, kann sich unter Anleitung arbeitslos gewordener Flößer, den so genannten *Plutaşii,* zeigen lassen, wie man sich ein fahrtüchtiges Floß baut und wie man es steuert. Im direkten Kontakt mit den Waldarbeitern und Flößern wird das, für manche Rumänen nach wie vor „heiße Thema“ Naturschutz, dann ganz zwanglos abends am Lagerfeuer diskutiert.

Einige Veranstalter bieten **sportliche Aktivitäten** wie Klettern, Höhlentouren, Rafting, Canyoning, Kanufahren, Planwagenfahren und Reiten mittlerweile bereits in Kombination mit eingebetteten **Aktivitäten im Umweltschutz** an. Auch die rumänische Organisation ANTREC, die sich für ländlichen und ökologischen Tourismus einsetzt, sieht in der wachsenden Zahl von Aktivurlaubern, die sich gemeinsam mit Rumänen umweltpolitisch engagieren, einen wichtigen Faktor, um „das Land endlich ökologisch wach zu küssen“.

Viele der Bauern und Hirten haben sich jedenfalls längst an die schrillen, aber engagierten neuen Touristen gewöhnt. Die Hirtenhunde sind die einzigen, die von dem neuen Konzept noch nicht vollends überzeugt sind. Sie springen weiterhin kläffend jedem Motorrad und jedem Mountainbiker hinterher.

010ru Foto: jr

ROMÂNIA:

GESCHICHTE UND LEGENDEN

Frühgeschichtliche Werkzeugfunde der Moustier-Kultur verweisen auf eine mehr als 100.000 Jahre zurückreichende menschliche Besiedlung auf dem Gebiet des heutigen Rumänien. Die ersten Einwanderungswellen der Indoeuropäer aus dem asiatischen Raum sind seit 6000 v. u. Z. nachgewiesen. Zahlreiche Exponate aus der in dieser Zeit vorherrschenden Hamangia- und Cucuteni-Kultur sind heute in den Museen von Constanța und Bukarest zu sehen.

Eine der größten und am besten erhaltenen mittelalterlichen Burgen Europas: Castelul Corvin in Hunedoara (14. Jahrhundert)

Thraker, Daker und Griechen

Die Historiker unterscheiden in der frühen Geschichte des rumänischen Territoriums sehr deutlich zwischen Siedlungs- und Eroberungsgeschichte. Alle Ereignisse der Frühgeschichte, die etwa bis zum Jahr 2000 v. u. Z. erfolgten, werden als reine **Besiedlung** angesehen, was jedoch kriegerische Handlungen keineswegs ausschließt.

Die erste Landnahme von weitreichender Bedeutung erfolgte um 3500 v. u. Z. durch die bereits in der „Ilias" von *Homer* erwähnten **Thraker.** Sie gehörten zu den ersten Stämmen, die von der Schwarzmeerküste aus die Karpaten und in der Folge den gesamten Balkan und Griechenland „besiedelten". Die ursprünglich aus Nomadenstämmen hervorgegangenen Thraker galten als geschickte Kämpfer und wurden später in römischer Sklaverei bevorzugt zu Gladiatoren ausgebildet (auch *Spartacus,* der Anführer der Sklavenaufstände, war ein Thraker).

Aus einem Seitenzweig der Thraker gingen die **Daker** hervor, deren Verbreitung auf rumänischem Gebiet seit ca. 2000 v. u. Z. nachgewiesen werden kann. Ihr Reich Dakien wurde durch die Eroberung des römischen Kaisers *Trajan* im Jahre 106 zur römischen Provinz Dacia, eine Bezeichnung, die von Rumänen heute auch für das Reich des Dakerkönigs *Decebal* verwendet wird. Ebenfalls auf die Thraker zurückzuführen sind die **Geten** ein anderes Urvolk der Rumänen, über die allerdings kaum etwas überliefert ist.

Während sich die Daker auf die waldreichen Gebiete rund um den Karpatenbogen mit seinen Goldvorkommen und fruchtbaren Böden zurückzogen, begannen die **Griechen** ab 700 v. u. Z. die ersten **Stadtstaaten** entlang der Schwarzmeerküste zu gründen. Istros (das heutige Histria im Donaudelta, 657 v. u. Z.), Tomis (das heutige Constanța, 550 v. u. Z.) sowie Kallatis (das heutige Mangalia, 281 v. u. Z.) wurden zu reichen Küstenstädten, die mit den geto-dakischen Stämmen und den Römern regen Handel trieben. Zu den begehrten Tauschobjekten gehörten damals auf dakischer Seite vor allem Gold, Holz, Honig, Getreide, Salz und Sklaven, während von den Griechen Seite hauptsächlich Wein, Öl, Gewürze und Oliven angeboten wurden.

Wie eng die Daker mit den Griechen bis zum Jahr 70 v. u. Z. kooperierten, zeigen die Tempelbauten ihrer Hauptstadt Sarmizegetusa, wo auch griechische Bauherren ihre Spuren hinterließen. Dennoch begann der dakische König *Burebista* 50 Jahre vor der Zeitenwende mit der **Vereinigung des dakischen Reiches,** indem er zuerst die griechischen Städte entlang der Schwarzmeerküste eroberte und erst dann die geto-dakischen Stämme zusammenschloss.

Römisches Intermezzo

Entgegen früheren Annahmen belegen neuere Münzfunde, wie intensiv die Daker auch mit den Römern **Handel** getrieben haben. So hatten sie lange Zeit vor den ersten kriegerischen Auseinandersetzungen mit dem Römischen Imperium die römische Währung übernommen. Doch letztlich sollte dieser Handel mit den Römern zu ihrem eigenen Verhängnis werden. Die sagenhaften Goldschätze der Daker hatten sich in Rom schnell herumgesprochen und Begehrlichkeiten geweckt. Das Gold und der Bergbau der Daker standen fortan im Blickpunkt des Interesses. Von überall aus dem römischen Reich strömten die **Goldsucher** nach *dacia felix,* ins glückliche Dakien, das auch dadurch sehr anziehend wirkte, dass die Römer hier nicht auf ihre heiß geliebten Thermalquellen verzichten mussten.

Zeitweise kam es unter *Pompeius* sogar zu einer regulären **Allianz** zwischen dem römischen und dem dakischen Reich, da der Gegenspieler *Caesars* in seinem Kampf um die Macht auf der Suche nach neuen Verbündeten war. Dieses Bündnis zerfiel jedoch im Jahr 48 v.u.Z. mit dem Tod des *Pompejus.*

Zu den ersten **kriegerischen Auseinandersetzungen** zwischen den beiden Völkern war es bereits 61 v.u.Z. in der Nähe von Histria am Schwarzen Meer gekommen. Die römischen Truppen des *Antonius Hybrida* mussten jedoch eine empfindliche Niederlage einstecken, da sie die Kampfkraft der Daker völlig unterschätzt hatten. Erst unter dem Soldatenkaiser *Trajan* sollte es den Römern gelingen, die Daker endgültig zu unterwerfen.

Diese ließen sich unter ihrem neuen König *Decebal* anfangs auf keine Schlacht gegen die Truppen Roms ein. Als guter Stratege verfolgte der Dakerkönig vielmehr eine **Guerilla-Taktik** der blitzartigen Überfälle, wobei ihm die schützenden Berge der Karpaten stets eine Hilfe waren. Doch nach seiner Ernennung zum Kaiser sah *Trajan* es als seine Hauptaufgabe an, das Reich Dakien zu erobern und das Römische Reich bis nach Mesopotamien am Persischen Golf auszuweiten.

In zwei der größten und verlustreichsten Schlachten in den Jahren 101/02 und 105, den so genannten **Dakischen Kriegen,** griff *Trajan* mit einem Heer von 60.000 Mann in 11 Legionen die Festungshauptstadt Sarmizegetusa in den Karpaten an. Die Römer vertrieben die meisten männlichen Daker oder nahmen sie gefangen, um sie beim Triumphzug *Trajans* in Rom als Sklaven vorzuführen. Das heutige Rumänien war, wie es der römische Geschichtsschreiber *Eutropius* ausdrückt *„von dakischen Männern entvölkert".* Römische Siedler, zumeist Soldaten im Ruhestand, Bauern,

Rom-Manie oder Geburt im Nebel der Legenden

Wenn in Rumänien von einer Wölfin, also auf rumänisch einer *lupoaică* die Rede ist, so assoziieren die meisten Rumänen damit ein Denkmal, das in Eisen, Bronze oder Marmor mittlerweile in über zwanzig rumänischen Städten zu finden ist. Die römische Wölfin, die den Zwillingen Romulus und Remus bereitwillig ihre Milch gibt, ist nicht nur in Cluj und Bukarest, sondern auch in der Provinz ein gern gesehener Dauergast. Die Wolfsstandbilder sind allesamt Geschenke italienischer Partner- oder Freundesstädte, die damit zum Ausdruck bringen wollen, auf welche gemeinsamen Wurzeln die beiden Länder Rumänien und Italien zurückgehen. Schließlich, so die Geschichtsklitterung, sei das rumänische Volk einzig aus der Vereinigung der Römer und der Daker hervorgegangen. Auch der wohlbedachte Hinweis einiger weniger rumänischer Historiker, all die anderen Völker (Tataren, Hunnen, Ungarn, Roma, Deutsche, Ukrainer, Türken, Goten, Gepiden, Awaren, Petschenegen und Kumaren) hätten zumindest auch einige genetische Spuren auf rumänischem Territorium hinterlassen, werden von Anhängern der so genannten Kontinuitätstheorie strikt abgelehnt.

Wie die wirkliche Faktenlage zur Entstehung des rumänischen Volkes auch immer ausgesehen haben mag, die allseits beschworene römische Vergangenheit ist heute Stolz und Aushängeschild des Landes – schließlich trägt man sie als einziger aller romanischen Staaten deutlich sichtbar im Namen zur Schau: *România.*

Abenteurer und Goldsucher sollten an ihre Stelle treten. Im 3. Jahrhundert war die **oströmische Provinz Dacia** wegen der ständigen Invasionen gotischer Truppen für die Römer nicht mehr zu halten und Kaiser *Aurelian* zog sich im Jahr 272 hinter die strategisch günstige Donau zurück.

Siebenbürgen als Schutzschild Europas

Nach dem Abzug der Römer war im ehemaligen Dakien ein Machtvakuum entstanden, das nach dem 3. Jahrhundert in immer wiederkehrenden Wellen durch asiatische Reitervölker und den Zuzug slawischer Stämme gefüllt wurde. Die Bevölkerung, die zwischen Donau und Schwarzem Meer lebte, musste sich im Zeitalter der Völkerwanderung unter anderem mit den aus Asien kommenden Kriegerstämmen der Gepiden und Awaren auseinandersetzen.

Neben den Angriffen der Goten bestand die größte Herausforderung für die neuen Siedler rund um den Karpatenbogen in den ständigen Attacken der **Hunnen.** Die Heere des Hunnenkönigs *Attila*, der sich in der Folgezeit den Beinamen „Geißel Gottes" erwarb, erhöhten im Laufe ihrer Überfälle nicht nur den Abgabendruck auf die bäuerliche Bevölkerung, sie

011ru Foto: jr

gingen auch mit äußerster Brutalität gegen diejenigen vor, die ihren Forderungen nicht nachkamen. Der Eindruck, den die Hunnen vor über 1600 Jahren auf dem Balkan hinterlassen haben, spiegelt sich noch heute in einer rumänischen Redensart wieder, die sehr grobes oder grausames Verhalten beschreibt. Es heißt dann; *nu fica hunii,* man solle sich nicht „wie ein Hunne aufführen".

Während sich aus den Reiterheeren *Attilas* kaum jemand als Bauer in den Karpaten ansiedelte (man bevorzugte eher die pannonische Tiefebene des heutigen Ungarn), zog es die ab dem Jahr 400 einfallenden **slawischen Reitervölker** durchaus zu Vieh und Hof. Slawische Stämme wurden assimiliert und kolonisierten als Siedler fortan die Tiefebenen des heutigen Moldawien und des Donaudeltas.

An eine Reichsbildung auf dem heutigen rumänischen Gebiet war bis ins 13. Jahrhundert jedoch nicht zu denken. Während sich rund um die Karpaten mit den russischen, byzantinischen, ungarischen und bulgarischen Machthabern starke Reiche etablierten, stießen neben dem turkmenischen Reitervolk der Petschenegen und Kumaren und den Tataren auch die Mongolen immer wieder bis zur Donau vor. Der vernichtende Angriff der Mongolen im Jahr 1241, bei dem zwei Drittel aller Städte und Dörfer Transsylvaniens verwüstet wurden, führte zu einer 100-jährigen

Die Sachsen und die Kirchenburgen

Die Kirchenburgen der Sachsen in Siebenbürgen wurden bereits 1483 von Papst *Eugen IV.* als Schutzwälle der Christenheit bezeichnet. Jedes Dorf, das es sich finanziell leisten konnte, zog dafür zuerst einmal eine mächtige **uneinnehmbare Mauer** (in seltenen Fällen sogar mehrere Mauern) um die Dorfkirche hoch. Der Ausbau der Gotteshäuser zu festungsartigen Anlagen wurde anschließend durch das Errichten von Wehrtürmen, Wehrgängen sowie Schutz- und Vorratskammern für Getreide, Vieh und Mensch komplettiert. Denn im Falle eines Falles musste das gesamte Dorf (manchmal bis zu 1000 Personen) hinter den Mauern Schutz und Nahrung finden. Nicht selten kam es zu wochenlangen Belagerungen durch türkische Angreifer. Da manche der Gemeinden über keinen eigenen Brunnen auf dem Gelände der Wehrkirche verfügte, mussten Tunnel unterhalb der Mauern gegraben werden, um von außerhalb Trinkwasser besorgen zu können

Ziemlich unbekannt ist nach wie vor, dass die Verteidigung einer Kirchenburg mitunter ausschließlich von **Frauen** vollbracht werden musste. Entgegen des Wortlautes im Goldenen Freibrief wurden im Kriegsfalle oft weitaus mehr Männer eingezogen, als vereinbart war. Im Falle eines Angriffs, der per Rauchzeichen aus umliegenden Gemeinden angekündigt und von einem Wachposten mittels Trompetensignal verkündet wurde, hatten die Frauen, Kinder und Greise dann kaum eine halbe Stunde Zeit, sich mitsamt aller Schafe, Kühe, Hühner und Ziegen hinter die Wehrmauern zurückzuziehen.

Mehrfach ist überliefert, mit welch **raffinierten Methoden** die zurückgebliebenen wehrhaften Frauen die angreifenden Muselmanen zur Verzweiflung und zum Abzug brachten. Neben der üblichen Verteidigung durch Steinklötze, Pech, flüssiges Blei

Die Kirchenburg von Heltau mit einem doppelten Verteidigungswall

mongolischen Herrschaft. Dieser Angriff kann als einschneidende Zäsur für die weitere Entwicklung des Landes angesehen werden, da er als auslösendes Moment zur Bündelung aller christlichen Kräfte führte.

Neben den Slawen hatten sich nämlich auch die **Magyaren** auf dem Territorium des heutigen Rumäniens (vor allem in der transsylvanischen Hochebene) dauerhaft niedergelassen. Ihr König *Stefan der Heilige* gliederte Siebenbürgen bereits im 11. Jahrhundert in sein ungarisches Reich ein. In der nachfolgenden Zeit waren die Magyaren vor allem bestrebt, das dünn besiedelte Gebiet Transsylvaniens gegen die ständigen Angriffe der Reitervölker zu schützen.

Der ungarische Adel hatte bereits ab 1150 damit begonnen, neben ungarischstämmigen Szeklern auch **deutsche Siedler** in den besonders heimgesuchten Gebieten anzusiedeln. Diese erhielten als Gegenleistung für ihre Verteidigungsbereitschaft weitgehende Rechte und Freiheiten.

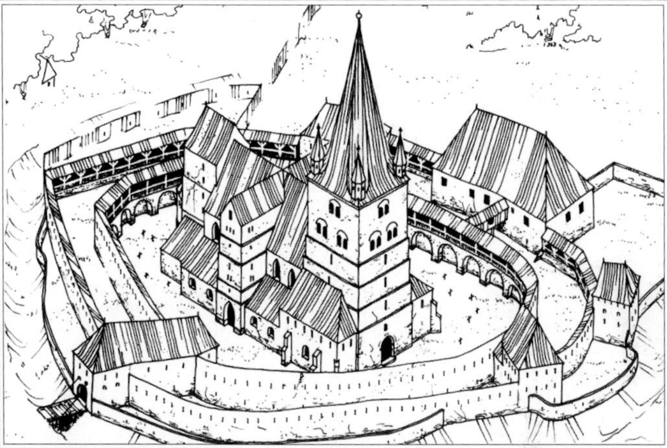

und Fäkalien, die oftmals als obskures Gemisch über die Pechnasen, durch die Ablassklappen oder über die Zinnen auf die angreifenden Horden niederkamen, griffen die Frauen auch oft zu weiblicher List. Als den Frauen von Tartlau nach einer mehrwöchigen Belagerung die Vorräte zur Neige gingen, wählten sie die Dickste von ihnen aus, bewaffneten sie mit einem riesigen Weißbrot und ließen sie auf die Wehrmauer klettern, wo sie vor den versammelten Türken herzhaft ins Brot biss und den verdutzten Männern ihren nackten Allerwertesten entgegen streckte. Die völlig überraschten Türken, die selbst kaum mehr etwas zu essen hatten, waren daraufhin bedient und zogen ab.

Aufgrund eines Goldenen Freibriefs des ungarischen Königs *Andreas II.* erhielten die neuen Siedler „jenseits der Wälder" *(Deutsch für: Trans-silvania)* neben Steuerbefreiungen auch Privilegien, die eigentlich nur dem Adel zugestanden hätten. Die deutschen Neuankömmlinge wurden schon bald Sachsen genannt, obwohl die Mehrzahl von ihnen eigentlich aus dem moselfränkisch-niederrheinischen Raum stammte. Die ungarischen Machthaber sahen in der Folgezeit, wie die *Saxones* in ihrer neuen Heimat namens **Siebenbürgen** nicht nur die leeren Räume bevölkerten und die Grenzen sicherten, sondern auch die Wirtschaft und die Kultur belebten. Nach der Gründung zahlreicher deutscher Städte (u. a. Hermannstadt, Kronstadt, Klausenburg, Schäßburg und Mediasch) hatte sich aus dem erfolgreichen „sächsischen Bürgertum" ein eigener Stand herausgebildet, der nun gleichberechtigt mit dem ungarischen Adel und den Szeklern über weitgehende Rechte und Freiheiten verfügte.

Gemeinsam hatten sich diese drei Stände der Aufgabe verschrieben, das junge Königreich Ungarn, das Fürstentum Siebenbürgen und die Christenheit gegen die Angriffe osmanischer Truppen, der Mongolen sowie der Tartaren zu schützen.

Der natürliche geographische Schutz des Karpatenbogens stellte für alle Angreifer jedoch nur ein unzureichendes Hindernis dar. Nach der Überwindung der Bergkette waren die zahlreichen Dörfer des siebenbürgischen Hochlandes den feindlichen Truppen offen ausgeliefert. So verstärkten die deutschen Siedler Siebenbürgens in einer **Verteidigungsstrategie,** die sie aus Franken und Thüringen kannten, ihre Kirchen und bauten sie zu Festungen aus. Jede der heute zum Teil noch sehr gut erhaltenen über 150 Kirchenburgen hat ihre eigene Geschichte zu erzählen.

Herrschaft der Türken

Während der westliche Einfluss im Fürstentum Transsylvanien durch die Bürgerstände der Sachsen und die adligen Ungarn immer größer wurde, blieben die Rumänen größtenteils leibeigene Bauern. Diese Kluft, die in der weiteren Geschichte immer wieder zu großen Spannungen führen sollte (vor allem zwischen Ungarn und Rumänen) ebnete zwei weiteren Fürstentümern im südlichen und östlichen Teil des ehemaligen Dakerreiches den Weg. Als Erstes befreite sich die Walachei im Jahre 1330 unter dem Fürsten *Basarab* von der **ungarischen Oberherrschaft** und erstarkte in der Folgezeit unter *Mircea cel Batrân* (Mircea dem Älteren) zu einer politischen und wirtschaftlichen Kraft. Mit dem Fürsten *Bogdan I.* sollte kurz darauf auch das Fürstentum Moldau das ungarische Joch abschütteln und seine Unabhängigkeit erhalten.

Bevor sich die drei Fürstentümer Transsylvanien, Walachei und Moldau auf den Weg zu einer gemeinsamen Nation Rumänien aufmachen konnten, erschütterten die **Osmanen** alle Einheitsträume. Vor allem die beiden jungen, unabhängigen Fürstentümer Moldau und Walachei konnten ihre Freiheit nicht lange genießen, sondern sahen sich von Anfang an neuen kriegerischen Angriffen ausgesetzt.

Bereits im Jahr 1394 überquerten die Türken unter *Sultan Bayezid I.* die Donau und begründeten mit dieser Expansion eine dreihundert Jahre währende Zeit kriegerischer **Fremdherrschaft,** die sie sogar zweimal

(1529 und 1683) bis vor die Tore Wiens brachte. Sowohl der Moldau wie auch der Walachei gelang es nur aufgrund horrender Tributzahlungen, ihre relative Autonomie zu bewahren. Fortan wurden die beiden Fürstentümer von so genannten Wojwoden regiert, die als kriegerische Marionetten der Türkei eingesetzt wurden.

013ru Foto: hz

Im Lauf der Geschichte waren es immer Einzelpersonen, die sich der türkischen Macht und der vollständigen Orientalisierung Südosteuropas entgegenstellten. Im Jahr 1456 bestieg mit dem 25-jährigen **Vlad Ţepeş III. Dracula** (1431–1476) einer der härtesten türkischen Widersacher den Thron der Walachei. Die Region hatte damals bereits ein halbes Jahrhundert kriegerischer Auseinandersetzungen mit den Osmanen hinter sich. *Ţepeş* war für seine unbeugsame Härte bekannt und provozierte die Türken, indem er ihnen Tributzahlungen verweigerte. Daraufhin ließ *Sultan Hamsa Pascha* Boten zum Fürstensitz nach Târgovişte senden, die *Ţepeş* offiziell ein Ultimatum stellen sollten, jedoch den heimlichen Auftrag hatten, ihn zu köpfen. *Vlad Ţepeş Dracula* durchschaute diesen Plan und ließ die Abgesandten kurzerhand gefangen nehmen und pfählen. Obwohl der Walachenfürst eine große Leidenschaft für diese blutrünstige Tötungsart empfand, die ihm den Beinamen *Ţepeş*, „der Pfähler", einbrachte und obwohl er darüber hinaus *Dracula* (bzw. Draculae) genannt wurde, hat er nichts mit der literarischen Gestalt des Grafen Dracula gemein (siehe Exkurs „Dracula – eine Geschichte von Irrtümern").

Auch in der Moldau gab es einen Fürsten, der sich der türkischen Herrschaft standhaft widersetzte: **Stefan der Große,** *Stefan cel Mare* (1433–1504), sah in seinem Widerstand vor allem einen „Auftrag Gottes". *Stefan* machte sich nicht nur als Feldherr einen Namen. Als weitsichtiger kultureller Förderer und wirtschaftlicher Stratege führte er die Moldauregion zu einer einmaligen Blütezeit. Es gelang ihm, die Armee *Sultan Mehmets II.* zweimal vernichtend zu schlagen. In die rumänische Kirchengeschichte sollte er als „Athlet Christi" eingehen, obwohl ihm Papst *Sixtus IV.* die Bitte abgeschlagen hatte, alle Christen gegen die Türken führen zu dürfen.

Erste Einheitsversuche

Im südöstlichen Europa, auf ehemals dakischem Gebiet, standen um das Jahr 1550 drei Fürstentümer unter osmanischem Diktat. Siebenbürgen, die Moldau und die Walachei. Selbst Ungarn war zeitweise zur türkischen Provinz geworden. Nach den Widerständen einzelner Fürsten wie *Vlad Ţepeş* und *Ştefan cel Mare* gelang es dem Walachenfürst Mihail Viteazul (1593–1601) als Erstem, die türkischen Heere entscheidend zu schlagen. Er verließ sich dabei auf ein buntes Gemisch an Söldnern, das es in dieser Form erstmalig gab. Neben Serben, Ruthenen, Kosaken und Rumänen kämpften auch Deutsche und Ungarn auf Seiten der von rumänischen Geschichtsschreibern so gerne kolportierten **„rumänischen Allianz".** Nationalrumänische Heere hatte es zur damaligen Zeit noch nicht gegeben und auch der Wille zur Bündelung der Kräfte war eher eine von Österreich-Ungarn erwünschte strategische Maßnahme, die der Expansion des

Dracula – eine Geschichte von Irrtümern

Zwei Dinge könnten den irischen Roman-Autor *Bram Stoker* dazu bewogen haben, seinem blutrünstigen **literarischen Grafen** „Dracula", den Namen des historisch verbürgten *Vlad Ţepeş Dracula* (sprich: Wlat Tzepesch) zu geben. Da wäre zum einen der Name selbst. Auf Rumänisch würde *Dracul* so viel wie „der Teufel" bedeuten und wäre insofern keine allzu schlechte Wahl für einen vampirhaften Protagonisten. Doch obwohl *Dracula* sehr rumänisch klingt, stammt der historische Namenszusatz aus dem Lateinischen und bedeutet nicht etwa Teufel, sondern Drache.

Es war der Vater von *Vlad Ţepeş,* der auf dem Nürnberger Reichstag im Februar 1431 von König *Sigismund von Luxemburg* zum Fürsten der Walachei erhoben und zum Ritter des Drachenordens geschlagen wurde. Der **Beiname Dracul,** den er für seinen Widerstand gegen die Türken erhalten hatte, ist eine Ehrenbezeichnung des Ordens „Ordo Draconis" (Drachen heißt auf lateinisch *draco*). Der Orden war vor allem zur „drakonischen" Bekämpfung der Ungläubigen, sprich der Osmanen und Tataren, ins Leben gerufen worden und somit in erster Linie ein Kampfbund. Da der Vater ebenfalls den Vornamen *Vlad* trug, wurden die beiden Personen (Vater und Sohn) im Verlauf der Geschichte gerne verwechselt, denn *Vlad III.* hat den Beinamen von seinem Vater quasi geerbt und nannte sich fortan *Vlad III. Draculae. Bram Stoker,* der Rumänien nie bereist hat, übernahm den Zusatz „Draculea", strich das ihm überflüssig erscheinende „e" weg und verpflanzte die ganze Geschichte von der Walachei nach Transsylvanien.

Der zweite Grund weshalb *Stoker* die historische Person des *Vlad III. Draculae* zur Vorlage für seine Romanfigur nahm, liegt im zweiten **Beinamen des Vlad** begründet: *Vlad der Pfähler* (rum. *Ţepeş*). *Stoker* kannte die ungemein brutale Tötungsart des Pfählens aus den Berichten von *Victor Hugo* und den Schilderungen des Ungarn *Arminius Vambéry.*

osmanischen Reiches Einhalt gebieten sollte. Das vereinte Auftreten der drei Fürstentümer wurde vor allem von habsburgischer Seite aus unterstützt. Bereits 1529 standen die Türken mit 300.000 Mann vor Wien, das dieser Übermacht lediglich 20.000 Söldner entgegenstellen konnte. Als Vorsichtsmaßnahme verlegte *Kaiser Rudolph II.* seinen Sitz 1550 in das entferntere Prag. Europas Mächte waren alarmiert und wollten ein starkes Bollwerk um den Karpatenbogen. Ob sie auch ein geeintes Reich wollten, ist eine andere Frage.

Sechs Jahre nachdem *Mihail Viteazul* die türkischen Verbände 1595 in der Schlacht bei Călugăreni besiegt und die drei Fürstentümer Siebenbürgen, Moldau und Walachei als Statthalter von Kaisers Gnaden kurzfristig vereinigt hatte, erlag er einem von Habsburger Seite initiierten Attentat. Die **Einheit** der drei Fürstentümer wurde wieder aufgelöst, zu einer kaiserlich-königlichen und rumänischen Staatsfindung unter österreichisch-ungarischer Regie war es somit nicht gekommen.

Der Walachenfürst *Vlad Draculae* wendete die grausame **Tötungsart des Pfählens** während einer Schlacht an, um nachrückende türkische Soldaten abzuschrecken. Viele Türken ergriffen bereits von weitem die Flucht, wenn sie sahen, wie ihre sterbenden Kameraden sich auf den Lanzen wanden und quälten. Auch Sultan *Mehmed II.*, der als „der Eroberer" in die türkische Geschichte einging, weil er das Osmanische Reich während seiner Regierungszeit um 40 Prozent vergrößerte, war für seine unmenschliche Brutalität berüchtigt. Doch als er im Feldzug von 1462 in der Walachei nur noch eine bis weit über den Horizont hinaus reichende Reihe von Stangen erblickte, auf denen seine toten Soldaten hingen, zog er seine Truppen völlig demoralisiert zurück.

Die Folter- und Tötungsart des Pfählens musste auch im damaligen Mitteleuropa einen tiefen Eindruck hinterlassen haben, wird sie doch in zahlreichen Büchern als „blutrünstige That" beschrieben. Aus den historischen Tatsachen begannen sich langsam **Legenden** und Fantasien rund um die Figur von *Vlad „dem Pfähler" Draculae* zu entwickeln. So soll er das Blut seiner Feinde getrunken, nachts „seine Wolfszähne" in ihre Hälse gebohrt und „als dunkler Geselle" das Tageslicht gescheut haben. Anhand dieser dramatischen Bilder ist es nur noch ein kleiner Schritt hin zum Blut saugenden Vampir *Dracula*. Doch keine dieser kolportierten Legenden entsprach der Wahrheit.

Noch ein letzter Irrtum sei kurz genannt. Die wahre Geschichte des *Vlad Ţepeş* spielte sich **nicht in Transsylvanien** ab. Zwar lebte sein Vater in der Stadt Schäßburg, die natürlich auch sein Sohn kannte, aber letztlich waren die „Draculas" Walachen und keine Siebenbürger. Doch das Wort Transsylvanien hatte um 1890 (die Zeit in der *Bram Stoker* seinen Roman begann) bereits einen magischen Klang in der Literaturszene Frankreichs und Englands gewonnen. Auch *Jules Verne* schwärmte von Transsylvanien als dem Land der Magier und Vampire und so wurde aus einem westlich orientierten und zivilisierten realen Land eines, in dem Gespenster und Blut saugende Vampire in dunklen Schlössern hausten.

Nicus Rückblende: Die Angst vorm roten Vampir

Nach dem Tod von *Nicolae Ceauşescu* wurde er in den Medien bisweilen als „Roter Vampir“ bezeichnet, der sein eigenes Volk aussaugte und beinahe verhungern ließ. Die beliebte Metapher wurde jedoch nicht überall im Land als solche verstanden, wie *Nicu* zu berichten weiß:

„... Tausende von Malen hat man diese Bilder gezeigt. Die Knie des Diktators knicken ein, dann stürzt er hin und liegt schief gekrümmt auf dem Boden. Nachdem man die Ceauşescus erschossen hatte, hat sich ein Kameramann ziemlich unsensibel, pietätlos und eigentlich peinlich mit seinem Objektiv über die beiden Leichen hergemacht. Die Menschen an den Bildschirmen bekamen zum Abendbrot, zum Frühstück, zu jeder Tages- und Nachtzeit tagelang detaillierte Bilder der beiden Toten präsentiert - in Nahaufnahme. Warum? Man wollte sicher sein, dass der verhasste Diktator wirklich tot war. Ein Journalist sagte: Filmt ihn aus allem Blickwinkeln, damit kein Zweifel aufkommt, dass er es ist. Dann unterhielten sich die Filmer über die seltsam abstehenden Haare von Ceauşescu. Dann fiel der Satz: „Cine-i nascut cu caitan cap, se zice ca-i strigoi.“ - Wer mit einer Haube geboren wird, sagt man, wird später einmal ein Untoter.

Neugeborene kommen manchmal mit Resten der Fruchtblase um den Kopf zur Welt. Einem Aberglauben nach ist dies ein Zeichen dafür, dass sie später zu einem „strigoi“ werden, das, was ihr Untote oder Phantom nennt. Mit einem Vampir hat das im Volksglauben eigentlich nichts zu tun. Das hat der Westen da rein gemischt. Doch mit einem Mal schießen die Spekulationen ins Kraut. Plötzlich wollten es viele schon vorher geahnt haben: Brauchte Ceauşescu nicht ständig Bluttransfusionen? Sprach er nicht mit einem eigenartigen Sprachfehler und einer krächzenden Stimme? Hatte er nicht 1957 auf mysteriöse Weise einen Flugzeugabsturz überlebt? Suchte er mit seiner Villa bei Snagov nicht bewusst die Nähe zu dem Grab von „Vlad Ţepeş Dracula“, das ebenfalls am See liegt? Noch heute glauben einige Menschen der „Rote Strigoi“ hätte sich nur ein wenig schlafen gelegt und würde sich bald schon wieder erheben, um das zu tun, was er am besten könne - den Menschen zur Last fallen.“

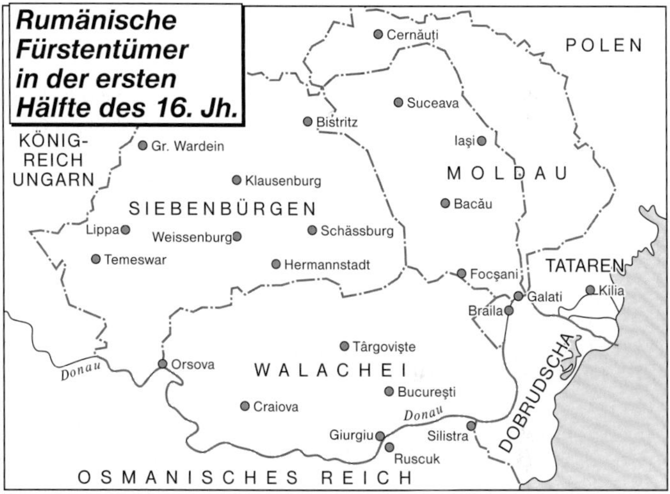

Die Hohenzollern auf dem Thron

Fast 300 Jahre sollte es dauern, bis sich eine erneute Chance zur Vereinigung der Regionen Transsylvanien, Moldau und Walachei ergab. Die treibende Kraft, die die Einheit Rumäniens im 19. Jahrhundert voranbringen sollte, kam aus dem Norden. Bereits ab 1829 hatten sich die Kräfteverhältnisse in Europa wesentlich verschoben, mit der **russischen Föderation** war ein neues Machtgefüge entstanden, das seinen Einfluss auf Südosteuropa auszuweiten begann. Nach sechs erfolgreichen Kriegen gegen Österreich-Ungarn hatte Russland seine Position an den Karpaten soweit gestärkt, dass es das Protektorat über die Donaufürstentümer übernahm. Bessarabien ging an das Zarenreich *Alexanders des Ersten* und allein die Dobrudscha stand noch unter der Hoheit der Osmanen.

Auch für die beiden Fürstentümer Walachei und Moldau brach nach den Krimkriegen (1853–1856) eine neue Zeit an. Originellerweise wählten beide Provinzen 1859 mit *Alexandru Ioan Cuza* ein und denselben Fürsten zu ihrem Oberhaupt, was einer faktischen Einheit gleichkam. Dieser Trick wurde von den Westmächten geduldet und auch das geschwächte Osmanische Reich konnte dem Entstehen einer **rumänischen Nation** in der Folgezeit nichts mehr entgegensetzen. Zwar proklamierte *Cuza* 1861 den souveränen Staat Rumänien, das *Ţara Românească,* doch bis zur wirklichen Unabhängigkeit sollte es noch 20 Jahre dauern.

Das politische Schachspiel um die Kräfteverhältnisse an der südöstlichen Donau trat in eine entscheidende Phase, als Deutschland, Österreich und Frankreich einen prestigeträchtigen Herrscher suchten, um den türkischen und russischen Einfluss in der Region noch weiter zurückzudrängen. Es sollte jemand sein, der sich den anstehenden Herausforderungen des internationalen Parketts gewachsen fühlte und die rumänische Unabhängigkeit und Einheit auch im Westen sicherstellen konnte. Mit dem erst 27-jährigen Prinzen **Karl von Hohenzollern-Sigmaringen** bestieg 1866 zum ersten Mal ein Deutscher den Thron der vereinigten Fürstentümer. Er und seine Nachkommen sollten bis zum Sturz durch die Kommunisten im Jahr 1947 als Könige über Rumänien herrschen.

Die Monarchie und Großrumänien

Die erste internationale Anerkennung wurde den Rumänen zuteil, als sie sich im russisch-türkischen Krieg von 1877 an die Seite Russlands stellten. Durch die Niederlage der Türken gelang es, den osmanischen Einfluss auf den Balkan endgültig zu unterbinden und auf dem Berliner Kongress von 1878 wurde die **Unabhängigkeit Rumäniens** bestätigt. *Karl von Hohenzollern-Sigmaringen* bestieg 1881 als *Carol der Erste* den Thron und wurde erster rumänischer König.

Die Einbindung Rumäniens in den Westen schien vollauf gelungen. Mit der neu geschaffenen **erblichen Herrscherdynastie** deutschen Ursprungs erhielt das Königreich quasi eine Sicherheitsgarantie. Unter *Karl* erlebte die junge Monarchie ihre erste Blütezeit, deren architektonische Höhepunkte man noch heute als prächtige Karpatenschlösser (z.B. Peleş) besichtigen kann. Mit dem neuen Staat Rumänien war ein eher kleines Land zwischen den damaligen Großmächten entstanden, das in erster Linie den Wunsch nach Stabilität und Kontinuität verspürte und sich daher möglichst aus allen Konflikten heraushalten wollte. Doch das war nicht einfach.

Zu einem beständigen Unruheherd auf dem Balkan wurden die panslawistischen Bestrebungen der Nachbarn Serbien-Montenegro, Bulgarien und Russland. Für weiteren Sprengstoff sorgte die Oberhoheit Österreich-Ungarns über die benachbarte Region Transsylvanien. Die rumänische Bevölkerung hatte dort zwar mit 56 Prozent eine absolute Mehrheit, fühlte sich aber durch Auflagen der **Ungarn** in ihren elementaren Rechten eingeschränkt. So durfte z.B. ab 1907 in allen Schulen und Universitäten in Siebenbürgen nur noch Ungarisch gesprochen werden.

Der junge Staat Rumänien befand sich durch diese permanenten Repressalien Ungarns in einem Dilemma, das sich erst durch den Ausbruch des **Ersten Weltkriegs** auflösen sollte. Da der neue Staat seinen Platz zwischen den Großmächten erst finden musste, versuchte Rumänien sich bei Ausbruch des Feindseligkeiten zunächst neutral zu verhalten. An einen Krieg gegen Deutschland war mit einem deutschstämmigen Königshaus scheinbar gar nicht zu denken. Der Großneffe von *Karl von Hohenzollern-Sigmaringen, Ferdinand I.,* der den Thron noch im ersten Kriegsjahr bestieg, konnte dem Druck der *Entente* und der rumänischen Politiker jedoch nicht lange standhalten. Riesige Gebietszuwächse lockten. Obwohl es durch Geheimbünde mit dem Dreibund (Deutschland, Österreich-Ungarn, Italien) verbunden war, schlug sich Rumänien dennoch auf die Seite der *Entente* (Großbritannien, Frankreich, Italien und Russland). Dieser Schritt sollte die Karpatenmonarchie zu einem der großen **Kriegsgewinner des Ersten Weltkriegs** machen. Die alliierten Großmächte Italien, Frankreich und Großbritannien hatten vor allem auf eine territoriale Erweiterung Rumäniens gesetzt, um einerseits Österreich-Ungarn zu schwächen und andererseits eine große und starke Nation als Puffer gegen Russland aufzubauen.

Nach Ende des Krieges hatte sich das rumänische Staatsgebiet mehr als verdoppelt, die Bevölkerung war von 7,1 Millionen auf 15,5 Millionen angestiegen. Innerhalb kürzester Zeit war aus einem historisch langsam gewachsenen Nationalstaat mit geringen Minderheiten quasi über Nacht ein **Vielvölkerstaat** geworden, dessen verschiedene Regionen wirtschaftlich und politisch weit auseinander lagen. Der neue Staat, der um die Provinzen Crişana, Banat, Maramureş, Transsylvanien und Bukowina erweitert worden war, zeigte sich nur nach außen einig, innerlich jedoch war Rumänien zerrissen und gespalten.

Königs- und Militärdiktatur

Die Euphorie, in der sich Rumänien anfangs sonnte, wich zwischen den beiden Weltkriegen der harten Faktenlage. Der Traum von Großrumänien sollte sich schon bald als Albtraum erweisen. Der schnell gewachsene Staat stand vor immensen Problemen. Ähnlich wie in der Weimarer Republik führten auch in Rumänien die häufigen Regierungswechsel zum Scheitern aller Reformen. Wie im Westen hatte aufkeimender **Nationalismus und Antisemitismus** ab 1922 zu einer Gewaltwelle gegen Juden und Andersdenkende geführt, unter der vor allem jüdische Studenten zu leiden hatten. Und ähnlich wie in Spanien, Italien und Deutschland wurde der Ruf nach einer eisernen Hand immer lauter.

Im Jahre 1927 tauchte wie aus dem Nichts eine **„Legion des Erzengels Michael"** auf der machtpolitischen Bühne auf. Ihrem Gründer *Corneliu Zelea-Codreanu* gelang es, innerhalb kürzester Zeit rechtsextremistische Kräfte zu bündeln, die in den folgenden Jahren als so genannte *Eiserne Garde* die Massen in ihren Bann zogen. Die religiös motivierte faschistische Organisation lockte das Volk mit rassistischen Parolen und dem populistischen Motto *„Totul pentru ţara"* („Alles für das Land") in Scharen an. Eine Machtergreifung der Faschisten schien vor der Tür zu stehen.

Der Griff zur Macht gelang jedoch (anders als im übrigen faschistischen Europa) überraschenderweise einem anderen – einem Monarchen. König *Carol II.,* der Rumänien 1926 aus persönlichen Gründen verlassen hatte, kehrte 1930 aus seinem Exil in Paris zurück und rief in Bukarest kurzerhand eine **Königsdiktatur** aus. Diese rigorose Staatsform sollte Rumänien jedoch noch tiefer ins Chaos führen. Nachdem der König im Eilverfahren eine neue Verfassung verkündet und alle politischen Parteien verboten hatte, ließ er den Gründer der Eisernen Garde ermorden. *Carol II.,* der sich selbst als „Retter des Vaterlandes" ansah, musste im Laufe des **Zweiten Weltkriegs** mit ansehen, wie Rumänien zwischen den beiden Machtblöcken Deutschland und UdSSR immer weiter zerrieben wurde. Aufgrund des Hitler-Stalin-Pakts und eines russischen Ultimatums wurde das Land genötigt, im Juni 1940 die nördliche Bukowina und Bessarabien kampflos an die UdSSR abzugeben. Noch im selben Jahr verlangte *Hitler* die Abtretung Siebenbürgens an Ungarn. Innerhalb von drei Monaten hatte Rumänien ein Drittel seines Staatsgebietes eingebüßt.

Innenpolitisch sah der hilflose König *Carol II.* keinen anderen Ausweg mehr, als General *Ion Antonescu* im September zum Regierungschef zu berufen und ihm diktatorische Vollmachten zu übertragen. Auf die Königsdiktatur folgte die **Militärdiktatur.** *Antonescu* putschte bereits einen Tag später, machte *Carols* 19-jährigen Sohn *Mihai* zum König und erklärte sich selbst zum ersten *Conducător* (Führer) Rumäniens. Knapp 20 Jahre später sollte übrigens ein ehemaliger Schusterlehrling namens *Ceauşescu* ebenfalls Gefallen an diesem Titel finden.

Während der Kriegszeit gerieten vor allem die Juden und Roma in die schrecklichen Mühlen der Willkürherrschaft. Über 120.000 **Juden** wurden während der Militärdiktatur ermordet oder kamen in Lagern in Transnistrien am Schwarzen Meer als Zwangsarbeiter ums Leben.

Außenpolitisch hatte *Antonescu,* der insgeheim von einem neuen Großrumänien träumte, ganz auf die Karte Deutschland gesetzt und ließ seine Soldaten dafür sogar im Kessel von Stalingrad untergehen. *Antonescu,* der sich trotz der bitteren Niederlage nicht zu einem Frontwechsel zugunsten Russlands durchringen konnte, wurde 1944 durch den jungen **König Mi-**

hai gestürzt. Da der Monarch sofort alle Kampfhandlungen einstellte und sich auf die russische Seite schlug, hatte Rumänien das Blatt wie bereits im Ersten Weltkrieg wieder einmal zu seinen Gunsten gewendet. Zwar musste das Land territorial aufgrund seiner Wankelmütigkeit einige Verluste hinnehmen (die Nordbukowina und Bessarabien gingen an Russland, die Süd-Dobrudscha an Bulgarien), doch Transsylvanien wurde erneut zu rumänischem Gebiet.

Die rot gefärbte Volksrepublik

Die farbliche Anspielung in der Überschrift bezieht sich zum einen auf den **Kommunismus,** der nach dem Zweiten Weltkrieg in Rumänien zu einer „Roten Marionettenregierung" russisch-stalinistischer Prägunggeführt hatte. Die Rumänische Kommunistische Partei (*Partidul Comunist Român,* PCR) hatte mit ihren gerade einmal 1000 Mitgliedern bislang allenfalls die Rolle einer politischen Sekte gespielt, nun fand sie sich plötzlich, mit russischer Hilfe, an der Macht. Nachdem König *Mihai I.* am 30. September 1947 ins Exil in die Schweiz geschickt worden war, rief man noch am selben Tag die **Volksrepublik Rumänien** *(Republica Populară România)* nach sowjetischem Vorbild aus. Alles wurde fortan dem marxistisch-leninistischen Weltbild *Stalins* untergeordnet. Meinungs-, Organisations- und Pressefreiheit wurden abgeschafft.

Die Farbe Rot im Titel dieses Kapitels steht aber auch für die **blutige Verfolgung** Andersdenkender in dieser Zeit. Als Saboteure bezeichnete die 1948 gegründete *Securitate* (Staatssicherheit) vor allem die alte Elite der Intellektuellen und Akademiker. Erstaunlicherweise gerieten aber auch die Bauern bald ins Visier der Geheimpolizei. Viele Landwirte, insbesondere im abgelegenen Maramureş, widersetzten sich standhaft einer Zwangskollektivierung (übrigens tapfer bis in die 1960er Jahre hinein). Die bedrückende offizielle Zahl von 80.000 Bauern, die verhaftet und deportiert wurden, zeigt nicht nur, wie wenig beliebt die kommunistischen Ideen bei der rumänischen Landbevölkerung waren, sondern auch, mit welcher Härte das neue rote Regime gegen sie vorging. Der Preis, den die ausgemachten „Volksfeinde" zahlen mussten, war hoch. Historiker schätzen die Opfer der **rumänischen Stalinisierung,** die in den Zuchthäusern von Sighet, Piteşti, Salcia oder einem der Arbeitslager in der Bărăgan-Steppe ums Leben kamen, auf über 500.000.

Nach *Stalins* Tod im Jahr 1953 besann sich die kommunistische Partei Rumäniens plötzlich auf ihren **Nationalismus.** Zwar hatte Moskau in dem rumänischen Regierungschef und Parteiführer *Gheorghe Gheorghiu-Dej*

Nicus Rückblende: Die Manipulation des Wetterberichts

Dass unter der Herrschaft *Nicolae Ceaușescus* nicht alles so war, wie es erschien, kennt *Nicu* noch aus eigener Anschauung. Als Lehrer sollte er auf Wunsch des Regimes öfter die Wahrheit, z. B. die Ernteergebnisse, „ein wenig verbiegen". Das ganze Ausmaß der Manipulation kam jedoch erst nach der Revolution durch die Medien ans Licht. Während die Bevölkerung vor leeren Läden stand und allenfalls Äpfel, Kartoffeln und Kohl kaufen konnte, wurde *Ceaușescu* eine viel buntere Gemüsewelt vorgegaukelt:

„... Das gesamte Leben wurde manipuliert, sogar der Diktator selbst. So wurden auf Agrarausstellungen, die Ceaușescu auf seinen Inlandsreisen besuchte, vorher Ananas, Bananen, Orangen und Zitronen aus bemaltem Holz zu den Äpfeln gelegt, um dem „weisen Führer" vorzugaukeln, wie gut es der Bevölkerung ginge. Man platzierte diese Früchte so, dass der Conducător sie gut sehen konnte. Die Händler schwitzten dabei Blut und Wasser, da sie Angst hatten, „ihr Führer und süßer Kuss der Heimaterde" könne plötzlich Lust auf eine dieser holzigen Früchte bekommen.

Da Ceaușescu keine mageren Kühe mochte, musste, wenn er über Land fuhr, ein Vorauskommando gut genährte Exemplare auf die Weiden stellen. Dafür gab es extra Mastbetriebe, die diese dicken Kühe als Dekorationsware produzierten. Die Tannen, die bei Besuchen immer zur Verschönerung entlang der Fahrstrecke des schwarzen Cadillacs stehen mussten, wurden mit grüner Farbe besprüht, wenn sie vergilbte Stellen hatten. Auf Obstplantagen ließ man, um Rekordernten vorzutäuschen, zusätzliche Äpfel mit Draht an den Bäumen befestigen ... Was ich erst nach der Revolution erfahren habe, ist die Geschichte mit dem Wetterbericht. Um Kosten zu sparen, bekamen die Menschen im Winter nur an bestimmten Tagen Fernwärme. Damit ihnen die Kälte subjektiv nicht so kalt erscheinen sollte, ließ man die Temperatur im Wetterbericht immer ein paar Grad wärmer angeben - war es also minus 20 Grad hob man die Temperatur auf minus 5 Grad an ..."

einen loyalen Anhänger, doch der war – als überzeugter Stalinist – nicht daran interessiert, den „weichen" Kurs *Chruschtschows* in sein Land zu importieren. Nach dem Abzug der Roten Armee aus Rumänien im Jahr 1958 befand sich der Staat bereits auf einem anderen, einem eigenen, nationalistisch geprägten Weg. Man wollte es alleine schaffen. Die neue Losung lautete *„Prin noi înşine"* („Durch uns selbst").

Bereits 1947 war es zu parteiinternen **„Säuberungsaktionen"** gekommen, die weder vor Menschen, noch vor Buchstaben Halt machte. Das „C" im Namen der *Partidul Comunist Român* war vielen Russlandskeptikern längst ein Dorn im Auge, worauf man die Partei kurzerhand in Rumänische Arbeiterpartei *(Partidul Muncitoresc Român)* umbenannte. Die Verwandlung von der PCR zur PMR ging im folgenden Jahrzehnt einher mit einer De-Russifizierung des Lebens.

Das Pflichtfach Russisch in der Schule wurde 1958 abgeschafft, russische Straßennamen ausgewechselt, die Stadt Oraşul Stalin (Stalinstadt) erhielt 1960 wieder ihren alten Namen Braşov und der Staatsname Romînia bekam seine alte Schreibweise **România** zurück. Bislang unbekannte Politiker begannen gegen die zunehmende Ausbeutung Rumäniens durch die Sowjetrussen zu wettern. Scheinbar auf die Spitze trieb dies ein Jungkommunist, den der neue Regierungschef *Gheorghiu-Dej* bereits aus dem Gefängnis kannte: **Nicolae Ceauşescu** (s. dazu auch Exkurs *„Nicolae Ceauşescu* – vom Schusterlehrling zum ‚irdischen Gott'").

014ru Foto: hz

Die Diktatur der Ceauşescus

Eigentlich wird dem Diktator *Ceauşescu* in diesem Buch mit den Rückblenden des Lehrers *Nicu* bereits genügend Platz eingeräumt, sodass man sein Wirken an dieser Stelle nicht überstrapazieren muss. Es sei jedoch darauf verwiesen, dass sich vieles im heutigen Rumänien ohne ein Verständnis der Entwicklung *Nicolae Ceauşescus* von einem durchaus beliebten und erfolgreichen Politiker hin zu einem verhassten Despoten der an Realitätsverlust litt, kaum begreifen lässt. *„Dieser Realitätsverlust"*, so drückte es der Schriftsteller *Mircea Dinescu* aus, *„hatte sich am Ende in Verbindung mit Angst wie eine dicke Staubschicht über das ganze Land gelegt und alles gelähmt."*

Aufbau eines Mythos

Ceauşescu erwies sich zu Beginn seiner Karriere als geschickter Stratege. Als er im März 1965 mit gerade einmal 47 Jahren als jüngster politischer Führer Europas die Macht in Rumänien übernahm, legte er sich selbst gegenüber als Erstes strikte Zurückhaltung auf. Was heute kaum jemand mehr wahr haben möchte: Im Parteiorgan *Scînteia* durfte in den ersten vier Monaten, auf Anweisung *Ceauşescus* hin, kein Porträt von ihm gezeigt werden. Künstler und Intellektuelle konnten sich anfangs frei entfalten, die Reisemöglichkeiten wurden erweitert und die Versorgung mit Lebensmitteln war im Vergleich zu anderen Ostblockstaaten ungewöhnlich gut. Zielstrebig gelang es *Ceauşescu*, sich die Aura eines **ehrlichen und mutigen Antistalinisten** zu erarbeiten, indem er viele der unter seinem Vorgänger und Ziehvater *Gheorghiu-Dej* verfolgten Kommunisten rehabilitierte.

Zu einem wahren Sympathieschub im In- und Ausland kam es, als *Ceauşescu* als erster Politiker hinter dem Eisernen Vorhang unverhohlen einen eigenen, von Moskau unabhängigen Weg anmahnte. So nahm Rumänien als erstes Ostblockland diplomatische Beziehungen zur Bundesrepublik Deutschland auf und weigerte sich als einziger Staat des Warschauer Paktes (kommunistisches Militärbündnis von 1955 bis 1991) nach dem 6-Tage-Krieg seine Beziehungen zu Israel abzubrechen.

Kaum ein Amerikaner, Brite oder Franzose ahnte, dass sich hinter diesen, in westlichen Augen „noblen" politischen Gesten reine Geldinteressen verbargen. Für ausreisewillige Siebenbürger Sachsen oder Banater Schwaben kassierte das rumänische Regime **Kopfgelder** in Millionenhöhe. Der damalige Bundeskanzler *Schmidt* hatte jährliche Aussiedlerquoten mit *Ceauşescu* ausgehandelt, was zu einem Massenexodus der deutschen

Nicolae Ceauşescu – vom Schusterlehrling zum „irdischen Gott"

Um den schüchternen, kontaktscheuen Mann mit dem Sprechfehler, der nur vier Jahre zur Schule ging und es trotz all seiner offensichtlichen Mängel (bisher) zu Europas (bisher) langlebigstem Diktator der Neuzeit gebracht hat, ranken sich zahlreiche Legenden. Wie könnte es auch anders sein, angesichts seines notorischen Hangs zur eigenen Biografie- und Geschichtsfälschung?

Unzweifelhaft nachgewiesen ist die Geburt *Ceauşescus* im oltenischen 2000-Seelen-Dorf Scorniceşti am 26. Januar 1918. Im lang gestreckten Straßendorf, das nach seinem Aufstieg später zur Pilgerstätte wurde, kam er als drittes von zehn Kindern einer Bauernfamilie zur Welt. Die Schule besuchte er barfuß und ungern, doch seine Lehrer priesen ihn später auf Anweisung als *„strahlenden Mathematiker"* oder als *„forschenden Geist"*. *Ion Bărăscu,* einer der Lehrer, bekannte nach der Revolution, dies seien nur reine Erfindungen gewesen. Der gemeinsam mit seiner späteren Ehefrau *Elena* unter seiner mangelnden Bildung leidende Führer hätte ihn sogar gezwungen, sämtliche Dokumente und Zeugnisse nachträglich positiv zu ändern.

Im Alter von 10 Jahren musste *Ceauşescu* sein Elternhaus verlassen und begann in Bukarest gleich zweimal eine Schusterlehre. Für seinen, der kommunistischen Partei nahe stehenden, Meister *Săndulescu* unternahm er konspirative Botengänge, die ihn schon bald in Konflikt mit der Polizei brachten. Als sechzehnjähriger Jungkommunist brachte ihm eine Flugblatt-Aktion eine zweieinhalbjährige Gefängnisstrafe im berüchtigten Zuchthaus Doftana ein. Diese Haft sollte sich im Nachhinein als größter Glücksfall seines Lebens herausstellen. Noch hinter den Gefängnismauern lernte er *Gheorghe Gheorghiu-Dej,* den späteren Regierungschef und kommunistischen Parteiführer kennen und wurde dessen politisches Ziehkind. Karriere machte *Ceauşescu* jedoch weiterhin erst einmal hinter Gefängnismauern. Die Kriegsjahre verbrachte er in drei verschiedenen Lagern.

Wie kann man sich den steilen Aufstieg nach seiner Entlassung erklären? Trotz der extrem dünnen Personaldecke der Kommunisten landete der schüchterne, kontaktscheue *Ceauşescu* nur auf Platz 30 der Wahlliste des Zentralkommitees der Partei. Er war unbeliebt. Ein Funktionär fasste seine Tätigkeit als Parteiinstrukteur in Constanţa mit den Worten zusammen: *„Er hatte als Instrukteur sowieso nicht viel zu sagen, aber er zeichnete sich auch nicht gerade durch Intelligenz aus."* Keiner seiner Parteigenossen wollte ihn „oben" sehen. Selbst sein Ziehvater *Gheorghiu-Dej* konstatiert 1948, als *Ceauşescu* sich als stellvertretender Landwirtschaftsminister versuchte: *„Lass mich mit dem Idioten in Ruhe. Er hat von nichts eine Ahnung und kann dich nur nerven."*

Der Hauptfaktor, der dazu führte, dass aus dem ehemaligen Schusterlehrling und unscheinbaren Außenseiter der „geliebte Führer" werden konnte, wird vom ZK-Kollegen *Bârlădeanu* so zusammengefasst: *„Etwas hässlich, aus armen Verhältnissen, stotternd, fehlende Schulbildung ... Dies alles zusammen hat in ihm Komplexe ausgelöst, an denen er sein ganzes Leben trug. Sein Zufluchtsort war die Macht."* Und der ehemalige Volksratssekretär fügt hinzu: *„Ceauşescu nahm sich wichtig, er wollte sich groß machen ... Obwohl er nicht viel zu sagen hatte, litt er an der Boala de Putere – der Krankheit zur Macht ... Er war süchtig nach Macht. Er wollte um jeden Preis hoch."*

015ru Foto: hz

Bevölkerung in Rumänien führte. Auch von Israel erhielt Bukarest Kopfgelder, die wie bei den Deutschen nach Alter und Ausbildungsgrad gestaffelt waren. Zwischen 2000 und 250.000 US-Dollar flossen für einen jüdischen Bürger auf die Konten der rumänischen Unterhändler. Für *Ceauşescu* lohnten sich die Geheimabkommen mit Israel in mehrfacher Hinsicht. Neben den Millionen, die auf seine Konten flossen, entledigte er sich zugleich einer unbeliebten Bevölkerungsgruppe. Der Staat machte zusätzliche Gewinne mit dem ehemaligen Hausbesitz der jüdischen Aussiedler und präsentierte sich dabei weltweit als Verfechter der Menschenrechte. Die internationale Anerkennung sollte nicht lange auf sich warten lassen.

Als der rumänische Außenminister *Corneliu Mănescu* im Jahre 1967 mit amerikanischer Hilfe zum Präsidenten der Vollversammlung der Vereinten Nationen gewählt wurde, stand *Ceauşescu* kurz vor seinem nationalen und internationalen Zenit. Auf dem Höhepunkt des Kalten Krieges war ein rumänischer Vorsitz im höchsten Gremium der Weltorganisation natürlich ein Schlag ins Gesicht der anderen Ostblockstaaten. Doch *Ceauşescu* hatte noch etwas Spektakuläreres zu bieten: Als 1968 beim so genannten **Prager Frühling** die Panzer rollten und den tschechischen Widerstand *Alexander Dubceks* zerschlugen, der es gewagt hatte, einen *„Sozialismus mit menschlichem Gesicht"* zu fordern, verweigerte *Ceauşescu* den

Machthabern in Moskau jeden Beistand. Bereits einen Tag nach dem Einmarsch der Warschauer-Pakt-Staaten rief er von einem Bukarester Balkon der ihm spontan zujubelnden Menge zu: *„Der Einmarsch der Truppen der fünf sozialistischen Staaten in die Tschechoslowakei ist ein großer Fehler, eine schwere Bedrohung für den Frieden in Europa und das Schicksal des Sozialismus in der Welt. Es ist ein beschämender Moment in der Geschichte der revolutionären Bewegung."*

Die Reaktion auf seine Rede war gewaltig. Zahlreiche Intellektuelle und Unentschlossene traten der kommunistischen Partei bei. *Charles de Gaulle* und *Richard Nixon* gaben sich in Bukarest die Türklinke in die Hand und der Name *Nicolae Ceauşescu* stand sogar kurzfristig in Stockholm auf der Nominiertenliste für den **Friedensnobelpreis.**

Kulturrevolution und Personenkult

Das nach außen sichtbar zur Schau getragene „Zuckerbrot", das viele der begeisterten neuen *Ceauşescu*-Anhänger verblendete, stand in krassem Gegensatz zur bereits seit 1966 geschwungenen **innenpolitischen „Peitsche".** Für Frauen, die noch keine fünf Kinder geboren hatten oder das fünfundvierzigste Lebensjahr noch nicht vollendet hatten, standen Abtreibungen unter Strafe. Die Bevölkerung Rumäniens, so hatte es *Ceauşescu* beschlossen, sollte bis zur Jahrtausendwende von 23 Millionen auf 30 Millionen ansteigen. Wer illegal abtrieb, dem drohte eine Haftstrafe von bis zu acht Jahren.

Das Ende aller liberalen Zugeständnisse, die Mitte der 60er Jahre zu einer kurzen Phase der Kulturoffenheit geführt hatten, wurde 1971 eingeläutet - unmittelbar nach einer Asienreise. Bereits seit einigen Jahren nahm der Einfluss **Elena Ceauşescus** auf ihren Mann kontinuierlich zu. Die beiden hatten bereits 1945 kurz nach seiner Gefängnis-Entlassung geheiratet. Frau *Ceauşescu* begnügte sich jedoch nie mit der Rolle als Ehefrau. Sie strebte eine eigene Karriere an, die sie in den Wissenschaften zu finden hoffte. Bereits auf der Asienreise führte die Frau, die im wahren Leben nur drei Schulklassen absolviert hatte, einen Ingenieurs- und Doktortitel (in Chemie) vor ihrem Namen spazieren, den sie in einem obskuren Fernstudium ohne Präsenzpflicht erworben hatte. Frau *Dr. Ing. Ceauşescu* und *Nicolae Ceauşescu* kamen in China und Korea aus dem Staunen kaum mehr heraus. Diese Reise sollte das Leben der Rumänen grundlegend verändern.

So sah sich der „geliebte Führer" am liebsten: als volksnaher Landesvater

Besonders gut gefiel den beiden *Ceauşescus* der **Personenkult,** der um *Mao Tse Tung* und *Kim Il Sung* zelebriert wurde. Die Massenaufmärsche und Huldigungen hatten es dem ambitionierten Diktatorenpaar so sehr angetan, dass sie gleich nach ihrer Rückkehr beschlossen, das rumänische Kulturleben vom „Kopf auf die Füße" zu stellen. Intellektuell sein war out. Volkstänze, Massenaufmärsche und Fahnentänze sollten ab sofort zum täglichen Leben der Menschen gehören.

„So ein Mann wie du wird nur alle 500 Jahre einmal geboren. Es wird Zeit, dass dies auch in der Dichtung und Literatur gebührend gewürdigt wird." (Elena Ceauşescu)

Der Kreativität der **Künstler** wurde eine klare Grenze gesetzt, deren Fangzäune aus dem ideologischen Gedankengut der marxistisch-leninistischen Weltanschauung und dem kitschigen Geschmack *Ceauşescus* bestanden. Wer diese ideelle Grenze überschreiten wollte und sich weigerte, bestellte Huldigungen auf den Landesvater oder naturalistische Landschaftsporträts für die Flure des Nationalpalastes abzuliefern, hatte es schwer.

Intellektuelle gehörten fortan zum Beuteschema des begeisterten Jägers, der selbst die Schmach seiner unzureichenden Bildung niemals hätte überwinden können. Immer öfter ließ sich *Ceauşescu* mit goldenem Zepter ablichten - dem Symbol der Macht. Der exzentrische Surrealist *Salvador Dalí,* der selbst gerne mit Zepter in Erscheinung trat, schickte ihm daraufhin ein Glückwunschtelegramm.

... und Maisbrei explodiert doch - Regimekritik

„Mămăliga nu explodează."
„Maisbrei explodiert nicht."
(rumänisches Sprichwort)

Die Rumänen werden als gutmütiges und gastfreundliches Volk bezeichnet, sogar von ihrem gerne einmal quer schießenden Nachbarn Ungarn. Die **Gutmütigkeit** wurde dabei von den eigenen Despoten gerne auch als Duldsamkeit interpretiert und mitunter gehörig ausgenutzt. Die eigenen Landsleute, vor allem die Bauern, da war man sich von *Mihail Viteazul* bis *Gheorghe Gheorghiu-Dej* einig, konnten schon so manche Last ertragen. Heute würde man wohl sagen: Rumänen - die sind pflegeleicht. Wer Gutmütigkeit jedoch mit der Behäbigkeit verwechselt, die dem rumänischen Bauern nachgesagt wird, dessen Leibspeise nach wie vor aus *Ma-*

maligă cu brânza şi smăntăna (Maisbrei mit Käse und Sahne) besteht, darf sich nicht wundern, wenn dieser Maisbrei eines Tages dann doch vor Wut in die Luft geht – auch wenn er von seiner Konsistenz her nur gelegentlich ein paar seufzende Luftblasen von sich geben dürfte.

Nach innen hatte der um ihn entstehende Personenkult dazu geführt, dass *Ceauşescu* jedes politische Augenmaß verlor. So ließ sich der „Held der Karpaten" und „Der Titan der Titanen" den größten Volkspalast der Welt errichten und sich auch dann noch in riesigen Massenkundgebungen feiern, als sein Volk schon kaum mehr Lebensmittel in den Läden vorfand. Durch eine rigorose **Sparpolitik** wollte er Rumänien von 1982 bis 1989 von allen Auslandsschulden befreien. Er hatte keine Ahnung, was er seinem Volk damit zu einer Zeit zumutete, in der sich Russland unter *Gorbatschow* schon auf den demokratischen Weg gemacht hatte.

Die **erste Kritik** gegen das Regime regte sich im Westen – nicht etwa in Timişoara, das sollte noch ein wenig dauern – sondern in New York. Am 10. März 1989 erschien in der „New York Times" ein offener Brief von sechs rumänischen Alt-Kommunisten, die *Ceauşescu* darin auffordern, einen radikalen Kurswechsel in seiner Politik vorzunehmen, sonst würde das Land auf den Abgrund zusteuern. Zu den Unterzeichnern gehörte unter anderen *Silviu Bruncan,* der einst in der Chefredaktion die Geschicke des Parteiblatts „Scînteia" maßgeblich mitbestimmt hatte.

Kritik der Intellektuellen

Schon bald regten sich andere Stimmen aus dem intellektuellen Lager. Knapp eine Woche nach der New Yorker Veröffentlichung erschien in der Pariser „Libération" ein Interview mit dem **Regimekritiker** *Mircea Dinescu,* der in Rumänien unter Hausarrest stand. Unter dem Titel „Brotteller mit Wanze" wurden bald auch in Deutschland kritische Texte von *Dinescu* abgedruckt. Auf subtilere Art hatte die Schriftstellerin *Ana Blandiana* zuvor in einem Kinderbuch Kritik am Regime geübt. Darin gab es einen machtsüchtigen Kater als Hauptprotagonisten, der auf verblüffende Weise Ähnlichkeit mit *Nicolae Ceauşescu* besaß. (Das Buch wurde natürlich sofort verboten.)

Ceauşescu selbst zeigte sich von der Kritik der Schriftsteller und Ex-Kollegen wenig beeindruckt. Was ihm zu schaffen machte, waren mögliche **Unruhen der Arbeiterschaft,** die er bereits 1977 als Bergarbeiterstreik im Schiltal und im November 1987 in Braşov eindämmen musste. Er löste solche Probleme wie immer mit seinem probaten Mittel von Zuckerbrot und Peitsche. In Braşov hatte er nur die Reihenfolge etwas ändern müssen. Zuerst griff die eiserne Hand der *securitate* durch und streikende Arbeiter wurden zu Gefängnisstrafen verurteilt. Tags darauf staunte die Bevölkerung von Braşov nicht schlecht über die Zuckerbrote in Form von vollen Regalen in den Geschäften, sonst kaum erhältliche Lebensmittel waren plötzlich problemlos zu haben und natürlich wurden auch alle ausstehenden Gehälter sofort ausbezahlt. Doch das war 1987 ...

Im Dezember 1989 hatte sich die Welt dank Gorbatschows **Perestroika** schlagartig verändert. *Ceauşescu* war am 4. Dezember noch einmal nach Moskau geflogen, um *Gorbatschow* milde zu stimmen. Dieser hatte ihm beim letzten Besuch gehörig den Kopf gewaschen. Doch die Gespräche verliefen unterkühlt. Auf die Frage des rumänischen Ministerpräsidenten *Dăscălescu,* der *Ceauşescu* auf seiner letzten Moskaureise begleitete, ob *Gorbatschow* am 9. Januar nach Bukarest kommen wolle, antwortete *Gorbatschow* nur mit der weitsichtigen Gegenfrage: *„Werdet ihr bis zum 9. Januar noch leben?"*

Die Wende

In Rumänien spitzten sich die Ereignisse derweil zu und es war nicht wie erwartet die Arbeiterschaft, die den Sturz *Ceauşescus* einläutete, sondern ein Mann aus dem Klerus. Der Pfarrer der reformierten Kirche in Timişoara, *Laszlo Tökes,* hatte zwar aufgrund seiner regimefeindlichen Predigten Berufsverbot erhalten, predigte jedoch auch ohne Gehalt weiter. Als *Tökes* durch die Securitate aus seiner Wohnung zwangsevakuiert werden sollte, versammelten sich am 16. Dezember 1989 über 1000 Menschen im Stadtzentrum. Es kam zu spontanen **Arbeitsniederlegungen, Verwüstungen und antikommunistischen Losungen.** Als Antwort des Regimes auf die Rufe nach Freiheit und Demokratie flogen Schlagstöcke und gepanzerte Fahrzeuge der Armee rollten auf. Die erste kleine Revolution wurde niedergeschlagen, doch - und das ist entscheidend - ohne Schüsse.

Ceauşescu war in Rage. Er hatte den Militärs befohlen, **scharfe Munition** einzusetzen. Vor seiner Auslandsreise nach Teheran gab er dem Verteidigungsminister *Milea* „noch eine letzte Chance". Falls es wieder zu Protesten kommen sollte, würden einige der *„Hooligans und chauvinistischen ungarische Nationalisten"* danach nicht mehr laufen können. Laut *Ceauşescus* Befehl sollte das Militär den Protestlern in die Beine schießen.

Doch es kam anders. In Timişoara war die ganze Stadt im Streik. Menschenmassen überfluteten den zentralen Opernplatz. Revolutionsführer sprachen vom Opernbalkon zu der Menge. Überall waren Rufe zu hören wie: *„Noi suntem poporul"* (Wir sind das Volk), *„Acum sau niciodată"* (Jetzt oder nie) oder *„Fără violenţă - Armata e cu noi"* (Ohne Gewalt, die Armee ist mit uns).

Doch dem war anfangs nicht so. Am 19. Dezember begann das Militär zu schießen, doch nicht nur in die Beine. Es gab die ersten Toten - einen Tag später kam es dennoch zu den ersten Verbrüderungsszenen zwischen der Bevölkerung und den Militäreinheiten. Timişoara war zur **ersten freien Stadt Rumäniens** geworden - doch kaum einer im Rest des Landes wusste davon, denn alle Telefonleitungen waren heimlich gekappt worden. Die bestinformierten Rumänen waren zum damaligen Zeitpunkt die Fernsehzuschauer, die westliche Programme empfangen konnten.

Die gestohlene Revolution

Als *Ceauşescu* vier Tage vor Weihnachten 1989 aus dem Iran zurück nach Bukarest kam, hatte sich „sein Land" total verändert und er gab sich völlig überrascht. Bereits am Folgetag gingen die Menschen in Cluj, Arad, Braşov, Târgu Mureş und Sibiu auf die Straßen. Selbst ein altbewährter **Griff in die Trickkiste** brachte wenig Erfolg. Um die Unruhen zumindest im Westen zu stoppen, hatte man prügelerprobte Bergarbeiter aus den Gruben Olteniens nach Timişoara verfrachtet und ihnen erzählt, die Ungarn hätten die Stadt angegriffen. Doch diesen Schwindel entlarvten die bestellten Schlägertrupps schnell, da sie anders als erwartet bei ihrer Ankunft am Bahnhof von der Temeschwarer Bevölkerung jubelnd und herzlich mit einer warmen Suppe und Wein empfangen wurden. Solche Verbrüderungsszenen sollten in der Hauptstadt Bukarest noch eine Weile auf sich warten lassen.

21.12.1989: Bukarest. 12 Uhr mittags

Als Fernsehzuschauer hat man sich im Zeitalter des militärischen Informationsmanagements und der *embedded correspondents* mittlerweile daran gewöhnt, die Bilder von diversen Kriegsschauplätzen live direkt zum Abendessen serviert zu bekommen. Längst ist der Krieg zu einem medialen Jetztzeit-Ereignis geworden. Revolutionen hingegen finden im **Fernsehen** immer nur zeitversetzt statt. Revolutionen haben es gewöhnlich eilig, sie lassen sich selten in bewegten Bildern einfangen, da sie nicht planbar sind. Die Umdrehungs-Geschwindigkeit eines Umsturzes kann gelegentlich verblüffend hoch sein. Und es mag so manchem Bauern im fernen Maramureş zum Mittagessen am 21.12.1989 der Löffel aus der Hand gefallen sein, als er den Fernseher einschaltete. Seinem „geliebten Führer" *Ceauşescu* wurde doch tatsächlich mitten in einer öffentlichen Rede der Saft abgedreht.

Die kreative Revolutionslyrik der Straße

Auf den Plakaten und Transparenten der Revolutions-Bevölkerung von Temeschwar konnte man im Dezember 1989 gereimte Zweizeiler lesen, die sich eng an die Versform der früheren Pflichthuldigungen anlehnten, die da z. B. hießen:

Ceauşescu - România *stima noastră şi mândria*	*Ceauşescu* - Rumänien unsere Hochachtung unser Stolz

Am 16. Dezember 1989 hörten sich die Forderungen und Parolen dann so an:

Vrem Crăciun *fără nebun*	Wir wollen Weihnachten ohne den Verrückten
Azi în Timişoara *mâine-n toată ţara*	Heute in Temeschwar morgen im ganzen Land
Ceauşescu fii boier *fă şi tu ca Honecker*	*Ceauşescu*, sei ein Herr mach es so wie Honecker
Pentru sângele vărsat *Ceauşescu condamnat*	Für das vergossene Blut muss *Ceauşescu* verurteilt werden

Einige Stimmen wagten auch bereits makabre Prophezeiungen:

Ceauşescu, anu nou *o să-l facă în cavou*	*Ceauşescu* wird das Neue Jahr in der Gruft feiern
Ăsta-i dricu *Lui nea Nicu*	Dies ist der Totenwagen von Onkel *Nicu*

Fußballverrückte Kinder machten sich ihren eigenen Reim auf die Revolution:

Olé, olé, olé, olé - *Ceauşescu nu mai e*	Olé, olé, olé, olé - *Ceauşescu* ist nicht mehr

Li - ber - ta - te

Zu einem der beliebtesten Symbole vieler vorangegangener Revolutionen war der Balkon geworden. Ob 1956 in Ungarn oder während der „samtenen Revolution" 1989 in der Tschechoslowakei - und so sollte es auch in Rumänien sein. Zum entscheidenden Inszenierungsort dieser Revolution wurde der Balkon des Zentralkommitees der KP Rumäniens gegenüber dem alten Königspalast.

Der Conducător *Ceauşescu* hatte zu einer alles entscheidenden **Rede** ins Bukarester Stadtzentrum geladen - seiner letzten. Die Fernsehbilder zeigen ihn also auf dem Balkon des ZK-Gebäudes, die schwarze Tschapka tief in die Stirn gezogen. Neben ihm seine Frau *Elena, Emil Bobu* sowie der

Ministerpräsident *Dăcălescu,* der kurz zuvor noch mit den Revolutionären in Timişoara verhandelt hatte. Wie üblich hatte man bestellte Jubler und Fähnchenschwenker aus allen Musterbetrieben an den Boulevard 1848 gebracht. Der Platz unterhalb des Balkons war schwarz vor Menschen. Die Transparente mit den Jubelparolen *„Trăiască Partidul Comunist Român"* (Hoch lebe die Kommunistische Partei Rumäniens) blieben, wie befohlen, noch eingerollt.

Ceauşescu begann mit einer Schimpftirade auf die Unruhestifter im Ausland, nannte die Demonstranten „Hooligans", „Rowdys" und „gewaltbereite Lümmel". Das schien der Menge noch zu gefallen, doch dann geschah das Unvorstellbare: Als er in monotonem Singsang seine übliche Lobeshymne auf die Veranstalter anstimmte, ging ein Murren durch die Menschenmenge. So etwas hatte das Volk Jahrzehnte lang gehört, man hatte die Plattitüden satt. Die **Proteste** wurden lauter. Die staatlichen Fernsehsender stellten die Übertragung sofort ein. Die ganze Nation bekam vor den Bildschirmen mit, wie ihrem Staatschef der Saft abgedreht wurde. Was die Zuschauer nicht mehr sehen konnten: Aus der früher oft gerufenen Jubelparole *„Ceauşescu şi poporul"* (Ceauşescu und das Volk) war deutlich hörbar ein *„Ceauşescu, dictatorul"* (Ceauşescu, Diktator) geworden. Laute, rhythmisch skandierte Rufe nach Freiheit wurden laut: „Li - ber - ta - te". Vereinzelt war leise der Ruf *„Românii nu sînt laşi"* (Die Rumänen sind nicht feige) zu hören.

Ceauşescu war irritiert, klopfte mehrmals verlegen gegen das Mikrofon, so als wäre die vermaledeite Technik an seinem „Hörfehler" schuld. *„Hallo, Hallo, Ruhe, Ruhe - Tovarăşi"* sagte er hilflos ins Mikrofon. Seine Frau *Elena* erkannte zuerst die Lage. Geistesgegenwärtig trat sie an *Ceauşescu* heran und flüsterte ihm ins Ohr: *„Gib ihnen 100 Gramm Salami mehr. Sag ihnen was sie hören wollen."* Und *Ceauşescu* folgte dem Vorschlag seiner Frau, versprach eine Anhebung der Löhne, der Witwenpensionen, der Kinderzulagen ...

... die kurze Störung im Fernsehen war just in diesem Moment wieder behoben.

Volksaufstand in Bukarest

Im Laufe des Nachmittags standen die Menschen in Bukarest auf der Piaţa Romană, hielten sich an den Händen und sangen die alte Hymne von 1848: „Rumäne, erwache aus dem Schlaf, in den dich Tyrannen versetzt haben ..." Dieses Lied, das heute wieder offizielle Nationalhymne Rumäniens ist, galt im Dezember 1989 als unmißverständlicher Aufruf zur Revolte. Rund um den Piaţa Unirii, vor allem aber im Studentenviertel um das

Hotel Intercontinental tobte in der anschließenden Nacht der **blutigste Kampf der rumänischen Revolution.** Da der Diktator sich überraschenderweise entschlossen hatte, im ZK-Gebäude zu übernachten, wurde die Leib- und Palastwache (mehrere Tausend Mann) ebenfalls in die Innenstadt verlegt und beteiligte sich an den Kämpfen. Die Studenten hatten Barrikaden errichtet. Ihre Schlachtruf lauteten *„Jos dictatura!"* (Nieder mit der Diktatur!), *„Libertate!"* (Freiheit!) und *„Dreptate!"* (Gerechtigkeit!).

Am nächsten Morgen glich die gesamte Innenstadt einem **Schlachtfeld.** Der blutige und verdreckte Universitätsplatz wurde abgespritzt. Der Preis, den Rumänien für seine Freiheit in dieser einen Nacht zahlen musste, waren 91 Tote und Hunderte von Verletzten – die meisten von ihnen Studenten. (Insgesamt verloren in den Tagen der Revolution über 1000 Menschen ihr Leben.) Noch bis 1994 stand an einem hässlichen Marmorsockel – einer noch von *Ceauşescu* geplanten, aber nie vollendeten Statue – am Piaţa Romană die Inschrift: *„De Crăciun ne-am luat raţia de libertate."* (Zu Weihnachten haben wir uns unsere Ration Freiheit genommen.)

Tele-Revoluţie non-stop

Wer wollte, konnte die nachfolgenden weihnachtlichen Tage in Rumänien ruhig vor dem Fernseher verbringen. Das stundenlange Telejurnal, in dem früher die Erfolge der kommunistischen Partei lang und breit aufgezählt wurden, war plötzlich vom Bildschirm verschwunden. Bis in den letzten Winkel bekam nun jeder die sich überschlagenden Ereignisse der Revolution **live ins Wohnzimmer** geliefert. Die Ehre der ersten frohen Kunde war *Mircea Dinescu* überlassen, dem kritischen „Poeten der Freiheit", der seit Monaten in seiner Wohnung unter Hausarrest gestanden hatte. *„Wir haben gewonnen"*, verkündete er nun euphorisch vom Bildschirm.

016ru Foto: hz

Der **Tod der Ceauşescus** kam erst mit 10-stündiger Verzögerung über den Äther, weil man sich nicht entscheiden konnte, ob die Rumänen reif für die brutalen Amateuraufnahmen waren, die neben der eigentlichen Erschießung auch die beiden Leichen aus allen Blickwinkeln zeigten. Zuerst entschied man sich für eine stark zensierte Kurzfassung, die zu einer Welle von empörten Anrufen bei der Fernsehanstalt führte.

„Wir, das Volk, haben jetzt die Macht", sagte ein Anrufer, *„also dürfen wir auch bestimmen, was wir sehen dürfen und was nicht."* Man wolle den Tod der Despoten mit eigenen Augen sehen, sagten andere, sonst könne man niemandem im Land mehr glauben.

Am 26. Dezember rückte das Militär widerwillig das brisante Material heraus, das nicht nur das tote Diktatoren-Ehepaar pietätslos aus allen Blickwinkeln und in Großaufnahme zeigte, sondern auch den vorhergehenden stundenlangen „Prozess" als eine zynische Inzenierung stalinistisch geprägten Dilettantismus entlarvte. In den Medien kursierten nach dem Untergang der Diktatur viele Begriffe, die von einer verratenen, einer unvollendeten, einer versandeten oder einer **gestohlenen Revolution** sprachen. Die meisten Rumänen hatten das Gefühl, dass ihnen etwas Entscheidendes fehlte - wirkliche Demokratie.

Ein Jahrzehnt unter Iliescu

Bis heute ist die Diskussion darüber nicht abgerissen, ob der Aufstand gegen den Diktator *Ceauşescu* eine echte Revolution oder der **Putsch einer kleinen Clique** um *Ion Iliescu* gewesen ist, der 1990 mit 85 Prozent der Wählerstimmen zum ersten Präsident des „befreiten Rumäniens" gewählt wurde. Die Parlamentskommission, die dies zu klären hatte, musste sich jahrelang mit verschwundenen Akten oder ermordeten Zeugen beschäftigen, ohne zu einem endgültigen Urteil zu kommen. Wohin ist das angebliche Schweizer Milliarden-Vermögen des Diktators verschwunden? Wer waren die Mörder der über 1000 Toten, die die Revolution gekostet hat? Kein einziger wurde je verurteilt.

Ion Iliescu, ein ehemaliger Weggefährte *Ceauşescus,* hatte bereits einige Tage nach dessen Tod im Fernsehen spontan eine Front der Nationalen Rettung (FSN) ausgerufen und (ohne deren Einwilligung zu erfragen) auch Dissidenten wie *Ana Blandiana* und *Mircea Dinescu* mit in dieses Bündnis integriert. Als im Sommer 1990 Studenten, Intellektuelle und liberale Bürger gegen die Fortführung der Politik mit den alten Machteliten demonstrierten, entlarvte sich *Iliescu* als **Wolf im Schafspelz.**

Der Dichter Mircea Dinescu war der erste, der im Dezember 1989 dem rumänischen Volk das Ende der Ära Ceauşescu verkündete

Opposition: Solidarität der „Strolche"

Wie unglaublich humorvoll die Rumänen gerade in schwierigsten Situationen reagieren können, zeigten die Aktionen der so genannten *golani*. *Iliescu* hatte die Studenten anfänglich so bezeichnet. Am besten übersetzt man dieses Wort mit dem deutschen „Strolch".

Doch bald schon solidarisierten sich auch Prominente und oppositionelle Politiker mit den Studenten und bezeichneten sich selbst in den Medien und der Öffentlichkeit, entsprechend ihrer Berufstätigkeit, als Schauspielerstrolch (golan-actor), Malerstrolch (golan-pictor), Offiziersstrolch (golan-ofițer) oder Botschafterstrolch (golan-ambasador). In Anlehnung an das Kommunistische Manifest waren vereinzelte Graffitis in der Stadt zu lesen, die den anarchistischen Klamauk beschworen: *„Golani din toata țările, uniți-vă"* (Strolche aller Länder vereinigt euch).

Als stalinistischer Hardliner kannte er den alten Trick, unzufriedene Bergarbeiter gegen *„faule nutzlose Studenten, die uns nur auf der Tasche liegen und nichts fürs Volk leisten"* aufzuwiegeln. In Eisenbahnwaggons wurden also (zum wiederholten, aber bislang letzten Mal in der rumänischen Geschichte) Kumpel aus den Schiltaler Bergwerken nach Bukarest geschafft, um die Ordnung in der Hauptstadt mit Fäusten und Knüppeln (und einer passiven Polizei) wieder herzustellen. Zu martialischen Schlachtrufen wie: *„Moarte intelectualilor"* (Tod den Intellektuellen) stürmten sie aus den U-Bahn-Schächten in die Innenstadt und verprügelten jeden, der halbwegs nach Student aussah. Später, als es zu Untersuchungen dieser **Übergriffe** kam und man die Bergleute fragte, ob sie denn nicht nachgedacht hätten, auf wen sie da einschlugen, rechtfertigten sich einige mit dem Satz: *„Noi muncim, nu gândim"* (Wir arbeiten, wir denken nicht).

Bei der Wahl 1992 gelang es *Iliescu* erneut, das höchste Staatsamt zu erringen, wenn auch „nur noch" 62% der Bevölkerung hinter ihm standen. Den Rumänen schien in den frühen Neunzigern eine wie auch immer funktionierende **Kontinuität** wichtiger zu sein als Experimente mit neuen Parteien, zumal diese alle paar Monate ihre Namen wechselten.

Erst im November 1996 wagte die Bevölkerung mit dem Universitätsprofessor un Christdemokraten *Emil Constantinescu* einen Neuanfang und wählte erstmals einen Präsidenten, der der **Demokratiebewegung** wirklich Beine machen wollte Doch durch die politische Instabilität im Land ließ der verbitterte *Constantinescu* bereits zu Beginn seiner Amtszeit verlauten: *„Wir haben zwar die Wahlen, jedoch nicht die Macht in diesem Lande gewonnen."* Die wirtschaftlichen Misserfolge und die zunehmende Enttäuschung in der Bevölkerung trieben die Wählerstimmen bei der nächsten Wahl den rechtsradikalen Kräften zu.

Als die extremrechte **Großrumänienpartei** unter Führung ihres Präsidentschaftskandidaten *Corneliu Vadim Tudor* mit unerwarteten 33 Prozent im Jahr 2000 nach der Macht griff, stand überraschenderweise erneut nur *Ion Iliescu* bereit, in einer Stichwahl um das höchste Staatsamt gegen *Tudor* anzutreten.

Eigentlich wollte niemand *Iliescu* nach zwei sehr enttäuschenden Amtszeiten noch einmal die Schlüssel zur Macht überreichen. Doch nachdem der letzte Präsident *Constantinescu* in einer Fernsehsendung angekündigt hatte *„nie wieder"* irgendetwas mit Politik zu tun haben zu wollen (Zusatz: *„vor allem nicht in Rumänien"*), blieb dem Volk keine andere Wahl. *Iliescu* vereinte in der Stichwahl gegen *Tudor* 66,8 Prozent der Stimmen auf sich, wobei wahrscheinlich die Hälfte davon zähneknirschend (auch von Iliescu-Gegnern) abgegeben wurden.

Der lange Weg nach Europa

„Zuerst einmal klingt das schön, alle wollen jetzt nach Europa, alle reden andauernd davon, überall. Doch mir haben sie jetzt die Heizkosten erhöht, weil, wie es heißt, die Energiepreise dem internationalen Niveau angepasst werden müssen. Jetzt gebe ich im Winter schon fast die Hälfte meines Geldes für Heizkosten aus. Die werden hier alle ganz schön ins Rotieren geraten, wenn sie in der EU sind. Was meinen Sie, werden die Bauern hier im Maramureş sagen, wenn sie dann ihren Schweinen, laut Vorschrift, erst einmal eine Betäubungsspritze verpassen müssen, bevor sie sie schlachten dürfen? Oder bevor sie ihre Milch verkaufen dürfen, müssen sie sich erst einmal eine Kühlanlage kaufen. Das kann teuer werden."
(*Adrian Munteanu,* Bauer, Târgu Lăpuş)

Auch wenn Rumänien sich bis zum Jahr 2004 erst langsam aus dem realkommunistischen Sumpf erheben konnte, seine Ausrichtung auf Europa scheint das Tempo demokratischer Reformen in den letzten Jahren wesentlich beschleunigt zu haben. Wie schwer sich Rumänien jedoch anfangs mit der Entkoppelung von Macht und Institutionen tat, zeigte bereits die zögerliche und **schwierige Umsetzung** der Auflagen, die der Europarat 1993 ausgesprochen hatte. So wurde Rumänien zwar in den Europarat aufgenommen, jedoch nur unter den Bedingungen, der Korruption im Land den Kampf anzusagen, Homosexualität nicht mehr unter Strafe zu stellen, eine Justizreform einzuleiten, die Minderheitenrechte weiter zu verbessern und eine völlige Pressefreiheit zu gewährleisten.

Da sich die schwerfällig arbeitende rumänische Verwaltungsbürokratie mit der Bearbeitung der über 75.000 EU-Rechtsvorschriften sicherlich übernommen hätte, erwies es sich als strategisch klug, ein eigenes **Ministerium für Europäische Integration** zu schaffen. Doch dessen wesentlichste Aktivität beschränkte sich anfangs darauf, Pläne und Richtlinien auszuarbeiten oder bunte „Integrationsbroschüren" zu erstellen, ohne dass sich tiefgreifende Strukturreformen in Wirtschaft oder ein konsequenter Kampf gegen die Korruption abzeichneten.

Manche Zeitungen schrieben euphorisch *„EuROpa, wir kommen"*. Das rumänische Kürzel sei in der Mitte Europas gut aufgehoben. Nicht am Rande wollen sie stehen.

Endspurt eines Sorgenkinds

„Rumäniens Haltung zu Europa schwankt beständig zwischen Stolz und Minderwertigkeitskomplexen."
(*Mircea Dinescu,* Schriftsteller und Poet)

Nachdem die EU von 1990 bis zum Jahr 2000 über 2,6 Milliarden Euro an Finanzhilfen nach Rumänien vergeben hatte (die zweithöchste Förderung nach Polen), sah man sich in Brüssel genötigt, mit Rumänien Klartext zu reden. Vom **Sorgenkind Europas** sprach *Günter Verheugen,* der EU-Kommissar für die Erweiterung der Gemeinschaft, im Jahr 2001 in Bukarest. Man sei nicht zufrieden mit Rumäniens Europa-Anstrengungen, man wolle nicht nur Versprechungen und schöne Broschüren, sondern wirkliche Ergebnisse sehen.

Die engagierte Rede *Verheugens* rüttelte zuerst einmal die rumänischen **Medien** wach, die sich – ihrer neuen Aufgabe als vierte Macht im Staat durchaus bewusst – plötzlich als Vorreiter auf dem Weg nach Europa entpuppten. Beinahe täglich wurden neue Korruptions-Skandale aufgedeckt oder die Verschwendung Europäischer Fördergelder angeprangert (wie im Fall des PHARE-Fonds, bei dem Rumänien durch die schwerfällige Verwaltung über 60 Millionen Euro verloren gingen).

Einige Kommentatoren wie *Vlad Ionescu* von der angesehenen Zeitung „Adevarul" begannen mit Pathos zu fordern, Rumänien solle sich *„endlich vom Sorgenkind zu einem europäischen Musterknaben entwickeln"*. Die „kleine Ansprache" *Verheugens* hatte der rumänischen Bürokratie Beine

Auch rumänische Schüler haben nur die EU im Kopf:
„Lehrer: ‚Wo ist dein Platz?' Schüler: ‚In Europa'."

017ru Foto: vt

gemacht. Im Eildurchgang wurde in den Jahren danach die **Agenda der EU** von Entmilitarisierung der Polizei bis Minderheitenschutz (vor allem der Roma) abgearbeitet. Die Aufklärungs-Behörde CNSAS, begibt sich seit 2003 in die Niederungen der Securitate und versucht, die kommunistische Vergangenheit aufzuarbeiten. Kurz vor der Ziellinie, die mit dem Beitritt am 1.1.2007 definiert ist, konnte man der EU mit der Aufdeckung eines Korruptionsfalls auf höchster Staatsebene einen „dicken Fisch" präsentieren und die Europareife nachhaltig unterstreichen. Ausgerechnet der 2004 knapp an der Präsidentschaft gescheiterte *Adrian Nastase*, der als rumänischer Premierminister vehemente Reden gegen das *„Krebsgeschwür Rumäniens"*, die Korruption, geschwungen hatte, musste im März 2006 seinen Hut nehmen, nachdem er über eine dubiosen Erbschaft in Millionenhöhe gestolpert war.

Übernehmen Sie das Ruder, Kapitän Băsescu

Ab April 2004 kam es in Rumänien zu einer lebhaften öffentlichen Diskussion um die Mitgliedschaft in der EU. Der Beitritt der zehn neuen Mitgliedsstaaten hatte in einigen Medien dazu geführt, Rumänien als „Schlusslicht in Europa" zu bezeichnen, was die Reformdebatte neu entfachte und sich in einer vermehrten Unsicherheit niederschlug, ob Rumänien die harten Auflagen der EU-Kommission überhaupt erfüllen könne.

Dolmetscherträume

Seit es im Jahr 2000 zu offiziellen Aufnahmeverhandlungen zwischen Rumänien und der Europäischen Union gekommen ist, haben sich auch die Berufswünsche der Schüler und Studenten ein wenig gewandelt. Die Städtenamen Brüssel, Straßburg und Luxemburg scheinen vor allen Dingen die Fantasien der sprachbegabten Rumänen zu beflügeln, wovon es gerade in Siebenbürgen sehr viele gibt.

Übersetzerin würde sie gerne werden, sagt eine Schülerin des deutschsprachigen Honterus-Gymnasiums in Braşov, einer Stadt, die jeder der angesprochenen Schüler nur mit ihrem deutschen Namen „Kronstadt" nennt. Etwa 10 Prozent der „Honterianer" hegen diesen oder einen ähnlichen **Berufswunsch.** Noch höher fällt diese Zahl am Brukenthal-Gymnasium in Hermannstadt (dem rumänischen Sibiu) aus. In der bereits seit 1555 bestehenden Schule wird die Prüfung zwar nicht mehr wie noch 1898 auf Deutsch, Ungarisch, Latein und Griechisch abgehalten, doch viele der etwa 770 Schüler beherrschen heute neben der Unterrichtssprache Deutsch selbstverständlich auch Rumänisch und mindestens eine weitere Sprache fließend. Vor allem die engen Bindungen zu Luxemburg, das gemeinsam mit Sibiu Kulturhauptstadt Europas 2007 ist, und dessen Sprache eng verwandt ist mit dem in Hermannstadt gesprochenen „Sächsisch" der deutschen Aussiedler, lassen die **Europaträume** so mancher Schüler aufblühen. *„Schließlich sprechen die Schüler in Luxemburg auch mindestens drei Sprachen fließend"*, weiß Monika Rozsa, eine ehemalige Schülerin des Brukenthal-Gymnasiums zu berichten, die bereits in Deutschland arbeitet. *„Viele der deutschsprachigen Schüler hat es in den 1990er Jahren bereits nach Deutschland gezogen. Jetzt träumt die Mehrzahl von einem gut bezahlten Job bei einer europäischen Behörde."*

Am weitesten gediehen sind die europäischen Pläne jedoch in Cluj-Napoca (dem deutschen Klausenburg). An den 21 Fakultäten der dortigen **Babeş-Bolyai Universität** lässt sich der Abschluss entweder in Rumänisch, Ungarisch oder Deutsch machen. Sie ist damit eine der ganz wenigen wirklichen europäischen Brücken-Universitäten, die neben einem ausgeprägten multikulturellen Profil auch ein mehrsprachiges Examen anbieten. *„Man plant bereits weiter"*, so Andor Bodolay, der internationales Recht in Paris studieren möchte, um dann als Dolmetscher nach Brüssel zu gehen. *„Irgendwann in den nächsten Jahren wird in Cluj-Napoca auch ein Abschluss auf Englisch angeboten, dann sind wir wahrscheinlich die europäischste Universität des Kontinents."*

Um den vermeintlich sicheren Hafen Europa nicht zu verfehlen, gab man am 12. Dezember 2004 **Traian Băsescu** das politische Ruder in die Hand. Der ehemalige Kapitän der rumänischen Handelsflotte konnte sich zwar nur knapp gegen seinen Konkurrenten *Adrian Nastase* durchsetzen (51,2 zu 48,7 Prozent), versieht seinen Dienst als Präsident Rumäniens aber seitdem schnörkellos und – was in Rumänien heute viel wichtiger ist – ohne Skandale. Zu seinen drei großen Zielen gehören, so *Băsescu* bei seiner Antrittsrede, die Bekämpfung der Armut, der Korruption und die Eingliederung Rumäniens in die EU.

Dass dem stets fröhlich dreinblickenden *Băsescu* das Land aus dem Ruder laufen könnte, ist seit seinen politischen und inbesondere seit seinen **wirtschaftlichen Erfolgen** nicht mehr zu befürchten. So gelang dem ehemaligen Bürgermeister von Bukarest eine kontinuierliche Steigerung ausländischer Investitionen, die im Jahr 2006 zwischen 6,5 und 7 Milliarden Euro betragen werden. Ein politischer Coup gelang ihm mit der Schaffung der CNSAS, einer **Aufklärungsbehörde,** die Licht in eines der dunkelsten Kapitel der rumänischen Geschichte bringen soll: die geheimen Aktionen der Staatssicherheit Securitate.

Geschichte tabellarisch

- **um 100.000 v. u. Z:** älteste Spuren menschlicher Besiedlung auf dem Gebiet des heutigen Rumänien, Moustier-Kultur
- **ab 6000 v. u. Z:** Einwanderung verschiedener indoeuropäischer Stämme, Hamangia- und Cucuteni-Kultur
- **ab 2000 v. u. Z:** Besiedlung durch die **Daker,** einem indoeuropäischen Zweig der Thraker, sowie die **Geten** im heutigen Süd- und Ostrumänien
- **um 700–500 v. u. Z:** Gründung griechischer Kolonien an der Schwarzmeerküste
- **ab 30 v. u. Z:** die griechischen Kolonien geraten unter die Herrschaft der Römer
- **15:** Kaiser *Augustus* gründet die römische Provinz Moesia Inferior (in etwa die heutige Dobrudscha)
- **8–17:** Verbannung des *Ovidius Naso* nach Tomis (Constanța)
- **87–106:** Herrschaft des Dakerkönigs *Decebal*
- **101–106:** Eroberung Dakiens durch *Trajan*
- **271:** Rom zieht sich aus Dakien hinter die Donaugrenze zurück
- **4.–6. Jh.:** Einfälle der Gepiden, Awaren, Hunnen und slawischen Reitervölker
- **9. Jh.:** Magyaren (Ungarn) siedeln sich in Transsylvanien an
- **um 1150:** Ansiedlung deutscher Einwanderer in Siebenbürgen
- **um 1000–1241:** Einfälle von Turkvölkern (Tataren, Petschengen, Kumaren)
- **1241:** Einfall der Mongolen
- **um 1324:** Gründung des Fürstentums Walachei durch *Basarab I.*
- **1359:** Gründung des Fürstentums Moldau durch Fürst *Dragoş*
- **1395:** Lehnsherrschaft der Osmanen über die Walachei
- **ab 1456:** Lehnsherrschaft der Osmanen über die Moldau
- **1457–1504:** Herrschaft von *Ştefan cel Mare* über die Moldau und Widerstand gegen die Türken
- **1456–1462:** *Vlad Ţepeş* herrscht als Fürst über die Walachei
- **1593–1601:** erstmalige Vereinigung der drei Fürstentümer Transsylvanien, Moldau und Walachei unter *Mihael Viteazul*
- **1688–1714:** Herrschaft von *Constantin Brâncoveanu* über die Walachei (wirtschaftlicher und kultureller Aufschwung)
- **1699:** Osmanen übergeben Ungarn und Transsylvanien an Habsburg (*Friede von Karlowitz)*
- **1711–1821:** Herrschaft der Fanarioten (von Osmanen eingesetzte Marionettenfürsten griechischer Abstammung) über die Walachei und Moldau
- **ab 1718:** Ansiedlung deutscher Siedler im Banat, Oltenien (die kleine Walachei) wird habsburgisch

- **1775:** Österreich erhält die Bukowina
- **1784:** rumänische Bauernaufstände gegen die Leibeigenschaft im Apuşeni-Gebirge werden blutig niedergeschlagen
- **1812:** Russland erhält Bessarabien
- **1829–56:** russisches Protektorat über die Walachei und Moldau (Friede von Adrianopel - 1829)
- **1848:** Niederschlagung der Revolutionsbewegung in den Donaufürstentümern durch Russen und Osmanen
- **1859:** *Alexandru Ioan Cuza* wird zum Oberhaupt sowohl der Moldau wie auch der Walachei gewählt
- **1866:** die vereinigten Fürstentümer nennen sich fortan Rumänien
- **1878:** Unabhängigkeit Rumäniens wird durch den Berliner Kongress bestätigt; Osmanen müssen die Dobrudscha an Rumänien abtreten
- **1881:** Rumänien wird konstitutionelle Monarchie. *Karl von Hohenzollern-Sigmaringen* wird als *Carol I.* der erste König Rumäniens
- **1907:** blutige Niederschlagung der Revolte rumänischer Bauern
- **1913:** Zweiter Balkankrieg; Rumänien bekommt die Süd-Dobrudscha
- **1914:** *Ferdinand I.* wird König von Rumänien
- **1916:** Rumänien tritt an der Seite der Entente in den Ersten Weltkrieg ein
- **1918:** In Alba Iulia stimmen die Rumänen aus Transsylvanien und dem Banat für die Vereinigung ihrer Provinzen mit Rumänien
- **1919–20:** Groß-Rumänien erweitert sich um die Gebiete Bukowina, Transsylvanien, Crişana, Maramureş und das nördliche Banat - und verdoppelt dadurch sein Hoheitsgebiet
- **1930:** *Carol II.* wird König von Rumänien
- **1938:** *Carol II.* ruft die Königsdiktatur aus
- **1939:** Rumänien verkündet zu Beginn des Zweiten Weltkrieges seine Neutralität
- **1940:** Im Juni verliert Rumänien infolge des Hitler-Stalin-Pakts die nördliche Bukowina und Bessarabien an die UdSSR, im August auch das nördliche Transsylvanien an Ungarn. Im September beruft *Carol II.* den General *Antonescu* zum Regierungschef und dankt zugunsten seines Sohnes *Mihai* ab. Militärdiktatur unter *Antonescu*
- **Juni 1941:** Anlehnung an Nazi-Deutschland. Rumänien tritt dem Dreimächtepakt bei und somit in den Zweiten Weltkrieg ein.
- **1941/42:** Juden- und Roma-Deportationen in bessarabische Konzentrationslager, wo über 100.000 Menschen ums Leben kommen
- **August 1944:** Die Sowjetarmee dringt in Rumänien ein. Kurswechsel Rumäniens. König *Mihai I.* setzt *Antonescu* ab und erklärt Deutschland und Ungarn den Krieg.
- **1945–46:** In Rumänien entsteht eine kommunistische Ein-Parteien-Herrschaft sowjetischer Prägung. Eingliederung der Nordbukowina in die UdSSR. Umwandlung Bessarabiens in die Sozialistische Sowjetrepublik Moldau. Die südliche Dobrudscha fällt an Bulgarien, der 1940 von Ungarn annektierte Teil Transsylvaniens wird wieder Rumänien zugesprochen. *Gheorghe Gheorghiu-Dej* wird Regierungschef.
- **1947:** Die Monarchie wird abgeschafft, König *Mihai I.* geht ins Exil in die Schweiz. Im Dezember wird die Volksrepublik Rumänien nach sowjetischem Vorbild ausgerufen.
- **1948:** Alle Banken und Großunternehmen werden verstaatlicht. Machtübernahme durch die Kommunisten
- **1955:** Rumänien tritt in den Warschauer Pakt ein. *Nicolae Ceauşescu* erscheint auf der politischen Bühne und tritt ins Politbüro ein.

- **1958:** Die rumänische Regierung unter *Gheorghe Gheorghiu-Dej* distanziert sich zunehmend von Moskau und appelliert an die patriotischen Gefühle der Rumänen. Öffnung nach Westen.
- **1965:** Tod von *Gheorghiu-Dej*. Der bislang unauffällige *Nicolae Ceauşescu* wird durch das Zentralkomitee zu seinem Nachfolger bestimmt.
- **August 1968:** Rumänien nimmt am sowjetischen Einmarsch in der Tschechoslowakei nicht teil und verwehrt sich gegen Übungen des Warschauer Paktes auf seinem Staatsgebiet.
- **ab 1974–1989:** Diktatur des Conducătors (Führers) *Ceauşescu,* der das von ihm erschaffene Amt des rumänischen Präsidenten bekleidet. Zunehmender Personenkult, Ausbau des Überwachungssystems Securitate, Unterdrückung Intellektueller.
- **1977:** Erdbeben mit über 1700 Toten im Gebiet um Bukarest
- **1980:** *Ceauşescu* ernennt seine Frau *Elena* zur Vize-Premierministerin
- **1982–89:** Rückzahlung der rumänischen Auslandsschulden durch drastische Sparmaßnahmen. *Ceauşescu* fordert zum Konsumverzicht auf und betreibt eine strikte Anti-Gorbatschow-Politik
- **1984:** Eröffnung des Schwarzmeer-Donau-Kanals
- **1989:** Zusammenbruch des kommunistischen Regimes im Ostblock. Wiederwahl *Ceauşescus* am 14. Parteitag im November. Einen Monat später folgen Unruhen in Timişoara, die auf Bukarest übergreifen. Am 22.12. ruft *Ceauşescu* den Notzustand aus. Am 25.12. werden die *Ceauşescus* gefangen genommen, verurteilt und hingerichtet.
- **Mai 1990:** Wahlsieg der „Front der nationalen Rettung" unter dem Ex-Kommunisten *Ion Iliescu.* Dieser wird zum Präsidenten Rumäniens gewählt und ernennt *Petre Roman* zum Premierminister.
- **1991:** Selbstauflösung des Warschauer Pakts. Die neue Verfassung Rumäniens garantiert die Bürger- und Minderheitenrechte und etabliert ein Mehrparteiensystem.
- **1992:** Wiederwahl von *Ion Iliescu.* Ministerpräsident wird der Kommunist *Nicolae Văcăroiu.*
- **1993:** Rumänien wird Vollmitglied im Europarat und assoziierter Partnerstaat der europäischen Union.
- **1996:** Festschreibung der Grenzen zwischen Ungarn und Rumänien sowie der Minderheitenrechte in beiden Staaten. Im November Sieg der demokratischen Opposition. *Emil Constantinescu* wird neuer Präsident und ernennt *Victor Ciobea* zum Premierminister.
- **1999:** Beginn der Verhandlungen über den EU-Beitritt Rumäniens
- **2000:** *Ion Iliescu* wird zum dritten Mal Präsident, *Adrian Nastase* Premierminister.
- **2002:** Rumänien wird Mitglied der NATO
- **2003:** Überführung des Leichnams *Carols II.* aus der Schweiz nach Rumänien.
- **12.12.2004:** *Traian Băsescu* tritt die Nachfolge des Präsidenten *Illiescu* an, nachdem er die Stichwahl gegen *Adrian Năstase* gewann.
- **Dezember 2004:** Der zur Nationalliberalen Partei (PNL) gehörende Călin Popescu Tăriceanu wird zum Premierminister und damit zum Regierungschef Rumäniens gewählt.
- **2005:** Auf der Agenda der Politik unter *Băsescu* stehen die Entkoppelung von Macht und Institutionen, die Bekämpfung der Korruption und der Beitritt Rumäniens zur EU.
- **Mai 2006:** Die EU-Kommission verzichtet, trotz erheblicher Bedenken, auf eine Verschiebung des rumänischen Beitritts zur Gemeinschaft. Die Mitgliedschaft zum 1.1.2007 ist so gut wie gesichert.

Foto: jr 018ru

DIE GESELLSCHAFT HEUTE

„Rumänien ist francophon, das gefällt mir. Ein Bună ziua hier in Bukarest klingt fast wie unser Bon jour - ein fremdes, aber doch irgendwie sehr vertrautes Land.“

(*Marcel Treme*, französischer Tourist aus Paris)

Staatsaufbau – à la française

Franzosen bereisen Rumänien besonders gerne und für die meisten rumänischen Studenten ist Paris der Ort ihrer Träume. Die besondere Affinität, die beide Länder verbindet, hat eine lange Tradition. Rumänische Künstler und Intellektuelle wie *Ionescu, Brancuşi, Zamfir* und *Tanase* zog es bereits früh nach Paris, ob ins Exil oder auf die Bühnen des Montmartre. Als erstes westliches Staatsoberhaupt nach der rumänischen Revolution, besuchte Präsident **Francois Mitterrand** Bukarest am 19.4.1991. Obwohl sein Besuch sowohl von der rumänischen Opposition als auch im Westen stark kritisiert wurde (der Vorwurf lautete „Aufwertung eines undemokra-

Bettelnde Mutter an einer Ampel: Zwischen wirtschaftlichem Fortschritt und der sozialen Lage vieler Rumänen klafft eine deutliche Lücke tischen Regimes"), ließ es sich *Mitterrand* doch nicht nehmen, im ehemaligen „Paris des Ostens" eine Rede vor dem Parlament zu halten, die einen vielleicht bislang unterschätzten Einfluss auf die politische Entwicklung Rumäniens ausgeübt hat.

Die **rumänische Verfassung,** die sieben Monate später am 21. November 1991 verabschiedet wurde, orientiert sich in ganz wesentlichen Aspekten stark an der Verfassung der V. Französischen Republik von 1958.

Der kurze Auftritt der Monarchie

„Ein bisschen König darf schon sein." Dieser Ausspruch einer Lehrerin aus Iaşi verweist auf eine ungestillte Sehnsucht der Rumänen, die Soziologen des Landes auch schon einmal mit dem Begriff *lideromania* umschreiben. Eine „Führermanie", die sich als roter Faden durch Rumäniens Geschichte zieht. Ohne eindeutige Führungspersönlichkeit scheint das politische System Rumäniens orientierungslos. Sehnt sich das rumänische Volk seit 1989 insgeheim wieder nach der Monarchie?

Als letzter König musste **König Mihai I.** am 25. Dezember 1947 abdanken und verbrachte die über 40-jährige kommunistische Diktatur im Schweizer Exil. Kontakt zu seinem Volk hielt er über den Sender Radio Freies Europa, der in schöner Regelmäßigkeit König *Mihais* Neujahrsgrüße zu Silvester an die Landsleute ausstrahlte. Als der König 1990 zum ersten Mal wieder rumänischen Boden betrat, nahm das *Iliescu*-Regime ihn sicherheitshalber erst einmal gefangen und schob ihn ab. Als *Mihai I.* 1992 auf Intervention des Auslands ungehindert einreisen durfte, begrüßten ihn über eine Million begeisterter Menschen in der Bukarester Innenstadt.

Den schockierten Machthabern der ehemaligen „Front zur Nationalen Rettung" gelang es nur dank geschickt gestreuter Gerüchte, die vor einer erneuten Versklavung der Landbevölkerung und vor Enteignungen warnten, die neue **Königseuphorie** einzudämmen. Ein Visum sollte der König bis 1996 nicht mehr erhalten. Erst im Februar 1997 gab Rumänien *Mihai* die rumänische Staatsbürgerschaft zurück. Eine pauschale Entschädigung des 84-jährigen Königs in Höhe von 30 Millionen Euro wurde Ende 2005 vom Verfassungsgericht abgelehnt. Zumindest erhielt der greise Monarch im Jahre 2006 seine Schlösser Peleş und Pelişor, sowie 7000 Hektar Wald im Kreis Arad zurück.

Der Palast des Volkes, das rumämänische Parlamentsgebäude, ist heute noch eines der größten Gebäude der Welt

019ru Foto: jr

Die Präsidialrepublik

Der Verfassung vom 21. November 1991 nach ist Rumänien *„ein souveräner, unabhängiger, einheitlicher und unteilbarer Nationalstaat."* (Artikel 1.1) Seine Regierungsform ist die Republik (Artikel 1.2), die sich als **sozialer und demokratischer Rechtsstaat** definiert. (Artikel 1.3). Der Staat garantiert allen nationalen Minderheiten das Recht auf die Entwicklung und Äußerung ihrer ethnischen, sprachlichen und religiösen Identität.

Als einzige **gesetzgebende Instanz** ist das auf vier Jahre gewählte Parlament vorgesehen, das aus Senat *(senatul)* und Abgeordnetenkammer *(camera deputaților)* besteht. Die Vertreter des Parlaments werden laut Artikel 59.1 in einer allgemeinen, gleichen, direkten, geheimen und freien Wahl bestimmt. Gesetze werden in beiden Kammern des Parlaments gesondert debattiert und abgestimmt. Bevor sie dem Präsidenten vorgelegt werden, müssen alle Entwürfe in einem Vermittlungsausschuß zur Übereinstimmung gebracht und dann noch einmal in einer gemeinsamen Sitzung der beiden Häuser abgestimmt werden.

Administrativ gliedert sich Rumänien in 41 Kreise *(județe)* und die Hauptstadt Bukarest. In der Hauptstadt eines jeweiligen Kreises findet man neben dem obligatorischen Rathaus, der *Primarie,* auch immer eine Präfektur. Der Präfekt ist der Vertreter der Regierung auf Kreisebene. Er wird nicht gewählt, sondern eingesetzt. Die Kreisräte aber werden direkt vom Volk gewählt, die ihrerseits einen Kreisratsvorsitzenden bestimmen.

Die Machtfülle des Präsidenten

Die starke Stellung des rumänischen **Präsidenten,** die von Kritikern auch schon gerne einmal als „republikanische Monarchie" bezeichnet wird, beruht hauptsächlich auf der ihm von der Verfassung verliehenen Machtfülle.

Während seiner **vierjährigen Amtszeit** darf der Präsident keiner Partei angehören, noch eine sonstige öffentliche Funktion ausfüllen. Gegenüber den politischen Parteien muss er Neutralität bewahren. Er bestimmt den Kandidaten für das Amt des Premierministers, kann Anfragen an die Regierung richten, deren Sitzungen er als Vorsitzender leitet, und das Parlament unter bestimmten Bedingungen auflösen. Zu seinen außenpolitischen Befugnissen gehören der Abschluss von internationalen Verträgen, die Berufung diplomatischer Vertreter Rumäniens und die Akkreditierung ausländischer Diplomaten. Als oberster Befehlshaber der Armee entscheidet der Präsident über den Eintritt eines Verteidigungsfalls und informiert anschließend hierüber das Parlament. Im Bereich der Innenpolitik gehört die Ernennung von Richtern und Staatsanwälten zu seinnen Aufgaben.

Der **Amtsenthebung** eines rumänischen Präsidenten stehen große prozedurale Hürden im Weg. Diese so genannte *procedură de suspendare* kann nur nach Befragung des Verfassungsgerichtes erfolgen und setzt einen Mehrheitsbeschluss des Parlamentes voraus.

Rechtsstaatlichkeit

An der Spitze der Judikative steht der 1991 neu begründete **Verfassungsgerichtshof,** dessen neun Richter jeweils ein Mandat für neun Jahre antreten, das nicht verlängert werden kann. Die höchsten Richter des Landes werden zu gleichen Teilen vom Senat, der Abgeordnetenkammer und dem Präsidenten ernannt. Die Politik hat eine vollständige Kontrolle über das Büro der obersten Staatsanwaltschaft.

Durch diese politische Einflussnahme auf die höchsten Ämter der Judikative (nach amerikanischem Modell) ist die rumänische Rechtssprechung immer wieder in die **Kritik der Europäische Gemeinschaft** geraten. Bei allzu vielen Gelegenheiten waren Politiker versucht, die institutionelle Trennung zu verletzen, indem sie zum Beispiel öffentliche Aussagen über Rechtsfälle machten, bevor die Gerichtsentscheidung gefallen war. Im Frühjahr 2006 hat der Präsident des Obersten Gerichtshofes öffentlich betont, dass der politische Einfluss auf die Richter in Rumänien noch immer hoch und in den Auswirkungen sehr schädlich ist.

Rumänische Staatssymbole

Die **rumänische Flagge,** die seit dem 27.12.1989 zum offiziellen nationalen Symbol wurde, zeigt drei senkrechte Querstreifen in Rot, Gelb und Blau *(roşu, galben şi albastre),* wobei die Farben für das Schwarze Meer (Blau), Felder (Gelb) und Berge (Rot) stehen sollen.

Früher trug die Nationalflagge des kommunistischen Rumänien zusätzlich in der Mitte das damalige **kommunistische Wappen.** Es enthielt die typisch kommunistischen Motive: umrankende Weizenähren, roter Stern und aufgehende Sonne vor idyllischer Berg- und Waldlandschaft. Auf den Protestmärschen der Revolution von 1989 hatten viele Menschen dieses Symbol herausgeschnitten und zogen mit einer löchrigen Flagge durch die Straßen, ähnlich wie es auch die Menschen in Ostdeutschland mit ihrer alten DDR-Fahne taten.

Das jetzige **rumänische Wappen** in den drei nationalen Farben Rot, Gelb und Blau zeigt einen goldenen Adler mit allen Insignien der Macht. Als Wappentier ist der Adler zum ersten Mal in einem Dokument von *Vladislav I.* aus dem Jahr 1368 in Erscheinung getreten. Für die Rumänen verkörpert er Mut sowie Entschlossenheit und ist zudem zu einem Symbol der Einheit geworden, das man auch in den Wappen des Bezirkes Argeş und der Städte Piteşti und Curtea de Argeş wieder findet. Auf einem Emblem vor der Brust des Adlers sieht man die Symbole der vier historischen Provinzen Moldau, Transsylvanien, Banat sowie Crişana (zusammen mit

Diplomierte Revolutionäre

Ab 1990 gab es plötzlich einen regen Handel mit so genannten Revolutionärszertifikaten. Jeder der nachweislich an der Revolution von 1989 teilgenommen hatte, durfte sich ein solches „Diplom" geben lassen. Das berühmte Gesetz 42 regelte auch, welche Privilegien die Herrn Diplom-Revolutionäre beanspruchen durften. Das reichte von kostenlosem Nahverkehr bis hin zu verbilligtem Wohnungskauf. Eigenartigerweise waren, wie Nachprüfungen ergaben, vor allem ehemalige Securitate-Mitglieder, Armee- und Polizeioffiziere im Besitz eines solchen „Diploms". Als *Emil Cuteanu,* ein Leiter für die Probleme der Revolutionsteilnehmer, ankündigte, alle ausgestellten Zertifikate noch einmal überprüfen zu wollen, kam es zu massiven Protesten. Dem Betrug war weiter Tür und Tor geöffnet. Mit diesen Scheinchen wurde ein reger Handel getrieben. Jeder, der eine andere Person für einen wahren Revolutionär hielt, konnte sich seine Aussage, ein paar Dollar Schmiergeld vorausgesetzt, bei einem Notar bescheinigen lassen. Bei einem Abgeordneten der Sozialdemokratischen Partei, *Constantin Bebe Ivanovici,* fand man Tausende von Blanko-Revolutionsdiplomen. Auch so lässt sich eine Revolution gut verkaufen.

020ru Foto: jr

dem von Maramureş). Dazwischen tummeln sich zwei Delphine als Symbole für die Provinz Dobrudscha und die Schwarzmeerküste. Seine Macht- und Verteidigungsbereitschaft zeigt der Adler, indem er Schwert und Zepter in seinen Krallen hält. Das Kreuz in seinem Schnabel verweist auf die religiöse Einbindung des Staates in die christliche Kirche.

Der Text der rumänischen **Nationalhymne** „Erwache jetzt Rumäne", geht auf ein Gedicht von *Andrei Muresanu* (1816–1863) zurück und wurde während der Revolution von 1848 geschrieben. Die Musik dazu komponierte *Anton Pann* (1796–1854).

Desteapta-te, române

Erwache jetzt Rumäne aus deinem Todesschlaf,
in den dich einst verstießen barbarische Tyrannen!
Jetzt oder nie kannst du dein Schicksal wenden,
auf dass dir selbst die Feinde Achtung zollen!

Jetzt oder nie woll'n wir der Welt beweisen,
dass römisch Blut noch in den Adern fließt,
und unsere Herzen voller Stolz den Namen preisen,
des Schlachten-Triumphators, den Namen von Trajan!

Erblickt ihr hehren Schatten, Mihai, Stephan, Corvine
Wie alle eure Enkel vom Stamme der Rumänen
In voller Rüstung und mit eurem Feuer rufen:
Wir wollen eher sterben als nicht in Freiheit leben!

Ihr Priester mit dem Kreuze, voran dem Heer der Christen,
denn Freiheit sollt ihr wissen, ist unser heil'ger Zweck,
wir sterben lieber kämpfend, in vollem Glorienschein,
als wieder einmal Sklaven in unserem Land zu sein!

Die kunterbunte Polit-Landschaft

„Ich bin abergläubisch, ich suche mir eine neue Partei."
(*Dumitru Negreanu,* Vizebürgermeister von Murgeşti. Der Ausspruch erfolgte, nachdem *Negreanu* bereits dreizehnmal die Partei gewechselt hatte, und nun auf der Suche nach einer neuen Partei war, die ihn endlich zum Bürgermeister machen könnte.)

Wenn es gelegentlich **im rumänischen Parlament** zu sommerlich-hitzigen Debatten darüber kommt, ob Pferde prinzipiell auf allen Straßen Windeln tragen sollen, da dies in Târgu Mureş sehr erfolgreich gewesen sei, ob man bei dem neuen Anti-Graffiti-Gesetz nicht ein Auge zudrücken könnte, wenn es sich um den (werbeträchtigen) Namenszug von *Ion Ţiriac* handelt, oder ob man den ehemaligen Präsidentenpalast Casa Poporului nicht zeitweise zu einem großen Spiel-Casino mit integrierter Eislauffläche umgestalten sollte, um die entstehenden Heizungskosten zu decken - so hat das mit dem in Deutschland gewohnten politischen Sommertheater wenig zu tun.

Im Gegensatz zum westlich geprägten Politzirkus zur warmen Jahreszeit kennt der rumänische Politiker keine „Sommerloch-Themen". Exotische Diskussionen sind durchaus an der Tagesordnung und eine in Mitteleuropa ungeahnte **Parteienvielfalt** macht das politische Leben bunt und abwechslungsreich. Rumänische Politiker wechseln die Parteien (auch gerne einmal inmitten einer Wahlperiode), wie Leute hierzulande ihren Zahnarzt - und Parteien wechseln ihre Namen, wie Leser bei uns das Abonnement einer Zeitung.

Wer die Wahl hat, hat die Qual. Dieser alte Sinnspruch mag angesichts eines recht vielseitigen Parteienangebots in Rumänien nur allzu berechtigt erscheinen. Zumindest hat sich das Angebot der im Parlament vertretenen Parteien seit der Wahl im Jahr 2004 ein wenig gelichtet, und mit nunmehr **sechs Parteien** ein übersichtliches Spektrum erreicht.

Regierungsparteien:
- national-liberale **PNL** (Partidul Naţional Liberal)
- demokratische Partei **PD** (Partidul Democrat)
- demokratischer Verband der Ungarn in Rumänien **UDMR**
- konservative Partei **PC** (Partidul Conservator)

Oppositionsparteien:
- sozialdemokratische **PSD** (Partidul Social Democrat)
(Uniunea Democrată Maghiară din România)
- ultrarechte Großrumänien-Partei **PRM** (Partidul România Mare)

Fähnlein im politischen Wind

Die traditionsreiche Christdemokratische Nationale Bauernpartei (PNȚ CD) stieg, wie auch viele rumänische Parteien zuvor, in das sich ständig drehende Karussell der Namensänderungen ein. Seit März 2005 nennt sie sich Christlich-Demokratische Volkspartei (PPCD), da man nach einer verlorenen Wahl die Schuld im Parteinamen suchte. Mit dem Begriff Bauernpartei könnte man keine jungen Wähler mehr anziehen, wie es der Parteivorsitzende *Gheorghe Ciuhandu* ausdrückt. Ob der frische, flotte und moderne neue Parteiname, der auf Rumänisch *Partidul Popular Creştin-Democrat* heißt, die jungen Menschen anlocken würde, war fraglich. Erstaunlich erschien damals einigen Parlamentariern, dass man bei der ehemaligen Bauernpartei erst gar nicht daran dachte, einmal das eigene Programm in Frage zu stellen.

Über einen neuen Namen brauchte *Corneliu Vadim Tudor,* Chef der ultrarechten Großrumänienpartei PRM *(Partidul România Mare)* nicht nachzudenken. Dafür war er stets darum bemüht, für unglaubliche und abenteuerliche Schlagzeilen zu sorgen, um ständig in der öffentlichen Diskussion zu bleiben. Im Mai 1993 prügelte er gemeinsam mit seinen Leibwächtern einen Abgeordneten krankenhausreif, ohne dafür bestraft zu werden und beschimpfte in den folgenden Jahren Ungarn, Roma und Juden gleichermaßen. Vor der Wahl 2004 versuchte er, sein Schmuddelimage als Antisemit und Holocaust-Leugner loszuwerden, indem er in Braşov eine Statue des 1995 ermordeten israelischen Premiers *Jitzak Rabin* errichten ließ und beteuerte, ein Freund des israelischen Volkes zu sein. Der plötzliche Sinneswandel ging allerdings auf die finanzielle Zusammenarbeit mit einer israelischen Wahlberatungsfirma zurück. Nachdem rassistische Äußerungen gegen die ungarische Minderheit und die Roma im Land keine Schlagzeilen mehr brachten, verlangte *Tudor* in einer groß angelegten Unterschriften-Kampagne im Frühjahr 2006 die Rückgabe der Moschee *Hagia Sophia* in Istanbul. Die Christenheit könne *„nicht länger tatenlos zusehen, wie unsere Heiligtümer entehrt würden“.* Nach einer Umfrage im März 2006 würden 33 Prozent der Rumänen *Tudor* als Präsidenten wählen.

Zu den erstaunlichsten Phänomenen nach der Revolution gehörte sicherlich die vollständige **Auflösung der kommunistischen Partei** ins machtpolitische Nirgendwo. Zumindest wollte bis heute keine der neuen Parteien das politische Erbe der KP für sich reklamieren. Die Front der Nationalen Rettung hatte alle kommunistischen Parteien kurz nach *Ceauşescus* Sturz für illegal erklärt. Zwar musste sie diesen Beschluss bereits einige Tage später auf Druck Moskaus wieder aufheben, doch 3,5 Millionen Mitglieder standen parteipolitisch plötzlich „auf der Straße“. Das riesige Immobilienvermögen und das Wirtschaftsimperium der Kommunisten wurden nicht, wie von vielen gefordert, auf alle Parteien gleichmäßig verteilt, sondern als „Besitz des Staates“ einer kleinen Schicht von Funktionären in autonomen Staatsbetrieben und Privatunternehmen übertragen. Bis heute ist die kommunistische Partei Rumäniens nie offiziell aufgelöst worden.

Im kommunistisch beherrschten Rumänien gab es keine **Blockparteien,** nur eine kommunistische Einheitspartei. Alle anderen politischen Gruppierungen (mit Ausnahme der 1948 zwangsvereinigten Sozialdemokratischen Partei) waren verboten. Dieser Mangel wird häufig als Grund für die überschäumende Gründungsfreunde direkt nach 1989 angeführt, die bereits fünf Monate nach der Wende (am Vorabend der Wahl vom 20. Mai 1990) zu einem reichen Angebot von 88 Parteien geführt hatte. Im September 1992 pendelte sich die Zahl auf 144 ein, nachdem der Höhepunkt zwischenzeitlich bei über **200 Parteien** gelegen hatte.

Wirtschaft – vom Leu zum Kent zum Euro

Planwirtschaft und Systematisierung

Zwischen 1945 und 1989 wurde in Rumänien nahezu ausschließlich nach sowjetischem Vorbild gewirtschaftet. Die zentralistische Planwirtschaft erlaubte dabei anfangs durchaus Privateigentum, trieb die Kollektivierung jedoch ab 1958 massiv und mit Gewalt voran. Vor allem die Bauern hatten unter der **Enteignung** zu leiden und besaßen am Ende dieses Prozesses gerade noch 3,5 Prozent der landwirtschaftlichen Fläche. Die Entwicklung von LPGs (Landwirtschaftlichen Produktionsgenossenschaften), die *Ceauşescu* am Anfang seiner Karriere als stellvertretender Landwirtschaftsminister in die Wege geleitet hatte, stieß zu Beginn der 1960er Jahre zunehmend auf den Widerstand der Landbevölkerung. Als Politbüromitglied ordnete *Ceauşescu* militärische Strafaktionen gegen „aufsässige Bauern" an, in deren Folge über 80.000 Landwirte verurteilt wurden. Einige Strafaktionen, wie die im Dezember 1960 gegen das Dorf Vadu-Roşca im Bezirk Vrancea, wurden von *Ceauşescu* persönlich geleitet und forderten zahlreiche Todesopfer und Verletzte. Die Regelungen, die getroffen wurden, sahen vor, dass Bauern einen Teil ihres Landes zwar selbst bewirtschaften durften (maximal 1250 m^2), dafür aber einen Teil des Ertrages und der Nutztiere abliefern mussten. Privates Schlachten war verboten.

Parallel zur Kollektivierung der Landwirtschaft kam es ab 1959 auch zu einem erhöhten „patriotischen Elan" was die **Industrialisierung** betraf. Überall im Land wurden nach stalinistischem Vorbild Fabriken aus dem Boden gestampft. Der Leitspruch des Regimes hieß, es solle kein Produkt auf dem Markt geben, das nicht im eigenen Land hergestellt wurde. Natürlich konnte ein solcher Plan nicht ohne Industriespionage gelingen. In unglaublichem Tempo entstanden (nach westlichem Vorbild) Reifenfabriken in Bukarest, die erste Erdöl-Raffinerie in Olteşti und Ploieşti, Pharmafabriken, Möbelwerke und solche für Kunstleder in Iaşy. In Craiova begann man mit der Produktion von Diesellokomotiven, in der Donaustadt Brăila produzierte man Zellulose und in Braşov rollte schon bald der hunderttausendste Traktor vom Band. Überall im Land, von Piatra Neamţ bis nach Făgărăş, entstanden plötzlich Chemiewerke.

Der staatlich verordnete Fortschritt hatte seinen Preis. Die offiziell verkündeten Zahlen machten zwar aus dem ehemals reinen Agrarstaat Rumänien fast über Nacht eine Industrienation, tatsächlich herrschte jedoch ein starkes wirtschaftliches **Ungleichgewicht.** Den hohen Kapazitäten der Metall-, Chemie- und Maschinenbauindustrie stand eine völlig vernachlässigte Infrastruktur und eine hohe Anzahl von nutzlosen Großprojekten, wie dem Schwarzmeerkanal entgegen. Die erwirtschafteten Gelder flossen hauptsächlich in die Tilgung der Auslandsschulden und nicht in die Modernisierung der Wirtschaft.

Industrieller Größenwahn gepaart mit dem, was das Regime als zweite landwirtschaftliche Systematisierungswelle bezeichnete, sollten Rumänien in den 1970er und 1980er Jahren zunehmend in den ökonomischen Ruin führen. So plante man nicht nur die völlige Einebnung der Hälfte aller rumänischen Dörfer (6500), sondern kürzte auch die Energielieferungen an private Haushalte und führte ab 1981 Rationierungen von Lebensmitteln und Benzin ein, um „schlagartig" alle Auslandsschulden zurückzahlen zu können. Zum ersten Mal in der Geschichte eines Landes wurde ein ganzes Volk bewusst **„auf Diät gesetzt".** Sozialistische Wissenschaftler errechneten, wie viele Kalorien jeder Bürger täglich einsparen könnte, während gleichzeitig Schweine- und Lammfleisch zur Schuldentilgung exportiert wurde. Parallel dazu wurde in den Betrieben als Instrument zur Abschöpfung des „Kaufkraftüberhangs" der so genannte Globalakkord eingeführt, der die Löhne rumänischer Arbeitnehmer real um bis zu 50 Prozent verminderte.

Allein aufgrund einer florierenden **Untergrundwirtschaft** und aufblühender Schwarzmärkte ließ sich eine Lebensmittelversorgung der Stadtbevölkerung halbwegs aufrechterhalten. Als neue „harte Währung" ersetzte die Zigarettenmarke *Kent* zunehmend den immer schwächer und wertloser werdenden Leu.

Schöne neue Warenwelt

Die neuen Machthaber Rumäniens mussten ab 1989 ein wirtschaftspolitisch gegensätzliches Spiel betreiben. Hinter ihnen lag ein Beschluss aus dem Dezember 1989, der vorsah „jede Art von Privateigentum an Produktionsmitteln auf ewige Zeiten" zu verbieten und unter Strafe zu stellen.

Nicus Rückblende: Das macht dann zwei Kent, bitte

„Rückblickend mag kaum mehr jemand glauben, dass Rumänien das erste Land des Ostblocks war, das die Gründung von Joint Ventures mit westlicher Kapitalbeteiligung ermöglicht hat. Auf rumänischem Boden - unvorstellbar. Das war bereits in den Siebzigern. Aber dann kam ab 1980 der rasante Absturz. Von da an ging es dem Land von Jahr zu Jahr wirtschaftlich schlechter.

Ohne die von privaten Bauern und von privaten Kleingärtnern angebotenen Äpfel, Birnen und Kartoffeln, ohne deren Gemüse und das auf dem Schwarzmarkt erhältliche Fleisch hätten die meisten Rumänen schließlich in den letzten fünf Jahren der Ceauşescu-Ära wohl kaum überlebt. Außerdem begann die Bevölkerung Mitte der Achtziger Jahre, den sozialistischen Begriff des Volkseigentums wörtlich zu nehmen. Aus den Betrieben verschwand so langsam alles, was nicht niet- und nagelfest war. Denn auf dem freien Mark gab es zu diesem Zeitpunkt eine heimliche Zweitwährung, gegen die sich alles eintauschen ließ: amerikanische Kent-Zigaretten. Die Packung Kent hatte sich in Rumänien als Hartwährung etabliert. Heute lacht man darüber und dreht Filme, in denen diese Währung thematisiert wird, doch den Menschen damals war es furchtbar ernst. Ein Kilo Schweinefleisch kostete in Bukarest am Ende, als es fast nichts mehr gab, bis zu 4 Kent, was 400 Lei oder 20 Dollar entsprach.

Begonnen hat der Handel, als die Amerikaner ein Philipp-Morris-Werk in Bulgarien eröffneten. Von der dortigen Kent-Produktion zweigten einige Funktionäre wie Casimir Ionescu regelmäßig Stangen ab. Doch neben Kent galt auch Käse, Salami und Zucker als gute Währung - vor allem bei Ärzten, die ohne diese şpaga (Bestechung) kaum einen Finger rührten. Auch andere Tabaksorten versuchten sich zeitweise als Währungsersatz, doch Bulgar tabac (Bulgarische Zigaretten) hat es nie geschafft und ganz unten in der Währungsliste standen die eigenen Marken Karpaţi und Mărăşesti. Die hatten keine Chance.“

Kaum zwei Wochen später wurde die **Privatisierung** plötzlich zum „zentralen Element des neuen Transformationsprozesses“. Das konnte nicht gut gehen.

Richtigerweise wurden 1990 zuerst einmal alle notwendigen **Erste-Hilfe-Maßnahmen** ergriffen, um einen totalen Kollaps der rumänischen Wirtschaft zu vermeiden. Lebensmittel-Exporte wurden gestoppt, die Rationierung von Lebensmitteln, Strom und Gas aufgehoben, die Renten erhöht und Importe von Konsumgütern gestattet. Da die entstehenden Kosten jedoch durch heißlaufende Gelddruckmaschinen und neue ausländische Kredite beglichen wurden, stieg die jährliche **Inflationsrate** seit 1990 insgesamt um über 300 Prozent. Nur dank Hilfe des Internationalen Währungsfonds konnte Rumänien das Steuer noch einmal herumreißen. Vor dem Land lag eine ökonomische Sisyphosarbeit: die Reform des Banken- und Steuersystems, eine graduelle Preis- und Außenhandelsliberalisierung und vor allem die Privatisierung der Staatsbetriebe.

Wie schnell sich der Übergang von einer zentral gesteuerten Planwirtschaft zu einer freien Marktwirtschaft auch in der **Arbeitslosenstatistik** niederschlägt, zeigen die Zahlen der ersten drei Jahre nach der Revolution. Die Zahl der offiziell in Rumänien arbeitslos gemeldeten Personen lag im Jahr 1991 bei 180.000. Diese niedrige Größenordnung entspricht einer Arbeitslosenquote von 1,5 % und weist darauf hin, dass bis zu diesem Zeitpunkt noch relativ wenige der unrentablen staatlichen Unternehmen geschlossen worden waren. Ende des Jahres 1992 war diese Quote jedoch bereits auf 8,4 % gestiegen, was einer Arbeitslosenzahl von über 920.000 Personen entsprach.

Nach wie vor arbeiten die meisten Unternehmen des öffentlichen Dienstes und der staatlichen Industrie in Rumänien nicht kostendeckend, mit veralteter Technologie und werden hoch **subventioniert.** Vor allem die rumänische Eisenbahn CFR, die staatlichen Strom- und Gasmonopolisten „Conel" und „Romgaz", Heizkraftwerke, Wasserwerke sowie staatliche Bergbau-, Stahl-, Maschinenbau- und Chemiebetriebe erwiesen sich lange als Mühlsteine am Hals der freien Marktwirtschaft.

Gesetze zur Privatisierung sahen Mitte der 1990er Jahre vor, 30 % des staatlichen Vermögens an Unternehmen über Eigentumsfonds an die Bevölkerung abzutreten. Ausgenommen von dieser Regelung blieben 300 „Autonome Regiebetriebe", die als national oder strategisch zu bedeutsam eingestuft wurden.

1996 erreichte der Privatsektor erstmals, zumindest statistisch, eine größere Bedeutung als die Staatswirtschaft, was umso erstaunlicher war, als der Staat die private Wirtschaft bis zu diesem Zeitpunkt eher wie einen Feind behandelt hatte. Durch die Freigabe der Preise, die Liberalisierung des Handels und den Abschluss der Verhandlungen über eine Aufnahme in die EU hat die rumänische Wirtschaft in den letzten Jahren rasant an Fahrt gewonnen. 2004 hatte das jährliche **Wirtschaftswachstum** mit 8,5 Prozent einen Höhepunkt und fast eine kurzfristige Überhitzung erreicht. Im Jahr 2005 fiel das Wachstum mit 5,2 Prozent gemäßigter aus, erreichte aber bei ausländischen Investitionen überdurchschnittlich hohe Werte.

Rumänische Firmenchefs sind nach einer Umfrage, die unter 90.000 Unternehmen durchgeführt wurde, die optimistischsten in ganz Europa. Begründet wird dies durch die extrem niedrigen Steuersätze, die an Ausnahmestandorten wie in Sibiu durch Sonderregelungen so gering ausfallen, dass sie dadurch dem Status einer **Sonderwirtschaftszone** chinesischen Vorbilds nahe kommen. Da die neue Regierung unter Premierminister *Călin Popescu Tăriceanu* im Jahre 2005 sowohl die Profitsteuer, als auch die Einkommenssteuer von 25 Prozent auf 16 Prozent senkte, strömten zahlreiche ausländische Investoren, überwiegend aus dem Einzelhandels- und Konsumgüterbereich, auf den rumänischen Markt.

Die Rumänen, deren monatliches **Durchschnittseinkommen** im Jahr 2005 gerade einmal auf 180 Euro angestiegen ist, sehen sich durch die inflationäre Ausbreitung großer Konsumgütertempel und Cash-and-carry-Großhändler mit einer Warenflut nie gesehenen Ausmaßes konfrontiert.

Ex- und Importschlager der rumänischen Wirtschaft

Einige zynische Zungen behaupten, der letzte wirkliche Exportschlager Rumäniens sei die **deutsche Minderheit** gewesen, deren Ausverkauf *Ceauşescu* vor 30 Jahren für harte Westdevisen betrieben hat oder *Peter Maffay*, dessen Wurzeln in Rumänien liegen. In der Tat herrscht Ebbe, was wirkliche internationale Marken anbelangt. Da gibt es nur die in Kooperation mit Renault hergestellte Billigautos *Dacia Logan* und die vor allem zu Halloween massenhaft in die USA verkaufte Weinmarke namens *Dracula* sowie die noch unter der Erde schlummernden Goldvorkommen in Rumänien. Zwar verfügt das Land über zahlreiche Bodenschätze wie Erdöl, Erdgas, Steinkohle, Bauxit, Silber und Uran, doch die werden für den eigenen Bedarf benötigt.

Rumäniens wahre Reichtümer liegen auf ganz anderem Gebiet. Daher können rumänische Ökonomen den oft zitierten Schmäh-Begriff vom Armenhaus Europas. Und das hat seinen Grund. Schließlich hat Rumänien Erfolgsgeschichten und Zuwachsraten zu vermelden, von denen man in Mitteleuropa nur noch träumen kann. So wuchs die **Tourismusbranche,** einer der rumänischen Importschlager, in den letzten sechs Jahren um jährlich 10 Prozent. Ein weiterer Grund, weshalb Rumänien den wenig erlauchten Kreis der armen Länder Europas bald verlassen wird, ist, dass es eindeutig zu den großen **Globalisierungs-Gewinnern** zählt und darüber hinaus viele hervorragend ausgebildete Fachleute in Hightech-Bereichen besitzt.

Nicht vergessen werden darf, dass über 40 % der Erwerbstätigen in Rumänien in der Landwirtschaft beschäftigt sind. Angesichts neuer Technologien auf dem Gebiet der Benzin-Substitution durch Bio-Masse wie Raps oder Zuckerrüben sehen einige Forscher hier goldene Zeiten auf Rumänien zukommen.

IT-Experten

Deutsche IT-Investoren konzentrieren sich seit 2001 vor allem auf das Gebiet Siebenbürgens, zu dem die alten traditionellen Bindungen reaktiviert wurden. Dies geschah nicht zuletzt, weil dort deutsche Sprachkenntnisse weit über die deutsche Minderheit hinaus vorhanden sind. Aber auch italienische, amerikanische und französische Firmen wissen das Know-how der jungen Computerspezialisten rund um Sibiu zu schätzen. Innerhalb eines Jahres haben sich so rund um den Hermannstädter Flughafen über 160 neue Dienstleistungs-Firmen angesiedelt (siehe auch Kapitel „Homesourcing nach Hermannstadt"). Eine deutsche Firma hat gleich den gesamten Jahrgang der Informatik-Absolventen der Universität von Sibiu abgeworben. Hier kommt der größte und oft unterschätzte Exportschlager Rumäniens ins Spiel: seine **hoch qualifizierten Ingenieure, Ärzte, IT-Spezialisten und Wissenschaftler.** Bis vor wenigen Jahren verließen die meisten von ihnen das Land. Doch seitdem europäische Elektronik- und Software-Firmen ihre Produktionen nach Rumänien verlagerten, bleiben immer mehr junge rumänische Spezialisten im Land.

021ru Foto: jr

Outsourcing ist auch in anderen Regionen Rumäniens zum beliebtesten Modewort europäischer Manager geworden. Im Gegensatz zu anderen neuen EU-Ländern, wo vor allem die Hauptstädte von der Verlagerung ganzer Produktionsketten profitieren, belebt das Geschäft mit der Billigproduktion nicht nur Bukarest und die umliegende Region Ilfov, sondern auch die rumänischen Provinzen. Bekannte Herren- und Damenmode wird mittlerweile überall in Rumänien produziert. Durch geschickte Kooperation der Zuschneider gelingt es italienischen Firmen dabei, die letzten „wichtigen Handgriffe" noch in Mailand oder Florenz zu tätigen, so dass man dem Schildchen „Made in Italy" den wahren Herkunftsort nicht ansieht.

Rumänien boomt, auch und vor allem in der Zuliefererindustrie der **Automobilbranche.** In der Reifenbranche hat der Global Player Continental mittlerweile mehrere Werke in Rumänien eröffnet und ein Ende ist nicht in Sicht. So steht in Timişoara inzwischen nicht nur eine der größten Shopping Malls Europas, sondern mit der dortigen Fabrik des eben erwähnten Herstellers auch das größte Reifenwerk der Welt.

Dass auch von der Outsourcing-Idee bislang völlig unbefleckte „Wirtschaftszweige" allmählich auf den Geschmack kommen, zeigte die österreichische Regierung im Jahre 2004, als sie zwei ihrer **Gefängnisse** nach Rumänien „ausgliedern" ließ. Der Grund: Die Gefängnisse sind dort billiger und entsprechen bald auch europäischen Standards.

Zwischen Schafen und Hightech

Wer sich heute der Mammutaufgabe stellt, ein Bild nationaler Gesellschaften zu zeichnen, wird dabei kaum allen Bevölkerungsgruppen und -schichten gerecht werden können. Dafür sind moderne Gesellschaften zu komplex. Das gilt auch für Rumänien. Die rumänische Gesellschaft befindet sich heute in einem **Umbruch,** wie sie ihn selten zuvor erlebt hat. Sehr deutlich zeichnet sich dabei die Kluft zwischen Stadt und Land ab. Während der Wandel in den Städten, vor allem auf den Gebieten der IT-Technologien sowie in der Welt der Supraleiter und Mikroelektronik, den Anschluss an die moderne Zeit längst geschafft hat, leben Bauern und Hirten in den Tälern und Bergen des Maramureş, des Banats und Transsylvaniens häufig noch wie Anno dazumal. Wohl nirgends wird Langsamkeit so aus-

Für die IT-Experten in Hermannstadt gehören Wörterbücher zum Alltag, da immer mehr Aufträge aus dem Ausland kommen geprägt gelebt, wie auf dem *țara,* dem rumänischen Land. Hier hat man sein Gärtchen, sein stilles Auskommen und seinen Frieden mit der Welt. Im Gegensatz dazu hat die Entwicklung in den Metropolen, vor allem vor der Eingliederung in die EU, rasant an Fahrt gewonnen.

Die weite Welt der Wanderhirten

Ein ganz besonderer Reiz Rumäniens liegt in seiner Landschaft; den Feldern, Hochalmen, Seen und Wäldern. Das Wort „Bodenordnungsverfahren" kannte man bis in die jüngste Vergangenheit nicht und eine Flurbereinigung hat, trotz massiver Eingriffe des kommunistischen Regimes in der Landwirtschaft, nie stattgefunden. So kann man in der warmen Jahreszeit stundenlang über blumenübersäte Wiesen gehen, die sich gleich neben den Äckern und entlang still dahinplätschernder Bäche entlangziehen. Ganz zu schweigen von Bergwanderungen, auf denen einem der Duft von wildem Thymian, von Minze und Kamille in die Nase strömt. Auf den Hochalmen findet man gelegentlich wilde Orchideen, Enzian oder Edelweiss. Als Rumänienliebhaber könnte sich der Autor nun seitenlang in naturromantischer Terminologie ausbreiten, doch eine allzu verkitschte Heranführung an die **Almenwelt der rumänischen Schäfer** und ihrer Traditionen wäre wohl unangemessen. Auch wenn die verklärenden Mythen längst in den nationalen Kulturkanon aufgenommen wurden oder leidenschaftlich gesungene Naturfolklore vom *mândru ciobanel,* dem „herrlich freien und stolzen Heldenleben" der Schäfer erzählt: Das Leben eines *Cioban,* eines rumänischen Schäfers, ist kein Zuckerschlecken und für bukolische Romantik bleibt in der harten Realität kaum Platz.

Seit archaischen Zeiten praktiziert man rund um die Karpaten den Herdentrieb. Von Mai bis Oktober werden Schafherden über die Weidegründe getrieben und die Schäfer sind dabei von glühender Sonne bis hin zu eisiger Kälte **extremen Witterungsbedingungen** ausgesetzt. Hinzu kommen die Angriffe der Wölfe, die schlimmstenfalls den Verlust eines Schafs, eines dazugehörenden Lamms sowie den von Milch und Käse im Gesamtwert von 150 Euro bedeuten. Zur kalten Jahreszeit bleiben die Wanderschäfer mit ihren Tieren in den Winterquartieren, um zur Osterzeit wieder in ihre Heimatdörfer zurückzukehren. Das Frühjahr ist auch die Zeit archaischer Bräuche und Feste rund ums Schäfertum.

Uralte Milchrituale

Die Schafzucht wird in Rumänien sowohl wegen der Wolle als auch wegen Fleisch und Milch der Tiere betrieben. Die Wolle bringt allerdings aufgrund der Konkurrenz aus Vorderasien immer weniger ein. Haupteinnah-

Schafs- und „Pferdekäse"

Diese Überschrift wird so manchen Rumänienkenner verblüffen, schließlich weiß doch jeder, dass es in Rumänien keinen Pferdekäse gibt. Oder etwa doch?

Grundsätzlich unterscheidet man in Rumänien viererlei Arten von Schafskäse. Der *brânză de caş* oder kurz *caş* ist der frische, schneeweiße, oft ungesalzene Käse der ersten Pressung. Er erinnert ein wenig an Quark, hängt zur warmen Jahreszeit gelegentlich zum Trocknen vor Sennhütten an der Leine und ist von allen hier beschriebenen Sorten derjenige mit der geringsten Haltbarkeit. Der *telemea* entspricht etwa dem aus Griechenland bekannten Fetakäse, ist meist gesalzen und hat einen Fettanteil von zirka 25 Prozent. Die Molke, die nach der Käsezubereitung übrig bleibt, wird noch einmal im Kessel aufgekocht und ergibt einen Süßkäse, den man *brânză de urda* oder kurz *urda* nennt. Am Teuersten ist der *Brânză de Burduf,* der aus der Schafsmilch mit dem höchsten Fettgehalt hergestellt ist. *Brânză,* die Oberbezeichnung für Käse, kann sowohl solchen aus Kuhmilch, Ziegenmilch, Schafsmilch oder Büffelmilch bezeichnen. Ach ja, und dann gibt es noch den Begriff *caşcaval* für Käse aus Kuh- oder Schafsmilch. Die Käseleiber dieses strohgelben Käses sind mit einer dünnen Wachsschicht überzogen. *caşcaval* leitet sich vom sizilianischen Begriff *cascavaddu* ab, der eine Käsesorte bezeichnet, die man ursprünglich aus Pferdemilch hergestellt hat. Auch in Italien denkt übrigens heute beim berühmten Käse *caciocavallo* (wörtl. Pferdekäse) niemand mehr daran, dass dieser in der Tat einmal aus Pferdemilch gemacht wurde.

mequelle für die Schafsbesitzer ist die Milch, aus der man die unterschiedlichsten **Käsesorten** bereitet. Traditionell besonders wertvoll ist der Käse, der aus der Milch des ersten Melkens gewonnen wird. Dieser *caşul de la prima mulşoare* wird kurz nach dem Frühjahrsfest *sâmbra oilor* hergestellt, das meist im Mai in Transsylvanien aber auch im Maramureş gefeiert wird.

Das jährliche Hinausziehen der Wanderschäfer auf die Weide, feiert man in der Gemeinde Certeze im Landkreis Satu Mare besonders farbenprächtig mit einem großen Folklore-Festival, dem *sâmbra oilor*. Doch bevor auch die Kinder und Frauen an den grünen Hängen des Huta-Passes tanzen, singen und essen dürfen, müssen noch einige **uralte Rituale** vollzogen werden und diese sind traditionell reine Männersache.

Ion Mutu, der Schäfer aus Certeze im Maramureş, steht mit „seinen Schafen" kurz vor der „Wanderschaft" hinaus auf die Weidegründe. Er, die andere Schäfer, sowie die Besitzer der Herden beschwören in ihren Riten, bei denen sich christliche Überlieferung und magische Bräuche vermischen, ein letztes Mal gemeinsam das Glück und eine gesunde Wiederkehr. Ein eigens einberufener Priester segnet die Herden, die Hirtenhunde, die Schäfer und bespritzt auch die ausgewählten Opferlämmer mit Weihwasser. Man entzündet ein Feuer und der Priester scheint sich eigenartigerweise wenig daran zu stören, dass die völlig in Rauch gehüllten Schäfer und Besitzer beginnen, alte magische Formeln zu murmeln, um den bösen Kräften entgegenzuwirken, die Einfluss auf die Qualität der Milch haben könnten. Vor allem dem **Kuckuck** sagt man in Schäferkreisen nach, die Milchmenge negativ beeinflussen zu können. Zwei Schäfer beginnen mit dem Oberkörper zu wippen und ein mantrahaftes *cucu - rascucu ... cucu - rascucu ... cucu - rascucu* zu rezitieren. Später erklärt *Ion,* dass man durch die magische Vorsilbe *ras* dem „bösen Einfluss" des Kuckucks entgegenwirken könne. *„Doch nur, wenn man eine genügende Menge țuica de prune (Pflaumenschnaps) dazu trinkt",* ergänzt sein Freund *Radu* lachend.

Ebenfalls einem Ritual ähnelt das *măsuratul laptelui,* das **Milchmessen,** das begangen wird, nachdem die Schafe das erste Mal zwei Wochen auf der Hochweide verbracht haben. Im Gegensatz zu den rein magisch-religiösen Bräuchen hat das Messen der Milchmenge jedoch einen handfesten wirtschaftlichen Hintergrund. Erneut kommen Pfarrer und Besitzer zusammen, um sich von den Schäfern die Schafe vormelken zu lassen. Nachdem man den *cașul de la prima mulșoare,* den „Käse des ersten Melkens" hergestellt hat, handelt der Herdenbesitzer mit dem *baci,* dem ältesten der Hirten, die Käsemenge aus, die dieser im Herbst (oder auch während des Jahres) abzutreten hat.

Als letztes bedeutendes Schäferfest sei das **Ruptul Șterpelor** erwähnt, das ebenfalls im Mai vor allem im Maramureș gefeiert wird. Bei diesem uralten Brauch wird die Trennung der Milch-Lämmer von ihren Mutterschafen und dem Rest der Herde gefeiert. Magische und mystische Formeln kommen bei diesem Fest wenig vor. Was aber auf keinen Fall fehlen darf, sind der Priester, Gesang, Tanz, gutes Essen und der obligatorische Umtrunk, der natürlich aus jeder Menge *țuica* besteht.

Die Stâna – die Schäferei der Hirten

Rumäniens Schäfer schlafen, entgegen der landläufigen Meinung, auf ihrer Wanderung über die Berge und grünen Hügel natürlich nicht nur unter dem „weiten Himmelszelt". Lediglich hin und wieder reicht der *Cojoc* aus, ein zotteliger Umhang aus dicker Schafswolle, um auch im Freien übernachten zu können. Neben dem tagsüber meist ungestörten Logenplatz in der Natur benötigen die Schäfer auch Unterkünfte, die ihnen nachts Schutz vor Bären und Wölfen oder der nasskalten Witterung bie-

In einer typischen stâna, der Schäferei, darf auch ein Ofen zur Zubereitung des Nationalgerichts mămăligă (Maiskuchen) nicht fehlen

022ru Foto: jr

ten. Je nach Art der Herde kann die im Rumänischen *stâna* genannte **Hirtenbehausung** recht unterschiedlich ausfallen. Bei Schäfern, die mit Jungtieren unterwegs sind, reicht oft ein einfacher Holzverschlag, der ohne Fundament direkt auf einer Wiese oder auf Felsgestein errichtet wird. Da die jungen Lämmer bis zu ihrem zweiten Lebensjahr noch nicht gemolken werden, benötigt der Schäfer auch noch keine „Käserei". Worauf jedoch kein Hirte verzichten kann, ist eine Feuerstelle. Hier werden nasse Kleider getrocknet, hier ist der allabendliche Ort an dem die unverzichtbare *mămăliguță,* der goldgelbe Maisbrei, zubereitet wird und hier erweisen sich die Schäfer Gästen gegenüber, auch ohne den Einfluss von wärmendem Pflaumenschnaps, als fantasiebegabte Erzähler, geschickte Poeten oder leidenschaftliche Musiker.

Falls man als Rumänienbesucher auf einem Bergspaziergang an einer Sennhütte vorbeikommen sollte, die mit einem Gatter ausgestattet ist oder vor deren Eingang frischer Schafskäse zum Abtropfen in weißen Leintüchern auf einer Leine hängt, so handelt es sich dabei zweifelsohne um eine **Schäferei** mit angegliederter Milchschaf-Herde. In einer solchen *stâna* kann es, vor allem wenn unerwarteter westlicher Besuch gekommen ist, ziemlich eng zugehen. In der sehr kalten Jahreszeit werden manchmal sogar einige mit dickem Wollkleid ausgestattete Leittiere zum Wärmen mit in die *stâna* genommen.

Das Feuerholz einer Schäferei befindet sich neben der Hauptfeuerstelle und ist, vor Nässe geschützt, im Innern aufgestapelt und nur durch große Steinplatten vor Funkenflug geschützt. Mitunter gibt es mehrere Feuerstellen, da man neben der eigentlichen Kochstelle gleichzeitig auch die Schafsmilch in riesigen Kesseln erhitzt. Die traditionelle **Herstellung von Schafskäse** erfolgt in Kupferkesseln, doch zunehmend werden auch Stahlkessel verwendet. Darin wird die Milch unter Zugabe von Lab (einem Zusatz aus den gekochten Mägen von Lämmern) erhitzt. Nachdem der Käse koaguliert, also fest geworden ist, filtert man ihn entweder mittels der bereits erwähnten weißen Leinentücher heraus, die dann zum Trocknen als „Käsesäckchen" in die Sonne gehängt werden oder presst den Käse zu größeren Laibern zusammen, die mitunter über 20 kg wiegen können. Die Schäfer konservieren den Käse für ihren Eigenbedarf, indem sie ihn in Salzlake legen. Zu deren Herstellung ist es Brauch, warmem Wasser soviel Salz hinzuzufügen, bis ein frisches rohes Ei darauf schwimmen kann.

Die Bezeichnung *stâna* für Sennhütte oder Schäferei ist übrigens ein Wort, das noch aus dem **Dakischen** stammt. Der Begriff wird heutzutage allerdings auch in einigen Reiseprospekten verwendet, als Bezeichnung für jene kulinarischen Köstlichkeiten, die man „rund um Schafe und Schäfer" so zu sich nimmt. Leider wird vielen Touristen dabei ein verzerrtes Bild vermittelt. Rumänische Hirten essen weder jeden Tag mit Pflaumen gefüllten Lammbraten noch trinken sie Unmengen von Wein dazu.

Homesourcing nach Hermannstadt

Keine 20 km von den Schäferalmen und Sennhütten der Cindrelberge entfernt rotiert eine Stadt in ganz anderer Geschwindigkeit. Überraschenderweise hatte die 200.000 Einwohner zählende Stadt **Sibiu** am Zibin im Sommer 2004 das Rennen um den Titel **europäische Kulturhauptstadt 2007** gemacht und darf sich gemeinsam mit Luxemburg ein Jahr lang als kulturelles Zentrum Europas feiern lassen. Der Sieg wird vor allem dem **deutschen Bürgermeister** *Klaus Johannis* zugeschrieben, der beim Wahlgang im Jahr 2004 sensationelle 98 % (!) der Stimmen bekam. Dieser Wahlerfolg ist nicht etwa einer großen Zahl Deutscher zuzuschreiben (die Stadt weist gerade noch einen Anteil von 1,5 % so genannter Sachsen auf, im Jahr 1970 waren es noch 25 %). „Der Deutsche", so die rumänische Meinung, hat einfach viel Schwung, vor allem aber wirtschaftlichen Erfolg in die charmante Handelsmetropole gebracht. Anfang Oktober 2005 schwappte die Sympathiewelle sogar auf die ganze Nation über, als die Bukarester Zeitung „Adevarul" eine landesweite Umfrage startete und den Physiker *Klaus Johannis* zum beliebtesten Bürgermeister Rumäniens wählte. Mittlerweile wünschen sich nicht nur mindestens 75 Prozent der Bevölkerung Rumäniens die europäische Integration, sondern auch einen deutschstämmigen Bürgermeister.

Europäische Fördertöpfe, niedrige Gewerbe- und Umsatzsteuersätze, hoch qualifizierte Hochschulabsolventen und nicht zuletzt das Engagement des **Deutschen Wirtschaftsclubs Siebenbürgen** lassen einige Unternehmer bereits vom zukünftigen „Silicon Valley Rumäniens" schwärmen. Auf dem nur 15 Autominuten vom Stadtzentrum entfernten Flughafen landen täglich Maschinen aus Italien und Deutschland und bringen neue Manager, Firmengründer und Investoren in die aufstrebende Stadt.

Die Vorteile, die Sibiu zu bieten hat, liegen auf der Hand. Neben der leichten Implementierung von mehrsprachigen und multikulturellen europäischen Geschäftsmodellen - die Mehrzahl der Jugendlichen spricht neben Rumänisch und Deutsch auch Englisch oder Ungarisch - sind es vor allem die **extrem niedrigen Steuern und Lohnkosten,** die die Firmen massenhaft nach Hermannstadt ziehen. Hinzu kommt, so die Informatikstudentin *Dana Lupescu,* dass *„die Zusammenarbeit zwischen den Unternehmen und den Universitäten in Hermannstadt wesentlich enger verzahnt ist, als in Deutschland."* Universitäten würden sich Wünschen der Unternehmer nicht verschließen und letztlich könnten alle davon profitieren.

Nach Aussagen von *Ciprian Candea,* Leiter der deutsch-rumänischen Firma Wittmann & Partner, wird allein der Sektor Software-Entwicklung in Rumänien ab 2006 um etwa 150% pro Jahr wachsen. Viele Betriebe, die zu Beginn des neuen Jahrtausends Geschäftsbereiche nach Bangalore in Indien verlagert hatten, beginnen mittlerweile umzudenken. *„Nicht nur die größeren deutschen IT-Firmen haben den Wert des siebenbürgischen IT-Marktes inzwischen erkannt. Neben der sehr hohen Qualifizierung sächsischer und rumänischer Studenten im Bereich der Informatik, ist es vor allem die deutsche Denkweise, die die Unternehmen hierhin zieht"*, sagt Candea. *„Nach der rumänischen Revolution sind viele der hoch qualifizierten Mitglieder der deutschen Minderheit in Rumänien in den Westen gegangen. Doch viele von ihnen kehren Deutschland mittlerweile wieder den Rücken und bauen sich in Hermannstadt ihre eigene Firma auf."* **Homesourcing** nennt man das selbstbewusst in Hermannstadt, als ironische Anspielung auf die Rückverlagerung der eigenen Arbeitskraft in die Heimat. *„Die Kompetenz der rumänischen Studenten, sich in die mitteleuropäische Denk- und Arbeitsweise hineinzuversetzen, ist in Siebenbürgen wesentlich stärker ausgeprägt, als etwa in Ostasien"*, sagt *Ion Oacă,* ein Student der Informatik an der Hermannstädter Universität. *„Warum sollten nicht auch westliche Firmen, die Prozesse nach Asien verlagert hatten, eine ‚Heimkehr' nach Siebenbürgen in Erwägung ziehen."*

Auch *Michael Werther* hat den „Karpaten-Sprung" gewagt. Im Jahre 2000 hat der Informatiker in Sibiu noch einmal vollständig von vorne angefangen, nachdem er in Deutschland als Unternehmer im IT-Bereich und nach dem Platzen der Börsenblase kaum noch Spielraum sah. *Werther* zog in die boomende siebenbürgische Metropole, startete seine **Ein-Mann-Firma** *Eytro*, zahlte seine 3 % Umsatzsteuer und hatte schon nach fünf Jahren 20 Mitarbeiter. Über Arbeit kann sich der Rumänienaussiedler, im Gegensatz zu vielen seiner zu Hause gebliebenen Kollegen, nicht beschweren: *„Sicherlich wird meine kleine Firma weiter expandieren."* Zwischen Customizing und der Implementierung von kundenspezifischen IT-Lösungen zieht es *Werther* an den Wochenenden auch immer mal wieder in die Berge und zu den Schäfern. *„Das die Natur hier quasi gleich um die Ecke liegt, hat enorme Vorteile, was die Motivation und Kreativität betrifft. Im Sommer fahre ich mit den Mitarbeitern einfach mal raus ins Grüne. Wir arbeiten dann draußen zwischen den Schafen, gehen in kristallklaren Bergseen schwimmen oder machen ein fürstliches Kooperations-Picknick auf der Almwiese. Das alles ist gerade mal 15 km von hier entfernt, in Null-Komma-Nichts bist du wieder in der Firma. Wo kannst du so was als Unternehmer in Deutschland schon machen?"*

Sicherheit in unsicheren Zeiten

Schutzengel

Die **Kriminalitätsrate** ist in Rumänien bei weitem nicht so hoch, wie man im Westen vermutet. Von einer rumänischen Mafia kann im Gegensatz zu Bulgarien keine Rede sein. Autodiebstähle sind äußerst selten und die Anzahl an Schwerverbrechen liegt in Neapel fünfmal so hoch wie in Bukarest. Dennoch (oder gerade deswegen) geht die Sicherheits-Manie um in Rumänien. Kaum mehr ein Geschäft, das ohne privaten Sach- und Wachschutz auftritt. Die Sicherheitsbranche boomt vor allem seit den Terroranschlägen in New York. Ein Nebeneffekt ist der wirtschaftliche Aufschwung von Bodybuilding-Studios und Martial-Arts-Instituten.

Für Besucher wird der ausgeprägte Hang der Rumänen zur Sicherheit vor allem dann hör- und spürbar, wenn sie in der Bukarester Innenstadt zu dicht an einer parkenden Autokolonne entlanggehen. Jedes zweite Auto wird einen solchen Spaziergang sofort als Bedrohung empfinden und hör- und sichtbar nervös losschrillen und blinkjaulen.

Neben dem Eingang zum Luxusgeschäft der Edelautomarke Maserati steht ein Mann mit einem grimmigen Gesicht. Seine gedrungene Gestalt und der seitlich eingesteckte Schlagstock verheißen den Passanten und den potentiellen Kunden in der Bukarester Dorobanților Straße nichts Gutes. Interessierte Besucher würden aber durch die martialische Präsenz des muskelbepackten **Wachmanns** nicht abgeschreckt, glaubt zumindest der Besitzer des Autohauses. Im Gegenteil. In erster Linie solle ein solcher Auftritt Sicherheit verkörpern, die sich auch auf den Kunden überträgt. Natürlich wäre man auch gut mit Alarmanlagen und Diebstahlssicherungen ausgestattet, doch in Rumänien da braucht man was „Sichtbares" und ein Mann in Uniform sei einfach unabdinglich fürs Geschäft.

Auch in der benachbarten BRD-Bank sieht man das so. Der dortige Chef bezeichnet seinen Wachmann als **Schutzengel,** *înger păzitor,* der die Filiale bisher nicht nur vor Schmierereien und Graffitis, sondern auch vor so manchem betrunkenen Rowdy bewahrt habe. Vor allem die Kunden, die Geld an den Bargeldautomaten abholen, würden sich wesentlich sicher fühlen. Eine Bankfiliale ohne Wachmann – undenkbar. So etwas würde, zumindest in der Innenstadt, kein gutes Licht auf eine Bank werfen.

Die langen Schatten der Securitate

Heutigen Angaben zufolge darf man von 40.000 offiziellen und 400.000 inoffiziellen Mitarbeitern des rumänischen Geheimdienstes Securitate ausgehen, die zwischen 1944 und 1990 ihren Dienst als Lauschohr und Schlägertrupp der Nation verrichteten. Die in Rumänien auch unter ihrem Kürzel DSS bekannte Organisation gehört auch heute noch zum weitgehend **unbewältigten Erbe** der kommunistischen Ära. Der allmächtige Repressionsapparat ging vor allem im Laufe der 1950er und 1960er Jahre weit über seine offizielle Aufgabe zur Sicherung des Staatsapparats gegen innere und äußere Feinde hinaus. Schätzungsweise 200.000 Menschen kamen durch die Säuberungen, Deportationen und „Umerziehungsmaßnahmen" der geheimen Staatssicherheit ums Leben.

Anhand des **Aufbaus der Securitate** kann man erkennen, dass sie nicht nur „ganz Auge und Ohr" in allen Lebensbereichen der Rumänen war, sondern auch Besucher des Landes selten aus dem Blickfeld verlor. Neben der *Direcția de Investigații,* der reinen „Untersuchungs-Einheit", die alle Ebenen des gesellschaftlichen Lebens abdeckte, arbeitete die *Direcția Generală de Tehnică Operativă (DGTO)* als technischer Abhörapparat eng mit den Kollegen des KGB in Moskau zusammen und kümmerte sich um Telefonate, Telegramme oder Faxe. Die *Direcția de Contraspionaj,* die Einheit der Gegenspionage, wurde auf Ausländer angesetzt, um deren Kontakte zu Einheimischen zu erforschen. Einige Besucher Rumäniens sollen in den „Genuss" einer 24-stündigen Dauer-Observation gekommen sein.

023ru Foto: jr

Die *Direcția de Securitate interna* schließlich kümmerte sich um die Sicherheit und Ordnung in den eigenen Reihen.

Seit Herbst 2000 versucht eine Art rumänische Gauck-Behörde Licht in die ehemaligen Machenschaften der Securitate zu bringen. Die CNSAS (Consiliul Național pentru Studierea Arhivelor Securității) gewährt geschädigten Personen seit März 2001 **Akteneinsicht.** Lange Zeit hatte man sich dagegen gewährt und eine Einsicht erst ab 2035 erlauben wollen. Problematisch ist aber ein Beschluss des Parlaments, wonach *„Akten, die die nationale Sicherheit berühren"* weiterhin nicht öffentlich gemacht werden dürfen. Auch die Verwalter der Aktenberge tragen nicht gerade zur Vertrauensbildung bei. Es sind der rumänische Inlandsgeheimdienst SRI, der Auslandgeheimdienst SIE und das Verteidigungsministerium.

Der **Informationsdienst SRI** *(Serviciul Român de Informații)* gilt als der neue rumänische Geheimdienst. Er wurde 1990 in Târgu Mureş mit der Begründung ins Leben gerufen, die Ursachen ethnischer Wirren ließen sich dauerhaft nur durch „geheime Operationen" ergründen und aufklären. Heute ist die SRI bereits wieder ein großer Machtfaktor im Land, jedoch glücklicherweise nicht mehr mit der Kompetenz zur Strafermittlung ausgestattet wie ihre Vorgängerin. Durch die diffuse und undurchsichtige Neustrukturierung der Geheimdienste ist davon auszugehen, dass vielen ehemaligen Securitate-Mitarbeitern der nahtlose Übergang in den neuen Geheimdienst gelungen ist.

Die Kunst des Schmierens

„Wieso habe ich keine Schmerzmittel bekommen?", fragte Cătălină S. in der Klinik nach einer Mandeloperation. „Oh, da hätten sie vorher ein wenig ans Schmieren des Radlagers denken müssen, Gnädigste."

Ein beliebtes Allheilmittel, um in Rumänien etwas Bewegung in die träge Bürokratie zu bringen, dem Personal eines Krankenhauses Beine zu machen oder das strenge Auge des Gesetzes gnädig zu stimmen ist – **şpaga.** Dieses Wundermittel ist nicht immer billig, aber noch immer scheint man im Land zwischen Karpaten, Donau und Schwarzem Meer schwerlich ohne es auszukommen.

Schmieren – kleiner sprachlicher Exkurs

Grundsätzlich verlaufen die Grenzen zwischen schenken, schmieren und bestechen in Rumänien fließend. Wenn etwas oder jemand geschmiert wird, so läuft es, sie oder er einfach besser. Von **Bestechung** spricht man im engeren Sinn nur in Verbindung mit staatlichen Einrichtungen.

Kleine Geschenke bringen Bürokraten auf Trab, befördern Briefe schneller, verschaffen Schülern im täglichen Kampf mit den Zensuren etwas Luft und sorgen auch dafür, dass man nicht unnötig an Zahnschmerzen leiden muss. Das Rumänische kennt mehrere **Begriffe** für die hohe Kunst der finanziellen Motivation.

Den „offiziellen" rumänischen Begriff fürs Schmieren, *a unge,* verwendet man verhältnismäßig selten, jedoch ähnlich wie im Deutschen. Auch unser *schmieren* hat sich ja ursprünglich aus dem Schmieren der Achse oder dem Radlager mit Fett oder Talg entwickelt, damit das Fahrwerk besser, eben „runder läuft". Häufiger als *a unge* verwendet man in Rumänien die Begriffe *a mitui* oder *a da mită.* Der im Alltagsgebrauch und der Umgangssprache mit Abstand am häufigsten verwendete Begriff ist jedoch das saloppe **şpaga** *(gesprochen: schpaga).*

Die historischen **Wurzeln des Schmierens** in Rumänien gehen auf die Zeiten der ehemaligen Besatzer zurück, die sich die Freiheit ihrer Provinzen, neben dem sowieso anstehenden Tribut, durch Sonderzahlungen ab-

---

In Bukarest gibt es kaum eine Apotheke, die sich nicht den Luxus der Bewachung durch einen Sicherheitsdienst leistet. Geldtransporter werden sogar von ausgebildeten Spezialisten begleitet.

Ich singe – und du zahlst

Der Ursprung des rumänischen Begriffs şpaga für „Schmieren" ist hochinteressant. Noch vor 150 Jahren war es durchaus üblich, seiner Angebeteten ein Gedicht zu schreiben oder auch abends unter ihrem Balkon ein Ständchen zu bringen. Tausende unbegabter Dichter nahmen natürlich die bezahlten Dienste einer Art „Cyrano de Bergerac" in Anspruch, eines Berufspoeten, der ihre ungelenken Verse in geschmeidige Reime verwandelte. Mit diesen fremden Federn geschmückt, war es oft ein Leichtes, die Gunst der Angebeteten zu gewinnen.

Schwieriger war es jedoch für diejenigen, die nicht singen konnten, obwohl die Liebste sich so sehr nach einem Ständchen sehnte. Italienische Sänger, die es in Bukarest um 1900 reichlich gab, füllten hier eine Marktlücke, indem sie ihre Künste anboten – natürlich gegen eine angemessene Bezahlung. Die italienisch-neapolitanische Wendung *„Ich singe – und du zahlst"* wurde bald zu einem geflügelten Begriff in Rumänien. *„Canto i tu s'paga."* Bald schon musste die Kurzform *„Spaga"* auch für andere Dienste als die des Singens herhalten.

kaufen ließen. Vor allem die Türken gründeten in der besetzten Fremde entweder eine richtige Provinz – eine so genannte *Paschalik* – oder beließen es bei den alten Herrschaftsstrukturen, kassierten dafür aber horrende Beträge von den Provinzfürsten. Auch der türkische Begriff **Bakschisch** ist durch die osmanischen Besatzer in die rumänische Sprache gelangt. In Rumänien bedeutet *bacşiş* heute ausschließlich Trinkgeld. Die ursprüngliche orientalische Bedeutung einer milden Gabe oder eines Almosens ist hier, wie übrigens auf dem gesamten Balkan, verloren gegangen. Für Almosen verwendet man in Rumänien heute die Bezeichnung *a da de pomană,* die sich aus der Wendung „in die Hand geben" entwickelt hat.

Manual de Şpaga

„Aber es ist doch total normal, dass man dem Arzt ein Geschenk überreicht. Eine Flasche Wein oder der Ärztin ein Parfüm. Keiner käme auf die Idee das Bestechung zu nennen, bei uns heißt so etwas ‚Schenken'."
(*Mihaela S.,* eine Rumänin, die nach Deutschland übergesiedelt ist, nach ihrem ersten Arztbesuch in Stuttgart)

Wenn es ein kleines Büchlein, das bislang nur in rumänischer Sprache vorliegt, als Meldung in die deutsche Tagesschau geschafft hat, so muss es schon etwas ganz besonderes sein. Das Werk, von dem hier die Rede ist, heißt **„Manual de Şpaga"**, was soviel wie „Anleitung zum Schmieren" bedeutet und ist in Rumänien ein Hit. Das hochsensible Thema der Bestechung ist, angesichts der Auflagen die seitens der EU an Rumänien gerichtet wurden, natürlich sehr ernst zu nehmen. Dennoch kann man sich angesichts der augenzwinkernden, doch sehr konkreten Ratschläge, die der kleine Ratgeber zum besseren Navigieren durch den rumänischen Alltag gibt, ein Schmunzeln manchmal kaum verkneifen.

An den Knotenpunkten der Macht

„Wenn Sie wollen, können Sie ja meine Eier zählen"
(Ex-Premierminister *Adrian Nastase* auf den Vorwurf, eine Geflügelfarm unter mysteriösen Umständen erworben zu haben)

A avea o pilă heißt im Rumänischen so viel wie eine gute Beziehung, eine Verbindung haben, die einem etwas einbringt. Wörtlich bedeutet die Wendung „eine Feile haben" und stammt wahrscheinlich aus dem Kontext, in dem eine Feile sich als geeignetes Instrument für einen Ausbruch erweist. Wer im Gefängnis in der Lage war, sich Feilen in Brote einbacken zu lassen, musste zweifellos auch über „gute Beziehungen" verfügen.

Die **besten Beziehungen** haben heute diejenigen in Rumänien, die oben angekommen sind. An den Knotenpunkten der Macht kam es dabei bis in die jüngste Zeit hinein zu Geflechten, die eine Aufnahme der Nation in die Europäische Union immer wieder aufs Spiel gesetzt haben.

Adrian Nastase, ehemaliger Premierminister und Präsident des Parlaments musste im März 2006 endgültig seinen politischen Hut nehmen, nachdem er bereits zwei Monate vorher über die Erbschaft einer großzügigen Tante in Millionenhöhe gestolpert war. Die Tante, die unerwartet über Spekulationen im Immobiliengeschäft zu Geld gekommen sein soll, hat die Millionen zwar „nur" an *Nastases* Ehefrau vererbt, dennoch glaubte weder seine Partei PSD und die Regierung, noch die EU in Brüssel an solche plötzlichen Geldgeschenke.

Eigentlich müssten die Rumänen gewarnt sein, was „gute Beziehungen" betrifft, stürzte doch bereits im Jahr 1992 ein Geschäftsmann namens *Ion Stoica* 94.000 Menschen ins finanzielle Unglück. Er hatte ein Pyramidenspiel namens **Caritas** ins Leben gerufen, bei dem er den Einzahlenden die achtfache Menge der eingezahlten Summe versprach. Da der Bürgermeister *Gheorghe Funar* und die lokalen Behörden das „Spiel" förderten (*„das sind Investitionen, die hier gemacht werden müssen und die unserem Land gut tun"*) begannen die Menschen einzuzahlen – vorsichtig und in kleinen Summen. Anfangs erhielten sie ihren Einsatz tatsächlich mit Gewinn zurück. Fabrikarbeiter begannen ihre Ersparnisse zusammenzukratzen, Bauern beliehen ihr Haus oder verkauften es gleich. Innerhalb eines halben Jahres hatte *Stoica* über 200 Millionen Euro (!) an Geldern einge-

Geldfluss im Krankenhaus

Babette, eine Ärztin aus Botoşani, ist neu in Bukarest und Teil eines Systems, in dem Ärzte, übrigens ganz ähnlich wie ihre Kollegen in Deutschland, ganz unverhohlen ihr Auswandern androhen, wenn es nicht zu Lohnerhöhungen kommt – wie immer diese auch erreicht werden. *Babette* begründet, wieso sie es als gerechtfertigt ansieht, Geldzahlungen in Empfang zu nehmen und macht damit zugleich deutlich, in welchem Dilemma sich der rumänische Staat befindet. Um eventuellen Missverständnissen vorzubeugen, sei klargestellt, dass ein rumänischer Mediziner, Polizist oder Briefzusteller niemals von sich aus Geld oder anderweitige Zuwendungen verlangen würde. Im rumänischen Gesundheitswesen bezahlen die Menschen zusätzliches Geld an die Ärzte zu ihrer Beruhigung, nur so sind sie davon überzeugt, dass man ihnen genügend Aufmerksamkeit schenkt. Bestechungen in einem rumänischen Krankenhaus sind direkt proportional zu der Anzahl der zu bestechenden Schwestern, der Anzahl der Aufenthaltstage und der Professionalität der betreuenden Ärzte.

Der rumänische Volksmund sagt: *„Die Bestechung ist wie eine Droge der Gesellschaft. Permanente Glücksgefühle für diejenigen, die Geld bekommen und kontinuierliche Unzufriedenheit für diejenigen, die es geben müssen."*

Babette: *„Ich bin seit 20 Jahren Ärztin. Ich war sehr überrascht von den hohen Rechnungen der Ärzte aus Bukarest. Ich, eine Ärztin aus der Provinz, würde nie eine so hohe Rechnung ausstellen können. In der Poliklinik gibt etwa jeder fünfte Patient 100.000 Lei (2,86 Euro) oder eine Packung Kaffee zu 250 Gramm für eine Krankschreibung oder für staatlich finanzierte Medikamente. Ich untersuche im Durchschnitt 10 bis 15 Patienten am Tag. Im Krankenhaus habe ich etwa 10 Patienten und die chronisch Kranken oder Rentner, die eigentlich die Mehrheit der Patienten ausmachen, sagen noch nicht einmal Danke bei der Entlassung. Diejenigen, die großzügiger sind, geben 300.000 bis 500.000 Lei für ein bis zwei Wochen im Krankenhaus, alle Untersuchungen und Behandlungen einbegriffen. Bei völlig armen Menschen und verzweifelten Fällen würde ich auch kein Geld nehmen.*

Also, wenn Sie eine ehrliche Rechnung aufmachen, dann ist das doch keine Bestechung, von der man sich nach ein paar Jahren ein großes Haus oder ein Luxusauto leisten könnte. Und das nach 6–7 Jahren Studium, in dem du abhängig von der Familie warst und praktisch dreißig Jahre lang am Existenzminimum gelebt hast.

Ich fühle mich nicht schuldig wegen der angenommenen Bestechungsgelder. Dieses Geld motiviert mich. Ich mache meine Arbeit gut, und bleibe im Land, in dem ich offiziell 150 Euro brutto im Monat verdiene. In Westeuropa verdient ein vergleichbarer Arzt dieses Geld an einem Tag.

Wissen Sie, mit ein wenig Geld in der Tasche muss ich nicht ständig an den morgigen Tag denken und kann mich entsprechend auf meine Arbeit konzentrieren."

Wird die Bestechung im Medizinbereich auch anhalten, wenn der Euro eines Tages kommen sollte? Die meisten Rumänen freuen sich bereits auf die stabile Währung, die sich für einige aber auch als Schock herausstellen könnte.

024ru Foto: vt

sammelt. Dann erklärte Caritas den Bankrott. Alle Anleger standen mit leeren Händen vor gigantischen Schuldenbergen. Rumänien befand sich kurz vor einem Volksaufstand.

Wie eng Macht und Kriminalität in Rumänien verzahnt sind, wollte der Chefredakteur der Tageszeitung „Evenimentul Zilei“, *Dan Turturică* als Moderator einer Sendung namens *Reporter incognito* im Jahr 2005 herausfinden. Mit versteckter Kamera entlarvte die Redaktion allwöchentlich Bürgermeister, die ganz offen über **Korruptionslisten** redeten, Polizisten, die bei Verkehrskontrollen ganz selbstverständlich die Hand aufhielten oder orthodoxe Geistliche, die gegen Bezahlung auch Sexshops und Bordelle segneten. Als die Journalisten auf dem Sender „Prima TV“ den Bürgermeister von Constanța als kriminellen Bordellbetreiber entlarvten, wurde die Sendung auf politischen Druck hin zeitweise eingestellt.

025ru Foto: jr

RELIGION UND MYTHEN

„Es ist schade,
dass wir kein präziseres Wort als Religion haben,
um das Erlebnis des Heiligen zu bezeichnen.“

(*Mircea Eliade*, „Die Sehnsucht nach dem Ursprung“)

Rumänien ist ein frommes Land. Ein Land der Klöster, Kapellen und Kirchenburgen in dem sich über 90 Prozent der Bevölkerung zu irgendeinem Glauben bekennt. Die Religion ist tief in der Einwohnerschaft verwurzelt. So kann es einem durchaus passieren, dass ein Taxifahrer in Bukarest, trotz dichtem Feierabendverkehr und rasanter Fahrt durch die Schlagloch-City, Wert darauf legt, das obligatorische, einhändig geschlagene dreimalige **Kreuzzeichen** zur Stirn und zur Brust zu machen, und zwar jedes Mal, wenn er an einer Kirche vorbeirauscht. Und Kirchen und Kirchlein gibt es allein in Bukarest über 2000. Als ich einen frommen Taxifahrer danach befragte, ob denn diese einhändig gefahrene Gläubigkeit im dichten rücksichtslosen Berufsverkehr nicht gefährlich sei, bekam ich folgende Antwort: In Notsituationen, wie z.B. dem beidhändigen Hängen an einem furchtbaren Abgrund sei es auch möglich, das orthodoxe Kreuzzeichen

Kultgegenstände, Ikonen und Gebetsketten der rumänischen Orthodoxie erfreuen sich bei allen Gesellschaftsschichten wachsender Beliebtheit mit der Zunge zu machen. Also Zungenspitze gegen „Gaumen", „Zungengrund", „linke Innenbacke", „rechte Innenbacke". Schließlich hätte der Herrgott dem Gaumen auf Rumänisch nicht umsonst den Namen *Ciel de Gură* - Himmel des Mundes - gegeben. Doch wenn ein westlicher Besucher, ein wirklicher Gentleman, als Gast mitfährt, so wäre es doch sehr unhöflich, während der Fahrt mit der Zunge im Mund herumzufuhrwerken.

Fast flächendeckend religiös

Jedem, der die verschiedenen Landesteile Rumäniens besucht, wird sofort die tiefe Frömmigkeit der zumeist orthodoxen Menschen ins Auge fallen. Die Kirchen sind überall voll, und wenn sie drinnen keinen Platz mehr bieten, versammelt man sich draußen im Freien. Ein Grund übrigens für die mittelalterlichen Kirchenkünstler, einige der bekanntesten Moldauklöster mit Außenfresken zu versehen, damit auch diejenigen, die draußen bleiben müssen, zumindest bildlich an der göttlichen Verkündigung teilhaben können. Die meisten, auch die jüngeren Rumänen, sind so tief in der **Orthodoxie** verwurzelt, dass Umfragewerte zur Religiosität rund um die Karpaten stets die bereits sehr hohen katholischen Vorgaben aus Irland und Polen erreichen. Überraschend hoch - und über alle Konfessionsgrenzen hinweg - ist allerdings auch das Bekenntnis zu vorchristlichen Riten und Festen, in denen der Aberglaube, uralte Mythen oder die Bräuche der Roma-Bevölkerung nach wie vor eine große Rolle spielen.

Als der Staat kurz nach der Revolution im Jahre 1991 eine Volkszählung durchführen ließ, bekannten sich 86,6 Prozent der Bevölkerung zur rumänischen orthodoxen Kirche. Nur 0,3 % der Bürger gaben an, sie besäßen keine **Religionszugehörigkeit**. Andere Religionen als die Orthodoxie sind in Rumänien vor allem die der Minderheiten. So gehören die Sachsen in Siebenbürgen mehrheitlich der lutherisch-evangelischen Kirche an, die Szekler sind vorwiegend römisch-katholisch, während viele Ungarn sich zum calvinistischen Glauben bekennen. Die Unitarier, eine humanistische protestantische Freikirche, die vor allem in den USA, England und Deutschland vertreten ist, hat ihre Wurzeln in Siebenbürgen, wo heute immer noch einige kleinere unitarische Gemeinden jenseits aller religiösen Dogmen leben. Weitere Freikirchen in Rumänien sind die Baptisten, Adventisten, Evangeliums-Christen und die eine halbe Million Mitglieder starke Gemeinschaft der Pfingstler.

In den östlichen Landesteilen am Schwarzen Meer sieht man mitunter Moscheen. Die Zahl der Moslems, die hauptsächlich türkischen oder tartarischen Ursprungs sind, liegt etwa bei 15.000. Die jüdischen Gemeinden in den größeren Städten leiden immer noch an den grausamen Folgen des Holocaust, der Verfolgung und der Vertreibung. Zudem war das **Judentum** in Rumänien zu Zeiten *Ceaușescus* auch einer Politik des „Ausverkaufs" ausgesetzt. Bis kurz vor dem Zweiten Weltkrieg lebten etwa 800.000 Juden in Rumänien, die meisten von ihnen Chassidim; heute zählt die jüdische Gemeinde gerade noch 20.000 Mitglieder. Eine der exotischsten Glaubensrichtungen, die dem Christentum zuzurechnen ist, lebt im Donaudelta. Die Lippowener pflegen dort als orthodoxe Altgläubige Riten und religiöse Bräuche, die zu den ältesten der östlichen Kirchen zählen.

Die rumänische Orthodoxie

Kurzer Blick zurück

Die **Christianisierung** der dako-römischen Bevölkerung, die zwischen Karpaten, Donau und dem Schwarzen Meer ansässig war, erfolgte schon in den ersten Jahrhunderten. Bereits vor dem Edikt Kaiser *Konstantins* aus dem Jahr 313, das die Religionsfreiheit im ganzen Römischen Reich festschrieb, wurden weite Teile entlang des Schwarzen Meeres evangelisiert. Der Apostel Andreas soll fünf Jahre in einer Höhle nahe der heutigen bulgarischen Grenze gewirkt haben. Noch heute wird in der Nähe des Klosters Dervent auf dem Stein, den er als Altar benutzte, Gottesdienst gefeiert. Auch das erste Bistum auf dem Gebiet des heutigen Rumänien bildete sich in der Dobrudscha in Tomis (dem heutigen Constanța).

Die Christianisierung Dakiens

Dass die römische Provinz Dacia zuerst in lateinischer und nicht etwa, wie mitunter behauptet wird, in slawischer Sprache christianisiert worden ist, zeigen auch einige Worte des heutigen „religiösen Wortschatzes", die direkt der lateinischen Sprache entnommen wurden:

Latein	Rumänisch	Deutsch
Angelus	înger	Engel
Baptizare	a boteza	taufen
Basilica	biserică	Kirche
Dominus deus	dumnezeu	Gott
Draco	drac	Drachen
Rogatio	a ruga	beten
Peccatum	păcate	Sünde

Im sechsten Jahrhundert brach die noch junge Kirche unter dem Ansturm slawischer Eroberer zeitweise völlig zusammen. Doch im Laufe der Zeit assimilierten die Christen die slawischen Reitervölker, mussten im Gegenzug aber im 10. Jahrhundert das Kirchenslawische als Sprache des Gottesdienstes akzeptieren. Das sollte dann bis ins 17. Jahrhundert so bleiben. Nachdem Rumänien 1878 zu einer unabhängigen Monarchie geworden war, erhielt auch die rumänische Kirche ihre **Unabhängigkeit.** Ein eigenes Oberhaupt, den Patriarchen, bekam sie erst im Jahre 1925. (Außer in Rumänien wird auch die russische, serbische, bulgarische und georgische Kirche von einem Patriarchen geleitet. In der Orthodoxie Griechenlands und Zyperns ist es ein Erzbischof.) Seit 1925 haben erst vier Mitropoliten (so werden die Leiter der fünf höchsten rumänischen Kirchenkreise genannt) den Patriarchenthron bestiegen. Zuletzt war es im Jahre 1986 *Teoctist Arăpaşu,* der auch im Jahre 2006 mit 91 Jahren noch das höchste Kirchenamt bekleidet.

Während der über 40-jährigen Geschichte, in der das kommunistische Regime herrschte, wurde die orthodoxe Kirche langsam aus dem öffentlichen Leben Rumäniens verdrängt und unter die zunehmende **Kontrolle des Staates** gestellt. Bereits 1948 verbot man den Religionsunterricht an den Schulen und untersagte Gottesdienste in Krankenhäusern und Heimen. Im selben Jahr wurde die Hälfte aller Bischöfe pensioniert und durch neue, von der kommunistischen Partei gewählte Kirchenoberhäupter ersetzt. In den folgenden Jahren wurden Tausende von Priestern in Gefängnisse geworfen oder in Arbeitslager gesteckt. Klöster wurden aufgelöst, Kirchen in Bukarest abgerissen oder „versetzt", Nonnen mussten Zwangsarbeit in Fabriken leisten. Nach der Revolution von 1990 kam es zu einem Wiederaufleben der rumänischen Orthodoxie. Kirchliche Fakultäten, neue Kirchen und Kathedralen wurden gegründet und die Klöster erlebten einen starken Zustrom.

Orthodoxie – oben und unten

Die Palette rumänisch orthodoxer Gotteshäuser reicht von den reich bebilderten moldauischen Klöstern über die natürliche Schlichheit und handwerkliche Eleganz der Holzkirchen des Maramureş bis hin zu den gemütlichen, prächtigen Dorfkirchen, die man überall im Land finden kann. Die prachtvollen, mit reicher Ornamentik geschmückten Kirchen und Klöster der Moldauregion wurden im 15. oder 16. Jahrhundert fast ausnahmslos von Fürsten oder Adligen nach einer siegreichen Schlacht gegen die Tataren oder die Türken gestiftet. Vor allem **Fürst Ştefan cel Mare** (1433–1504) wollte auf diesem Weg seine immerwährende Dankbarkeit zum

026ru Foto: jr

Ausdruck bringen und stiftete allein 44 Kirchen und Klöster. Die schmucken, reich verzierten orthodoxen Gotteshäuser wurden also von den Mächtigen - „von oben" - in Auftrag gegeben.

Im Gegensatz dazu entstanden die bereits genannten Holzkirchen mit ihren schlanken hohen Türmen fast ausnahmslos in den ländlichen, abgelegenen Gebieten der waldreichen Regionen Nordwestrumäniens. Die zweite, wesentliche Wurzel der rumänischen Orthodoxie ist also die **Landbevölkerung** mit ihren bodenständigen Traditionen und ihren geschickten Handwerkern.

Interessanterweise ist Rumänien das einzige Land, indem die Orthodoxie inmitten einer lateinisch geprägten Kultur existiert. Bereits frühzeitig fand die Kirche rund um den Karpatenbogen ihren eigenständigen Platz zwischen Konstantinopel, Moskau und Rom.

In den Holzkirchen des Maramureş, wie hier in Surdeşti, sitzen Frauen nach wie vor nur in der „zweiten Reihe", will heißen: ganz hinten

Interview mit dem Mitropoliten Daniel

Der Mitropolit *Daniel* ist das zweitwichtigste Kirchenoberhaupt Rumäniens. Er gilt als offizieller Nachfolger des über 90-jährigen rumänischen Patriarchen *Teoctist* und macht sich für eine Verständigung und ein Zusammenkommen der christlichen Konfessionen stark.

Remus: Herr *Dr. Daniel Cobotea,* Sie sind Mitropolit für die Moldau und die Bukowina, wieso sprechen Sie so gut Deutsch?

Mitropolit Daniel: Eine Zeit lang war ich Professor für Ostkirchenkunde an der Universität Fribourg in der Schweiz. Dort hatte ich auch die Gelegenheit, den deutschen Kardinal *Christoph Schönborn* kennenzulernen, mit dem ich seit dieser Zeit eng befreundet bin. Wir beide machen gelegentlich so unsere Späße über das Schisma (Trennung der Kirche) und eigentlich bin ich sehr hoffnungsvoll, dass die Freude und der Humor unsere getrennten Kirchen eines Tages wieder zusammenführen wird.

Remus: Ja, dies war ein Grund, warum ich so gerne ein Interview mit Ihnen führen wollte. Sie haben während des gemeinsamen Essens anlässlich der Kircheneinweihung nicht nur häufig das Wort Ökumene benutzt, sondern auch andauernd Witze gemacht. Sie scheinen ein fröhlicher Mensch zu sein.

Mitropolit Daniel: Ja, ich bin sogar sehr fröhlich. Aber Sie dürfen diese Dinge nicht durcheinander bringen. Ich habe keine Witze gemacht, sondern humorvolle Episoden erzählt. Und die gibt es in ihrer Kirche im Westen natürlich genauso wie bei uns im Osten. Doch die Ökumene ist selbstverständlich kein Witz. Damit ist es mir sogar sehr Ernst.

Remus: Bevor wir näher auf Ihre Vorstellung der Ökumene eingehen, was waren denn die lustigsten Sachen, die Sie im Westen erlebt haben?

Mitropolit Daniel: Oh, da könnte ich Ihnen viel erzählen. Einmal war ich zur Wiedereröffnung der rumänischen Botschaft in Berlin anwesend. Die waren dort alle so besorgt um die Sicherheit, dass man überall Kameras, Alarmanlagen und zahlreiche Sicherheitssperren mit geheimen Codes angebracht hatte. Am Ende war das Gebäude der Botschaft so gut verpackt und mit Sicherheitssystemen ausgestattet, dass die Hausherren nach dem Feiern draußen, selber kaum mehr in die Botschaft reingekommen wären. Für mich ist das lustig und ein Symbol. Sicherheiten gibt es nicht, ich

Mitropolit Daniel, das zukünftige Oberhaupt der rumänisch-orthodoxen Kirche

Drastische Bilderwelten

Ähnlich dem Katholizismus fehlte es auch der Orthodoxie nicht an ausdrucksvollen religiösen Abbildungen. In Rumänien verfiel der Künstler dabei mitunter in eine sehr drastische „Ausdrucksweise", die auch dem einfältigsten Kirchgänger unmissverständlich vor Augen führte, was ihn am Jüngsten Tag erwarten würde, falls er die göttlichen Gebote missachten sollte. Die manchmal „knallharte" Darstellung höhnisch grinsender Teufel, die aus einem unglaublich kreativen Fundus aus Folterideen schöpfen und

027ru Foto: jr

liebe die offenen Türen. Wir müssen alle zueinander finden. Keiner sollte Häuser, die eigentlich der Begegnung dienen, mit zu vielen Barrieren und Hürden ausstatten - vor allem die Kirchen nicht.

Remus: Das scheint Ihnen eine wahre Herzensangelegenheit zu sein, dieses Zusammenkommen. Doch wie soll das bei den getrennten christlichen Kirchen funktionieren?

Mitropolit Daniel: Im Mai (2005) hatten wir in Durău ein Treffen der Stiftung Pro Oriente. Diese von Ihrem *Kardinal König* gegründete Stiftung kümmert sich sehr intensiv um eine Verbesserung der Beziehungen zwischen der römisch-katholischen und den orthodoxen Kirchen. Es war bereits unser zweites Treffen. Ein erstes fand unter dem Titel „Illuminismus und Hesychasmus" bereits 2001 statt. Ebenfalls bei uns in der Moldau. Natürlich war auch mein alter Freund Kardinal *Schönborn* anwesend. Aber vor allem Liturgiewissenschaftler aus Ost und West. Ich hatte das Thema „Christus in unserer Mitte, die Bedeutung der Liturgie für das tägliche Leben in der heutigen Gesellschaft" vorgeschlagen." Schließlich ist Christus der goldene Schlüssel, der uns vereint und eines Tages das gemeinsame Tor öffnen wird, durch das alle Christen gemeinsam gehen können.

Remus: Hätten Sie denn einen konkreten Vorschlag, jetzt und hier, wie man die unterschiedlichen Auffassungen der protestantischen, katholischen und orthodoxen Kirche überwinden könnte.

Mitropolit Daniel: Sie scheinen es sehr eilig zu haben. Gut, kein Problem, ich bin ein pragmatischer Mensch. Legen wir also folgendes fest. Schreiben Sie in Ihr Buch, ich lade die jungen Menschen aller Konfessionen herzlich zum Dialog hier in die Moldauregion ein. Veranstalten wir ein gemeinsames Fest, denn beim Feiern kommen einem meist die besten Ideen. Lassen Sie uns die Köpfe zusammenstecken, wie eine wirkliche Ökumene aussehen könnte. Ich freue mich schon darauf.

für jeden Tag in der Verdammnis und jede Berufsart eine besondere Bestrafungsart zu kennen scheinen, richtete sich natürlich in erster Linie an Analphabeten. Wer nicht bibelfest war, dem haben die **orthodoxen Comic-Strips** an der Kirchenwand bestimmt schon mal die nötigen Schauer über den Rücken gejagt und klargestellt, was einen eventuell in der Hölle erwartet.

So werden die Sünder auf den Innenfresken der Holzkirche von Poienele Izei bereits vom Schlund eines grimmigen Vogels mit glühenden Nüstern empfangen. Die ziegenköpfigen Dämonen und Teufel *(draci)* bieten je nach Berufsstand **maßgeschneiderte Bestrafungen** an und scheinen auch die Sünden der einzelnen Höllenaspiranten genau zu kennen. So wird der sündige Schmied mit einem Blasebalg aufgeblasen, eine Engelmacherin gezwungen, ein Kind zu essen oder der Lügner an seiner Zunge aufgehängt.

Manchmal begibt sich sogar ein Engel, wie auf den berühmten Außenfresken in Voroneţ, noch einmal in die Hölle zurück, um einen Ketzer, der wohl dort herumgeflucht hat, noch einmal tüchtig am Bart zu ziehen.

Orthodoxe Feiertage

Ostern, das größte Fest des Jahres

Wer die Religion der meisten Rumänen einmal hautnah erleben möchte, sollte das Land zur Osterzeit besuchen (Achtung: Das rumänische Ostern fällt zeitlich nicht unbedingt mit unserem Osterfest zusammen). Das dreitägige Osterfest *(Paşte),* ist der höchste Feiertag des orthodoxen Kirchenjahres. Nach der streng geregelten 40-tägigen **Fastenzeit** vor Ostern *(Postul mare),* in der kein Fleisch, keine Eier und keine Milchprodukte gegessen werden dürfen, sind diese Nahrungsmittel nach der Fastenzeit natürlich besonders begehrt. Bereits in der Nacht zum Karfreitag *(Vinerea Mare)* backen die Familien *pasca,* einen Hefekranz, zu dem die erstgelegten Eier des Morgens, sowie Rosinen und Sahne verwendet werden. Zur Ostermesse schleppen die Kirchgänger diese Osterbrote und sonstigen Köstlichkeiten in die Klöster und Kirchen, um sie dort segnen zu lassen. Wenn es das Wetter zulässt, feiert man die Ostermesse, die *Slujba de Paşti,* auf dem Land auch gerne draußen vor der Kirche. Die kleinen Dorfkirchlein wären eh zu eng, um die Massen aufzunehmen, die im Freien dicht an dicht stehen. Zur Segnung der mitgebrachten Delikatessen liegen dann die prall gefüllten traditionell bunt karierten Schäferbeutel, die *Traistă,* in Reih und Glied auf der grünen Wiese. Heimlich sollen manche der Gläubigen auch etwas selbst gebrannten Pflaumenschnaps zwischen das Osterbrot gemischt haben, dem etwas göttlicher Segen bestimmt nicht schaden kann.

Das Osterfest dauert drei Tage. Zuhause ist es Brauch, ein rohes Ei als Symbol für die Wiederauferstehung und ein Geldstück, das für Stärke und Wohlstand steht, in eine Schale mit Wasser zu legen. Vor den **Mahlzeiten** wäscht man dann seine Hände und das Gesicht darin. Alle Mahlzeiten beginnen mit dem Ritual des „Eierditschens", *Ciocnitul ouălelor.* Man stößt mit dem zur Mahlzeit servierten hart gekochten Ei des Tischnachbarn solange an, bis dieses oder das eigene zerbricht. Nach der strengen Fastenzeit spielt vor allem das Lamm auf dem Speiseplan der Rumänen eine große Rolle. Ob als Suppe, Pastete oder Braten, das Symbol der Erlösung begleitet das rumänische Osterfest kulinarisch an allen drei Feiertagen.

Ostern auf dem rumänischen Land ist, wie alle anderen dortigen Feste auch, eine Zeit, in der das ganze Dorf gemeinsam feiert. Die Wanderschäfer kehren aus den Bergen zurück, Lämmer werden geschlachtet, die schönsten Trachten und Kostüme zum Osterspaziergang angezogen. Der Brauch des **Ostereierfärbens,** den man auch bei uns kennt, hat sich in Rumänien zu einer besonders hohen Kunst entwickelt. Von bloßem Färben kann eigentlich nicht mehr die Rede sein, wenn man die mit Wachsbatik verzierten oder mit kleinen Perlen besetzten Gänse- oder Enteneier sieht. In einigen Gemeinden und Klöstern ist somit ein regelrechtes Eierverzierungsgewerbe entstanden. Die unzweifelhaften Meisterinnen auf diesem Gebiet sind orthodoxe Nonnen, die Straußeneier in monatelanger akribischer Arbeit unter der Lupe zu dreidimensionalen Ikonen mit Goldschicht verwandeln oder ganze biblische Szenen auf eine dünne Hühnerschale zaubern.

Ostern in Rumänien ist eine **Zeit der Begegnung.** Wer nicht mehr laufen kann oder weit außerhalb des Dorfes auf einem einsamen Gehöft lebt, erfährt in dieser Zeit eine besondere religiöse Betreuung. In den abgelegenen Gegenden des Maramureş geht der Priester noch persönlich von Haus zu Haus, um die Gläubigen an das höchste Fest der Orthodoxie zu erinnern. Sein laut und kraftvoll gerufenes „Christus ist auferstanden“ *(Hristos a înviat)* wird gerne von allen mit einem „Ja, er ist auferstanden“ *(Da, adevărat a înviat)* beantwortet.

Weihnachten und Neujahr

Die über **12.000 Priester und Diakone** Rumäniens haben auch zum Weihnachtsfest *(Crăciun)* alle Hände voll zu tun. Auf dem Land geht der *Preot* (der rumänische Priester) am Heiligen Abend singend mit einer vor den Bauch gehaltenen Ikone von Haus zu Haus und kündigt die Ankunft des Herrn an. Dem zweithöchsten orthodoxen Fest geht ebenso wie dem Osterfest eine Fastenzeit *(Postul Crăciunului)* voraus.

Besonders wichtig ist das Essen und Trinken nach der Fastenzeit, ein besonderes Ritual zu Weihnachten ist das Backen des **heiligen Brotes.** *„Wir backen das nur zweimal im Jahr“*, sagte mir eine Bäuerin aus Vişeu de Sus, *„zu Ostern und Weihnachten. Dann machen wir jedes Mal oben ein Kreuz aus Teig darauf.“* Natürlich freuen sich die Kinder auf den *Moş Crăciun,* den Weihnachtsmann, und natürlich die Geschenke. Einige von ihnen stapfen draußen durch den tiefen Schnee, wandern von Haus zu Haus und singen Weihnachtslieder *(Colinde),* wofür sie dann mit Lebkuchen oder Bratäpfeln belohnt werden.

Kirch-, Auto- und Motorradweihe

Ich hatte Glück. Zwei Freunde aus Iaşi, *Gabriela* und *Radu Linde* vom dortigen Goethezentrum, hatten eine Überraschung vorbereitet. Das einzige, was ich wusste, war, dass es in ein winziges Dorf namens Bărbateşti, 30 km westlich von Iaşi gehen sollte. Wie sich herausstellte, wurde dort an jenem sonnigen Tag ein ganz besonders farbenfrohes Spektakel gefeiert. Zu diesem Fest, einer Kircheneinweihung, die auf Rumänisch *Sfânţire* genannt wird, war nicht nur das ganze Dorf, sondern anscheinend die halbe Moldauregion auf den Beinen. Kein Wunder, denn der zweitwichtigste Kirchenmann Rumäniens, der Mitropolit der Moldauregion, den im Land alle nur bei seinem Vornamen *Daniel* nennen, hatte höchstpersönlich zur Kirchweih geladen. Die Gläubigen erschienen in ihren festlichsten Anzügen, Trachten und Uniformen. Besonders schick gemacht hatten sich die Frauen, für die eine Kircheneinweihung ein ganz besonderer Feiertag ist. Denn nur an diesem Tag bietet sich ihnen die seltene Möglichkeit, auch einmal hinter den Altarbereich gehen zu dürfen. Draußen vor der blitzblanken neuen Kirche war kaum ein Durchkommen. Etwas abseits stand ein älterer Herr mit Hut und wollte Kuchen verkaufen, so dachte ich zumindest, bis ich erfuhr, dass man an diesem geheiligten Tage Brot, Kuchen, Wein und sogar Schnaps von zu Hause mitbringt und alles kostenlos verteilt.

In Rumänien kann man, einen entsprechenden Obulus vorausgesetzt, fast alles durch Priester weihen lassen kann. Neue Geschäftsräume ebenso wie das schicke Cabriolet, die Motorjacht oder eine Harley Davidson. Die Weihe dieser Gegenstände ist in Rumänien sozusagen als spirituelle Variante einer Unfallversicherung zu betrachten. Bei Wohnungs- oder Hauseinweihungen bringen die Gäste übrigens Geschenke mit. Meist sind dies Möbel oder Hausrat.

028ru Foto: jr

Eine Kirche in der Nähe von Iaşi im Moldaugebiet wird eingeweiht

Christliche Riten und **magische Bräuche** vermischen sich zur Weihnachtszeit besonders stark in den versteckten Tälern des Maramureş. Einige der Kirchgänger besuchen die Weihnachtsmesse in bunten Kostümen oder wild aussehenden Fellmänteln. Sogar die selbst gebastelten dazugehörigen Dämonen- und Tiermasken dürfen sie schon überstreifen. Allein die Teufelstänzer, die vorher draußen auf der Straße einen Heidenlärm veranstaltet hatten, müssen ihre Glocken und Schellen zur Weihnachtsmesse ablegen, soweit geht die christliche Toleranz und Nächstenliebe der orthodoxen Kirche dann doch nicht (siehe Kapitel „Berggeister und Bärentänze").

Knapp eine Woche später ist in den ländlichen Gebieten Rumäniens, in denen sich die Bräuche am besten erhalten haben, die ganze Gemeinde noch einmal auf den Beinen. Am **Neujahrstag,** der dem *Hl. Basilius* gewidmet ist, sagen die Kinder traditionellerweise ellenlange Gedichte *(urături)* auf und streuen als Symbol der Fruchtbarkeit Reis oder Weizenkörner in den Wohnungen aus *(semănatul).*

Kirchenspaltung – wie es dazu kam

Einige westliche Besucher, die die Moldauklöster besuchen oder eine der evangelischen Gemeinden Siebenbürgens, kommen dabei auch verstärkt mit Christen vor Ort ins Gespräch. Seitdem Kirchenvertreter der rumänischen Orthodoxie wie der Mitropolit *Daniel* das Wort der Ökumene im Munde führen, ist für viele interessant, wie es überhaupt zur Spaltung der christlichen Kirche, dem so genannten **Morgenländischen Schisma,** gekommen ist.

Bereits im ersten Jahrhundert war die christliche Kirche in fünf gleichberechtigte **Patriarchate** aufgeteilt, an deren Spitze jeweils ein Bischof stand. Dies waren Konstantinopel, Jerusalem, Alexandria, Antiochia und Rom. Im 5. Jahrhundert begannen sich die westliche und die östliche Kirche zu entfremden. Einige Kirchenhistoriker führen dies auf sprachliche, kulturelle und theologische Gründe zurück, andere betonen, dass allein der politische Machtanspruch der römisch-katholischen Kirche zu dieser Entfremdung geführt hätte.

Der Papst, der kurz nach der ersten Jahrtausendwende wesentlichen Anteil an der Spaltung der Kirche hatte, war ein Deutscher. Trotz seines reisefreudigen und für damalige Verhältnisse modernen Pontifikats, verlangte Papst *Leo IX.* im Jahre 1054 von den östlichen Kirchen die Übernahme der westlichen Riten. Dies waren in erster Linie das Sprechen der lateinischen Sprache in der Liturgie und die Verwendung ungesäuerten

Tausche Religionszugehörigkeit gegen Bargeld

Rumänen sind in Glaubensangelegenheiten außerordentlich spendabel und lassen für besondere Anlässe wie Hochzeiten oder Totesfälle auch gerne einmal mehr als ein ganzes Monatsgehalt an die Kirche fließen.

Wer glaubt, angesichts dieser hohen Spendenbereitschaft der rumänischen Christen auf eine Festigkeit im Glauben schließen zu können, irrt allerdings gewaltig. Trotz der fest verwurzelten Orthodoxie sprießen zum Beispiel in den Dörfern rund um Iaşi Freikirchen, Mormonentempel und Häuser kleinerer Sektengemeinden nur so aus dem Boden. Auf Nachfrage, wieso sie denn ihre Religion gewechselt haben, sagte mir ein ehemals orthodoxer Rumäne: *„Aber was soll ich denn machen? Die Mormonen haben mir die Schulbücher für meine Kinder bezahlt. Und für mich ist auch noch etwas abgefallen."* Der Kommentar eines evangelischen Pfarrers dazu: *„Tja, was sollen wir machen? Rumänen sind käuflich."*

Brotes in der Eucharistie. Doch der **Machtanspruch** der römischen Kirche wurden von allen östlichen Patriarchen zurückgewiesen. Was folgte, war eine permanente gegenseitige Exkommunikation und die weitere Entfremdung der westlichen und östlichen Kirche.

Über 900 Jahre sollte es dauern, bis es wieder zu einer Annäherung der römisch-katholischen und der östlichen Kirche kam. Erst auf dem zweiten vatikanischen Konzil im Jahr 1965 hoben Papst *Paul VI.* und der Patriarch *Athenagoras* die gegenseitig verhängte Exkommunikation wieder auf. Die **Annäherung** der beiden Kirchen führte im Mai 1999 dazu, dass der rumänische Patriarch *Teoctist* Papst *Johannes Paul II.* einlud, der damit erstmals ein mehrheitlich orthodoxes Land besuchte.

Der Dialog zwischen der westlichen und der rumänisch-orthodoxen Kirche wird in den letzten Jahren verstärkt auch von der evangelischen Kirche betrieben, die vor allem im so genannten **Jungen Dialog** zu weiteren Treffen und bereicherndem Austausch anregt.

Die Protestanten in Rumänien

Auf dem Weg in die Diaspora

Die reformierten Kirchen in Rumänien sind die der Minderheiten. Über Jahrhunderte hinweg haben sich sowohl die reformierte Kirche der Ungarisch sprechenden Bevölkerung als auch die evangelisch-lutherische Kirche der deutschstämmigen Sachsen in Transsylvanien zahlreicher Attacken erwehren müssen. Sichtbarster Ausdruck dieser Auseinandersetzungen sind heute die markanten Kirchenburgen, die als Verteidigungsfestungen gegen die Angriffe osmanischer bzw. tartarischer Heere angelegt wurden. Doch auch von kirchenpolitischer Seite aus waren die reformierten Kirchen zahlreichen **Repressalien** ausgesetzt. So ist es im Rückblick erstaunlich, wie sich die evangelischen Siedler gegenüber einer erzkatholischen Kaiserin *Maria Theresia* behaupten konnten und später mit dem Humanisten *Samuel von Brukenthal* sogar einen eigenen protestantischen Gouverneur bekamen. Denn nichts war zu jener Zeit um 1770 üblicher, als der Glaubenswechsel aus Karrieregründen. Alle drei reformatorischen Kirchen in Siebenbürgen (zählt man die Unitarier hinzu) hatten sich bis 1960 als starke Volkskirchen erhalten können. Selbst die Diktatur in Zeiten des Kommunismus hinterließ zwar eine enteignete, aber letztlich doch intakte Kirche.

Allerdings hat sich die Situation der evangelisch-lutherischen Kirche in den letzten Jahrzehnten durch die Auswanderung der Siebenbürger Sachsen dramatisch verändert. Keines der oben genannten historisch bedingten Probleme – nicht einmal die großen Pestepidemien des Mittelalters – hat der evangelischen Bewegung Rumäniens zahlenmäßig so sehr zusetzen können, wie die **Abwanderung der deutschstämmigen Siedler.** Allein bis zum Umbruch im Jahr 1989 haben über 240.000 Deutsche das Land Richtung Westen verlassen. Die meisten der Kirchengemeinden haben kaum noch 20 Mitglieder, sind überaltert oder gar vollständig verwaist. Der Weg in die Diaspora oder in die museale Erstarrung scheint fast unausweichlich.

Kirche ohne Dogmen

Zu den interessantesten reformatorischen Kirchen Rumäniens zählt die der **Unitarier,** eine Kirche, die zwar im Protestantismus wurzelt, aber stets einen ganz eigenen, undogmatischen Weg gegangen ist. Insgesamt gibt es 141 unitarische Kirchen in Rumänien. Auf einigen Kirchturmspitzen findet man den Davidstern der Juden, den Halbmond der Mohammedaner und das Kreuz der Christen in friedlichem Dreiklang vereint. Was hat es mit dieser ungewöhnlichen und toleranten Glaubensgemeinde der Unitarier auf sich?

Wer heute durch das westliche Transsylvanien reist, wird gelegentlich auf kleinere Gemeinden wie Blaj oder Aiud treffen, in denen sich die unitarischen Kirchen erhalten haben. Die Anhänger dieser **Freigläubigen** erkennen keine kirchlichen Dogmen an, propagieren die untrennbare Einheit Gottes mit der Natur und bestärken jedes Mitglied, seine religiösen Vorstellungen frei in eigene Worte zu fassen. Diese religiösen Gemeinschaften ohne dogmatische Einengung und Regulierung haben sich aus dem Protestantismus entwickelt.

Die religiöse Bewegung des Unitarismus entstand etwa um 1550 in Transsylvanien als Reaktion auf die Dogmen und Vorschriften der christlichen Kirchen. Bei den deutschen Siedlern, den Sachsen, hatte sich zu dieser Zeit der Glaube *Luthers* weitgehend durchgesetzt. Die ungarischen Anhänger der Reformation hingegen waren Calvinisten und die meisten Rumänen blieben der Orthodoxie treu. Alle diese Glaubensrichtungen wurden sich im Jahr 1557 mit den Katholiken darin einig, dass man sich im gemeinsamen Kampf gegen die türkische Bedrohung gegenseitig als Christen tolerieren und nicht bekämpfen sollte. Eines ihrer gemeinsamen verbindenden Dogmen, die Dreifaltigkeit Gottes, wurde jedoch von einem jungen calvinistischen Theologen, dem deutschen **Franz David** angezweifelt. Als Hofprediger des Fürsten *Johann Sigismund* stellte er in Streitgesprächen dieses und alle anderen Dogmen der Kirche in Frage. Die Anhänger *Davids* organisierten sich in der Stadt Klausenburg (Cluj-Napoca) und gründeten hier ihre neue Religionsgemeinschaft, die sich Unitarier nannte.

Als der unitarische Fürst *Sigismund* 1571 starb, tolerierte sein liberaler Nachfolger (übrigens ein Katholik) ohne Zögern den konfessionellen Status der Unitarier und verankerte diesen sogar in einem eigenen Kirchengesetz. Die neue Kirche wuchs rasch, wurde aber vielfältigen **Schikanen** ausgesetzt. Bereits im 17. Jahrhundert verließen die ersten Unitarier Siebenbürgen und gingen nach Deutschland, England und in die Vereinigten Staaten, wo sich heute die größten unitarischen Glaubensgemeinschaften herausgebildet haben.

Zigeunertaufe: Gold und Handys

Bei einer Zigeunertaufe ist man wahrlich nicht jeden Tag dabei. Bei derjenigen von *Jasmin Lacrima* in Clejani habe ich eine schöne Moralpredigt aufgefangen, die von einer Romafamilie an eine rumänische Bekannte von mir gerichtet war:

„Also wir Zigeuner geben bei der Taufe des Kindes einige schöne Zutaten hinzu, entweder ins Wasser oder daneben. Gold steht dabei für Reichtum, Rosenblüten, die man ins Wasser streut, stehen für die Schönheit. Kein Wunder, das bei euch Rumänen so viel Alkoholiker in den Familien sind. Alles was man dem Kind hinstellt, wird seinen Weg begleiten. Wieso stellt ihr denn Alkohol neben das Taufbecken? Wundere dich doch nicht, wenn dann aus dem Kind später eine Alkoholikerin wird. Legt doch lieber etwas Sinnvolles hin, ein Handy zum Beispiel, das wird sich bestimmt positiv auf sein Leben auswirken."

Berggeister und Bärentänze

Die uralten Mythen vom Werden und Vergehen haben nach wie vor ihren festen Platz in der heutigen rumänischen Gesellschaft. Vor allem in den abgelegenen Bergregionen des Maramureş und der nördlichen Moldauregion leben die alten Traditionen fort, die alljährlich u. a. in schamanistisch anmutenden winterlichen Tanz- und Maskenfesten ihren Ausdruck finden. Doch auch im Frühjahr und zur Sommersonnenwende im Juni erleben **heidnische Bräuche** eine Renaissance. Die meisten der damit verbundenen Feste sollen sich positiv auf die Ernte, die Fruchtbarkeit, die Liebe oder die Dorfgemeinschaft auswirken und auch der Herr Dorfpastor kann sich als guter Hirte dem seligen Treiben seiner ausgelassenen „Schäflein" zu Festzeiten kaum verschließen.

Mythen der Dakerzeit

Die Rumänen sprechen einigen ihrer Bergregionen wie beispielsweise dem Berg Ceahlău – dem „Olymp der Moldau" – oder dem Berg Gugu im Banat magische Kräfte zu. Andere Naturschönheiten werden mit Namen wie Feenwald oder Traumwiese bedacht, die auf einen märchenhaften oder **mythischen Zusammenhang** schließen lassen. Viele der rumänischen Sagen und Mythen, vor allem diejenigen über die Berge, lassen sich bis in die Dakerzeit und einige sogar noch weiter zurückverfolgen. Im Mittelpunkt der meisten dieser Geschichten taucht eine tapfere Frau auf, die als *Dochia* in zahlreichen Varianten die naturliebenden frühen Rumänen beschäftigt hat.

Dochia war die Tochter des Dakerkönigs *Decebal,* der vom römischen Kaiser *Trajan* angegriffen, seine Tochter um Hilfe bat. Dieser gelang es der Überlieferung nach auch, ein kleines Heer zusammenzustellen, sie wurde jedoch von den Römern in die Enge getrieben und musste in die Berge fliehen. Dort flehte *Dochia* die Dakergötter *Zamolxis* und *Gebeleizis* um Hilfe an, die ihrem Wunsch prompt nachkamen und sie mitsamt ihren Begleitern in eine Felsenlandschaft verwandelten. Einer anderen Variante nach, machten die Götter aus *Dochias* Heer Schafe, die friedlich vor sich hingrasten.

Der Name *Dochia* wurde im Lauf der Geschichte mehreren Felsen in den Karpaten gegeben, der bekannteste davon liegt Ceahlău-Gebirge. Übrigens verwandelt sich die junge und mutige *Baba Dochia* in vielen Gegenden und Geschichten aus unerfindlichen Gründen in eine alte bösartige und rachsüchtige Frau, der man der Sage nach einen der bekanntesten Bräuche Rumäniens zuschreibt – das Marţişor.

029ru Foto: jr

Auch Teufel wollen feiern und lachen und können auf winterlichen Maskenfesten durchaus auch einmal als lustige Gesellen in Erscheinung treten

Das Märzchen (Marțișor)

Am ersten März des Jahres, am so genannten *Marțișor* (ausgesprochen: Martzischor), schenkt man sich im ganzen Land kleine ansteckbare **Glückssymbole** wie vierblättrige Kleeblätter, Hufeisen oder kleine Herzchen und eine rot-weiß geflochtene Schnur, wobei die weiße Farbe den Winter und die rote den Frühling symbolisieren soll. Zwei Wochen lang trägt man diese Symbole dann auf der Brust, damit das Glück auf einen einwirken kann. Archäologische Funde in der Dobrudscha belegen, dass die Menschen am Schwarzen Meer tatsächlich bereits vor 8000 Jahren Halsketten aus roten und weißen Steinen getragen haben. Volkskundler konnten bei den Dakern, die 6000 Jahre später lebten (!) den Brauch bestätigen, sich am 1. März zum Frühlingsanfang mit **rot-weißen Ketten** zu beschenken. Zusätzlich wurden aus schwarzer und weißer Wolle geflochtene Kordeln mit Münzen aus Gold, Silber oder Bronze getragen, denen man den Namen *Martzigus* gab.

Die Sonnenwendfeier

Eines der bedeutendsten und eindrucksvollsten Feste, das sowohl im Maramureş als auch im Apuseni-Gebirge gefeiert wird, ist das der Sommersonnenwendfeier. Es findet üblicherweise am **21. Juni** statt.

In den beiden Landesteilen unterscheidet sich das Fest nur unwesentlich voneinander. In der Nacht vor der Sonnenwende zünden die Männer der Gemeinden große Feuer an, um die bösen Geister abzuwenden. Im Innenhof der meisten Bauernhöfe werden Kerzen angezündet. Die Mädchen flechten sich Kränze aus gelben Sanziene-Blumen ins Haar, die dem Fest auch seinen rumänischen Namen geben: **Festivalul de Sanziene.** Wer wissen möchte, um welche gelbe Blume es sich bei der Sanziene handelt, sollte in einem botanischen Führer einmal unter dem Begriff *Echtes Labkraut* nachschauen. Im Gegensatz zu ähnlichen Traditionen in Schweden oder Russland, tragen die Mädchen die Blumengebinde jedoch nur in der Kirche auf dem Kopf.

Teufels- und Schellentänze

Zu Weihnachten, wenn anderswo in Rumänien allenfalls die *Colindători* – die Sternsinger – durch die Straßen und von Haus zu Haus ziehen, kommt es im **Maramureş** zur direkten Begegnung alter archaischer Bräuche und christlicher Rituale, und zwar direkt am Weihnachtsabend. Bereits Wochen vor dem Heiligen Fest beginnen die jungen Männer der versteckt liegenden Täler im waldreichen Maramureş mit dem Anfertigen ihrer aufwendigen Kostüme. Traditionellerweise stellen sie alles daran selbst her, auch die großen Glocken, die seitlich am Gürtel befestigt werden. Um sich langsam an das Gewicht dieser bis zu 30 Kilogramm schweren Glockenkostüme zu gewöhnen, üben die Männer ihren Auftritt bereits Tage vorher. Nach der rumänischen Variante eines schweißtreibenden Workouts beginnen sie am Heiligen Abend damit, in den Straßen des Dorfes einen Riesenkrach zu veranstalten. Zu den so genannten **Teufelstänzen** werden zusätzlich auch an den Füßen Glöckchen und Schellen angebracht, um den Heidenlärm noch zu verstärken. Nach einigen wilden und lauten Tänzen die Dorfstraße hinunter ist dann am hölzernen Tor der Kirche Schluss für die tanzenden Teufel. Der Priester selbst hält die lärmende Schar mit einer klaren Geste auf, die nun einer Prozession biblisch kostümierter Kinder Platz machen muss, die eine Geschichte von Herodes erzählen.

Wie eng sich Christentum und vorchristlicher Glaube im Maramureş vermischt haben, sieht man auch an der sehr freien Darstellung von Christi Geburt während der Messe. Wenn in die Verkündigung auch einige alte **magische Sprüche** mit einbezogen werden, scheint dies weder für den *Preot* noch für die Gläubigen ein Problem zu sein.

Nach der Weihnachtsfeier in der Kirche, in der auch einige Gläubige Masken und Kostüme tragen, gehen alle nach Hause, um in Stille zu feiern und sich zu stärken. Doch am späten Abend kommt dann das **ganze Dorf** noch einmal auf dem Dorfplatz zusammen, um gemeinsam Weihnachtslieder zu singen. Auch die jugendlichen Tänzer haben dann erneut ihren Auftritt, schlüpfen noch einmal in ihre Glockenkostüme oder streifen sich ihre wilden Dämonenmasken über. Der nächtliche Tanz um die großen Winterfeuer kann beginnen.

Winter-Maskentänze

Vor allem im Norden Rumäniens, vom Maramureş über Vatra Dornei bis tief ins Moldaugebiet reicht der kulturelle Gürtel, in dem sich alte rituelle Wintertänze erhalten haben. Zu Weihnachten und zum neuen Jahr strömt das ganze Dorf oder die Stadt zusammen und begegnet der anbrechenden „Neuen Zeit" mit alten **magischen Bräuchen.** Neben dem Wolf und dem Bär haben sich vor allem domestizierte Tiere wie die Ziege oder das Schaf einen festen Platz in der rumänischen Folklore und Tanzmythologie

Blumengebinde dürfen bei den Frühlingsfesten im Apuseni-Gebirge nicht fehlen

030ru Foto: jr

erobert. Die Tradition verlangt, dass man sich seine Masken und Kostüme selbst fertigt. Jeder kann sich aussuchen, ob er als Bärenmensch, als Schaf, Ziege oder als Hexe hinaus ins Getümmel stürzt. *Dansul caprei* und *dansul ursulu,* **Ziegentanz** und **Bärentanz,** heißen zwei Tänze, die die alte Verbundenheit zur Tierwelt symbolisieren und auch an die Märchen und Fabeln des Dichters *Ion Creangă* erinnern sollen, in denen Tiere eine zentrale Rolle spielten.

Im Winter ist es ja in einigen Teilen Europas üblich, die länger werdenden Tage laut und bunt zu begrüßen. Süddeutsche Beobachter des rumänischen **Winterkarnevals** werden einige der Hexenkostüme der *Baba Dolchia* oder der rot gehörnten Dämonenfratzen sicherlich an die Alemannische Fastnacht erinnern. In wilden Tänzen durch die Straßen der Gemeinde versucht man die guten Geister zu beschwören und die bösen von sich zu weisen.

Rumänische Jungs klopfen entweder als Kesselflicker verkleidet mit hölzernen Löffeln laut auf ihren Töpfen herum oder tanzen als *Căldărari* in ihren bunten langen Zigeunerröcken durch die Menge. Ziegenköpfe aus Holz klappern lärmend an langen Holzstangen, die *Haiduci,* eine rumänische Variante des guten Räubers, der die Reichen bestiehlt und die Beute an die Armen verteilt, tanzen **ausgelassen und wild** durch die Gassen. Jugendliche schlüpfen stolz in grünliche Soldatenuniformen, die mit Schulterstücken aus Pappmaschee und selbst gefertigten Orden aus Konservenbüchsen versehen sind, und verkünden mit strengem Blick, sie seien nun die neue *Securitate* und jeder, der tanzen wolle, müsse gefälligst Vergnügungssteuer bezahlen.

Mit wildem Geschrei und Trillerpfeifen stürzen sich als Polizisten verkleidete Männer auf die Gestalt eines Diebs *(Mosneag),* der sie ebenso wie die obligatorische *Baba Dolchia,* die alte hässliche Frau, durch die Straßen begleitet.

Dracula, Moroi und Strigoi

Das im Westen hartnäckig gehegte Vorurteil, in Transsylvanien würden sich die Landbewohner in ihren Alltagsmythen vor allem mit Vampiren herumschlagen, scheint wohl unauslöschlich. Zu tief haben sich die stereotypen Bilder vom Blut saugenden **Grafen Dracula** bereits ins allgemeine Unbewusste eingegraben. Für viele Rumänienreisende wird ihr Kulturschock darin bestehen, auf nichts als Kitsch zu stoßen, was den Dracula-Mythos und die heutige Existenz von Vampiren betrifft. Kommerziell ist der blutdürstige Dauerbrenner jedenfalls für viele Rumänen ein voller Erfolg. Japaner und Amerikaner drängeln sich im jedem Sommer durch die mittelalterliche Stadt Sighişoara, um dann zum Ausklang in der Alchemie-Bar jenen Hauch des wohligen **Gruselschauers** zu verspüren, den man sich von Rumänien im Allgemeinen und Transsylvanien im Besonderen erwartet. Wenn der Barkeeper dann aber die alchemistische Glaskolben-Szenerie hinter dem Tresen in Gang gesetzt hat, sind doch viele Besucher enttäuscht. Obwohl ausreichend mit blutroten Cocktails und der werbewirksamen „Tomatensuppe Dracula" versorgt, haben sich die meisten der Besucher unter einem mittelalterlichem Grusel-Ambiente doch etwas mehr vorgestellt, als die krude Mischung von Äskulapstab, Totenschädel und Frankenstein. Ein amerikanischer Gast jedenfalls machte aus seiner Enttäuschung keinen Hehl und meinte nur lakonisch: *„Bei uns in Florida hätte man so einen Brand (Marke) wie Dracula wesentlich besser vermarktet als hier in Rumänien."*

Was den Vampirfans und Dracula-Groupies, die Rumänien besuchen, glücklicherweise (bisher) verborgen blieb, ist die tatsächlich vorhandene Welt aus Ritualen und Irrglauben. Vor allem die Dorfbevölkerung der Walachei rund um die Stadt Craiova scheint vom **Aberglauben an Untote,** den so genannten *strigoi,* und an lebende Wiedergänger, die man *Moroi* nennt, nur schwer abzubringen zu sein.

Vereinzelte Fälle von Grabschändungen, die in diesem schauderhaft magischen Zusammenhang übrigens auch in Bulgarien und Russland vorkommen, sind natürlich ein gefundenes Fressen für die Sensationspresse, die natürlich auch nicht vom profitablen Dracula-Mythos lassen kann. Tatsächlich nachgewiesen sind in Rumänien nur vereinzelte Fälle von **rituellen Schändungen.** Das spektakulärste Ereignis der letzten Jahre betraf den zu Weihnachten 2005 in einem kleinen Dorf in der Walachei verstorbenen *Petre Toma.* Zart besaitete Leser sollten den folgenden unappetitlichen Abschnitt am Besten überspringen!

Verwandte des Verblichenen rechtfertigten die Totenschändung später damit, dass sie bemerkt hätten, wie der Leichnam Blut gespuckt und die Familienmitglieder krank gemacht habe. Um weiteres Leid abzuwenden und den Untoten endgültig ins Jenseits zu befördern, wären Männer aus dem Dorf nachts zum Grab gegangen und hätten die Leiche noch einmal ausgegraben. Der **vorgeschriebene Ritus,** der seit Jahrhunderten im Dorf bekannt sei, sehe vor, dem Toten bei seinem „noch lebendigen Leib" das Herz mittels eines kreuzförmigen Schnitts zu entnehmen und zu verbrennen. Genau dies habe man getan. Die verbliebene Asche wäre dann in Wasser aufgelöst und an die kranken Familienmitglieder nachts bei Vollmond zum Trinken verteilt worden. Alle seien daraufhin wieder ganz gesund geworden.

Im Rahmen der weiteren Ermittlungen stellte sich heraus, dass es in dem kleinen Dorf und auch in den Nachbargemeinden schon häufiger zu „Ermordungen von Untoten" gekommen war. Einige Bewohner von Bulzeşti, das man in Rumänien nur das **„Dorf der Untoten"** nennt, verkündeten im Herbst 2005, wie sie an solchen Zeremonien teilgenommen haben. Der Bürgermeister scheint den Presseberichten nach fast stolz zu sein, auf diese Weise die kleine walachische Gemeinde ein wenig ins Rampenlicht der Medien rücken zu können. Einmal, so sagt er, habe es sogar den Fall eines sehr hartnäckigen *Moroi* gegeben, der einfach nicht sterben wollte. Immer wieder habe man ihm weitere Organe entnommen, *„bis fast nichts mehr übrig war."* Erst eine völlige Verbrennung des Leichnams habe dem Dorf endlich Frieden gebracht.

031ru Foto: jr

DIE RUMÄNEN UND IHRE MINDERHEITEN

Demographisch schon im Westen angekommen

Rumänien ist sehr dünn besiedelt. Gerade einmal 94 Menschen kommen auf einen Quadratkilometer (zum Vergleich: in Deutschland sind es etwa 230 Personen, die auf einem km^2 leben). Noch im Jahre 1950 lebten mehr als 70 % der Menschen auf dem Land, doch mit dem Beginn der Industrialisierung setzte auch um die Karpaten herum die **Verstädterung** ein. Heute leben noch 55 % der Rumänen auf dem Land, womit Rumänien im europäischen Vergleich immer noch einen Spitzenplatz belegt.

Nach der Revolution und der Wende zu Beginn der 1990er Jahre ist die Geburtenrate in Rumänien stark zurückgegangen und passte sich damit nahtlos den demographischen Tendenzen in West- und Osteuropa an.

Vielvölkerstaat Rumänien: Das Ortsschild von Reghin in Transsylvanien zeigt den Namen auf Rumänisch, Ungarisch und Deutsch

Der **Geburtenrückgang** war sogar zeitweise der stärkste aller europäischen Länder. Rumänische Soziologen vermuteten in diesem Gebärverzicht eine Reaktion auf die forcierte Fertilitätspolitik *Ceauşescus,* der Abtreibungen unter drakonische Strafen gestellt hatte.

Der extreme Rückgang der rumänischen Bevölkerung kann allerdings auch auf die starke Auswanderungswelle zurückzuführen sein. Die **Migration** der Rumänen in den Westen ist nach wie vor sehr hoch. Inoffizielle Schätzungen gehen davon aus, dass mehr als 2 Millionen Rumänen dauerhaft in Italien und allein über 1 Million in Spanien leben. Die amtlichen Zahlen liegen etwas darunter.

Vielvölkerstaat Rumänien

Bei den Zahlen für die Minderheiten, die in Rumänien leben, ergibt sich eine starke Diskrepanz zwischen den offiziellen und den geschätzten Angaben. So benennen die Statistiken der Regierung einen Anteil von 2,5% **Roma** an der Gesamtbevölkerung, inoffizielle Schätzungen sprechen jedoch von 5–7%. Einig ist man sich nur darin, dass die aus Rajasthan in Indien stammende Volksgruppe der Roma, die in Rumänien seit dem Mittelalter bekannt ist, als einzige Bevölkerungsgruppe zahlenmäßig wächst.

Die mit 6,6% stärkste Minderheit der **Ungarn** lebt heute vorwiegend an der Grenze zu Ungarn in den Kreisen Satu Mare, Bihor und Arad, im siebenbürgischen Hochland und insbesondere im Szeklerland. Halbiert hat sich der Anteil der **deutschen Minderheit,** der nur noch 0,3% ausmacht und damit ebenso groß ist wie die ukrainische Bevölkerungsgruppe.

Da seit den Wahlen von 1992 die geringe Quote von 1327 Stimmen für einen Sitz im **Parlament** ausreicht, sind hier neben den oben genannten Minderheiten der Ungarn, Roma, Deutschen und Ukrainer auch Türken, Bulgaren, Serben, Griechen, Slowaken, Tschechen, russische Lippowaner, Armenier, Polen, Tataren und Italiener vertreten.

Minderheitenschutz

Über die letzten Jahrhunderte hinweg lebten auf dem heutigen rumänischen Staatsgebiet die verschiedensten Völker zusammen. Was die Geschichte des Minderheitenschutzes betrifft, so könnte man bis ins Jahr 1224 zurückgehen, in dem der ungarische König *Andreas II.* den deutschen Siedlern auf seinem Herrschaftsgebiet in Transsylvanien mit dem **Goldenen Freibrief** zum ersten Mal umfassende Rechte einräumte. Freie

Dreisprachige Ortschilder

Sichtbarstes Zeichen der rumänischen Variante von Multi-Kulti sind die mehrsprachigen Orts- und Hinweisschilder. So kann es vorkommen, dass sich ein Stadtname, wie im Fall von *Reghin*, in drei verschiedenen Schreibweisen auf dem Ortsschild wieder findet. *Reghin* in rumänischer Schreibweise, *Regen* auf Deutsch und *Szászrégen* auf Ungarisch. Da der ungarische Name auch manchmal wesentlich länger ausfallen kann als der rumänische, wie beispielsweise im Fall des Ortes *Szászfehéregyháza* (Rumänisch: Viscri), benötigt man mitunter deutlich breitere Ortsschilder oder eine kleinere Schrift, um den Namen in voller Länge ausschreiben zu können. In unmittelbarer Grenznähe zur Ukraine, beispielsweise in *Săpânţa*, findet man durchaus auch Ortsschilder mit der rumänischen und der ukrainischen Ortsbezeichnung, die dann in kyrillischer Schrift aufgeführt ist.

Märkte, Zollfreiheit, vor allem aber eine eigene Gerichtsbarkeit und die Wahl eines eigenen „Sachsengrafen" beließen die deutsche Minderheit zwar als Untertanen, erhoben sie aber gleichzeitig zu selbstbestimmten Bürgern. Zur politischen Selbstständigkeit kam durch den 1543 vollzogenen Übertritt der Siebenbürger Sachsen zum lutherischen Glauben auch die Unabhängigkeit ihrer Kirche.

Ab 1965, also noch zu kommunistischen Zeiten, garantierte die Verfassung zum ersten Mal ausdrücklich allen in Rumänien lebenden Minderheiten den **freien Gebrauch ihrer Sprachen** im Schulwesen, in eigenen Büchern, Zeitschriften und Zeitungen. 1978 durften die Minderheiten laut einem neuen Unterrichtsgesetz sogar selbst bestimmen, ob sie auf eine rumänische oder eine Muttersprachenschule gehen wollten. Den Gebrauch des Wortes Minderheit vermieden die neuen Machthaber in Bukarest jedoch und ersetzten ihn durch den Begriff „mitwohnende Nationalitäten", *naţionaliăţi conlocuitoare*.

Die großzügige verbale Umarmungsgeste führte bereits in den 1970er Jahren zu einem bösen Erwachen, als still und leise die deutschen, ungarischen und serbischen Ortsnamen auf den Ortsschildern verschwanden und durch rumänische ersetzt wurden. Zunehmende wirtschaftliche und gesellschaftliche **Repressalien** führten zur Auswanderung von über 20.000 Magyaren und mehr als 280.000 Deutschen.

Nach der Revolution taten sich die neuen rumänischen Machthaber weiterhin außerordentlich schwer mit ihren Minderheiten. Mit dem 1994 verabschiedeten neuen **Minderheitengesetz** wurde immerhin festgelegt, wer hier offiziell als Minderheit anerkannt ist. Die im Schlusskapitel aufgeführten zwanzig anerkannten nationalen Minderheiten in Rumänien sind die albanische, armenische, bulgarische, tschechische, kroatische, griechische, jüdische, deutsche, italienische, mazedonische, magyarische, polnische, russisch-lippowanische, ruthenische, serbische, slowakische, tatarische, türkische, ukrainische Minderheiten und die der Roma.

Ein offizielles Minderheiten-Schutzgesetz konnte jedoch bis zum jetzigen Zeitpunkt (Stand Sommer 2006), trotz massiven Drängens der Europäischen Union, nicht vorgelegt werden.

Bevölkerungspolitik unter Ceauşescu

Auch beim Thema rumänische Bevölkerung und Minderheiten kommt man am Namen *Ceauşescu* nicht vorbei. Mit seiner restriktiven Politik griff der Diktator massiv in die Bevölkerungsentwicklung ein. 1988 beschloss seine Regierung, die Zahl der rumänischen **Dörfer** drastisch zu verringern. Von 13.000 Dörfern sollten nur noch 5000 Dörfer übrig bleiben. Eine Protestwelle aus dem Ausland verhinderte dieses Projekt. Dennoch verschwanden viele Dörfer und wurden „eingeebnet", um den „wissenschaftlich erwiesenen Fortschritt" in die Städte zu tragen.

Ende der 1980er wurden Abtreibungen und Verhütungsmittel strikt verboten. Ein **Vielkinderprogramm** zur nationalen Rettung wurde ausgerufen, um im sozialistischen Teil der Welt eine Spitzenstellung zu erreichen. *Ceauşescu* hatten die Massenkundgebungen, die er in Nordkorea gesehen hatte, sehr imponiert. Nun wollte auch er solche Kundgebungen abhalten und vor allem ein Bevölkerungswachstum herbeiführen, wie er es von Ostasien her kannte.

Bereits im Lauf der 1970er Jahre hatte *Ceauşescu* mit einem Umsiedlungsprogramm für die im Land lebenden Roma und die ungarischen und deutschen Minderheiten begonnen. Diese Maßnahmen sollten nicht nur der Landgewinnung und dem Aufbau von Agrofabriken dienen, sondern auch die bessere Kontrolle über diese Bevölkerungsgruppen ermöglichen.

Durch die Zerstörung der gewachsenen Siedlungsstrukturen strebte der Diktator eine **Homogenisierung** der rumänischen Bevölkerung an. Die Arbeit in unabhängigen Kleinbetrieben wurde der Bevölkerung strengstens untersagt, worunter vor allem die dort tätigen Roma zu leiden hatten. Andererseits unterstützte das Regime ethnische Minderheiten, zumal sie sich in bare Münze verwandeln ließen. Je nach Alter und Ausbildungsgrad gestaffelt, erhielt die rumänische Regierung für jüdische und deutsche Auswanderer von den Regierungen in Bonn und Jerusalem ein so genanntes Kopfgeld – in einzelnen Fällen erreichten die Devisenzahlungen eine Höhe von umgerechnet etwa 5000 Euro.

Die Magyaren

Ein Rumäne kommt in Mierurea Ciuc mit dem Auto an zwei Ungarn vorbei und fragt nach dem Weg: „Entschuldigung bitte, wo ist hier der Bahnhof?“ „Keine Ahnung“, entgegnet ihm einer der Ungarn, während der andere erstaunt dreinblickt. Nachdem der Rumäne weitergefahren ist, sagt der verwunderte Ungar zum anderen: „Sag mal, das war aber jetzt nicht nett von dir! Du weißt doch ganz genau, wo der Bahnhof ist.“
„Klar, aber der Rumäne ist jetzt schon 3000 Jahre hier und weiß immer noch nicht, wo der Bahnhof ist. Da kann ich ihm auch nicht mehr helfen.“
(rumänischer Witz)

Dieser Witz spielt auf den alten Konflikt zwischen Rumänen und Magyaren an, wer zuerst den Karpatenbogen besiedelt hat. Die Rumänen verweisen meist auf die so genannte **Kontinuitätstheorie,** nach der sie die direkte Nachfolge der Daker angetreten haben, die sich bereits vor über 3000 Jahren auf dem heutigen Territorium des rumänischen Staates niedergelassen hatten. Da vor allem Siebenbürgen im Verlauf der letzten Jahrhunderte immer wieder zum Zankapfel der beiden Nationen geworden war, wurde es immer wichtiger, aufzuzeigen, wer zuerst nordwestlich des transsylvanischen Hochlandes gesiedelt hat.

Die Rumänen, die sich auch hier auf ihre Kontinuitätstheorie berufen, deurten erneut auf ihre Vorfahren, die Daker. Die Magyaren hingegen können ihrerseits eine Besiedlung des Karpatenbeckens gegen Ende des 9. Jahrhunderts nachweisen. Erst im September 1996 wurde nach langen und zähen Verhandlungen in einem **Grundlagenvertrag** die gegenseitige Anerkennung aller bestehenden Grenzen zwischen Rumänien und Ungarn vereinbart. Wie auch immer der territoriale Streit begründet wurde, Tatsache ist, dass der hohe Anteil der Magyaren von 6,6 Prozent an der Gesamtbevölkerung letztlich auf der fast tausendjährigen Zugehörigkeit Siebenbürgens zum Königreich Ungarn bzw. Österreich-Ungarn beruht.

Die Székler und Csángós – Nachfahren der Hunnen?

Der Überbegriff **Magyaren** bezeichnet die Ungarisch sprechenden Minderheiten in Rumänien noch am Besten, denn korrekterweise unterscheidet man ethnisch gesehen auf rumänischem Gebiet die Ungarn, die Székler und die Csángó voneinander.

In *Bram Stokers* berühmtem Roman „Dracula“ wird die in Rumänien lebende Volksgruppe der **Székler** irrtümlicherweise Szekeler genannt und in *John Badhams* gleichnamiger Verfilmung aus dem Jahre 1979 wird derselben rumänischen Minderheit unterstellt, sie könnte kein Ungarisch. Die fehlerhafte Benennung mag einfach auf die schlechte Recherche des Dracula-Erfinders zurückzuführen sein. Die Behauptung, die Székler könnten kein Ungarisch, ist hingegen schlicht und ergreifend falsch. Wenn jemand in Rumänien Ungarisch spricht, dann sind es die Menschen, die im Gebiet zwischen dem Harghita-Gebirge und den Karpaten leben, dem Széklerland. Die Verwandtschaft mit den Ungarn und die gemeinsame asiatische Vergangenheit mit der sich selbst *Székely* nennenden Bevölkerung, sind mittlerweile eindeutig nachgewiesen. Dennoch verliert sich die genaue Herkunft der rumänischen Székler in den dunklen Tiefen der Geschichte. Einer Überlieferung nach sollen sie direkte Nachfahren der Hunnen sein, andere Quellen sehen sie als Abkommen der Gepiden oder Awaren. Als Hunnen wären sie im 5. Jahrhundert eingewandert und hätten die ungarische Sprache schnell adaptiert.

In schriftlichen Quellen taucht der Begriff *Siculi,* von dem der rumänische Begriff *Țara Secuilor* für das Széklerland abgeleitet ist, erstmalig im Jahr 1116 auf. Seit je her war das Gebiet der Székler ein **Zankapfel** zwischen den verschiedenen Völkern. Während des 18. Jahrhunderts, als sich ihre Heimat in der Hand der Habsburger befand, wurden Tausende Székler in die österreichische Armee zwangsverpflichtet.

Während des Volksaufstands von Madéfalva im Jahr 1764 flohen viele in die Republik Moldau. Diese Volksgruppe wurde fortan von den Széklern **Csángós** genannt, was soviel wie die „Abgespaltenen" bedeutet. Mittlerweile wird die Bezeichnung Csángó meistens nur noch abfällig gebraucht. Erstaunlicherweise haben sich die Sprache, die Traditionen und Gebräuche der Székler und der Csángós im Laufe der folgenden 150 Jahre auseinander entwickelt.

Nach der Vereinigung Transsylvaniens mit Rumänien im Jahr 1918, machten sich über 200.000 Menschen beider Volksgruppen auf den Weg nach Ungarn. Heutzutage geht der Zug wieder in die andere Richtung und das Széklerland erlebt eine eigentümliche Renaissance, da sich viele Ungarn im rumänischen Székelyföld, im Kernland der Ungarisch sprechenden Minderheiten Rumäniens, auf die Suche nach ihren **östlichen Wurzeln** machen. Viele von ihnen finden rund um Odorheiu Secuiesc und Miercurea Ciuc authentische Bräuche, die in Ungarn längst verloren gegangen und ausgestorben sind.

Das gespannte Verhältnis zwischen Rumänen und Ungarn

Einige Ungarn nennen die Rumänen **Olah.** Diese alte Bezeichnung für einen Bewohner der Walachei ist zwar nicht sehr schmeichelhaft, doch kaum ein junger Rumäne würde sich heutzutage noch gekränkt fühlen, da man diesen Begriff in der modernen rumänischen Sprache nicht mehr verwendet und kaum noch kennt. Umgekehrt ist das ein klein wenig anders. Die Rumänen nennen die Ungarn **Bozgor** und die in diesem Begriff mitschwingende negative Bedeutung „landlose Menschen" ist durchaus jedem Ungarn verständlich.

Es gibt zahlreiche **Witze,** sowohl der einen wie auch der anderen Volksgruppe, die sich über den anderen lustig machen, die Sprache oder die Verhaltensweisen auf humorvolle Weise durch den Kakao ziehen, sich manchmal jedoch auch ganz dicht am Rande einer gegenseitigen Kränkung bewegen.

Vor allem die beiderseitigen groß-nationalistischen Kräfte, wie die Partei Romania Mare auf rumänischer und die Partei für Ungarische Gerechtigkeit und Leben, MIEP, auf ungarischer Seite schüren die **Konfrontation** durch provozierende Vorwürfe und Verleumdungen. Die MIEP träumt nach wie vor von einem Großungarn in dem natürlich das „tausendjährige ungarische Stammland" Siebenbürgen nicht fehlen darf. Dadurch provoziert fordert Romania Mare an Schulen im Székélerland Ungarisch als Unterrichtssprache zu verbieten oder gar „die Ungarn dorthin zu bringen, wohin sie gehören - nach Ungarn."

Die gegenseitigen Ressentiments finden gelegentlich auch „handgreifliche" Ventile, die über bloße Witze hinausgehen, wie zum Beispiel im **Ortsschildvandalismus.** Da die Ortsschilder Siebenbürgens in mehreren Sprachen ausgeführt sind, kommt es vor, dass Sprayer der ungarischen, rumänischen oder (höchst selten) auch deutschen Seite, auf die Idee kommen, den jeweils „gegnerischen" Ortsnamen vom Schild zu tilgen. In Extremfällen kann dies natürlich dazu führen, dass am Ende gar kein Name mehr deutlich zu lesen ist. Einige Bürgermeister in Transsylvanien sind mittlerweile verzweifelt. So sagt beispielsweise der Bürgermeister von Grebenişu de Câmple nordwestlich von Târgu Mureş, er habe keine Lust mehr, immer neue Schilder herstellen zu lassen und denke daran, es eben bei den Schmierereien zu belassen.

Besonders hartnäckig wurden die Konflikte der Ungarn und Rumänien nach der Revolution von 1989 ausgetragen. Es kam zu gezielten Manipulationen, um die jeweils andere Seite in ein **schlechtes Licht** zu rücken. Sehr schnell hatte man zum Beispiel auf ungarischer Seite erkannt, wie man durch planvolle Medienberichte Einfluss auf die Meinung der Öffentlichkeit nehmen konnte.

So geschehen im berühmten **grünen Pullover-Fall.** Weltweit wurden nach Unruhen in Târgu Mureş, bei denen es zu Zusammenstößen von Ungarn und Rumänen gekommen war, Bilder in den Nachrichten ausgestrahlt, auf denen ein stark blutender Mann in einem grünen Pullover zu sehen war. Da Grün die Nationalfarbe der Ungarn ist, wurde seitens der ungarischen Medien kolportiert, der schrecklich zugerichtete Mann sei ein Ungar, der von Rumänen zusammengeschlagen worden war. Wie sich später herausstellte, war der Mann tatsächlich jedoch Rumäne und von Ungarn verprügelt worden.

Im Laufe der Geschichte nahm der Kampf zwischen Ungarn und Rumänen mitunter **skurrile Züge** an. Der ehemalige, notorisch gegen die Ungarn eingestellte Bürgermeister von Cluj-Napoca, *Gheorghe Funar,* ließ am Reiterstandbild von *Matthias Corvinius* das Wort „Hungariae" entfernen. Anschließend befahl er, direkt vor dem Standbild archäologisch zu graben, um vielleicht doch noch einen Vorwand zu finden, das ungeliebte Monument entfernen zu können.

Vereinte Bildungswege

Nun ist es bei weitem nicht so, dass sich Ungarn und Rumänen nur feindselig gegenüber stehen würden. In den letzten Jahrhunderten war das Zusammenleben, jenseits aller politischen Streitigkeiten, vor allem von **gegenseitigem Respekt** und Anerkennung geprägt. So wirkten ungarische Künstler oftmals am Aufbau rumänisch-orthodoxer Holzkirchen mit und die wundervoll geschnitzten Holztore aus dem Széklerland wurden andererseits von der Kunstfertigkeit der Schnitzer des Maramureş inspiriert.

Die großen ungarischen Wissenschaftler aus dem 19. Jahrhundert wie *Bolyai Farkas, Bolyai János, Brassai Samuel* und *Geleji Katona István* haben im engen Austausch mit rumänischen Kollegen ihre jeweilige Disziplin auf europäisches Niveau gebracht. 1872 gab es beispielsweise in ganz Europa nur zwei rein **mathematisch-naturwissenschaftliche Fakultäten,** in Tübingen und in Klausenburg. In allen anderen Universitäten des Kontinents war die naturwissenschaftliche noch aufs engste mit der philosophischen Fakultät verzahnt.

Bereits 1872 gründete man in Klausenburg, dem rumänischen Cluj, eine Universität, die die damalige Kluft zwischen der ungarischen und rumänischen Bevölkerung überwinden helfen sollte. Zwar waren anfangs der nach dem ungarischen Mathematiker *János Bolyai* benannte Teil und der nach dem rumänischen Mediziner *Victor Babeş* benannte Teil der Universität noch streng getrennt, doch allein die Möglichkeit, in ungarischer oder rumänischer Sprache in ein und demselben Gebäude zu studieren, kam damals einer bildungspolitischen Revolution gleich. Erst in den 1960er Jahren verschmolzen beide Fakultäten zur *Babeş-Bolyai-Universität.* Heute betont man besonders die Verankerung eines multikulturellen

Profils in der Charta der Universität. In **interkulturellen Studiengängen** sollen Ungarn, Rumänen und Deutsche gemeinsam in ein vereintes Europa und, wie die Universitätsleitung bewusst hervorhebt, in *„ein friedliches Miteinander"* geführt werden.

Die deutschen und österreichischen Minderheiten

Besiedlung

Sie nennen sich Sachsen und sprechen eine Mundart, die mit den Idiomen aus dem moselfränkischen und luxemburgischen Raum verwandt ist. Die Deutschen, die heute noch im Hochland des siebenbürgischen Karpatenbogens leben, gehören zur größten und wohl auch bekanntesten Gruppe der deutschen Siedler, die bereits im 12. Jahrhundert auf Wunsch der ungarischen Könige ins Land gerufen wurde. Die **Sachsen** oder *Saşi* (gesprochen: Sasch), wie sie von den Rumänen genannt werden, haben mit den in Deutschland lebenden Sachsen nichts zu tun, was bei manchem Rumänienbesucher zur Verwirrung beitragen mag. Die Franzosen benennen die Deutschen nach den Alemannen, die Engländer nach den Germanen und die Italiener nach den Teutonen. In den Kanzleien Ungarns war die geläufigste Bezeichnung für Menschen aus dem deutschen Siedlungsraum eben Sachsen – und so nennen sie sich denn auch selbst heute noch so.

Der Hilferuf des jungen ungarischen Königs *Geysa II.* erfolgte um 1150 wegen der ständigen Angriffe der Mongolen und Tataren aus dem Osten und so ließen sich die ersten deutschen „Gastsiedler", mit etlichen Privilegien ausgestattet, in Siebenbürgen nieder. Im Gegenzug zu den Vorzügen, die sie im so genannten **Goldenen Freibrief** als freie autonome Bürger genossen (freie Märkte und Zollfreiheit), verpflichteten sie sich dem König gegenüber zum Kriegsdienst und zu jährlichem Tribut. Sehr bald schon begannen die Sachsen ihre Gotteshäuser zu Festungen auszubauen, indem sie Ringmauern mit Wehrtürmen darum errichteten. Die so genannten Wehrkirchen oder Kirchenburgen waren in der Lage, die gesamte Bevölkerung eines Ortes aufzunehmen. (Von den ehemals über 300 Wehrkirchen sind übrigens heute noch etwa die Hälfte in recht gutem Zustand.) Mit ihrem geschlossenen Übertritt zum lutherischen Glauben im 16. Jahrhundert wurde die bereits vorhandene politische Selbstständigkeit der ersten deutschen Siedler auch religiös untermauert.

032ru Foto: hz

Kein ungarischer König, sondern ein österreichischer Kaiser *(Joseph II.)* und eine Kaiserin *(Maria Theresia)* waren es, die in den Jahren von 1720 bis 1730 die Ansiedlung der **Banater Schwaben** durchführten. Die aufgrund der Türkenkriege völlig entvölkerte habsburgische Provinz Banat im Südwesten Rumäniens wurde in mehreren so genannten Schwabenzügen besiedelt. Die aus dem fränkischen, bayerischen oder schwäbischen Raum stammenden Siedler, die sich später auch *Donauschwaben* nannten, schifften sich in Ulm ein und fuhren die Donau hinunter bis Belgrad. Nach einem beschwerlichen Fußmarsch von 300 km erreichten sie den Banat, eine Gegend, die damals zum Großteil aus Sümpfen bestand. Ein überlieferter Spruch lässt die von den Banater Schwaben geleistete Aufbauarbeit erahnen: *„Den Ersten der Tod, den Zweiten die Not und den Dritten das Brot."* Nach der Trockenlegung der Sümpfe erwies sich das Land als überaus fruchtbar und begründete den Wohlstand der Deutschen im Südwesten Rumäniens.

Noch 1910 machte die deutsche Bevölkerung ein Viertel der Banater Bevölkerung aus, obwohl um 1900 fast 100.000 Banater Schwaben nach **Amerika** ausgewandert waren.

Neben den Siebenbürger Sachsen und den Banater Schwaben gab und gibt es noch weitere eigenständige österreichische und **deutsche Ansiedlungen,** die sich auf das gesamte Gebiet Rumäniens verteilen, u. a. die

Bessarabien- und Dobrudscha-Deutschen, die Durlacher, die Deutschböhmen, die Steyrer und die Zipser. Die Siedlungsgebiete waren den meisten dieser Gruppen offiziell erst nach dem Ersten Weltkrieg in den Pariser Vorortverträgen zugesprochen worden.

Die *Sathmarer Schwaben* hatten bereits im 19. Jahrhundert auf Wunsch von ungarischen Grundbesitzern im Bereich der heutigen Stadt Satu Mare Fuß gefasst. In der **Bukowina,** die mit ihrer ehemaligen Hauptstadt Czernowitz bis 1918 zu Österreich gehörte, ließen sich im 18. Jahrhundert *Zipser, Steyrer* und *Buchenlanddeutsche* nieder. Zur Zeit der Kaiserin *Maria Theresia* wurden darüber hinaus Protestanten aus den österreichischen Erblanden, die so genannten *Landler,* zwangsweise in Siebenbürgen angesiedelt.

Aussiedlung

Bei einer Volkszählung im Jahre 1930 bekannten sich noch 745.421 der rumänischen Einwohner zu ihrer deutschen Nationalität. Das entsprach 4,3 % der Gesamtbevölkerung. Die Deutschen waren damit nach den Ungarn (6 %) die zweitstärkste Minderheit. Bereits vor *Ceaușescus* Tod und der Wende von 1990 kam es zu **Auswanderungswellen** der deutschen und österreichischen Volksgruppen. Im Jahr 1977 wiesen rumänische Statistiken nur noch 227.398 Deutsche aus (1,1 %) und diese Zahl hat sich seit der Wende noch einmal halbiert. Die Zeit der deutschen Besiedlung schien damit ein Ende gefunden zu haben, zumal die letzte Schätzung aus dem Jahr 1997 nur noch auf einen Anteil von 0,3 % verweist. *„Während Rumänen für einen Neuanfang auf die Straße gingen, haben wir Deutschstämmigen hier allenfalls für mehr Auswanderungsformulare demonstriert",* umreißt ein sächsischer Lehrer des Brukenthal-Gymnasiums in Hermannstadt verbittert die Lage. *Monika Rosza,* die früher ebenfalls dieses rein deutschsprachige Gymnasium besucht hatte und heute in Stuttgart wohnt, meint dazu: *„Wer zu meiner Zeit 1990 aufs Brukenthal-Gymnasium ging und heute immer noch in Rumänien lebt, wird wohl 90 % seiner damaligen Klassenkollegen durch Auswanderung verloren haben. Die Verlockung ins deutschsprachige Ausland zu gehen, war einfach zu groß."*

Die Mehrzahl der Rumäniendeutschen lebt heute in Deutschland. Aufgrund der wirtschaftlichen Schwäche der BRD ist es in den Jahren nach 2003 jedoch bereits wieder zu **Neuansiedlungen** abenteuerlustiger Deut-

Junge Sächsinnen tragen die landestypische Tracht beim jährlichen Maifest in Birthälm scher in Siebenbürgen gekommen. Einige von ihnen haben sich beispielsweise in Rothberg, dem rumänischen Roşia nahe Hermannstadt angesiedelt, um den ersten siebenbürgischen Verein von Biobauern zu gründen. *„Die Erde riecht so gut hier"*, sagt der deutsche Bauer *Herle-Cotaru, „hier möchte ich nicht wieder weg."* Auch der bekannteste Schriftsteller Siebenbürgens *Eginald Schlattner*, dessen Bücher im Westen mittlerweile die Bestsellerlisten erobert haben („Das Klavier im Nebel"), wohnt in Rothberg und möchte Siebenbürgen nicht mehr verlassen. Und auch immer mehr junge Rumäniendeutsche in Deutschland spielen mit dem Gedanken, wieder nach **Siebenbürgen** zurück zu gehen. *„Zumindest im Alter könnte ich mir das sehr gut vorstellen"*, drückt es ein Rumäniendeutscher in Stuttgart aus, *„irgendwie sind die Leute herzlicher in Rumänien und wer möchte schon, wenn er alt ist, noch in Deutschland leben?"*

Die Luxemburger der Karpaten

Wissen Sie was eine Sternpolka, ein Neppendorfer Landler oder eine Walzquadrille ist? Die Jugendlichen des *Deutschen Jugendforums* in Hermannstadt feixen sich eins, wenn Besuch aus Deutschland kommt und von den alten siebenbürgischen Tänzen noch nie etwas gehört hat. Aber woher sollte man das auch wissen? Ebenso kryptisch klingt das *Urzelnlaufen* für westliche Ohren. Bei diesem mittelalterlichen Brauch tanzen auch heute noch die Sachsen Siebenbürgens in eigens dafür geschnitzten Zunftmasken durchs Dorf. Jede Zunft hatte früher ihre eigenen Tänze. Überliefert ist der *Rösseltanz* der Schneider, die zur Faschingszeit im Winter mit ihren Peischen knallen, um den „Ärger aus den Häusern zu treiben", und dazu „zünftige Lieder" singen. Viele siebenbürgische Nachbargemeinden haben diesen ursprünglich nur in *Agnetheln* vorhandenen Brauch gerne übernommen. Erstaunlich viele der jugendlichen Deutschrumänen in Siebenbürgen interessieren sich noch für diese **alten Bräuche und Tänze,** wenn man nach der Anzahl der Tanzgruppen im Spiegelsaal des Hermannstädter Forums geht.

Auch im *Schullerhaus* in Mediasch versucht man, sächsische Traditionen und altes Kunsthandwerk zu bewahren. Dass man sich im dortigen Kulturzentrum auch der Pflege der **deutschen Sprache** widmet, hat seinen ganz besonderen Reiz. So empfing mich eine ältere Dame mit dem folgenden Satz: *„West der, de Sprooch di eng hei red, nenne mir Sächsich, awa do kumt se nit heer ous Sachsen."* (Wissen Sie, die Sprache, die wir hier reden, nennen wir Sächsisch, aber dort kommt sie nicht her, aus Sachsen.) Vor allem Leser aus dem Gebiet vom Saarland über die Pfalz bis hinauf ins Rheinland werden diesen siebenbürgischen Satz zweifelsohne nachvollziehen können. Im Folgenden machte mir die resolute Frau unmissverständlich klar, dass sich alle Sachsen in Rumänien weiter dagegen stemmen würden, dass Deutsch nur noch die *Sprache der Grabsteine* sein soll. So richten sich die deutschen Sprachkurse im Schullerhaus auch an Rumänen, die das Angebot sehr gerne wahrnehmen.

Das „Sächsisch", das man zwischen Mediasch, Schäßburg und Hermannstadt spricht, ist die Sprache der Aussiedler, die vor 800 Jahren aus dem **moselfränkisch-luxemburgisch-rheinischen Raum** nach Siebenbürgen gezogen waren. Kein Wunder also, dass sich auch das Großherzogtum Luxemburg dieser Region in ganz besonderer Weise verbunden fühlt und in Hermannstadt sogar ein eigenes Luxemburghaus mit einem Kulturzentrum unterhält. Es ist jedoch erstaunlich, dass Bewohner der Eifel und Luxemburgs das „Sächsisch" immer noch mühelos verstehen können, obwohl die Sprache der Sachsen in diesen 800 Jahren eine ganz eigene Entwicklung vollzogen hat.

Eine Sächsin aus Mediasch erinnert an einen alten **Osterbrauch,** der sowohl an der Mosel und im Rheinland als auch in Siebenbürgen noch bis in die 1990er hinein gepflegt wurde. So genannte *Klapperjungs* oder *Raspelbuben* gingen mit einem lärmenden Holzinstrument, das sie mit einer Kurbel malträtierten, durchs Dorf und veranstalteten einen Heidenlärm, um den Feiertag anzukündigen. Zur Belohnung gab es dann von den Einwohnern bemalte Ostereier oder Schokolade.

„Wer kann sich nit an die Raschplbuwe erinnere? Un wer denkt nit geere an deni Buwe ihre Zeite zurück un winscht sich manschesmol, dass es doch wieder zur Oschterzeit Raschplbuwe gin sellt?"

(Übersetzung: „Wer kann sich nicht an die Raspelbuben erinnern? Wer denkt nicht gern an die Zeiten dieser Buben zurück und wünscht sich manchmal, dass es zur Osterzeit doch wieder Raspelbuben geben sollte.")

Deutsche Kultur- und Medienarbeit

Wenn die deutschsprachige Minderheit in Rumänien auch zahlenmäßig stark abgenommen hat, so haben die „Sachsen" und „Schwaben" Rumäniens doch ihre politische und kulturelle Tätigkeit nie eingestellt. Seit Dezember 1989 gibt es mit dem **Deutschen Demokratischen Forum** in Hermannstadt eine Institution, die mit ihrem Verein „Arche Noah" den deutschen Rücksiedlern die Wiedereingliederung in das rumänische Leben erleichtern möchte. Mit dem *Deutschen Wirtschaftsclub Siebenbürgen* sollen außerdem die Wirtschaftsbeziehungen gefördert werden und auch in der Sozialbetreuung, in der Kirchenarbeit, im Unterricht und in der Öffentlichkeitsarbeit ist das Forum sehr aktiv.

So firmiert es seit März 2006 als Herausgeber der einzigen deutschen Tageszeitung in Südosteuropa, der in Bukarest erscheinenden „Allgemeinen Deutschen Zeitung" (ADZ). Diese gab es erstmals bereits im März 1949, damals noch unter ihrem alten Namen „Neuer Weg". Sie hatte zwischenzeitlich eine Auflage von 80.000 Exemplaren und 86 Mitarbeiter. Die Jahre, in denen es als reines Sprachrohr des alten Regimes fungieren musste, streifte das Blatt nach der Revolution schnell ab. Die seit 1992 als ADZ bekannte **Tageszeitung** erscheint nun in einer Auflage von 2700 Exemplaren mit den Beilagen „Karpatenrundschau" und „Banater Zeitung". Das einzige Problem bestände im Vertrieb, so der stellvertretende Chefredakteur *Hans Frank,* der *„manchmal recht schwierig ist in Rumänien."* Doch zum reinen Nachlassverwalter wolle er nicht werden: *„Wir machen weiter",* so *Frank,* schließlich gibt es immer noch potenzielle 80.000 deutsche Leser im Land.

Auch das deutsche Wochenblatt „Hermannstädter Zeitung" (HZ) wird vom Deutschen Forum herausgegeben. Zu *Ceauşescus* Zeiten hieß es noch „Die Woche", weil damals der öffentliche Gebrauch deutscher Ortsnamen verboten war. Das seit der Wende **unabhängige Blatt** weicht mit seinen pfiffigen und couragierten Beiträgen heute auch schwierigen Themen nicht aus. Eine besondere Herausforderung, so die Chefredakteurin *Beatrice Ungar,* sei die Wahl der Stadt Sibiu zur Kulturhauptstadt Europas. Die Hermannstädter Zeitung, die immer freitags erscheint, ist trotz ihrer geringen Auflage von 2000 Stück eine Institution in Siebenbürgen. Allein 1000 Exemplare werden übrigens nach Deutschland verschickt und die clevere deutsche Leserschaft, so ergab eine Umfrage, reicht das Blatt einfach weiter, so dass man auf über 60.000 Leser verweisen kann.

Die Verlagslandschaft der deutschen Minderheit ist vor allem auf Braşov und Hermannstadt fokussiert. So verlegt der **Hora-Verlag** in Sibiu deutschsprachige Bücher, die sich mit der Vergangenheit der Deutschen in Rumänien beschäftigen, fördert aber auch Prosa und Dichtung junger und älterer rumäniendeutscher Autoren. Die Werke des Hora-Verlages sind selbstverständlich auch in der einzigen deutschen Buchhandlung Rumäniens zu finden. In der Buchhandlung Schiller am großen Ring in Hermannstadt findet man auch die Werke des sehr engagierten *Hermann Fabini,* der neben Büchern über und zum Schutz der Kirchenburgen auch Werke zur rumänischen Geschichte auf Deutsch verlegt. Der *Kirchenburgenschutzverein* selbst ist in Mediasch zu Hause und hat sich der Erhaltung der kultur- und baugeschichtlich wertvollen Kirchenburgen verschrieben.

Das deutsche Staatstheater in Temeschwar, die deutsche Abteilung des Radu-Stanca-Theaters in Hermannstadt und das Schiller-Theater in Bukarest sind drei der **Theater,** die neben einer Reihe kleinerer Spielstätten die deutsche Sprache auch auf rumänische Bühnen bringen. Während die beiden erstgenannten Theater auf eine jahrhundertelange Vergangenheit zurückblicken können (das Deutsche Theater in Hermannstadt besteht seit dem 16. Jahrhundert) ist das Schiller-Theater, ein Laienspielhaus, ein gewagter neuer Versuch. Doch eine interessante Entwicklung bestehe darin, so sagte mir der Leiter des Schiller-Theaters *Oswald Gayer,* dass *„es immer mehr rumänische Schauspieler wie Mihaela Sîrbu oder Alexander Mustaţă zur deutschen Sprache zieht."*

Deutsches Fernsehen in Rumänien profitiert von den neuesten technischen Entwicklungen. Während im Herbst 1991 die so genannte *Deutsche Sendung* im zweiten Programm des rumänischen Fernsehens kaum störungsfrei zu empfangen war, ist sie dank Kabel nun überall im Land klar und deutlich zu sehen. Die Sendungen *Drehscheibe Europa, Schauplatz Deutschland* und das Nachrichtenmagazin *Journal* sind dabei allesamt Wiederholungen aus dem Programm der Deutschen Welle. Auch die Privatsender RTL und Pro 7 sind per Kabel im ganzen Land zu empfangen. Der öffentlich-rechtliche Sender TVR, der bereits ab 1994 um 20 Uhr die heute-Nachrichten des ZDF sendete, hat diese Berichterstattung jedoch eingestellt. Die Ausstrahlung der deutschen Nachrichten zur besten Sendezeit hatte man nur als Kompromiss verstanden, da der rumänische Staat seinen Bürgern zwar Nachrichten aus der Fremde anbieten wollte, in den frühen 1990er Jahren aber noch über keine eigenen Auslandskorrespondenten verfügte.

Juden

„Schwarze Milch der Frühe wir trinken sie abends
wir trinken sie mittags und morgens wir trinken sie nachts
wir trinken und trinken
wir schaufeln ein Grab in den Lüften da liegt man nicht eng ..."
(*Paul Celan,* Beginn der „Tangoul Morţii", der „Todesfuge")

Vor der Shoah

Vor der Shoah, der Vernichtung der Juden, die den Begriff Holocaust selbst übrigens nie akzeptierten, war vieles anders - auch in Rumänien. Bereits zu Zeiten des römischen Reiches kamen die ersten Juden auf das Territorium des heutigen Rumänien. Zuerst freilich als römische Legionäre aus dem fernen Judäa, später dann auch als **Händler** und **Gelehrte.**

Noch 1937 gab es in Bukarest über 100.000 jüdische Einwohner und 80 Synagogen. Davon sind im Jahr 2006 nur noch etwa 4000 Juden und vier Synagogen übrig geblieben.

Im Mittelalter hatten sich Juden in allen rumänischen Städten niedergelassen. Bis zum Jahr 1930 lebten rund 800.000 Juden in Rumänien, was etwa einem Anteil von 5 Prozent der Gesamtbevölkerung entsprach. In einigen Städten, wie etwa in Czernowitz, der Stadt des Lyrikers *Paul Celan* und in Sighet, der Stadt des Schriftstellers *Elie Wiesel,* waren mehr als die **Hälfte der Bevölkerung** jüdischen Glaubens. Man bezeichnete Czernowitz, das bis 1945 zu Rumänien gehörte und danach an die Südukraine fiel, sogar als „neues Jerusalem." Auf dem Land konnten die Juden nicht ansässig werden, da ihnen der Erwerb von Grundbesitz verboten war.

In den rumänischen Städten hatten sie schon recht frühzeitig unter dem **Sozialneid** zu leiden, weil die meisten von ihnen als Apotheker, Architekten, Mediziner oder Händler Berufe gewählt hatten, die der Mehrzahl der Rumänen aufgrund ihrer mangelnden Bildung verwehrt waren. (Der eigene Bildungsminister *Simion Mehedinți* hatte die Rumänen 1918 in einer Parlamentsrede als ein „Volk von Analphabeten", *popor de analfabeți,* bezeichnet.) Die Juden hatten sich mit den Schikanen der Rumänen arrangiert, Antisemitismus gehörte zum Tagesgeschäft – und keiner konnte ahnen, was kommt.

Pogrome im Schtetl

Die Zeit der Verfolgung, Vertreibung, Deportation und Hinrichtung der Juden dauerte von 1935 bis 1945. Diese 10 Jahre reichten aus, die jüdische Kultur in Rumänien fast vollständig zu zerstören. Für manche Juden führten die **Pogrome,** die Ausschreitungen der rumänischen Bevölkerung in *Chişinău* (im heutigen Moldawien), *Iaşi* und *Bukarest* direkt in den Tod.

Die meisten der Juden aus Nordtranssylvanien endeten durch Verrat in der Hölle des Konzentrationslagers Auschwitz. Wenige überlebten und konnten nach Israel oder in die USA auswandern. Wer blieb, wurde von *Ceauşescu* regelrecht verkauft. Der israelische Staat bezahlte für die jüdische Bevölkerung Millionen von Dollar als „Auslösesumme" an das rumänische Regime. Rumänien nahm diese Prämienzahlungen, in der Umgangssprache **Kopfgeld** genannt, dankend an und ließ die „jüdischen Freunde und Mitbürger" bereitwillig und ohne Schikanen emigrieren.

Heute leben gerade einmal noch 14.000 Juden in Rumänien. Die Aufarbeitung des Antisemitismus und der Judenverfolgung sowie der Shoah ist in Rumänien kaum ein Thema. An den Schulen werden düstere Kapitel der rumänischen Geschichte nach Angaben befragter Schüler weiterhin

totgeschwiegen. Gedenkstätten, wie das *Elie-Wiesel-Gedenkhaus* in Sighetu Marmației kennen die Einheimischen entweder nicht, oder wollen sie nicht kennen. Was die Juden betrifft, hat Rumänien die Vergangenheit schlichtweg verdrängt.

Aufarbeitung in Sighet

Im winzig kleinen Gedenkhaus in Sighetu Marmației an der ukrainischen Grenze versucht man, die Thematik der Judenverfolgung und das dramatische Leben eines der bedeutendsten Chronisten der Shoah, **Elie Wiesel,** betont zurückhaltend ins rechte Licht zu rücken. Keinesfalls, so die Verantwortlichen, möchte man sich dem Thema in reißerischer Manier nähern. In den Räumen wird nur geflüstert, als ob ein falsches Wort zur sofortigen Schließung des Hauses führen könnte. Neben einigen Dokumenten sind ausgewählte Fotografien und Manuskripte aus *Wiesels* Zeit als Journalist zu sehen. Hinter dem Haus im Garten ist ein großer Davidstern auf der Erde angebracht, den man auch von einigen Zimmern des gleich daneben liegenden Hotels gut erkennen kann.

Elie Wiesel ist zweifellos der berühmteste Sohn der Stadt. Als 26-jähriger Student wurde er von den Nationalsozialisten nach Auschwitz deportiert, dann nach Buchenwald verlegt und im Jahr 1944 von amerikanischen Truppen befreit. Als **Überlebender der Shoah** hat er später an der Sorbonne studiert und in seinen Werken „Gezeiten des Schweigens", „Der fünfte Sohn", vor allem aber im „Gesang der Toten" eindrücklich die Suche seiner jüdischen Protagonisten nach einem normalen Leben, jenseits von Verfolgung und Unterdrückung, geschildert. Seine Erfahrungen im Konzentrationslager verarbeitete er in seinem wohl berühmtesten Buch „Nacht". Im Jahr 1986 wurde *Wiesel* in Stockholm für seinen Einsatz zur Versöhnung zwischen den Völkern mit dem **Friedensnobelpreis** ausgezeichnet.

Fragt man heute in der Stadt, die im Sommer von Touristen überflutet wird, weil in der Nähe der *Fröhliche Friedhof* von Săpânța (s. auch Exkurs „Wo das Lachen den Tod besiegt") lockt, nach dem jüdischen Gedenkhaus des *Elie Wiesel,* bekommt man nur ein Achselzucken zu sehen. *„Was geht mich das an?"* Allein ein älterer Mann gibt vor, sich auszukennen, und beschreibt akribisch den Weg zur **Erinnerungsstätte** für die Verfolgten des rumänischen Kommunismus, die in einem ehemaligen Gefängnis einen Kilometer weiter südlich zu finden ist. Doch diese Gedenkstätte hat mit dem gesuchten *Wiesel*-Gedenkhaus kaum etwas zu tun.

Sighet, so nennen die Einheimischen ihren Ort liebevoll, Sighet hatte früher einmal ein *Schtetl,* ein jüdisches Viertel. Ungarische Militäreinheiten brachten 1944 mehr als 20.000 Juden von Sighet nach Auschwitz, über 40 Prozent der Stadtbevölkerung. Von der großen jüdischen Gemeinde, die hier noch um 1920 bestand, sind gerade einmal noch **100 Menschen übrig** geblieben. Ein Rabbi kümmert sich um die immer kleiner werdende Gemeinde des ehemaligen Schtetl, die sich zum Gebet in der einzigen Synagoge des Maramureş versammelt. Alle anderen der ehemals acht Synagogen der Stadt und zahlreiche jüdische Wohnhäuser und Geschäfte sind im und auch noch nach dem Zweiten Weltkrieg zerstört worden.

Die jüdische Kultur Rumäniens

Der Beginn des Gedichtes „Die Todesfuge" zu Beginn dieses Kapitels verweist auf eine interessante Ecke des ehemals jüdisch deutschsprachigen Rumäniens, aus der viele interessante Künstler kamen: die Bukowina. (Nur noch das südliche Buchenland – *Buk* steht slawisch für Buche – gehört heute zu Rumänien, der nördliche Teil musste 1945 an die Ukraine abgetreten werden.) **Paul Celan,** der Verfasser dieses wohl berühmtesten Gedichtes über die Shoah, wurde in Czernowitz (*Cernăuţi*) in der Bukowina geboren. Seine Eltern starben als Deportierte in einem Lager in Transnistrien. Nach einer kurzen Tätigkeit als Lektor und Übersetzer in Bukarest ging *Celan* 1948 nach Paris, wo seine ersten Gedichte erschienen. Im Briefwechsel zwischen *Nelly Sachs* und *Celan* wird seine Verzweiflung darüber, was er als Jugendlicher an furchtbaren Ereignissen mit ansehen musste, überdeutlich. *Celan* entschied sich 1970 für den Freitod.

Weitere bekannte **jüdische Schriftsteller** aus der Bukowina sind *Rose Ausländer, Moses Rosenkranz, Alfred Bong, Selma Meerbaum-Eisinger, Immanuel Weißglas* u. v. a.

Die meisten der heute auch international bekannten jüdisch-rumänischen Künstler haben das Land bereits frühzeitig verlassen und das **Exil** gewählt. Dabei waren es vor allem Paris und die Schweiz, die die verbliebene jüdische Gemeinde in ihren Bann zogen. So stammte *Samuel Rosenstock,* der 1916 in Zürich gemeinsam mit *Hans Arp* und *Hugo Ball* die literarisch-künstlerischen Bewegung des Dadaismus begründete und dort die Zeitschrift „Dada" herausgab, aus dem moldauischen Schtetl *Moineşti* (Mojnescht). Auch der Objektkünstler *Daniel Spoerri,* der mit *Yves Klein* und *Jean Tinguely* 1960 die Kunstrichtung des Neuen Realismus schuf und später als Eat-Art Künstler Furore machte, entstammte einer jüdischen Familie aus Galaţi in Rumänien, in der er 1930 als *Daniel Isaac Feinstein* geboren wurde.

Von den weiteren, zahlreichen bedeutenden Vertretern des **rumänischen künstlerischen Judentums** seien hier stellvertretend genannt: der

Schriftsteller *Elias Canetti,* der Dramaturg *Eugène Ionescu,* der Dirigent *Lawrence Foster,* die Architekten *Marcel Iancu* und *Horia Creanga* sowie der Maler *Victor Brauner.*

(Siehe auch Kap. „Raus aus dem geistigen Ghetto – jüdisches Theater".)

Roma/Zigeuner

„Deutsche Besucher, denen hier das Wort Zigeuner mal aus Versehen aus dem Mund rutscht, werden immer so schön rot vor Scham. Ich sag dann immer: ‚Ach bitte, sag doch noch einmal Ţigan, aber so zärtlich, wie du kannst. Ist es denn nicht ein schönes Wort?'"
(Ţigan Ursu Gavril)

„Mir sei Zigun". („Wir sind Zigeuner")
(Antwort des evangelischen Kurators von Weilau Tutzi-Batschi auf die Frage: „Seid ihr nun *Roma, Sinti* oder *Zigeuner?")*

Rehabilitation eines traditionellen Begriffs

Voranstellen möchte ich diesem Abschnitt eine kurze Schimpftirade, die in etwa verdeutlicht, in welchen terminologischen Dschungel man in Rumänien geraten kann, wenn man sich mit seinen **dunkelhäutigen Minderheiten** beschäftigt. Als ich in Oradea nahe der ungarischen Grenze zwei *romi* mit großen, schwarzen Hüten auf dem Kopf nach den Traditionen und Namen ihrer Sippe befragte, fing einer von ihnen plötzlich lauthals an zu schimpfen:

„Was macht ihr immer so ein Theater darum, wie wir uns nennen? Vor kurzem war schon ein Schweizer hier und wollte wissen, wie wir uns nennen. Na wie schon, Ţigan (Zigeuner) natürlich, wie denn sonst. Und wir sind stolz drauf. Was stört euch daran? Von euren Roma, Sinti und wie die alle heißen, habe ich bis jetzt nur aus dem Fernsehen gewusst. Meinetwegen nenn' mich auch Rom, mich stört es nicht. Aber dann roll wenigstens das Rrrr richtig. Aber ich schlag dir auch nicht ins Gesicht, wenn du mich Ţigan nennst. Also trau dich ... und Hauptsache, du gibst mir ein Bier aus."

Auf meinen bisherigen Reisen durch Rumänien habe ich mit dem hier völlig vertrauten und normalen Begriff **Ţigan** nur gute Erfahrungen gemacht. Ein im Zorn ausgesprochenes *Rom* wird von den rumänischen Zigeunern als beleidigender empfunden als ein freundliches *Ţigan.* Viele meiner rumänischen Zigeunerfreunde, die übrigens teilweise wunderbarstes „Sächsisch" sprechen, wollen *Ţigan* genannt werden. Ich respek-

033ru Foto: jr

tiere das! Genauso aber respektiere ich den Willen der deutschen Roma, die den **Begriff Zigeuner** für sich selbst ablehnen. Aus diesem Grund habe ich mich in diesem Buch dazu entschieden, je nach Kontext die Bezeichnungen Roma und Zigeuner oder die rumänische Schreibweise *romi* gleichermaßen zu verwenden.

Die begnadeten Handwerker

Die Roma Europas stammen, wie sprachliche Forschungen zweifelsfrei nachweisen konnten, aus Nordindien, dem heutigen **Rajasthan.** Um 1370 haben sie sich zum ersten Mal im Gebiet der Moldau und 1385 in der Walachei angesiedelt, wie historische Quellen berichten. Die rumänischen *romi* haben damit bereits recht früh ihre späteren Kerngebiete besiedelt. Ihr Zustrom aus Indien hielt bis etwa 1650 unvermindert an und viele von ihnen waren bis in die Mitte des 19. Jahrhunderts in Leibeigenschaft oder Sklaverei.

Die freien Männer verdingten sich vor allem als Handwerker. Die Nischen, die sie als hoch spezialisierte Wandergewerbetreibende zuerst ausfüllten, hatten fast immer etwas mit **Metallverarbeitung** zu tun – eine

Kunstfertigkeit, die sie wahrscheinlich bereits in Asien erworben haben. Im Mittelalter waren Zigeuner in ganz Europa als Schmiede, Kesselschmiede, Sieb- und Löffelmacher gefragte und vor allem gut bezahlte Spezialisten, die überall Arbeit fanden.

In Rumänien kennt man diese Kupferschmiede auch heute noch und nennt sie *caldaraşi*. Ihre Hauptaufgabe besteht darin, defekte Kessel zu reparieren, woher sich ihr alter deutscher Name **Kesselflicker** ableitet. Viele von ihnen zogen früher als Gruppe, die alle Erlöse untereinander teilte, als die so genannten *kumpánija,* über die Dörfer und verkauften auch neue, selbst hergestellte Kessel. Heutzutage, im Wegwerf-Zeitalter, in dem kaum noch jemand einen Kesselflicker benötigt, stirbt ihre Kunst langsam aus. Zu wissenschaftlichem Ruhm jedoch hat es die Sprache der Kesselflicker gebracht, die von den Sprachwissenschaftlern als Kaldarasch, als eigene Dialektgruppe der Roma-Sprache (dem Romanes), eingestuft wird.

Die Siebmacher *(ciurari)* und die Löffelmacher *(lingurari)* sieht man übrigens in Rumänien als Berufsstand der *romi* heute gar nicht mehr.

Das Gold und die Musik

Das Metall, das bei den Zigeunern seit je aus rituellen als auch wirtschaftlichen Gründen am höchsten in der Gunst stand, ist das Gold. Bereits im 15. Jahrhundert versuchten sich die ersten von ihnen in den Bergen des Apuseni als Bergleute, *rudari,* oder als Goldwäscher, *aurari.* **Gold** spielt im gesellschaftlichen Leben der *romi* eine große Rolle, vor allem zur Hochzeit reicher Zigeuner, bei der die Braut traditionellerweise eine knielange Kette aus goldenen Kaiser-Franz-Joseph-Talern geschenkt bekommt (siehe Kapitel „Zigeunerhochzeit Deluxe").

Die schwierige Gewinnung in den wilden Karpatenbergen war jedoch nicht jedermanns Sache. Etwas leichter konnte man sein Geld als Instrumentalist oder Sänger *(lautari)* auf Hochzeiten, Taufen und Beerdigungen verdienen. Der Beruf des **Musikers** wird im heutigen Rumänien fast nur noch von Zigeunern ausgeübt und auch die Musikrichtung, die hier vorrangig durch den Äther rauscht, geht auf die Vorlieben der Zigeuner zurück: *manele.*

Schöner als Goldwaschen oder Kesselflicken war es auch, als fahrender Schausteller oder **Bärenführer** aufzutreten. Diesem Beruf, der im Rumäni-

Romi, Zigeuner oder Ţigani? Diesen beiden stolzen Vertreter der Zigeuner von Oradea ist es herzlich egal, wie man sie nennt, Hauptsache, man ist freundlich.

Die evangelischen, sächsischen Zigeuner von Weilau

In Weilau, dem rumänischen Uila in Nordtranssylvanien, ist nichts mehr so, wie es einmal war. Die ehemals hier lebenden Deutschen haben das Dorf mittlerweile verlassen. Nach dem Exodus der evangelischen Kirchengemeinde beschlossen die im Dorf verbliebenen Zigeuner, die jahrhundertelang mit den Sachsen zusammengelebt hatten und deren deutsche Mundart sie sprechen, dass sie dem Verfall der Kirche auf gar keinen Fall tatenlos zusehen dürften. Sie waren bereits geschlossen zum evangelischen Glauben übergetreten und entschieden sich, die verfallende Kirche zu renovieren und zu schützen. Die evangelischen Zigeuner von Weilau, die 92 Prozent der Kirchengemeinde stellen, sind mittlerweile in ganz Siebenbürgen berühmt. So stellen sie eine der wenigen evangelischen Zigeunerblaskapellen, die auf Kirchfesten zum Tanz aufspielt. Stolz verkündet ihr Kurator *Tutzi-Batschi* in breitester sächsischer Mundart: *„Secher, mir sei Zigun. Awa an der Kirich lirn mer och däitsch Lieder.“*

schen *ursari* genannt wird, gingen die Zigeuner bereits Ausgang des Mittelalters nach (siehe auch Exkurs „Letzte Tänze – Bärenschicksale“).

Als die Bärendressur, die für das Tier unter großen Schmerzen ablief, nach der Revolution 1989 verboten wurde, investierten die wenigen rumänischen Zigeuner, die noch als Schausteller arbeiten wollten, das Entschädigungsgeld der Tierschutzorganisationen in den Kauf kleiner Affen. Als *maimuțari,* **Affendompteure,** ziehen aber immer weniger von ihnen durchs Land, seitdem es heutzutage einträglichere Geschäfte gibt, wie beispielsweise die boomende Abfallwirtschaft oder die metallverarbeitende Baubranche.

Am Stadtrand der Industriestadt Baia Mare ziehen sich kilometerlang kleine Werkstätten dahin, vor denen sich meterhoch die Zinkblechplatten stapeln. Die *romi,* die in Rumänien zu Spezialisten für **Blech- und Zinkarbeiten** geworden sind und landesweit heute fast ein Monopol auf diese Arbeiten haben, werden *scocari* genannt. Traditionellerweise tragen sie schwarze Hüte mit breiter Krempe (rum. *pălărie,* rom. *stadi*). Sie erledigen alle Metallarbeiten, die beim Hausbau oder einer Reparatur anfallen. So werden die Regenrinnen und Traufen von den *scocari* gefertigt. Die Zinkblechplatten, die als Dachverkleidung mittlerweile in vielen Teilen Rumäniens zu finden sind, fallen ebenfalls in ihren Aufgabenbereich.

Vor allem in der Gegend um Reghin und Timisoara findet man heutzutage viele prachtvolle mehrstöckige **Zigeunerzinkblechpaläste,** die mit ihrer orientalischen Bauart und den aufwendigen Metallverzierungen ziemlich deutlich an Maharadschapaläste im fernen indischen Rajasthan erinnern.

Richard Swartz: „Audienz beim König der Roma"

„... Das königliche Wappen auf der Visitenkarte besteht aus einem schmalen, blauen Feld, den Himmel symbolisierend; darunter ein grünes, das für die Erde steht. Zwischen Himmel und Erde ist ein Wagenrad. Auf der Visitenkarte steht das Rad still, freilich nur auf der Visitenkarte, da *Ion Cioabă* nicht nur der König der Kupferschmiede ist, sondern auch der der fahrenden Zigeuner, und an den Händen trägt er vier goldene Ringe, zwei an jeder Hand, so golden und so groß, dass die Finger sich spreizen. Auch im Mund hat der König Gold; aber nicht irgendwo zwischen den Backenzähnen, sondern ganz vorn, im Oberkiefer, vier Zähne nebeneinander und ganz aus Gold. Ab und zu berührt er sie mit der Zungenspitze; in diesem Land wird ja alles gestohlen, auch am hellichten Tag, und wer da nicht auf der Hut ist, kann sogar seine Zähne verlieren ..."

Richard Swartz: Audienz beim König der Roma, Eichborn Verlag, Frankfurt am Main 1996, S. 66

Zigeunerzinkblechpaläste ... aber bitte mit Glaslift

Auch westlich von Clul-Napoca finden sich einige der edlen Prestigeobjekte, die im Volksmund Zigeunerpaläste genannt werden. Gleich am westlichen Eingang der Stadt Huedin empfängt einen ein Ensemble von riesigen, verzierten Wohnhäusern. Es sind prunkvolle Roma-Residenzen und ganz besonders beeindruckend sind die **Zinkdächer** dieser Prachtbauten. Einige Nachfahren der in der Metallverarbeitung äußerst geschickten Handwerkerzunft der *caldaraşi* haben sich völlig auf die prächtige und kunstvolle Ausgestaltung der Zinkdächer spezialisiert. Zink ist vergleichsweise günstig, lässt sich leicht bearbeiten und strahlt im Sonnenlicht wie Silber.

Weithin glänzen die Dächer von Huedin um die Wette und künden vom Reichtum ihrer Besitzer. Diese legen nicht unbedingt viel Wert auf die innere Gestaltung. Einige der Bauten stehen schon seit Jahren als **Rohbau** herum, Hauptsache, so scheint es es, das prächtige Dach ist fertig. Verzinkte, glänzende Simse und Dachzinnen, Erker und veredelte Zierleisten verleihen auch den Dächern von leer stehenden Rohbauten etwas Palastartiges – und das ist schließlich das Wichtigste.

Oft ist den *romi* das Projekt zu groß und gewaltig geraten, nicht etwa finanziell, sondern von der Dimensionierung her. Traditionellerweise leben sie lieber in engen Häuschen, wo man die Familie immer gut im Blick hat. So kann es vorkommen, dass sich die ganze Familie neben oder hinter einen Palast in ein kleines Haus zurückzieht, um dort zu leben. Der Palast ist dann nur noch ein repräsentatives **Symbol für den Wohlstand** des Clans.

Finanziell lohnt es sich auch nicht unbedingt, den Palast zu verputzen, da man in Rumänien dann Steuern zahlen muss. Da ein unverputztes Haus noch nicht besteuert wird, nutzen die Zigeuner diese gesetzliche Nische und richten sich steuerfrei im kleinen Häuschen, einer Barracke oder einer Hütte daneben ein.

Bei den Zigeunern selbst ist eine unfertige Villa immer nach ihrem Besitzer benannt. So findet man beispielsweise in Huedin den Palast des Grofu Silina, die Vila lui Sara und die Villa din Hora, in je individueller Villa-Schriftweise. Der Name des Patrons erstrahlt nachts hell beleuchtet im Neonlicht. Um sich gegenseitig auszustechen, haben einige **Paläste** prachtvoll aufgerüstet. So dreht sich auf einem ein Mercedes-Stern, etwas kleiner als die Vorlage auf dem Europa-Center in Berlin. Andere Zigeunerpaläste sind mit einem außen angebrachten gläsernen Lift versehen, der seine Besitzer abends mit blinkenden Lichtern etwas näher zu den Sternen schweben lässt – genau so, wie man es bei den Hotellifts im Fernsehen gesehen hat – in Tokio oder Las Vegas.

Die Lippowaner aus dem Donaudelta

Als „Deltarussen" ist eine exotische Minderheit in Rumänien bekannt, die sich selbst gerne als „Menschen des wahren Glaubens" bezeichnet. Ursprünglich stammen die blauäugigen und blonden Lippowaner aus Russland, mussten ihre Heimat aber aus Glaubensgründen verlassen, weil sie als *Raskolniki,* als Altgläubige, im Zarenreich verfolgt wurden. **Zuflucht** fanden sie in den Labyrinthen des Deltas mit seinen Schilflandschaften und unzugänglichen Wasserwegen. Den Pelikanen hätten sie diese Flucht-Strategie abgeschaut, sagen heute einige von ihnen, auch diese wüssten sich hervorragend im Dickicht des Donaudeltas zu verstecken.

Die Natur macht ein Leben im Delta nicht gerade leicht. Die wenigen zur Verfügung stehenden Ackerflächen können während der heißen Sommermonate nur unter großen Anstrengungen mit Gemüse und Getreide bepflanzt werden. Während der eisigen Winter frieren die Gewässer zu und im Frühling überschwemmt das **Hochwasser** regelmäßig die Äcker, weicht die Dämme auf und hinterlässt nichts als Schlamm und Geröll auf den Feldern. Die Lippowaner, die in verstreut liegenden Siedlungen in ihren meist schilfgedeckten Holzhäuschen direkt am Wasser wohnen, sind geschickte Fischer und kennen die Wasserlabyrinthe des Deltas wie ihre Westentasche.

Im ehemaligen Rumänien waren die geschickten Paddler und Ruderer bei Sportveranstaltungen stets der Garant auf Gold- und Silbermedaillen.

Die **Wassermenschen,** die, so sagt es die Legende, zuerst ein Boot fahren können, bevor sie gehen lernen, sind mittlerweile aber auch auf dem Festland angekommen. In den Städten und Dörfern entlang des Razim-Sees sieht man sie noch vereinzelt mit langem Bart und typisch russischer Tracht auf den Bänken sitzen oder gemächlich die Straßen entlang schlendern.

034ru Foto: jr

Ein älterer Lippowaner namens *Alexandru* hatte mich in sein Haus eingeladen und mir als Erstes seine Banja gezeigt, eine russische Sauna, die heute noch in jedem Lippowanerhaus in Jurilovca oder Sarichioi zu finden ist. Die Fotos an den Wänden zeigen, wie die Familie in glitzernde Trachten gehüllt vor einer Kirche steht. Die **Traditionen** seien wichtig, sagt *Alexandru,* den typischen Lippowaner-Bart würde sich sein Sohn aber erst zur Pensionierung stehen lassen, wenn überhaupt, denn die Jungen seien für die Überlieferungen nicht mehr so zu gewinnen. Zumindest, so *Alexandru,* könne jeder in der Familie noch die alten **russischen Lieder** singen und ihre Feiertage würden sie noch nach dem julianischen Kalender feiern und das Kreuzzeichen mit zwei Fingern machen (die orthodoxen Rumänen nehmen drei).

Ob er denn nicht Sehnsucht nach der alten Heimat habe, wollte ich wissen, nach Russland. Nein, das sei Generationen her, jetzt sei er ein Rumäne. Sentimentale Gefühle würde er sicher auch bekommen, wenn er in der trockenen russischen Steppe an das **schöne Donaudelta** denken würde. Das Delta sei der schönste Ort auf der Welt. Aber das solle ich nicht weitersagen, denn sonst käme ja jeder dort hin.

Ein Lippowaner aus Sarichiol im Donaudelta in typisch altrussischer Tracht

038ru Foto: jr

RUMÄNISCHES SELBSTVERSTÄNDNIS

Die rumänische Sprache

„Selbst ein Straßenfeger muss hier mindestens vier Sprachen beherrschen."
(alter Spruch aus Czernowitz)

Die stolzen Lateiner des Ostens

Rumänisch gehört ebenso wie Französisch, Spanisch, Portugiesisch, Rätoromanisch und Italienisch zu den romanischen Sprachen. Das Rumänische ist aber die einzige Sprache **lateinischen Ursprungs** in Osteuropa, worauf seine Bewohner besonders stolz sind. In der nördlich angrenzenden Ukraine, im südlich gelegenen Bulgarien und beim westlichen Nachbarn Serbien werden slawische Sprachen gesprochen. An der westlichen

Das Selbstverständnis vieler rumänischer Männer macht sich auch daran fest, einen guten țuica (Pflaumenschnaps) herstellen zu können. Manche Könner verkaufen ihre Brände dann auf dem Markt.

Grenze spricht man mit dem Ungarischen eine Sprache, die mit dem Finnischen gemeinsame Wurzeln hat und nicht aus der indogermanischen Sprachfamilie stammt. Nicht ohne Stolz verweisen deshalb die Rumänen auf diese sprachliche Insellage. Von den etwa 23 Millionen Einwohnern sprechen 20 Millionen Rumänisch als Muttersprache.

Die Wurzeln des heutigen Rumänisch liegen im dakorumänischen Dialekt, der in den römischen Provinzen Dakien und Moesien (nördlich und südlich der Donau) gesprochen wurde. Weitere **rumänische Dialekte** kommen heute noch in Makedonien (Mazedoromunisch und Aromunisch) und in Nordgriechenland (Meglenorumänisch) vor. Fast ausgestorben ist dagegen der rumänische Altdialekt, der u.a. auf der istrischen Halbinsel bekannt war (Istrorumänisch).

Während sich andere romanische Sprachen vom Lateinischen emanzipierten und durch äußere Einflüsse weiterentwickeln konnten, hat sich das **Spracheninselreich** Rumänien alte Formen bewahrt. So darf es nicht verwundern, wenn rumänische Begriffe heute meistens näher am Lateinischen liegen als Italienische:

Lateinisch	**Rumänisch**	**Italienisch**	**Deutsch**
incipio	*încep*	*commincio*	*beginnen*
albus	*alb*	*bianco*	*weiß*
dominus	*domn*	*signore*	*Herr*
mensa	*mesa*	*tavola*	*Tisch*

Die dem Rumänischen heute am nächsten **verwandte Sprache** ist das Italienische. Da mehr als 10% des Rumänischen aus anderen Sprachen, vor allem dem Russischen und Türkischen entlehnt wurden, verstehen Italiener rumänisch nicht so ohne weiteres, während Rumänen innerhalb kürzester Zeit die italienische Sprache verstehen und erlernen können.

Rumänische Sprachperle I: Dakisch-römische Hochzeit

Dass sich das Rumänische in erster Linie aus dem Lateinischen entwickelt hat, ist heute noch an einem wunderbaren Beispiel der Sprachgeschichte nachzuweisen. Das heutige rumänische Wort für Bräutigam, *miră*, leitet sich vom lateinischen Wort für Soldat, *miles*, ab und das hat seinen guten Grund. Als das dakische Reich vor über 2000 Jahren durch die dakisch-römischen Kriege männlicherseits fast entvölkert war, blieb den dakischen Frauen nach den verlustreichen Schlachten oft nichts anderes übrig, als sich nach einem römischen Legionär umzuschauen. Auf die Frage: *„Wen hast du geheiratet?“*, konnte die Antwort oftmals nur lauten: *„Einen römischen Soldaten.“*

Weiterentwickelt hat sich die rumänische Sprache aus dem slawisch geprägten Vulgärlatein. Der erste erhaltene Text in Rumänisch ist noch in kyrillischer Schrift verfasst und stammt aus dem Jahr 1521. Die lateinische Schrift ersetzte das **Kyrillische** erst 1780. Die Latinisierung des Wortschatzes wurde vor allem durch die so genannte *Siebenbürger Schule* forciert, die zum ersten Mal alle Wörter lateinischen Ursprungs sammelte.

Die kunterbunte Spracheninsel

Der Reichtum einer Sprache drückt sich meistens darin aus, dass ihr zum Ausdruck für eine Sache gleich mehrere Wörter zur Verfügung stehen. Die Rumänen sind diesbezüglich wahre **Sprachmillionäre,** da sie oft aus einer ganzen Palette von Wörtern auswählen können. So verfügt das Rumänische gleich über drei Wörter für Grenze. Die rumänische *graniza* kommt, übrigens ebenso wie das deutsche Wort Grenze, aus dem slawischen Sprachraum. Der zweite, ebenfalls häufig verwendete Begriff *frontiera* geht auf eine lateinische Form zurück und das Wort *hotar* ist direkt vom ungarischen Wort *határ* für Grenze abgeleitet, wird aber nicht mehr so oft verwendet.

Der Sprachreichtum der Rumänen lässt sich leicht erklären. Da sie während ihrer Geschichte Russisch, Türkisch, Ungarisch und Deutsch sprechende **Besiedler und Besatzer** im Land hatten, haben sich zahlreiche Begriffe dieser Sprachen ins Rumänische eingeschlichen, wobei den Rumänen selbst oft nicht klar ist, woher einige der Wörter stammen.

Deutsche Entlehnungen im Rumänischen

„Was, abţibilt soll ein deutsches Wort sein? Unfassbar, das habe ich nicht gewusst", sagte mir *Dana Petrescu,* eine Romanistikstudentin aus Iaşi. Wieso es ausgerechnet das **Abziehbild** auf die Karpaten verschlagen hat,

Rumänische Sprachperle II: Frizer und Coafor

Wenn Frauen sich in Rumänien ihre Haare schneiden, legen oder färben lassen wollen, gehen sie zum *coafor.* Das würde ein Mann nie machen, denn ihn zieht es zum *frizer.* Warum das so ist? Der Begriff *coafor* ist direkt aus dem Französischen (coiffeur) entlehnt, während der Begriff *frizer* sich vom deutschen Friseur herleitet. Die doppelte rumänische Bezeichnung ist sehr verräterisch. Während Rumäninnen die elegante französische Variante des Legens und Ondulierens bevorzugen, muss für die rumänischen Männer der Haarschnitt vor allem exakt und gründlich gemacht werden – deutsch eben.

Nicus Rückblende: Die patriotischen Schweinereste

„Während der kommunistischen Zeit versuchte man auf Teufel komm raus die Auslandsschulden abzubauen. Da die besten Stücke von Schwein und Rind deswegen ins Ausland exportiert wurden, blieben in den Geschäften hier in Bukarest für die eigene Bevölkerung die Regale meist leer. Die einzigen Reste, die dann vom Schwein in den Regalen lagen, waren die Schweineklauen, die man im Volksmund scherzhaft *adidaşi* (Turnschuhe) nannte, und die Schweineköpfe. Die Rumänen, die in schlechten Zeiten einen erstaunlichen Humor an den Tag legen können, kamen also in die Metzgerei und haben *adidaşi şi un calculator* verlangt. (übersetzt: Turnschuhe und einen Computer). Mit dem calculator war natürlich der Schweinekopf gemeint. Für die meisten Rumänen waren diese spärlichen Reste die wirklichen Helden des Volkes. Einige sagten: *„Schau nur, das sind die wirklichen Patrioten bei uns, Schweineköpfe und Schweineklauen. Während alles andere Gute weggeht, halten sie tapfer die Stellung, bleiben im Land und helfen den Menschen. So sehen Helden aus.“*

weiß heute niemand mehr. Bei anderen „deutschen Begriffen“ ist die Herkunft offensichtlich. So haben die *adidaşi* bereits seit den 1970er Jahren eine beachtliche Karriere im Rumänischen hingelegt. Jeder Sportschuh, gleich welcher Marke, heißt schlicht und ergreifend *adidaş* (gespr. *adidasch),* weil die Rumänen diesen Ausdruck ganz selbstverständlich für den Oberbegriff Turnschuh benutzen.

Auch der *chelner* kommt aus dem Deutschen und bezeichnet damit den Kellner, der die Getränke bringt. Die Speisen hingegen werden vom *ospătar* gebracht. Wer im Restaurant einen *spriţ* (gespr. *spritz)* bestellt, bekommt Wein mit etwas Wasser verdünnt, einen „Gespritzten“ eben. Auch die **cartofi** auf der Speisekarte dürften deutsche Gäste nicht in Verwirrung stürzen, obwohl die Kartoffelgerichte in Rumänien sehr unterschiedlich ausfallen können. Den *vând* (gespr. Wind) haben die Rumänen mit den Deutschen und den Engländern gemein. Die Begriffe *turn* (Turm) und *gang* (Durchgang) haben sich von den mittelalterlichen Städtchen Siebenbürgens aus in ganz Rumänien verbreitet.

Mit den frühen deutschen Siedlern fanden auch die ersten deutschen Begriffe aus dem Handwerk Eingang in die rumänische Sprache. Wahrscheinlich werden sie jedoch noch nicht über eine *bormaşin* (gespr. *Bohrmaschin*) verfügt haben, die heute zum rumänischen Wortschatz gehört. Viele ehemals deutsche Begriffe haben ihr **Lautbild** im Laufe der Zeit sehr verändert. Während die *şrub* (gespr. *schrub*) noch relativ deutlich als Schraube zu erkennen ist, kann man nur mit ein wenig musikalischem Verständnis aus *şrubelniţa* (gespr. *schrubelnitza*) den „Schraubenzieher“ noch heraushören.

Andere Spracheinflüsse

Wenn Rumänen in Istanbul auf einen Obst- und Gemüsemarkt gehen, können sie sich dort recht passabel verständigen, da die meisten Begriffe für Obst und Gemüse aus dem **Türkischen** stammen. Um nur einige zu nennen: Olive - *măslină*, Zitrone - *lămâie*, Aprikose - *caisă*. Auch das Wort für Schäfer oder Hirte, *cioban*, das viele Rumänen für ein ur-rumänisches halten, hat seinen Ursprung im Türkischen.

Durch die ungarische Herrschaft flossen auch ungarische Einflüsse in die rumänische Sprache mit ein. *„Eine Qual für die Ohren ist diese schwierige Sprache"*, sagt ein Bauer in Siebenbürgen. Ob das der Grund ist, weshalb ausgerechnet der rumänische Begriff für Qual, *chin*, von dem **ungarischen** *kin* entlehnt wurde, muss wohl auf immer unbeantwortet bleiben. Neben dem bereits erwähnten Wort für Grenze, *hotar*, stammt auch das rumänische Begriff *oraş* (Stadt) vom ungarischen Wort *város* ab. Der ungarische Ausdruck *papucs* für Schuh hat seinen Weg sowohl ins Rumänische *(papuc)* als auch ins Deutsche (Papuschen) gefunden.

Neben dem Lateinischen hat sich der **slawische** Einfluss am stärksten auf die rumänische Sprache ausgewirkt. Russen, die in den Skigebieten um Predeal und in Sinaia sehr gerne Urlaub machen, haben oft keinerlei Verständigungsschwierigkeiten, weil es neben den Worten wie *bolnav* (krank) und *razboi* (Krieg) noch zahlreiche andere slawische Lehnwörter und Ableitungen gibt.

Aus dem **Dakischen** haben sich nur noch wenige Worte erhalten, die den Rumänen aber meistens sämtlich bekannt sind, da die sprachlichen Wurzeln der Dakerzeit in der Schule behandelt werden. Zu den dakischen Begriffen im Rumänischen zählen unter anderem: *viezure* für Dachs, *miez* für Kern, *brânza* für Käse, *moş* für einen älteren Herrn, *măr* für Apfel und *copac* für Baum.

Namensstolz der Ţigani

Ursu Mihael aus Videle südwestlich von Bukarest spielt die Trompete schon fast so gut wie sein Vater, der Zigeuner *Pancirel*. Dessen Vater allerdings war nicht nur Musiker, sondern auch Bärendompteur, genauso wie der Großvater. Der Familienname verweist auf diese alte Tradition. *Ursu* bedeutet auf rumänisch Bär. Rumänische Namen weisen fast immer auf eine tiefere Bedeutungsebene hin. Weitere Beispiele der Roma sind: *Aurelia* (die Goldene), *Sorin* (der Sonnige), *Lacrima Jasmin* (die schöne Träne).

036ru Foto: jr

Romanischer Stolz

Wohl nirgendwo macht sich der stolze **Hang zum Römertum** in Rumänien mehr bemerkbar als in der männlichen Namensgebung: *Hadrian, Octavian, Trajan, Ovidius, Flavius, Cornelius, Claudius, Romulus* und *Remus* - allesamt honorige rumänische Vornamen, die trotz ihres stolzen Alters von über 2000 Jahren nichts von ihrem Reiz zu verlieren scheinen. Weibliche römische Namen kommen übrigens bei weitem nicht so häufig vor.

Nationale Identität, Patriotismus und Nationalismus spielen im modernen Rumänien eine starke Rolle. Als die Band O-Zone mit ihrem Hit **„Dragostea Din Tei"** im Sommer 2004 europaweit einen rumänischen Hit landete, war das ganze Land stolz wie Oskar, weil man ein Lied in rumänischer Sprache in ganz Europa hören konnte - auch wenn die Band aus dem benachbarten Moldawien kam.

Rumänen können einen sehr leidenschaftlichen Stolz entwickeln, wenn es um ihre **Nationalheiligtümer** geht, heißen sie nun *Eminescu, Hagi, Comăneci* oder ein kleines Heldenschäflein namens *Mioriţa,* das alle noch aus ihrer Schulzeit kennen. Jeder ahnt, dass Rumänien etwas Besonderes ist und wurde darin bereits von Kindesbeinen an bestärkt.

Der Bürgermeister von Craiova feiert seinen 40. Geburtstag standesgemäß im Blumenmeer und mit Riesentorte, die dem Rathaus nachempfunden ist

Rumänische Mimikry

„Eine der charakteristischsten Eigenschaften der Rumänen ist ihre Anpassungsfähigkeit." Der dies sagt, muss es wissen, hatte doch der Dichter und Herausgeber *Mircea Dinescu* die geschickte und schnelle Verwandlung bei so manchem Kollegen der schreibenden Zunft vor und nach der Revolution in seiner satirischen Zeitschrift „Aspirină pentru popor" („Aspirin fürs Volk") aufs Korn genommen. Der Dichter sieht hinter der **Anpassungsfähigkeit** seiner Landsleute, die der biologischen Verwandlungskunst der Mimikry gleicht, einen *„pfiffigen Pragmatismus am Werk, der den Rumänen so manches Elend in der Geschichte erspart und ihnen letztlich immer geholfen hat."*

So hätten die Türken in Rumänien niemals ein Kalifat gegründet, wie etwa in Bulgarien oder Serbien. In Bukarest und den anderen Städten würde man keine Moscheen sehen. *Dinescu* dazu im Original: *„Und warum sieht man bei uns keine Moscheen? Die Rumänen haben sich während der türkischen Besatzung einfach weite, türkische Hosen angezogen und dann haben die Türken gesagt, schau an, schau an, die sind ja richtig nett, die Rumänen. Doch selbstverständlich war dies alles nur clevere Berechnung. So anpassungsfähig wie wir an die verschiedensten Regimes waren, werden wir den Kapitalismus auch noch überstehen".*

Zähne zeigen – der Marktwert Draculas

Bloody Drops und Vampirschnaps

Selten war eine Nation bei einem Thema so gespalten wie Rumänien bei dem Dauerbrenner Dracula. Fast scheint es so, als ob die eine Hälfte Rumäniens sich dieses leidigen Themas, das ihnen ein schottischer Schriftsteller namens *Bram Stoker* eingebrockt hat, am liebsten so schnell wie möglich entledigen würde, während die andere Hälfte auf die Heerscharen japanischer, amerikanischer und westeuropäischer Touristen verweist, die einzig und allein wegen dieses nicht tot zu kriegenden Grafen in die Karpaten kommen. **Geld ist im Spiel,** viel Geld. Wie viel, verdeutlicht die Aussage eines Weinhändlers, der am amerikanischen Halloween-Tag 2005, zusätzliche 100.000 Flaschen Dracula-Wein in die USA hätte exportieren können. *„Doch leider waren wir ausverkauft. Ein befreundeter Händler hatte uns angeboten, kurzfristig einfach noch ein paar Flaschen umzuetikettieren. Doch leider war die Zeit zu knapp."* Dracula als Mega-Brand Rumäniens ist ein **ökonomischer Selbstläufer.** Wer als Food- oder

Im Kitsch-Eldorado

„Ich habe mir wirklich schon überlegt, wie man wohl diese verrückte Blutorangenmarmelade herstellt, nach der die englischen Touristen hier andauernd fragen", sagt Maria Dragusin und präsentiert ihren Straßenverkaufsstand zwischen Râşnov und Bran. Die Lage allein ist Gold wert, hat sich doch die Burg Bran mittlerweile die Pole-Position im Rennen um Rumäniens **Dracula-Schlösser** gesichert, obwohl das historische Vorbild *Vlad Ţepeş* nachweislich nicht das Geringste mit dieser Burg zu tun hatte. Unterhalb des transsylvanischen Gemäuers hat sich ein regelrechtes Kitsch-Eldorado entwickelt, wo alles zum Kauf angeboten wird, was auch nur im entferntesten Sinne etwas mit Zähnen, Blut, Knoblauch oder Fledermäusen zu tun hat.

Mechanisch aufziehbare Plastik-Vampire zum Selber-Flattern-Lassen sind hier ebenso zu finden wie Draculazigarren und die besagte Blutorangenmarmelade. **Bloody Drops,** Trüffelkugeln, die angeblich mit echten in Whiskey getauchten transsylvanischen Cranberrys gefüllt sind (als ob es in den transsylvanischen Wäldern je Cranberrys gegeben hätte!), erweitern das Sortiment beim Verkäufer eines selbstgebrannten Rachenputzers, der nach eigener Aussage nachts jeden Vampir vertreiben würde. Wer möchte, kann Horror-Tagestouren buchen oder eine Nacht im „originale Draculas-Sarg aus garantiertes okologisches Hols" verbringen.

Der **Dracula-Kommerz** geht seinen Weg und ein Ende ist nicht abzusehen. Rumänische Horror-Schauplätze sind inzwischen auch für westliche Fernsehanstalten buchbar. So wurde eine Staffel der Fernsehserie „48 Stunden Angst" in der Festung Corvins in *Hunedoara* gedreht. Während der Ausstrahlung in Deutschland schien es dem Moderator ein Herzensanliegen zu sein, ständig zu betonen, dass es sich bei dem ausgewählten Schloss um das Orginal-Schloss der Grafen Dracula handele (was natürlich barer Unsinn ist), aber was solls - Hauptsache: Dracula sells.

037ru Foto: jr

Spirituosenfabrikant, als Spielzeug- oder Textilhersteller die europa- oder weltweiten Patentrechte auf den Namen *Dracula* besitzt, hat zukünftig ausgesorgt oder, wie es ein sächsischer Geschäftsmann aus Braşov so treffend formuliert, *„seine blutroten Schäfchen schnell im Trockenen"*.

Horror-Vergnügungspark: Ja oder nein?

Prinz *Charles* war dagegen. Aber viele sind nach wie vor dafür. Im transsylvanischen Städtchen Schäßburg wollte eine deutsch-amerikanische Firma 2001/02 ein **Dracula-Land** bauen, inklusive Sessellift hinauf in die historische Altstadt zum angeblichen Geburtshaus des *Vlad Ţepeş Draculae* (das aber zu dessen Zeit noch gar nicht existierte!). Bis heute haben sich die Bürger der Stadt tapfer gegen die Verkitschung ihrer Altstadt gewehrt.

Ein Kenner der Szene und des Landes, der Schriftsteller *Dieter Schlesak,* der im siebenbürgischen **Schäßburg** geboren wurde, plädiert, was die Vermarktungstendenzen der Dracula-Figur betrifft, für einen „sanften Kulturtourismus", der sich vor allem um Aufklärung und um korrekte historische Tatsachen bemühen solle. So schrieb er für die Siebenbürgische Zeitung anlässlich der Diskussion, ob man in Schäßburg einen Dracula-Park errichten soll: *„... Ein Disneyland mit Vampiren aus Pappmaschee unter den tausendjährigen Eichen (ach was, die werden wohl gefällt)! ... Und dann die geplante Drahtseilbahn ... zum angeblichen „Dracula-Haus" auf der Burg. Man stelle sich die Abertausenden von Touristen in den engen Gassen der Stadt vor! Mit einer Million Stadtzertramplern aus Rumänien und aller Welt rechnet der Tourismusmanager. Aber Geld regiert die Welt. Und dieser Kommerz-Dracula hat mit dem Geschäft zu tun, kaum aber etwas mit Schäßburg und den Schäßburgern."*

Rumänischer Humor und seine Feinheiten

„Cine răde la urma, se prinde greu."
„Wer zuletzt lacht, hat den Witz schlecht verstanden."
(rumänisches Sprichwort)

Gefährliche Witze

Seit 1989 gäbe es kaum noch neue Witze in Rumänien, behauptete die „Allgemeine Deutsche Zeitung" in Bukarest im Jahr 2006, zumindest nicht solche, über die man noch herzhaft lachen könne. Die Macher von Satirezeitschriften und die professionellen Komiker des Landes sind da allerdings ganz anderer Ansicht. Der rumänische Humor, so *Mircea Dinescu,* der Herausgeber zweier Satireblätter, habe weiterhin seine Funktion als Immunisierung gegen die Unmöglichkeiten des Alltags, sei weiterhin ein Ventil für die im Volk verborgene, heitere Kreativität und erfülle sogar heute immer noch seine Aufgabe als **Rache an den Herrschenden.** Diese Rache des „kleinen, unterdrückten Mannes" war zu ihren besten Zeiten natürlich auf *Elena* und *Nicolae Ceauşescu* fixiert, die immer wieder zur Zielscheibe beißenden Spotts und deftiger Volkswitze wurden.

Ceauşescu möchte wissen, wie sich die neue Briefmarke mit seinem Porträt vorne drauf verkauft. Er verkleidet sich, geht in die Post und fragt, wie die neue Marke mit dem Kopf des Führers denn so ankomme beim Volk. „Schlecht", sagt der Postbeamte, „sehr schlecht." „Aber warum denn?", will Ceauşescu wissen. „Tja, sie klebt nicht", sagt der Verkäufer, „sie klebt einfach nicht." Ceauşescu will das selbst testen und befeuchtet die Marke, klebt sie auf einen Briefumschlag und protestiert lauthals: „Was denn, so ein Unsinn, die Marke klebt doch wunderbar." „Aber das ist es ja", sagt der Postbeamte, „die Leute spucken nicht hinten, sondern vorne drauf."

Ein solcher Witz, zur falschen Zeit am falschen Ort erzählt, konnte seinen Erzähler ins Gefängnis befördern. **Prominente,** die es wagten, in der Öffentlichkeit humorvoll verpackte Kritik an den Herrschenden, insbesondere am Diktatoren-Ehepaar zu üben, spielten nicht selten mit ihrem Leben. So ist *Amza Pelea,* ein sehr berühmter und beliebter Schauspieler und Komiker sechs Monate nach seinem letzten Auftritt 1985 plötzlich und unerwartet verstorben. *Pelea* war zu Silvester, wie die Jahre zuvor auch, im Fernsehen zu sehen, wo er es mit seinen schlagfertigen Witzen und gekonnten Parodien schnell zur Berühmtheit gebracht hatte. Eine seiner gespielten Charaktere nannte sich *Ileana din Capul satului* (Ileana vom Ende des Dorfes). Sie verkörperte die Dummheit in Person, jeder im Volk kannte diese Figur und kaum einer ahnte, wie leicht man durch einen Buchstaben (*satului* wird zu *statului*), die Frau des Diktators aus dieser Figur machen konnte. *Pelea* sagte also an jenem besagten Silvesterabend 1984/85 vor dem ganzen Volk *Ileana din Capul statului* (Ileana die Staatschefin). Jeder verstand sofort, dass *Elena Ceauşescu* gemeint war. Der Komiker *Amza Pelea* erhielt kurz darauf eine Vorladung in ein Spezialgebäude der Securitate. Neben einer Rüge hatte man ihn in einem Wartezimmer einer „längeren Behandlung" unterzogen. Sein plötzlicher Krebstod wird heute von Kritikern des *Ceauşescu*-Regimes als eines der Beispiele für die Vorgehensweise der Securitate angeführt, die keine Hemmungen gehabt haben soll, Dissidenten tödlichen Bestrahlungen auszusetzen.

Bulă, der fröhliche Widerstand

Was den realen Menschen nicht gestattet war, nämlich die Verhöhnung der Obrigkeit, übernahm schon recht frühzeitig auf mehr oder weniger subtile Art die Gestalt *Bulă,* die jeder in Rumänien kennt. *Bulă* stammt von einer jahrhunderte alten Folklorefigur namens *Păcală* ab und lehnt sich stark an einen Commedia dell'Arte-Charakter namens *Cacasseno* an. Der **schlaue Bursche aus dem Volk** kann in jede Rolle schlüpfen, ist Vater und Kind, ist Schlitzohr und Dummkopf zugleich. *Bulă,* so sagt der Schriftsteller *Eugene Cojocaru* in „Resistanța Veselă" („Der fröhliche Widerstand"), verkörpert alle sozialen Schichten, alle Altersgruppen und ist aufgrund dieser „gesunden Mischung" über alle Zeiten hinweg in Rumänien unantastbar geblieben. Ähnlich dem Soldaten Schweijk zeigt er sowohl Missstände humorvoll auf als auch die menschlichen Schwächen und hat auch keine Angst, sich selbst immer wieder als Spiegel der menschlichen Dummheit bloßzustellen.

Bulă hat ein Fahrrad bekommen. Nach einem Tag üben kommt er glücklich nach Hause.
„Mama, Mama, schau nur, ich kann schon ohne Hände fahren."
„Bravo Bulă, aber pass schön auf, dass du nicht fällst."
Nach einigen Tagen üben kommt Bulă stolz an und verkündet:
„Mama, Mama, schau doch nur, ich kann jetzt auch ohne Beine fahren."
„Wunderbar Bulă, du kannst ja bald in den Zirkus, pass bloß auf, dass dir nichts passiert."
Doch Bulă ist ehrgeizig und übt weiter und weiter ... Nach einigen Tagen kommt er nach Hause, steigt aufs Rad und schreit:
„Mama, Mama, schau nur, ich kann jetzt auch ohne Zähne fahren."

Das Schlitzohr und der Dummkopf – Ițic und Ştrul

Der jüdische Witz hat eine lange Tradition in Rumänien. Die größte Annäherung, was die Schärfe sowie die Eleganz der subtilen Gesellschaftskritik betrifft, erreichten der jüdische wie auch der rumänische Witz zu Zeiten des Kommunismus – war doch der Humor meist die einzige Waffe, der einzige Widerstand gegen den oft geistlosen Alltag. Auch wenn die jüdische Bevölkerungsgruppe durch die Shoah und die Auswanderung nach Israel nur noch eine kleine Minderheit ausmacht, so treiben doch zwei der wichtigsten **jüdischen Charaktere,** die beiden Figuren *Ițic und Ştrul* (*Itzik* und *Schtrull*), auf rumänischen Humorseiten weiterhin ihren Schabernack. Der schlaue und durchtriebene *Ițic* macht dabei meistens seinen Spaß mit dem dummen und einfältigen *Ştrul*. Da sie Freunde sind, könnte *Ştrul* aus den oft sehr weisen Ratschlägen seines geistreichen Förderers *Iţic* jederzeit großen Profit ziehen, was er freilich nicht tut, um die Pointe nicht zu verwässern. Die meisten der *Iţic*-und-*Ştrul*-Witze sind Bildungswitze, die aber durchaus auch versteckte religiöse oder politische Kritik enthalten können.

Über sich selbst lachen ...

... fällt den Rumänen nicht gerade leicht, wie sie auch gerne zugeben. *„Wieso soll ich mich selbst zum Kaspar machen, wenn ich immer noch jemanden anderes dazu machen kann. Schadenfreude scheint eine Erfindung der Rumänen zu sein"*, versucht *Mircea Dinescu* zu erklären, wieso man in Rumänien so gerne über die regionalen **Minderheiten im Land** herzieht, worunter vor allem die Oltenier und die Menschen aus der Moldau zu leiden haben.

Dinescu selbst, der früher die beiden Satirezeitschriften „Plai cu Boi" („Wiese mit Ochsen") und „Aspirină pentru popor" („Aspirin fürs Volk") herausgegeben hat, versucht, solche humorvollen Niederungen tunlichst zu vermeiden. Seit 2004 nimmt *Dinescu* als Herausgeber der „Academia Caţavencu", der besten Humorzeitung im Land, die politischen Absurditäten aufs Korn und kommentiert das politische und gesellschaftliche Leben Rumäniens auf seine eigene ironische Art. Der leidenschaftliche Koch *Dinescu,* der oft keine hohen Honorare an seine Humorlieferanten zahlen kann, bewirtet die Kreativen dafür manchmal in seinem Hinterhof in der Bukarester Innenstadt mit Schweinebraten und selbst angebautem Wein. Er erzählt, dass es für diejenigen, die des Rumänischen nicht mächtig seien, sehr schwer wäre, rumänischen Humor in seiner ganzen Tiefe zu verstehen, da hier sehr viel über den **reinen Sprachwitz** kommuniziert würde – auch im Alltag. So sei der Titel seines Magazins „Plai cu boi" zum Beispiel ein doppeltes Sprachspiel. Einerseits spielt das im gleichen Layout wie der Playboy erscheinende Satireblatt mit dem amerikanischen Titel des Männermagazins, andererseits heiße *Plai cu boi* „Wiese mit Ochsen" oder in anderer rumänischer Lesart „Wiese mit Dummköpfen".

Auch im **rumänischen Fernsehen** läuft vieles über Sprachwitz ab. An den einfachen Volkshumor appelliert die populäre Gruppe „Vacanţa mare" („Große Ferien") mit oft derber oder schlüpfriger Comedy. Dabei schlüpft die Figur *Garcea* in zwei verschiedene Rollen und tritt wahlweise als dummer Polizist oder als altkluge Bäuerin auf. Wesentlich subtiler geht die Gruppe „Divertis" auf Antenna 1 jeden Sonntagabend mit den hochfliegenden Politikerträumen oder den kleinen rumänischen Problemen des Alltags um und so mancher Zuschauer muss schon zweimal hinhören, bevor er die spitzfindige Satire der Gruppe begreift.

Direkten Humorkontakt mit seinen Hörern nimmt der Radiosender *Radio 21* in Bukarest auf. Die **Kunstfigur Buzdugan** ruft in Firmen, bei Politikern oder auch bei Privatpersonen zu Hause an, deckt mit verstellter Stimme Skandale auf oder erklärt den verdutzten Bürgern, wie sie sich im Kapitalismus verhalten müssen. In einem Interview gab *Buzdugan* zu bedenken, dass man eigentlich in Rumänien keine Witze mehr erfinden müsste, da das rumänische Leben selbst sich oft an der Grenze zur Comedy bewegen würde.

Als es im Sommer 2005 in Bukarest zwei Wochen lang ohne Pause geregnet hatte, die Kanalisation die riesigen Wassermassen nicht mehr aufnehmen konnte und das Wasser in der Innenstadt stand, behauptete der Direktor der Wasserwerke im Parlament, die Überflutungen in den Straßen kämen nur dadurch zustande, dass die Menschen der Hauptstadt zu viel duschen würden. *Buzdugan* griff diese dreiste Behauptung auf und rief die Bukarester persönlich an:

„Hallo, hier sind die Stadtwerke Bukarest. Wir machen eine Umfrage: Wie oft duschen Sie?“
„Oh, vielleicht dreimal die Woche.“
„Ja, sind Sie denn wahnsinnig? Wollen sie unsere schöne Stadt ruinieren? Sehen Sie das Wasser in den Straßen? Sie dürfen höchstens einmal im Monat duschen und das Wasser müssen Sie danach auffangen, reinigen und nochmals benutzen.“

Eine Frau am anderen Ende der Leitung klagt, in Tränen aufgelöst:
„Aber was soll ich machen, mein Mann ist bei der Stadtreinigung. Den Geruch hält doch keiner aus. Kein Wunder, dass die Menschen auf dem Land es bald besser haben als wir in der Stadt. Es macht keinen Spaß mehr hier zu leben. Darf ich mir wenigstes einmal die Woche die Haare waschen?“

Foto: jr 035ru

GESCHLECHTER UND FAMILIE

„Die Begierde, die kennt keine Grenzen – erschaust du die fallende schwarze Pracht ihrer Haare."

(*Ovid,* aus dem rumänischen Exil am Schwarzen Meer)

Die rumänische Frau – Mutter, Geliebte, Chefin

Wa(h)re Schönheit

Über die ganze Welt verteilt leben mehr als 1,8 Millionen rumänische Frauen in fremden Gefilden. Allein in Italien sind es legal über 800.000 Rumäninnen, die Dunkelziffer eingerechnet wahrscheinlich mehr als eine Million. Das **Ausbluten Rumäniens** begann bereits kurz nach der Revolution im Dezember 1989. Zu Beginn der 1990er Jahre gab es vereinzelte Dörfer in Oltenien und Muntenien die, was Frauen zwischen 18 und 28 betraf, wie entvölkert schienen. Auch die langsam ins Land fließenden Devisen konnten den Verlust eines der kostbarsten Schätze des Landes nicht ausgleichen: Die schönsten Frauen waren nicht mehr aufzuhalten.

Dieses rumänische Paar verbringt seinen Ruhestand am liebsten gemeinsam vor der schmucken, bunten Fassade ihres Hauses in Moeciu de Sus

Doch die jungen Frauen zog es nicht nur ins Ausland. Auch Bukarest und die anderen großen Städte lockten mit der Versprechung eines *Viața usor*, eines leichten Lebens. Die **Landflucht** hält bis heute an.

Anfang der 1990er trafen neben den türkischen Billigware-Händlern auch die ersten Warnungen im Fernsehen ein. Hinter wohlklingenden Anzeigen, die Tänzerinnen oder Haushaltshilfen für Istanbul oder Tokio suchten, verbargen sich nicht selten zwielichtige Geschäftemacher. Heute lässt sich das, was in Moldawien und Rumänien zu Beginn der 1990er Jahre stattfand, mit dem Begriff **Menschenhandel** trefflich bezeichnen.

Trotz der bekannten Risiken spielt auch heute noch jede zweite Rumänin mit dem Gedanken, wenigstens einen Teil ihres Lebens *afara*, also ausserhalb Rumäniens, zu verbringen. Von den rumänischen Hochschulabsolventinnen möchten sogar 87 Prozent dauerhaft auswandern. Da die Rumäninen, die zu Hause bleiben, zudem im Durchschnitt nur 1,3 Kinder bekommen, haben die Medien das Thema **demographische Entwicklung** aufgegriffen, um Ängste zu schüren. Angesichts der Auswanderung junger Rumäninen und der rapide sinkenden Geburtenraten drohten einige Zeitungen mit dem Aussterben des ganzen Volkes. So fragte die Zeitung „Libertatea" unter der Headline „Rasanter Bevölkerungsschwund": *„Sind wir bald nur noch 16 Millionen?"*

Heute hat Rumänien 22,1 Mio. Einwohner. Eine Bevölkerungszahl von 16 Millionen würde einen Verlust von 6,1 Mio. bedeuten – das wären immerhin 27 Prozent der **Bevölkerung.** Der Geburt von 1,3 Kindern pro Frau stehen 2,27 Todesfälle gegenüber. Da Rumänien kein klassisches Einwanderungsland ist, scheint sich eine ähnliche demographische Entwicklung wie in Deutschland oder Italien abzuzeichnen. Doch Halt!

Die Leser dieses Buches, die angesichts des beschriebenen Szenarios nun glauben, der größte Kulturschock bestände in einem überwiegend frauenlosen Land, werden sich wundern, wenn sie nach Rumänien reisen! Nach Angaben des hiesigen Nationalen Statistischen Instituts wird der Frauenschwund durch den übermäßig günstigen Geburtskoeffizienten von 5 Mädchengeburten auf 3 Jungengeburten gleich wieder aufgefangen. Immer noch gibt es wesentlich **mehr weibliche Bewohner** im Land als männliche, und in den Straßen der großen Städte wimmelt es nur so von schönen Frauen. Womit wir übrigens bei einer der wichtigsten und meistgenannten rumänischen Wortkonstellation angelangt wären: die schöne Frau – *o femei frumoasa*.

Bereits der rumänische Nationaldichter *Mihai Eminescu* huldigte in geradezu inflationärem Gebrauch in Oden, Gedichten und Balladen der „unendlichen", der „ewigen", der „unerträglichen" und der „verzweifelt machenden" **Schönheit** rumänischer Frauen:

*„Oh, wunderbarer Traum der Liebe
Du Märchenbraut, die ich vermisst,
Sollst nicht mehr lächeln, wenn's so bliebe,
Zeigt nur noch mehr, wie schön du bist.“*

Was viele Rumänen jedoch nicht wissen und selbst in ihren schlimmsten Träumen nicht erahnen: Der an rumänischen Schulen meistzitierte Lyriker, der *Goethe* Rumäniens, der Wunderschmied schmachtender Liebesverse, **Mihai Eminescu,** er konnte auch anders - ganz anders:

„Femeia are parul lung si mintea scurta.“
„Frauen haben lange Haare und einen kurzen Verstand.“

Freizügigkeit und Kommerz

Ich möchte an dieser Stelle nun besser eine Frau zu Wort kommen lassen - ist doch der männliche Blick auf die **weibliche Pracht** nicht selten genug vom „Boogie-Woogie der Hormone“ getrübt, wie es ein Amerikaner nach dem Besuch der rumänischen Hauptstadt recht beschwingt ausdrückte.

Hilke Gerdes, eine deutsche Lektorin, ist mit ihrem Mann *Harald* und Sohn *Jonas* 2003 nach Bukarest gezogen. Wir hatten uns bei einem gemeinsamen Freund auf einer Zigeunertaufe kennen gelernt und sind im Bukarester Nobelviertel Grivița zum Abendessen verabredet. Schnell kommen wir auf das Thema **„Rumänische Frauen“** zu sprechen. *Hilke* wiederholt, was man in ihrer, übrigens sehr amüsanten und lesenswerten, Rubrik „Post aus der Walachei“ nachlesen kann (http://www.perlentaucher.de/magazin). Normalerweise geht *Hilke* in diesen rumänischen Momentaufnahmen sehr sparsam mit Superlativen um. Doch beim Thema „Rumänische Frauen“ lesen wir:

„Noch nie habe ich so viele schöne Frauen gesehen wie hier in Bukarest. Vielleicht mit Ausnahme von Warschau, wo sie meinem Begleiter Blicke zuwarfen, deren offensive Art mich verblüffte. Die Bukaresterin guckt stur geradeaus. Sie legt sehr viel Wert auf ein gepflegtes Äußeres. Selbst die bescheiden gekleidete Verkäuferin im kleinen Zeitungskiosk hat sorgfältig Lippenstift aufgelegt. Und wer hier keine lackierten Fingernägel trägt, ist mit achtzigprozentiger Wahrscheinlichkeit Ausländerin.“

Der Autor gibt hier unumwunden zu, der distanzierteren und differenzierten Bewertung einer **Frau** sehr gerne die Feder zu überlassen, zumal seine eigenen Schilderungen, die Schönheit rumänischer Frauen betreffend, immer leicht ins übertrieben Hymnische ausufern. Also lassen wir *Hilke Gerdes* weiter zu Wort kommen:

„Das Intime wird an die Oberfläche gezerrt - auch in der frostigen Öffentlichkeit. Sexuelle Konnotationen und leicht bis unbekleidete Frauen finden sich auch hier in der Werbung. Das hat man schnell vom Westen übernommen. In den TV-Sendungen, Shows und im Quiz fungieren die Frauen als sexuelle Eyecatcher. Die jungen Bukaresterinnen ahmen diese Medienerotik nach. In der Kleidung wie im Tanzstil. Verblüffend freizügig, oder nahezu vulgär, erscheinen mir Dekolletés und Rocklängen. Zusammen mit kniehohen Stiefeln oder High Heels macht es schnell einen nuttigen Eindruck."

Erstaunlicherweise zeigt die junge Rumänin diese **modische Freizügigkeit** auch an frostigen Wintertagen. Viele Frauen stapfen dann im kurzen Rock durch Eis und Schnee, als ob die wärmenden Blicke der Männer eine prophylaktische Arznei gegen Unterleibserkältungen sein könnten. Auch in Restaurants, Cafés und Hotels scheint der Minirock im Winter Pflicht zu sein. Ein Bukarester Barmann formuliert das geschäftstüchtig so: *„Wenn der Gast möglichst viel Bein zu sehen bekommt, bleibt er gerne etwas länger und konsumiert gerne mehr. Je länger die Beine, desto länger der Konsum. So einfach ist das."* Wo **Schönheit und Kommerz** eine gemeinsame Schnittmenge bilden, scheint die Fantasie in Rumänien anscheinend keine Grenzen zu kennen.

Eine Unternehmerin mittleren Alters hat sich mit ihrer Personenwaage in einer Fußgängerunterführung positioniert. Auf einem überdimensionierten Schild kann man lesen:

„Präzisionswaage zum Wiegen von Personen.
Für vergessene Gegenstände wird keine Haftung übernommen.
Für exakte Ergebnisse: bewegen Sie sich nicht.
Wiegen sie sich einfach schön."

Schönheit *(Frumoasa)* ist in Rumänien ein **Zauberwort,** es ist der verbale Schlüssel, der direkt ins Herz der weiblichen Eitelkeit zu treffen – und so manche Geldbörse zu öffnen – scheint.

Auch die jugendlichen Bettler vom Piața Unirii wissen das und erweisen sich als galante kleine Poeten, wenn es darum geht, ein wenig Kleingeld aus den Taschen der vorbeieilenden Schönheiten zu kitzeln. Ein junger **Bettelpoet** sagt: *„Auf dass dir deine Schönheit auch in der Ehe nicht verloren gehe."* Eine Dame, die sich angesprochen fühlt, dreht sich um, lächelt und überreicht ihm einen Geldschein. Ein wenig weiter vorn verkauft ein kleiner Junge Schönheitspflästerchen in der Fußgängerzone. Das Geschäft mit dem Erscheinungsbild boomt.

Immer häufiger landet die Schönheit dabei in Rumänien auch unter dem Messer. Brustvergrößerung, Fettabsaugung, Facelifting und Nasenkorrektur liegen voll im Trend. Die von der Medienindustrie vorgegebene Messlatte für perfektes Aussehen wird immer höher gelegt. Für den makellos schönen Körper, der sich nun auch dem internationalen Wettbewerb stellen muss, werden immer kompliziertere Eingriffe in Kauf genommen. Da der Begriff des **Schönheitschirurgen** in Rumänien nicht geschützt ist, wird dieser Markt zunehmend auch für medizinische Wochenendseminaristen interessanter.

Widerspenstige „Gebärmaschinen"

Die modische Freizügigkeit der rumänischen Frauen und die sich ausbreitende Medienerotik stehen in krassem Gegensatz zum tatsächlichen Kenntnisstand was Themen wie **Verhütung** und Schutz vor Geschlechtskrankheiten betrifft. Laut Umfragen haben zwar 79,1 Prozent der Frauen schon einmal etwas von der Pille und sogar 89 Prozent von Kondomen gehört, was die praktische Anwendung anbelangt, wissen jedoch ein Viertel der Rumäninen nichts mit Diaphragma, Pille oder Kondom anzufangen. 75 Prozent aller Frauen unter 25 Jahren wünschen sich mehr Informationen zu diesem Thema.

Der Grund für dieses Wissensdefizit liegt nicht allein in der Haltung der orthodoxen Kirche begründet, die seit Ende der 1990er Jahre regelmäßig Anti-Abtreibungs- und Anti-Homosexuellen-Demos organisiert. Vielmehr trägt die äußerst **prüde Aufklärungspraxis** in Schulen und Familien zur weiteren Verunsicherung der Frauen bei. Das Thema „Mein Körper und ich" wird von Beginn an vermieden, wie *Hilke Gerdes,* die ihren Sohn *Jonas* in Bukarest in einen deutschen Kindergarten schickt, aus eigener Erfahrung zu berichten weiß: *„Gleichzeitig besteht ein merkwürdiger Missklang zwischen dem Sexuellen in der Öffentlichkeit, imitiert von der Jugend, und der Prüderie in den Köpfen vieler Älterer. Aufklärung kommt im Lehrplan nicht vor, schlüpfrige Wörter sind tabu. Im Kindergarten lassen die Kinder ihre Unterwäsche unter dem Schlafanzug an, damit der nackte Körper nicht zum Thema wird."*

Die Vision vom neuen Menschen

Die mangelnde Sexualaufklärung hat in Rumänien schlimme Folgen. AIDS wird nur zögerlich als Problem wahrgenommen und in der Öffentlichkeit nur sehr verhalten diskutiert. Einer der traurigen Rekorde des Lan-

Der große Traum: die Karriere als Model

Gabriela-Andreea Juncu, eine bildschöne 23-jährige Studentin, kam nach dem Abitur im September 2003 zum ersten Mal aus dem Moldaugebiet nach Bukarest. Sie träumt, wie so viele Rumäninnen, von einer **Karriere als Model** und erzählt, wie es ihr anfangs in der Hauptstadt erging:

„Ich liebte die Stadt gleich vom ersten Moment an. Hier steckt so viel Geschichte drin. Zuerst einmal habe ich alle Plätze besucht, die ich nur aus dem Geschichtsunterricht kannte. Den Platz der Revolution, das Haus des Volkes. Nach dem Eingangstest an der Universität begann ich, Marketing zu studieren. Es war anfangs recht schwer, so allein in der Stadt, doch schon nach zwei Wochen habe ich meinen jetzigen Freund getroffen, mit dem ich nun seit zwei Jahren zusammen bin. Adi ist schnell zu meinem Beschützer geworden und hat mir die ganze Stadt gezeigt. Auf dem Land bei uns sind die Frauen bis heute wirklich nur die zweite Klasse, der Mann ist der Boss und bestimmt immer, wo es lang geht, doch hier in der Hauptstadt wandelt sich das Bild langsam. Für meine Familie war es ein wenig schockierend, dass ich in Bukarest so schnell jemanden kennen gelernt habe, aber jetzt haben sie Vertrauen zu Adi. Wir Moldauer und die Hauptstädter gehen von Hause aus ein wenig ironisch, ich möchte fast sagen zynisch, miteinander um.

Ich musste mir in der Hauptstadt zuerst einmal meinen moldauischen Akzent abgewöhnen, da man hier sofort sagt, man käme aus der Provinz, wenn man so spricht. Aber für den Bukarester kommt jeder andere Rumäne aus der Provinz, selbst wenn er aus Constanța stammt. Die Bukarester haben zwar auch einen Akzent, sehen den aber arroganterweise als chic und hauptstädtisch an. Also, kurzum, ich habe erst einmal an meiner Sprache geschliffen und gefeilt. Ich sage nun nicht mehr: *îmi placi di tini* – wie man es bei uns in Piatra Neamț ausspricht, sondern korrekterweise: *îmi place de tin* (du gefällst mir). So manches Mal ist mir am Anfang noch ein *stai oleac* herausgerutscht (warte mal kurz) – doch nun sage ich korrekt: *stai puțin.*

Gabriela-Andreea Juncu möchte als Fotomodell Karriere machen

des, die höchste Syphilisrate Europas, war der deutschen „Tagesschau" sogar eine eigene Meldung wert. Doch der **geringe Wissensstand** der Bevölkerung hat Tradition. Der Grund ist – wie so oft, wenn es um manipulierende Erziehung, Demagogie und repressive Regelungen geht – in Rumäniens „kommunistischer" Vergangenheit zu suchen.

Die **Vision vom „neuen" Menschen** fand 1966 im ominösen Dekret 770 des Diktators *Ceaușescu* ihren Niederschlag. Auf Wunsch und Anordnung des Conducătors sollte sich Rumänien anderen Nationen wie Frankreich und Italien bevölkerungspolitisch annähern. Von nun an galt: *„Jeder, der keine Kinder haben will, ist ein Deserteur, der die Gesetzmäßigkeit der nationalen Kontinuität zerstört."* Abtreibungen und Verhütungs-

039ru Foto: jr

Natürlich muss man sich hier in der Hauptstadt anpassen, aber zu Hause bei meiner Oma und bei meiner Familie spreche ich wieder mit Akzent, da man mich sonst für arrogant und hochnäsig halten würde.

Neben dem Studium habe ich ein wenig zu modeln angefangen. Zuerst in einer Promotion-Kampagne in einem Supermarkt. Sehr schnell habe ich gemerkt, dass man das Neinsagen lernen muss. An Angeboten für Nacktmodeln hat es nicht gemangelt und so manche meiner Model-Kolleginnen haben so etwas auch schon ausprobiert. Eigentlich versuchen alle männlichen Fotografen und Agenten einen dazu zu bewegen, ein wenig Haut zu zeigen. Doch ich mache das nicht mit. Mein Freund und mein Studium stehen bei mir an erster Stelle. Die ersten Shootings hatte ich unter anderem für die Burda-Zeitschrift „Girl".

Hier lebt man nach wie vor in einer Männerwelt. Gerade in den meisten Firmen nehmen die Männer immer noch die höheren Positionen ein. So findet man sehr wenige Marketing-Frauen in Spitzenpositionen. *Ion Ţiriacs* Marketing macht hier übrigens eine Ausnahme und geht nur nach Qualität. Man findet in Bukarest jetzt vermehrt auch Frauen in Top-Stellungen. Mir gefällt es, dass man als Fotomodell mehr verdienen kann als so mancher Mann in guter Position, auch wenn die Zeitschriften am Beginn der Karriere keine Honorare zahlen wollen. In Rumänien erklärt man den angehenden Models, dass man ja für sie Promotion mache und somit für Fotos nichts bezahlen könne."

mittel wurden strengstens verboten und unter harte Strafe gestellt. Nur Frauen über 45 oder mit mindestens 5 Kindern wurde eine Abtreibung bewilligt. Das Dekret ordnete gynäkologische Zwangsuntersuchungen in allen Betrieben an. Innerhalb der nächsten 24 Jahre, so der Plan *Ceauşescus*, sollte die Bevölkerung Rumäniens um zehn Millionen Kommunisten anwachsen. Um diese ergeizigen Ziele zu verwirklichen, griff die Staatsmacht tief in die **Intimität der Frauen** ein. Es wurde festgelegt, dass jede Rumänin mindestens vier Kinder haben sollte. Die Schwangerschaft wurde zur Staatsangelegenheit und die Sexualität zum Staatsgeheimnis. Bücher zu diesem Thema wurden nur unter der Rubrik „Menschliche Reproduktion" als medizinische Ausgaben an Universitäten zugelassen.

Abtreibungsverbote und die Folgen

Frauen unter 45 mussten sich alle 3 Monate einem Schwangerschaftstest unterziehen, der von eigens dafür ausgebildeten Agenten der Regierung, der so genannten **Menstruations-Polizei,** kontrolliert wurde. Frauen über 40, denen es noch nicht gelungen war, kleine Kommunisten in die Welt zu setzen, sahen sich ab den 1980er Jahren intimen Befragungen über ihr Sexualleben ausgesetzt. Zudem wurden alle kinderlosen Frauen mit zusätzlichen Steuern belastet, selbst dann, wenn sie gar keine Kinder bekommen konnten. Tatsächlich verdoppelte sich nach diesen drastischen Anweisungen die Geburtenrate schlagartig. Doch die meisten rumänischen Frauen weigerten sich, zu reinen **Gebärmaschinen** degradiert und umfunktioniert zu werden.

Viele der Schwangeren vertrauten sich den ungeliebten Romafrauen an, die gegen ein horrendes Honorar mit magischen Formeln und Heilkräutern Abhilfe versprachen. Oder man ließ die **Abtreibung** unter katastrophalen medizinischen und hygienischen Bedingungen von Amateuren und selbsternannten Beratern vornehmen. Offizielle Statistiken sprechen heute von mehr als 11.000 Frauen, die durch unsachgemäße Abtreibungsversuche in der Ära *Ceauşescu* ihr Leben verloren. Die Säuglingssterblichkeit stieg damals auf 8,3 Prozent an.

Ärzte, die bei illegalen Schwangerschaftsabbrüchen erwischt wurden, mussten lange **Haftstrafen** verbüßen. Manche ihrer Patientinnen wurden noch auf dem OP-Tisch von Securitate-Sondereinheiten vernommen. Einige überlebten diese Verhöre nicht. Mögliche ärztliche Hilfe wurde ihnen verweigert.

Ceauşescus Dekret 770, das 1966 als soziales Experiment eingeführt wurde und bis 1989 in Kraft war, führte zur Geburt von über zwei Millionen Rumänen. Diese Kinder werden heute *decretei* genannt, **Kinder des Dekrets.** Doch die Geschichte kann sehr zynisch sein: Der Diktator selbst starb durch die Hände „seiner Kinder". Fast alle Offiziere des Exekutionskommandos, welches das Ehepaar *Ceauşescu* erschoss, waren „Kinder des Dekrets".

Schwangerschaftsabbrüche sind bis heute ein **heikles Thema** in Rumänien. Die Wunden, die die staatliche Macht bei vielen Frauen und ihren Kindern hinterlassen hat, heilen nur langsam. Zu tief hatte der Staat in die Intimität der Frauen eingegriffen.

Familienleben und 80 Stunden Fulltime-Job

Rumäninnen auf dem Land heiraten relativ früh. Mit elterlicher Genehmigung dürfen Mädchen bereits ab dem 16. Lebensjahr heiraten. Junge

Frauen und Karriere

Lucreţia Lucuţar ist eine Grande Dame, das sieht man sofort. Stolz hängt sie sich ihre goldbestickte Damenhandtasche nach Dienstschluss um – und der kann auch einmal bis Mitternacht dauern. Die Haare nach oben gesteckt wirkt die Mittsiebzigerin resolut und dominant. Sie führt ein Haus in Vama namens „Casa Lucreţia", welches bereits 2002 einen europäischen Preis für exzellente Leistungen im Tourismus errungen hat. Man sieht *Lucreţia* den Stolz an. Sie sei müde, sagt sie, doch der Ergeiz steht ihr noch ins Gesicht geschrieben.

Das Erfolgsgen scheint auch ihre Tochter geerbt zu haben. *Lucreţia* zeigt auf eine rumänische Ausgabe der Zeitschrift „Capital". In der Ausgabe findet sich eine Auflistung der **100 erfolgreichsten Frauen Rumäniens.** Hier stehen all die bekannten Namen. *Maia Morgenstern,* die Schauspielerin, *Alina Cojocaru,* die es als Primaballerina nach Covent Garden zum Londoner Royal Ballet geschafft hat und *Nadia Comăneci,* die berühmteste Turnerin des Landes. *Lucreţia Lucuţar* öffnet das Magazin und zeigt stolz aus die Nummer 15 der Liste: *„Das ist meine Tochter, sie ist die beste und bekannteste Chirurgin von ganz Rumänien." Dana Mihaela Jianu* ist Schönheitschirurgin. Mit einem riesigen Lächeln strahlt sie mir aus dem Magazin „Capital" engegen.

Männer hingegen müssen bis zu ihrem 18. Lebensjahr warten. So steht es im rumänischen **„Heiratsgesetz".** Doch drücken die Gesetzeshüter bei Romafamilien gerne einmal beide Augen zu. Auf den Heiratsmärkten der Zigeuner werden auch schon mal 10-jährige *Chej,* also Mädchen, oder 13-jährige *Chavé,* so nennen Roma die Jungen, vorab verheiratet, auch wenn sich die frisch vermählten Teenager anschließend jahrelang nicht sehen können.

„Es ist Sache der Frau, so früh wie möglich zu heiraten. Die Aufgabe des Mannes ist es, so lange unverheiratet zu bleiben wie er kann." Diese **konservative Meinung** einer jungen Rumänin wird zusätzlich durch den bestehenden elterlichen Druck und die ökonomische Situation gefestigt.Die jungen Leute in der Stadt warteten früher solange mit der Hochzeit, bis ihr Studium oder die Ausbildung beendet war. In jüngerer Zeit jedoch heiraten die Paare oft schon im letzten Schuljahr, da Verheiratete leichter an eine Wohnung und eine Arbeit in der Stadt kommen.

„Verliebt, Verlobt, Verheiratet, Verloren", so formuliert eine Siebenbürger Rumänin die Regeln eines Spiels, dessen Folgen für die Frauen meist von vorneherein festzustehen scheinen. Ungeachtet der hohen beruflichen Belastung – bei Vollzeitstellen beträgt die durchschnittliche wöchentliche Arbeitszeit 45 Stunden – müssen nach wie vor die Frauen die **Hausarbeit** erledigen und die Kinder versorgen. 35 zusätzliche Wochenstunden für den Haushalt sind in Rumänien keine Seltenheit.

0040ru Foto: jr

Dass trotz der 80-Stunden-Woche bei durchschnittlich 10% weniger Verdienst die meisten Frauen keine geschlechtsbezogene Diskriminierung wahrnehmen, liegt an der überwiegend in der Tradition verwurzelten **Rollenverteilung.** Sogar ein gewisser Stolz mag herauszuhören sein, wenn in der Frauenzeitschrift *avantaje* („Vorteil") zu lesen ist:

„Das moderne Patriarchat ist ein Jammerlappen. Arbeitslose Männer bekommen Depressionen und fangen an zu trinken. Und was macht die Frau: sie versorgt die Kinder weiter, macht den Haushalt, macht die Gartenarbeit, kümmert sich um die gebrechlichen Alten und bringt ihren besoffenen Mann zu Bett ... Frauen leisten im Moment den größten Anteil am Bruttoinlandsprodukt, obwohl ihre Einkommen am Niedrigsten sind."

Obwohl die staatliche Kinderversorgung der kommunistischen Ära verschwunden ist und auch von der, ebenfalls im Kommunismus festgeschriebenen, Gleichstellung von Männern und Frauen kaum die Rede sein kann, verändern sich die Dinge vielerorts durchaus zu Gunsten der Frauen. So besteht zumindest auf politischer Ebene seit 2002 ein **Gleichbehandlungsgesetz,** das in einigen Paragraphen sogar eine sexuelle Belästigung am Arbeitsplatz ausschließt. Zudem gibt es ein Anti-Diskriminierungs-Gesetz und ein Gesetz gegen häusliche Gewalt. Vielen Frauen ist jedoch klar, dass diese neuen Gesetze ohne den massiven Druck von außen kaum zustande gekommen wären. Alle Fortschritte, die auf dem Gebiet der Gleichbehandlung erreicht worden sind, wurden nicht etwa deshalb realisiert, weil die rumänische Gesellschaft darauf gedrängt hätte, sondern weil die EU diese Veränderungen zu Voraussetzungen für den Beitritt Rumäniens gemacht hatte.

Die **Scheidungsrate** war zu Zeiten *Ceauşescus* außerordentlich gering. Offizielle Zahlen liegen nicht vor, doch Schätzungen gehen davon aus, das höchstens jede 100. Ehe geschieden wurde. Die Scheidung verlor erst nach der Revolution von 1989 für viele Frauen den Schrecken der sozialen und gesellschaftlichen Ächtung. Scheidungsanwälte in Bukarest und anderen großen Städten des Landes haben heute gut zu tun. Über 30% aller Ehen werden in Rumänien irgendwann geschieden. Auf dem Land liegt die Scheidungsquote immer noch bei erstaunlich niedrigen 8%.

Der rumänische Mann im Mittelpunkt seiner Welt

Flirtweltmeister oder Pascha

„Dimineaţa cântă cucu, fraieri se duc la lucru." Morgens singt der Kuckuck und die Blöden gehen zur Arbeit, zitiert mein rumänischer Freund *Cornel* aus Timişoara ein populäres rumänisches Sprichwort, das nach seiner Aussage auf die Einstellung der meisten rumänischen Männer hinweist, was den Erwerb ihres Lebensunterhaltes betrifft. Wer jedoch so pauschal auf die **Faulheit** als typische Attitüde der rumänischen Männer verweist, kommt als Beschreiber natürlich in Teufels Küche, denn Rumänien ist auch hier ein Land der Extreme. Während manche einheimische Männer 14 bis 18 Stunden arbeiten oder mehrere Zusatzjobs haben, um über die Runden zu kommen, machen sich andere durchaus einen faulen Lenz. Wie sie das hin bekommen ist vielen ein Rätsel. Ein soziales Netz wie in Deutschland gibt es in Rumänien nicht.

Cornel gerät ins Grübeln. *„Gut, du magst Recht haben, viele Rumänen können es sich heute nicht mehr leisten, faul zu sein. Aber eines sind die rumänischen Männer durch die Bank: kleine oder große* ***Machos*** *...",* und dann ergänzt er stolz: *„... und die größten Flirter unter dem Himmel."*

Selbstbewusste Bäuerin auf dem Weg zum Markt

Was die rumänische Variante des Machismo betrifft, hat er auch gleich eine Geschichte parat, die er in Italien erlebt hat. Als *Cornel* nach seinem Studium des Journalismus ein wenig in Italien auf einer Kiwiplantage arbeitete, ging er abends ganz gerne noch in ein Restaurant oder ein Café, um sich etwas mit einem Bekannten aus der Schweiz zu unterhalten. Der Schweizer fing, so *Cornel*, jedoch schon nach kurzer Zeit an, auf ihn einzureden: *„He, du kannst die Frauen hier nicht so anglotzen. Das ist einfach zu penetrant." „Dabei habe ich"*, so *Cornel*, *„die Bedienung doch nur ganz normal angelächelt. Mein Gott, die war Italienerin, keine Schweizerin. Klar habe ich intensiv weiter geflirtet, Flirten ist für uns Rumänen ganz normal. Also da haben wir rumänischen Männer bestimmt keine Hemmungen. Vielleicht sind wir ja sogar Flirt-Weltmeister. Flirt-Weltmeister oder Pascha-Weltmeister, eines von beiden sind wir ganz bestimmt."*

Der gestresste Hysteriker der Großstadt

Ein anderer guter Freund, der rumänische Schriftsteller *Mircea Cărtărescu*, sieht das etwas anders. Er beschreibt mir gegenüber den rumänischen Mann eher als **gestressten Hysteriker,** zumindest was den Durchschnittsmann der rumänischen Großstädte betrifft. *„Was ist das: ein rumänischer Durchschnittsmann?"*, frage ich ihn. Spontan kommt die Antwort: *„Ein Taxifahrer, nimm doch nur mal einen ordinären Taxifahrer, der während einer Pause noch zu einem Schalter auf irgendeinem Amt in Bukarest muss."* Was *Mircea Cărtărescu* anschließend mit prägnanten Worten beschreibt, trifft meines Erachtens die männliche (teilweise aber auch die weibliche) rumänische Stadtwelt punktgenau.

Die rumänischen Männer stehen unter einem enormen Druck, so Cărtărescu. *„Die meisten haben es ständig eilig, sie sind ständig nervös – ich habe selten einen wirklich zutiefst entspannten rumänischen Mann getroffen."* Als Grund gibt *Cărtărescu* die **Lebensumstände** an. So seien zum Beispiel die meisten Männer und Frauen in Rumänien unterbezahlt. *„Die Menschen sind sehr frustriert. Du begegnest in öffentlichen Räumen, besonders in den geschlossen Räumen der Schalterhallen, ständig mürrischen, unhöflichen und garstigen Menschen. Vor allem am Postschalter, aber auch auf der Bank."*

Die gestressten Männer, so *Cărtărescu*, würden ihre Frustration ständig an die anderen weitergeben. Tag für Tag. Männer, die eine öffentliche Position bekleiden, würden diese nur liebend gerne zu **patriarchalischen Machtspielen** missbrauchen. *„Männer spielen sich dann wie despotische Könige auf und der Kunde, Klient oder Informationssuchende wird behandelt wie ein Objekt – irgendein Objekt."*

Tatsächlich kann man in jeder großen rumänischen Stadt ein Phänomen bemerken, das vor allem die Männer betrifft: Die Rumänen haben **keine Geduld.** In den Warteschlangen der Ämter, Behörden oder Supermarktkassen drängeln sich ständig irgendwelche Männer durch, die angeblich den Chef kennen, ein Cousin der Beamtin am Schalter sind oder einfach laut und deutlich den Platz für sich beanspruchen, als sei es ihr Revier. Bemerken sie, dass man Ausländer ist, sind sie entweder noch rabiater oder sie wittern einen Profit und schalten urplötzlich auf Freundlichkeit um.

Mircea Cărtărescu sagt: *„Es gibt eine dünne Schicht auf der Oberfläche der rumänischen Gesellschaft, wo die Leute sehr nett sind, auch untereinander. Ich suche sie ständig, diese dünne Schicht der kultivierten Männer und ich versuche, mich nur in diesen Räumen zu bewegen. Aber diese Räume sind in Rumänien sehr isoliert vom Rest."*

Der Mann auf dem Lande – die Ruhe selbst

Im Gegensatz zum hektischen, stets genervten Bukarester Macho, der sich aufplustert und *„den Hahn macht" (a face pe cocoşul)* wie die Rumänen sagen, ist der einfache Mann auf dem Land meist die Ruhe selbst. *„Wir kennen das Wort Stress gar nicht"*, sagt mir *Bunico Gheorghe* aus Cracaoani, *„wir kennen nur Arbeit."* Auch mein Freund *Mircea Cărtărescu,* der großstädtische Schriftsteller, ist durch seine Frau *Ioana Niculae,* die aus Nasăud stammt, mit dem Land verbunden. Er kennt die Wanderschäfer, die **stillen Tage** in der Abgeschiedenheit der Wälder, Berge und Seen: *„Wenn der rumänische Mann ein normales Leben auf dem Lande führen kann, wird er ein ganz wunderbarer Mensch. Den meisten Männern scheint das im Blut zu stecken, das rumänische Land. Wahrscheinlich hat jeder ein klein wenig Sehnsucht danach. Sogar ich. Keine Ahnung, wie ich es so lange in Bukarest ausgehalten habe. Die besten Männer, diejenigen mit dem besten Charakter und dem tiefsten Selbst, findet man auf dem Land."*

Bevor man den rumänischen Bauer, Schäfer oder Handwerker allerdings in den Himmel lobt, sollte man nicht vergessen, ein **kleiner Pascha** steckt auch in den meisten männlichen Landbewohnern. Vor allem wenn sie sich unter ihresgleichen wissen, wird schon einmal der eine oder andere Macho-Spruch vom Stapel gelassen.

„Femeia şi pepenii anevoie se cunosc."
„Frauen und Melonen kann man schwer durchschauen."

Der an sich harmlose Spruch wird in kleiner Männerrunde schnell kreativ ausgeschlachtet. Da bekommt man dann (gerade auf dem Lande) folgen-

Die harten Männer der Waldbahn

Die Männer, die mit der letzten dampfgetriebenen Waldbahn Europas täglich Fichten und Tannen aus den Wäldern des Maramureş befördern, sind harte Kerle. Wind und Wetter haben ihre Haut gegerbt. Für 280 Euro im Monat setzen sie nicht selten ihr Leben aufs Spiel.

Wenn sich die Lokomotive dampfend und fauchend von Vişeu de Sus aus den Berg hinauf und hinunter windet, kommt nur für die immer zahlreicher werdenden Touristen Wildost-Romantik auf. Vor allem für die Heizer, Bremser und Verlader ist es knallharte Arbeit, besonders, wenn es geregnet oder geschneit hat. Die schweren, nassen Baumstämme, die von der Schmalspurbahn hinunter ins Tal transportiert werden, könnten die Lokomotive mit ihrem Gewicht mühelos aus den Gleisen schieben.

Die Bremser, die auch bei Wind und Regen auf einer glitschigen Plattform stehen, leisten bei der Abfahrt Schwerstarbeit. Schon so mancher ist hier im Laufe der Zeit unter die Räder gekommen, bildlich und wörtlich genommen. Jeder Waggon wiegt bereits unbeladen drei Tonnen, mit Baumstämmen beladen sind es über zehn und die Bremser haben lediglich eine kleine Handkurbel, mit der sie die stählernen Bremsbacken auf die Räder bringen können.

des zu hören: *„Wenn man eine Melone kauft, klopft man ein wenig drauf rum, so kann ein geschickter Mann schnell feststellen, ob da was faul ist oder nicht. Fang mal bei der Frau an zu klopfen, um festzustellen ob sie was taugt, dann wirst du sehr schnell sehen, was du davon hast."* Mihaela *Miroiu,* die Feministin aus Bukarest, sagt: *„Das Thema* ***häusliche Gewalt*** *kann man mit rumänischen Männern nicht diskutieren. Dann herrscht eisiges Schweigen oder wütender Protest. Hat jedoch einer zu tief ins Glas geschaut, kommen die deftigen Sprüche. Schätzungen zufolge rutscht etwa 20 Prozent der rumänischen Männer schon mal gelegentlich die Hand aus",* meinte *Miroiu* im Frühjahr 2006. Genaue Untersuchungen gäbe es jedoch keine. Sie jedenfalls hoffe, dass die Zahl in den kommenden Zeiten deutlich unter die 20-Prozent-Marke rutscht.

Von einem *războiul sexelor,* einem **Kampf der Geschlechter,** will *Mihail Moroşanu,* ein Bauer aus dem Valea Vaser, noch nie etwas gehört haben. Barsch weist er einen Freund zurecht, der im Ţuica-Rausch gerne schlimme Ausdrücke zum besten geben würde. *„Pentru unii mumă, pentru alţii ciumă"* (für die einen Mutter, für die anderen die Pest), habe ich trotzdem gehört. *„Wir sind fromme, religiöse Menschen hier im Maramureş",* sagt *Mihail, „wir achten unsere Frauen, unsere Kinder und unsere Äcker."* Sicherlich seien die Männer in den abgelegenen Bergen und Tälern etwas **rau und ungeschliffen,** doch die herbe Kruste *„ist von Wind, Regen, Schnee und Sonne"* gemacht, tief innen drin seien die Männer eigentlich brav wie die

041ru Foto: jr

Lämmlein. Ich solle mir mal das harte Leben der Heizer und Bremser der Wassertalbahn ansehen oder die Waldarbeiter besuchen, die die schweren Stämme verladen, dann würde ich schon sehen, was ein rumänischer Mann sei.

Fruchtbarkeitsritual und Narrenfreiheit

Die galanten ...

In vielen ländlichen Gebieten Rumäniens hat sich ein alter Brauch erhalten, der auf ein Fruchtbarkeitsritual zurückzuführen ist. Schüchterne junge Männer hatten dabei an einem bestimmten Tag die Aufgabe, ihnen bekannte, unverheiratete Mädchen des Dorfes mit **Parfüm zu bespritzen.** Das Ritual sah ebenfalls vor, allen Frauen des Dorfes *„toate cele bune"* oder *„numai bine"*, also „Alles Gute" zu wünschen. Zum Dank für soviel männlich freundliche Courage und Überwindung bekamen die Jungs dann Kuchen, bemalte Eier oder auch Geld geschenkt.

Heute hat sich dieser Brauch in einigen Gegenden Rumäniens dahingehend verändert, dass die meisten der rumänischen Männer natürlich nicht mehr als schüchtern gelten wollen und nun auch ihnen völlig unbekannte Frauen auf den Straßen am Tag des *Udatoriul* mit Rosen- oder Veilchenwasser bespritzen. Auch die **Geschenke der Frauen** an die Männer haben sich allerdings gewandelt. Aus dem aufwendig gebackenen Kuchen oder den bunt bemalten Eiern ist bei vielen ein nettes Lächeln geworden, das als Bezahlung für die kleine Aufmerksamkeit ausreichen muss.

... und die wilden Männer

Einige junge Männer nutzen die Gelegenheit zur **Narrenfreiheit** an den Tagen um Weihnachten und zum Neuen Jahr zu Späßen mit jungen Mädchen. Als Polizisten oder Offiziere (so genannte *irozii*) verkleidet, begleiten sie Brautpaare, die freilich ebenfalls nur verkleidet sind oder laufen Mädchen nach, beschmieren diese mit Ruß und zwingen sie, mit ihnen zu tanzen.

Die Maskeraden der Männer sind ein geeignetes Schutzschild um **soziale Spannungen** abzubauen. Alle Narren sind gleich dumm und klug, sagte mir ein Mann in Târgu Neamț, der sich als Pope verkleidet hatte, um die umstehenden Zuschauer mit Knüppelschlägen zu „segnen". Viele Männer sehen es als große Chance an, am Tag der Narren einmal in eine Rolle schlüpfen zu können, die Macht oder Wildheit verkörpert. Einige verkleiden sich beispielsweise als Bären. In die Haut eines Bären zu schlüpfen, ist eine uralte rumänische Tradition, bei der die Kräfte des Bären auf den Mann übergehen sollen.

Traurige Hochzeit und fröhliche Totenfeier

„Sângele nu se face apă"
(„Blut wird kein Wasser", rumänisches Sprichwort)

Die schönsten und traurigsten Feste des Lebens werden in Rumänien in der Familie gefeiert. *„Legatură de sânge"*, die **Blutsverbindung,** so nennt der Rumäne das, was eine Familie auszeichnet. „Blut ist dicker als Wasser", wäre wohl die passende deutsche Redewendung. In Rumänien werden grundsätzlich alle Familienfeste mehrtägig gefeiert.

Im Gegensatz zu vielen anderen Ländern, gibt man rund um die Karpaten bei schönen Ereignissen wie einer Hochzeit auch der Trauer den **entsprechenden Raum.** Bedeutet eine Vermählung für die Eltern doch auch immer den Verlust eines ihrer Kinder und den Abschied von einem Leben im bisherigen Familienverbund.

Warten auf den Bräutigam, der mit seinen Freunden bereits über eine Stunde Verspätung hat

Auf der anderen Seite möchte man aber auch den Tod nicht nur in düsteren Farben malen. Eine heitere Seite kann zumindest die Gemeinde Săpânţa in Nordwestrumänien dem Sterben abgewinnen, und seien es auch nur die zahlreichen Devisen, die Besucher aus aller Welt im Dorf lassen, um den berühmten **Fröhlichen Friedhof** von Săpânţa zu sehen (s. auch Exkurs „Wo das Lachen den Tod besiegt").

Die traditionelle rumänische Hochzeit

Eins vorweg: In Rumänien ist Hochzeit nicht gleich Hochzeit. Je nach gesellschaftlicher Schicht, Glaubensrichtung, je nach Geldbeutel und vor allem je nach Region können rumänische Hochzeiten recht unterschiedlich ausfallen. Die ältesten **Hochzeitsbräuche** haben sich, ähnlich wie bei anderen Festen auch, im Maramureş erhalten. Das Familienfest Hochzeit ist hier (ebenso wie im Falle einer Beerdigung) immer Sache des ganzen Dorfes.

Gewöhnlich geht es dabei sehr **laut, fröhlich und bunt** zu. Zuerst fegen einige Frauen aus der Familie der Braut die Straße zwischen dem Elternhaus der Braut und der Kirche. Zwei Gruppen machen sich getrennt auf den Weg, die Familie der Braut und die des Bräutigams sowie ihre Freun-

042ru Foto: jr

de. Der Bräutigam trägt einen reich dekorierten bunten Zweig, der an ein Zepter erinnern soll und als sehr alter Brauch die Fruchtbarkeit des Mannes symbolisiert.

Die Braut nimmt mit ihrer Gruppe eine andere Straße zur Kirche und trinkt an jedem Haus, an dem sie vorbeikommt ein klein wenig Wein oder *Ţuica* (Schnaps), was manchmal durchaus einem **„sich Mut antrinken"** entsprechen kann. Früher waren auch noch zusätzliche Mutproben auf dem Weg in die Kirche eingebaut.

So musste der Bräutigam seine Männlichkeit unter Beweis stellen und den Brautkranz aus einem hohen **Baumwipfel** erklettern, um seine Angebetete vor den Altar führen zu dürfen. Doch dieser Brauch wurde nach einigen Knochenbrüchen der bisweilen auch schon etwas angetrunkenen *mirei* (Bräutigame) eingestellt.

Ein *staroste,* ein **Hochzeitsorganisationschef,** hat dafür zu sorgen, dass auf dem Weg zur Kirche alles glatt geht. So fällt die Blaskapelle, die von der Wohnung bis zur Kirche zum Tanz aufspielt, ebenso in seinen Bereich wie das rechtzeitige Besorgen der *florile de nuntă,* der Hochzeitsblümchen, die jeder Gast an Anzug oder Kostüm geheftet bekommt. Ein erster Tribut an die Moderne sind übrigens Textilblumen oder bunte Schleifen *(panglică),* die anstelle der Blumen verwendet werden.

Im Maramureş stellen Schaulustige aus dem Dorf mit Blumen geschmückte **Eimer** auf den Weg, damit der *Naşu* (Trauzeuge) und der Bräutigam etwas Geld hinein werfen. Selbstverständlich konnte sich dieser Brauch in den Städten nicht durchsetzen.

Zur Trauung in der Kirche steht das Brautpaar eingerahmt von den *naşi* (den Trauzeugen) und den Kerzenträgern vor dem Altar. Mit einer Krone *(coroană)* auf dem Kopf soll das Brautpaar laut Zeremoniell dreimal **um den Altar tanzen.** Von Tanz kann jedoch in den meisten Fällen keine Rede sein, weil dann die locker aufgesetzte Krone, Symbol für die Krönung des Lebens, sofort zu Boden fallen würde. In vielen orthodoxen Kirchen tanzt man auch nicht mehr um den Altar (was den Frauen eigentlich sowieso nicht gestattet ist), sondern geht langsam um ein Kreuz und das aufgeschlagene Evangelium in der Mitte der Kirche herum.

Nach der Trauung wartet das gesamte Dorf bereits auf einem geschmückten Platz, um mit einer Hora, einem **Kreistanz,** das frisch vermählte Paar zu feiern. Dann geht es in Haus des Bräutigams weiter. Als moderne Errungenschaft dürfen auch bei traditionellen Hochzeiten neuerdings Autokorso und Hupkonzert nicht fehlen. Die Braut verspritzt auf der Schwelle ihres neuen Zuhauses Rosenwasser. Außerdem werden Salz und Weizenkörner als **Symbole für Glück** und Fruchtbarkeit in alle Himmelsrichtungen geworfen.

Die kulinarischen Höhepunkte, die nun und am nächsten Tag folgen, wurden bereits seit Tagen von vielen Helfern und Helferinnen vorbereitet. Während die Männer einige Schweine geschlachtet haben, stellten die Frauen Hunderte von Krautwickeln *(sarmale)* und viele Hefezöpfe *(placintă)* her. Oft gibt es bei rumänischen Hochzeiten so viel zu essen, dass man die Mahlzeiten in einer endlosen **Essens-Polonaise** serviert. Zwischen die Mahlzeiten werden immer wieder alte Bräuche und Riten eingestreut.

Die berühmte rumänische **Brautentführung** *(răpirea miresei)* und das anschließende Verhandeln *(negociază)* um eine anständige Auslösesumme (einige Kästen Bier reichen meist aus) hat übrigens einen historischen Hintergrund. Früher hat der meist mittellose Bräutigam die geliebte Braut wirklich entführt und heimlich geheiratet, um es so dem Brautvater unmöglich zu machen, noch Widerspruch einzulegen.

Auch der *dansul cu nunei,* der **Tanz mit dem Brautschleier,** hatte ehemals einen interessanten Hintergrund. Nur die unverheirateten Männer und Frauen eines Dorfes durften diesen Tanz tanzen. Die Gemeinde hatte so stets einen genauen Überblick darüber, wie viele junge Menschen im Dorf noch nicht unter der Haube waren. Auch heute noch kann man sich im Maramureş schnell einen Überblick über die Familiensituation verschaffen. Verheiratete zeigen ihre Verbindung gerne dadurch an, dass sie bunte Kochtöpfe und Tassen in einen Baum vor dem Haus hängen.

Zu guter Letzt seien noch zwei Bräuche erwähnt, die nur noch bei sehr traditionellen Hochzeiten im Maramureş vorkommen. So müssen Braut und Bräutigam bei der *masa ajutătorilor* (dem Helferstisch) alle Personen selbst verwöhnen und verköstigen, die in der Küche mitgeholfen haben und dann gibt es abschließend noch die „Misshandlung" des Paares.

Der zweite Hochzeitstag, der sich nahtlos an den ersten anschließt, da die Nacht mit wilden *Sirbă*-Tänzen verbracht wird, ist üblicherweise der **Tag der Geschenke.** Doch in einigen Tälern im Norden Rumäniens hat sich zusätzlich der uralte Brauch des „Krachmachertages" erhalten, an dem viel *tămbălău* (Lärm) veranstaltet wird. Nur die besten Freunde (die sich aber maskieren müssen) dürfen an diesem Tag das Brautpaar auf „nette und freundliche Art" ein letztes Mal ärgern und „misshandeln", um so alles Böse auf sich zu laden und das Paar schon mal frühzeitig an die Frustrationen des weiteren Lebensweges zu gewöhnen.

Zigeunerhochzeit deluxe

Oft sind dort, wo sich zwei Menschen in Rumänien das Ja-Wort geben, auch Romakinder unterwegs. An Feier- und Festtagen, das wissen schon die Kleinsten von ihnen, sind die Menschen freigiebiger, fröhlicher und somit fließt so mancher Leu mehr in die bettelnden Hände. Vor allem in den Städten umzingeln deshalb Trauben von **Romakindern** nicht selten die ausgelassenen Hochzeitsgäste, die nach der kirchlichen Zeremonie bereits auf der Straße den *lautari,* den Hochzeitsmusikern, Geldscheine zustecken. Diese kleben sich, durch den Geldfluss neu motiviert, die Scheine mit Spucke auf die Stirn und das Akkordeon scheint danach fast einen Takt schneller zu spielen.

(Die nachfolgend beschriebene Hochzeit beruht auf den Schilderungen von *Ana* und *Mihail,* die als Kinder sehr reicher Roma-Clans in Hermannstadt geheiratet haben. Sie erhebt in keinster Weise Anspruch auf Allgemeingültigkeit, da sich viele Roma-Familien in Rumänien ein solches Fest niemals leisten könnten.)

Erster Tag – „Geld spielt keine Rolle"

Die Hochzeit ist der **absolute Höhepunkt** im Leben der Zigeuner. Es gibt viele kleinere regionale Unterschiede, aber das Fest wird nach wie vor an drei Tagen und drei Nächten gefeiert.

Traditionellerweise kommen Braut und Bräutigam **vollständig in Weiß** gekleidet. Am Revert seines weißen Anzugs trägt der *mirel* eine Blume, die wegen der mangelnden Frische nach drei Tagen durchaus auch künstlich sein darf, einen 100 Euro-Schein und einen Goldtaler.

Nach den kirchlichen Zeremonien feiert man den ersten Tag im Haus der Braut oder, soweit das Wetter es zulässt, auch außerhalb des Hauses. Riesige Zelte, in denen bis zu 400 Personen Platz finden, gehören heute zum Standard wohlhabender Roma. Ebenso die Musikkapelle, die bis zu zehn Musiker in Lohn und Brot hält. Zur Brautentführung und der Versteigerung des Brautschuhs muss sich an diesem Tag vor allem der Trauzeuge seine **Geldbörse leeren** lassen. Für den ersten Tag ist üblicherweise ein Betrag um die 1000 Lei pro Familie fällig, also etwa 270 Euro. Nahe Verwandte zahlen allerdings auch schon einmal wesentlich höhere Summen.

Einem alten Brauch gemäß schreitet der **Brautvater** mit einem an der Stirn festgeklebten Geldschein von Gast zu Gast und sammelt die Geldgeschenke ein. Lauthals verkündet er, wie viel jeder gegeben hat und beginnt dabei clevererweise bei den reichen Familien, um die nachfolgenden unter „Zahlungsdruck" zu setzen. Die Gäste können schon einmal kreidebleich werden angesichts der horrenden Summen, die anfangs genannt werden, oder geraten in hitzige Debatten darüber, ob die offen zur Schau gestellten Geldbeträge die Familie in den Ruin treiben oder nicht.

An Hochzeitstagen lassen sich Zigeuner nicht zweimal zum Tanzen bitten. Auch hier spielt Geld angeblich keine Rolle, was man durch die Wendung *fară număr* (ohne Nummer) zum Ausdruck bringt. Den Live-Musikern werden also freigiebig in regelmäßigen Abständen **ganze Bündel an Scheinen** zugesteckt, ohne auf die Summe zu achten. Der offizielle Lohn für die Musiker liegt jedoch üblicherweise für 10 Musiker an den ersten zwei Tagen bei 10.000 bis 15.000 Euro. Über den dritten Tag schweigt man sich auf Befragung völlig aus, da der dann zu zahlende Betrag westliche Besucher wahrscheinlich in einen Schockzustand versetzen würde. Gespielt wird alles quer Beet: Sîrbas, Doinas, Manele *(musica ţiganească)*, leichte Musik *(musica uşor)* aber auch Klassik und Jazz.

Auf einigen Hochzeiten sind zusätzlich **Jongleure und Zauberer** eingeladen. Auch Spaßmacher, die die Stimmung heben, werden gerne zu den Feierlichkeiten gebeten. Ganze Filmteams halten neuerdings bei großen Hochzeiten (fast) jede Einzelheit der Festivität fest.

Während das Geld angeblich keine Rolle spielt, schaut man sich allerdings die **Geschenke** der einzelnen Familien schon mal genauer an, wobei man von Roma-Familien, die aus dem Ausland angereist sind, auch gerne mal eine Einbauküche oder zumindest ein vergoldetes Handy erwartet.

Zweiter Tag – die Reinheit des Lakens

Am zweiten Tag der Hochzeit, der traditionellerweise im Haus des Bräutigams stattfindet, geht es dann einmal weniger ums Geld, als vielmehr um die Reinheit des Bettlakens. Das *cearceaf* genannte weiße Linnen sollte nach dem erstmaligen Zusammensein des Brautpaares auf keinen Fall noch weiß sein. Der **Jungfräulichkeit** kann eine sehr geschickte Großmutter bei wirklich verliebten Paaren zwar nachhelfen, doch meistens sind die Augen der Großmutter des Bräutigams unbestechlich.

Sollte nachgewiesen werden, dass der Jungfräulichkeit der Braut mit Tricks, also etwa kleinen mit Blut gefüllten Beutelchen, nachgeholfen wurde oder die Braut in der Tat keine Jungfrau mehr war, wäre dies die größtmöglich anzunehmende Katastrophe. Die Eltern der Braut haben diese **Schande,** die so genannte *ruşine,* zu tragen. Sie zahlen die gesamte Hochzeit, sowie ein Schandgeld, das sich gewaschen hat. Um diesen Skandal zu vermeiden und die Jungfräulichkeit der Braut sicherzustellen, wurde es jungen Roma-Mädchen früher von ihren Clans sogar verboten, am Sportunterricht in der Schule teilzunehmen.

Der dritte Tag – der goldene Höhepunkt

Ist das Geld in Strömen geflossen und zeigt das Bettlaken die gewünschte Farbe, wird der dritte Tag dann noch einmal zu einem Höhepunkt ganz anderer Art. Im Haus des Bräutigams sind erneut lange Tisch-

reihen mit Getränken und Essbarem bis zum Rand voll gestellt. Die **Tradition** gebietet es nun, dass die Gäste erneut und zum letzten Mal zur Kasse gebeten werden. Da die rumänische Währung den Roma jedoch noch nie ganz geheuer war, bezahlt man an diesem Tag traditionellerweise mit Gold.

Die **österreichischen Franz-Josef-Goldtaler,** die nun in Erscheinung treten, sind eine Reminiszenz an die österreichisch-ungarische Vergangenheit Transsylvaniens. Die Mitgift der Braut, die *zestrea miresei,* besteht aus einer langen Kette aus Goldmünzen. Nahe Verwandte steuern bis zu 5 Taler bei, was umgerechnet etwa 400 Euro entspricht, während Fremde einen bis zwei Taler beisteuern. Je länger die Kette, desto erfolgreicher die Hochzeit und um so höher das Ansehen der Braut.

Sterben und Tod

Während in Rumäniens Städten zunehmend anonym gestorben wird, obwohl die Tradition in den Familien grundsätzlich vorsieht, den Sterbenden nicht alleine zu lassen, ist der Tod und die **Beerdigung auf dem Lande,** genau wie bei der Taufe und Hochzeit, nach wie vor eine Sache des ganzen Dorfes. In seltenen Fällen ähneln sich aus religiöser Sicht die Hochzeits- und Todesfeiern auf dem Land sogar, was sich besonders in dem uralten Brauch zeigt, unverheiratet Verstorbene im Hochzeitskleid oder Anzug zu beerdigen. Wenn die Trauung schon nicht auf der Erde stattfinden konnte, so die Symbolik, soll die Einheit wenigstens im Tod gefunden werden.

Nimms mit Humor

Im rumänischen Film „Niki und Flo" des Regisseurs *Lucian Pintilie* kommt eingangs eine Szene vor, die sehr deutlich zeigt, wie humorvoll und tabulos man in Rumänien dem **Phänomen Tod** begegnet. Immer wieder gibt *Flo,* der eine Beerdigung mit seiner Videokamera aufnimmt, den

Bestattern Regieanweisungen und bittet sie, das Hinablassen eines Sarges so lange zu wiederholen, bis er die Szene endlich im Kasten hat. Die tiefschwarze Tragikomödie des rumänischen Altmeisters *Pintilie* zeigt neben der humorvollen Groteske auch den **Bruch mit den bisherigen Traditionen** deutlich auf. Denn an traditionelle Bestattungen, die in Rumänien mehrere Tage und sehr viel Geld kosten können, ist in den pulsierenden rumänischen Städten immer weniger zu denken.

Im äußersten Nordwesten des Landes, direkt an der ukrainischen Grenze nimmt sich der kleine Ort *Săpânța* als einziges Dorf Rumäniens das Recht heraus, dem Tod mit seinem **Fröhlichen Friedhof** vollends Paroli zu bieten. Lustige und skurrile kleine Geschichten sind dort auf leuchtend blauen Grabkreuzen zu lesen, die meist recht respektvoll, aber manchmal auch zynisch aus dem bewegten Leben der Verstorbenen berichten. Wie wichtig eine humorvolle letzte Ruhestätte zu sein scheint, wird dadurch deutlich, dass sogar die UNESCO ihre schützende Hand über den Friedhof hält.

Der namenlose Geigenspieler

Ein Grab auf dem *Fröhlichen Friedhof* von Săpânța zeigt eine Abbildung mit einem Violinenspieler in volkstümlicher Tracht. Ein weiterer Mann tanzt neben ihm und schnippt mit den Fingern im Takt zur Musik. Die **Inschrift** lautet:

„Als ich noch ein junger Bursche war,
liebte ich es zum Klang der Geige zu tanzen,
aber als ich geheiratet habe,
hat meine Frau mich nicht mehr gelassen.
Ich hatte ein Kind,
das ich liebevoll großgezogen habe,
meinen Sohn Sorinel,
ich habe so lange auf dich gewartet,
dass du an mein Bett kommst,
als ich die harte Zeit durchlebte,
aber deine Mama hat dich nicht gelassen,
und ich bin traurig gestorben
habe das Leben gelassen
mit 38 Jahren. Gestorben 1985.“

Totenklagen

Rumänien ist eines der wenigen Länder Europas, in denen die Totenklage, *bocetul,* noch in der Volkskultur verwurzelt ist. Die Texte stammen teil-

Wo das Lachen den Tod besiegt – Interview mit Dumitru Pop

Dumitru Pop, der als Holzschnitzer und Totenkreuzdichter für die lustigen Sprüche auf den Grabkreuzen verantwortlich ist, hat mir in einem Gespräch ein wenig über die eigenartige Tradition erzählt, die im Sommer endlose Reihen von Touristenbussen anzieht und leider zu einer reinen Attraktion zu verkommen scheint, mit der sich viel Geld verdienen lässt. In seinem kleinen privaten Museum liegt eine dicke Mappe mit Zeitungsausschnitten aus aller Welt. Die „New York Times" titelte: *„Man würde sich den Arsch ablachen, wenn man nicht schon tot wäre."*

Remus: *Herr Pop,* Sie sind Holzschnitzer und Dichter und setzen das Leben der Verstorbenen von Săpânța in lustigen Versen auf deren Grabkreuz. Wer hat sich denn das ausgedacht?

Pop: Ich fertige inzwischen nicht nur Kreuze für Săpânța an, sondern habe schon Aufträge aus der ganzen Welt. Der Tod gehört hier in Rumänien eng zum Leben dazu und so kam der Zimmermann *Ion Stan Patras* in den 1930er Jahren auf die Idee, einen fröhlichen Nachruf zu verfassen. Die Nachfrage nach etwas Humor, was den Tod betrifft, schien sehr groß zu sein, denn plötzlich wollten alle Leute so einen hübschen Vers auf ihrem Grab haben. Und jetzt sind wir berühmt. Die Leute von der UNESCO waren schon hier und vielleicht werden wir ja eines Tages noch ins Weltkulturerbe aufgenommen.

Remus: Hat sich an den Sprüchen seit den ersten Nachrufen vor über 70 Jahren etwas verändert? Das Leben hat sich doch sehr gewandelt hier im Dorf seitdem.

Pop: Nein, nicht so viel wie man annehmen könnte. Hier ist keiner größenwahnsinnig geworden, nur weil uns jetzt alle Welt kennt, und das Leben und Sterben im Ort geht seinen gewohnten Gang. Sicherlich habe ich als Nachfolger von *Stan Patras* nun bereits mehrmals moderne Motive mit auf die Kreuze genommen. Nun sind Traktoren zu sehen und die Leute wünschen sich manchmal verrückte Sachen wie Fernseher oder Autos auf dem Kreuz. Was soll ich machen? Die Texte sind jetzt etwas länger und sagen noch mehr über das Leben aus als früher. Aber die Tiefe des Lebens kann sich nicht ändern und ich schreibe ja das Leben auf.

Der Dichter und Holzschnitzer Dumitru Pop bemalt eines seiner inzwischen zahllosen, leuchtend blauen Holzkreuze

weise noch aus dem Altertum. **Die Mädchen und Frauen,** die von der Dorfgemeinschaft dazu auserkoren werden, die uralten Totenlieder anzustimmen, müssen gut improvisieren können, über eine ausdauernde Stimme verfügen und das ganze lautliche Spektrum vom Weinen, Schreien, Wimmern, Klagen und Singen beherrschen.

Dreimal am Tag, zum Sonnenaufgang, zu Mittag und zu Sonnenuntergang, stimmen die Frauen die Gesänge an, solange sich der oder die Tote noch im Haus befindet. Die **Klage** wird ebenfalls auf dem Weg zum Fried-

Remus: Gehen Sie in die Häuser und befragen die Familie oder kennen Sie jeden Verstorbenen? Woher nehmen Sie ihre Informationen?

Pop: Ich muss schon nachfragen. Die meisten kenne ich nur flüchtig, da ich jetzt auch immer weniger Zeit habe. Ich erkundige mich immer erst mal ganz genau nach dem Leben der Person. Dann frage ich nach den Fehlern und Sünden, die natürlich auf dem Grab nicht fehlen dürfen. Das ist ja schließlich das Schöne an Săpânța. Wir beschönigen nichts. Hier kommt alles auf den Tisch. Wahrscheinlich macht das den Reiz aus. Die Ehrlichkeit, mit der man dem Tod gegenübertritt. Vielleicht ist dies darum einer der wenigen Plätze in der Welt, wo das Lachen den Tod besiegt.

hof, an Gedenktagen und an bestimmten Festtagen angestimmt. Grundsätzlich kann eine Frau jedoch immer dann mit den Klageliedern beginnen, wenn sie eine Trauerstimmung überkommt und sie sich dem Toten nahe fühlt. Begleitet wird die Totenklage von einer langen Hirtenflöte, der *caval,* oder einer kurzen Hirtenflöte, die man *fluier* nennt.

Musikwissenschaftler haben erst sein kurzem begonnen, die Tradition der rumänischen Totenklagen, die immer seltener praktiziert wird, zu erforschen.

Liebe und Sexualität

Şi în braţele-mi întinse
Să alergi, pe piept să-mi cazi,
Să-ti desprind din creştet valul,
Să-l ridic de pe obraz.

(Komm beglückt in meine Arme,
Schmiege dich an meine Brust,
Laß mich deinen Schleier lösen,
Vom Gesicht in trunkner Lust.)

(*Mihai Eminescu,* aus „*Dorinţ*", „Wunsch")

Bevor an Sexualität als Wort überhaupt nur zu denken war, also vor Hunderten von Jahren, kannte man in der rumänischen Sprache bereits eine sehr klare Unterscheidung zwischen dem, was man in der Dichtung als wahre, tiefe, emotionale oder freundschaftliche Liebe bezeichnete und der rein triebgesteuerten, schnellen Affäre. Möglich wird dies durch die große Auswahl, die Rumänen haben, was den **Begriff Liebe** anbelangt. Während Deutsche, Engländer oder Franzosen gerade einmal auf ein einziges Wort (also Liebe, love oder amour) zurückgreifen können, haben die Rumänen ein Luxusproblem, denn sie besitzen sage und schreibe drei Begriffe für die Liebe: *dragoste, lubire* und *amor.*

Während die beiden aus dem Slawischen stammenden Worte *dragoste* und *lubire* für die mehr oder weniger tiefe Liebe stehen, wird das lateinische *amor* erstaunlicherweise nur für das flüchtige erotische **Abenteuer** verwendet.

Partnerwahl – die zeitliche und räumliche Kluft

In den Kapiteln über rumänische Frauen und Männer dürfte bereits klargeworden sein, dass **Flirten** zu den Lieblingsbeschäftigungen der Rumänen beiderlei Geschlechts gehört. Der Begriff ist dabei durchaus dehnbar, verstehen doch die Frauen darunter meist jenen Blick- und Gedankenaustausch zwischen Mann und Frau, der auf einer gewissen körperlichen Distanz beruht, während die rumänischen Männer, vor allem bei wärmendem frühlingshaften Sonnenschein, den Unterschied zwischen Flirten und Knutschen nicht mehr ganz nachvollziehen können oder wollen.

Das freizügige Bild, dass „flirtende" moderne rumänische Teenager in der städtischen Öffentlichkeit hinterlassen, kollidiert natürlich frontal mit den **tradierten Verhaltensweisen** und einer tief im orthodoxen Glauben verwurzelten Gesellschaft. Wie bei fast allen Themen des rumänischen Lebens hat man auch bei denen der Liebe und der Partnerwahl mit einer räumlichen und einer zeitlichen Kluft zu tun.

Die räumliche Kluft ist die zwischen **Stadt und Land.** Während Speed-Dating oder die Partnersuche im Internet für rumänische Jugendliche in Bukarest zum Liebesalltag gehören, gibt es Menschen in der Provinz, die einem wesentlich mehr über traditionelle Heiratsmärkte erzählen könnten. Paare in der Hauptstadt, die sich gemeinsam zum Tantra-Seminar anmelden oder händchenhaltend und neugierig über Erotikmessen schlendern, haben mit den jungen Menschen, die sich zum Landler-Tanzkurs in Bistrița anmelden, keine gemeinsamen Schnittmengen.

Die zeitliche Kluft ist die eines erstaunlich liberalen Rumäniens in den 1920er Jahren, das sich in „Liebesdingen" mit Städten wie Berlin und Paris auf Augenhöhe sehen wollte und einem kommunistischen Rumänien, in dem es unter Strafe verboten war, einen längeren Kuss oder gar nackte Haut auf der Leinwand zu zeigen. Heutige Trägerinnen gewagtester Miniröcke hätten **zu Zeiten Ceaușescus** wahrscheinlich deftige Gefängnisstrafen in Kauf nehmen müssen.

Während im Rumänien des Jahres 1911 mit dem Film „Fatale Liebe" *(amor fatal)* des Regisseurs *Grigore Brezeanu* der erste freizügige Liebesfilm der rumänischen Geschichte über die Leinwand flimmerte, war es noch 70 Jahre später verboten, das Aufknöpfen einer Bluse zu zeigen. Die damalige **Prüderie** mag angesichts einer konträren Entwicklung in der DDR erstaunen, noch erstaunlicher ist jedoch die damalige Scheinheiligkeit, die FKK am Schwarzen Meer gegen Eintritt erlaubte.

FKK – die Sonderwirtschaftszone

In früheren Tagen, als die Bürger der DDR sich ihren Freiraum in der Ostsee-Freikörperkultur längst erobert hatten, sonnten sich auch am Schwarzen Meer einige Freunde der nackten Haut. Die meist mit eigenartigen Paravents abgeschirmten besonderen und argwöhnisch bewachten Freiräume hießen kurz und pragmatisch **Solarium.** Die Trennwände reichten ein wenig ins Wasser und so manches neugierige Kind versuchte durch geschicktes Umschwimmen der Barriere herauszufinden, was auf diesem Sonderterritorium denn so vor sich ging.

Vor dem Eingang ins Solarium war stets eine lange Warteschlange zu finden, auch wenn man für den Luxus seine nackte Haut zu präsentieren, ein paar Lei zahlen musste. Der Wunsch, in dieses geheimnisvolle Reich der freiheitlichen Badekultur zu kommen, hatte aber zumeist finanzielle und weniger freikörperbedingte Gründe. Auf dem von fremden Blicken geschützten FKK-Gelände bildeten sich nämlich regelrechte **Sonderwirtschaftszonen.** Vor allem Polen und DDR-Bürger betrieben hier fleißig einen kleinen fliegenden Handel mit Jeans, Westzigaretten oder Spirituosen. Heute beschränkt sich die Freikörperkultur in Rumänien übrigens auf das gelegentliche „Oben-ohne"-Baden in Mamaia oder in Vama Veche im tiefen Süden des Landes.

Zusammenkommen auf Rumänisch

Jugendliche Freunde des Mobilfunks halten es auf den Bänken der Stadtparks stundenlang alleine mit ihren hochmodernen Fotohandys aus. Was sie dort machen? Rumänische Mädchen üben sich im plaudernden Smalltalk, Jungs stellen neue Rekorde im SMS-Schnellschreiben auf oder fotografieren sich selbst, um das Bild gleich an die benachbarte Parkbankschönheit zu verschicken, die keine 10 Sekunden später prompt loszukichern beginnt. Daumenflirten im Zeitalter der flachen Bilderwelten. Handy ist Kult, **Handy ist Pflicht** in Rumänien, und ohne ein *mobil* kann man ganz schnell in der gesellschaftlichen Isolation landen, wenn man dort nicht schon längst angekommen ist. Denn ein einzelnes Handy reicht längst nicht mehr aus. Seitdem die Anbieter sich mit günstigen Stadt-,

045ru Foto: jr

Sex im Big-Brother-Haus

Als die Container-Show „Big Brother" in Rumänien anlief, bei der die eingesperrten Protagonisten Tag und Nacht von Kameras beobachtet werden, stellte man bereits nach kurzer Zeit fest, dass diese bei den Zuschauern nicht gut ankam. Im benachbarten Ungarn jedoch stiegen die Zuschauerwerte kontinuierlich, da man dort auch Gewaltszenen und Sex vor der Kamera nicht zensierte. Der Sender Prima TV, der die Sendung ausstrahlte, entschloss sich also in einer Nacht- und Nebelaktion ebenfalls dazu, ein wenig mehr auf die Karte „sex sells" zu setzen. Die Darsteller wurden regelrecht dazu aufgefordert, sexuelle Handlungen „nicht mehr zu unterdrücken". Als die erotischen Bettszenen endlich ausgestrahlt wurden, sah sich die rumänische Zensurbehörde CNA natürlich brüskiert und belegte den Sender mit einer Geldstrafe und einer zehnminütigen Sendeunterbrechung. Die Sexszenen waren danach zwar das Hauptthema der rumänischen Yellow-Press, nur hatte fast niemand in Rumänien die provozierenden Inhalte gesehen – weil am selben Abend auf einem anderen Sender ein wichtiges Fußballspiel gezeigt wurde.

Land-, Umland- oder Citytarifen überbieten, baumeln an den Gürteln der Stadtteens nicht selten gleich zwei oder drei Handys. Denn wenn der oder die Angebetete nicht über denselben Mobilfunkanbieter verfügt, kann die Sache schon mal schmerzhaft teuer werden.

Obwohl *comunicare* sich ursprünglich vom Wort zusammenkommen ableitet, bedeutet **Kommunikation** im Rumänien der Mobilkids vor allem eins: nebeneinander sitzen, sich wenig anschauen, mehr Interesse an der Technik des technischen Wunderkästchens heucheln als an der Schönen gleich nebenan und sich auf die coolen, knappen Dialoge einer Sprache beschränken, die Außenstehende nur als kryptisches Kauderwelsch wahrzunehmen in der Lage sind.

Partnervermittlung Ost-West

Der Vorteil des Internet kann auch darin liegen, herauszufinden, wofür sich die Menschen eines Landes interessieren. So gibt es im **World Wide Web** eine interessante Adresse, die einem genau verraten kann, wonach die Deutschen, die den Begriff Rumänien eingeben, eigentlich suchen.

Nach dem allgemeinen Begriff „Rumänien" steht mit etwa halb so vielen Aufrufen die Wort-Verbindung „partnervermittlung rumänien", dann folgt

Attila und Adel, ein frisch verliebtes Paar aus dem Harghita-Gebiet, in dem über 90 Prozent ungarischstämmige Rumänen leben

„frau rumänien" dann „rumänien partnervermittlung" und dann erst „flug rumänien". Die Interessenlage scheint also eindeutig zu sein und sich auf die **rumänische Frauenwelt** zu reduzieren.

Die einschlägigen Partnerschaftsvermittlungen bieten den Exportschlager „Rumänische Frau" dabei durchgehend als „sexy und häuslich" oder „bescheiden und zärtlich" an. In Rumänien fiel mir im Aushang einer Partnerschaftsagentur einmal der Ausdruck **„liebensleicht"** auf. Wahrscheinlich hat sich diese Wortschöpfung aus den beiden „herausragendsten Eigenschaften der rumänischen Lebenspartnerinnen" herauskristallisiert: aus „liebenswert" und „pflegeleicht".

Kinder

Heute hat Rumänien 22,1 Millionen Einwohner. Der Geburt von 1,35 Kindern pro Frau stehen 2,27 Todesfälle gegenüber. Da Rumänien kein klassisches Einwanderungsland ist, scheint sich hier (wie schon erwähnt) eine ähnliche demographische Entwicklung wie in Deutschland oder Italien mit allen Folgen einer **Überalterung** abzuzeichnen. Die rumänischen Medien haben das Thema demographische Entwicklung bereits 2004 aufgegriffen, um Ängste zu schüren. Angesichts der weiter zunehmenden Auswanderung junger Rumäninen und der rapide sinkenden Geburtenraten drohten einige Zeitungen mit dem Aussterben des ganzen Volkes. So fragte die Zeitung „Libertatea" unter der Headline: „Rasanter Bevölkerungsschwund": *„Sind wir bald nur noch 16 Millionen?"*

Die Früchte des Mutterschutzes

Die Politik hat auf diese demographische Entwicklung schnell reagiert. Die ansonsten langsame und träge Bürokratiemaschine in Bukarest, die bei anderen Themen nur mühsam in die Gänge kommt, verabschiedete bereits 2004 ein **Mutterschaftsgesetz,** das wahrscheinlich im wesentlichen Maße dazu beitrug, dass die Geburtenrate bereits im Jahr 2006 wieder leicht zu steigen begann.

Der Mutterschutz, *Indemnizaţie de maternitate,* gehört ebenso wie Renten- und Unfallschutz in Rumänien zu einem Sozial-Paket, das von den Arbeitgebern und Arbeitnehmern zu gleichen Teilen bezahlt wird (je 7% des

Mutter Arina (hinten), Diana-Magdalena und die kleine Ada aus Piatra Neamţ (Vater Adi ist mal wieder fleißig in Holland am Arbeiten)

Einkommens). Das Mutterschaftsgeld wird grundsätzlich 126 Tage lang an alle Mütter bezahlt, wobei die Fixsumme 85 % des Durchschnittsgehaltes der letzten 6 Monate beträgt. Danach kann die Frau, wenn sie sich dafür entscheidet zu Hause zu bleiben, bis zum zweiten Lebensjahr des Kindes (bei behinderten Kindern bis zum dritten Lebensjahr) eine **Erziehungsbeihilfe** in Höhe von 85 % des rumänischen Durchschnittsgehaltes bekommen. Das sind etwa 220 Euro im Monat. Diese Regelung hat bereits nach kurzer Zeit „Früchte getragen", was man bei der Höhe des in Rumänien üblichen Kindergeldes nicht erwarten konnte.

Das nach der Mutterschaftshilfe vorgesehene **Kindergeld,** *Alocația de Stat pentru Copii,* das der Staat übrigens nur zahlt, wenn die Kinder einen Kindergarten oder eine Schule besuchen, wird bis zum 18. Lebensjahr entrichtet und beträgt pauschal 7 Euro im Monat pro Kind.

Im Jahr 2005 hat die Zahl der Geburten mit 221.000 das erste Mal seit der Revolution von 1990 die Zahl der Abtreibungen übertroffen.

Kinderleben - Traum und Wirklichkeit

Sie heißen Cambridge Kindergarten, Scuola Italiana Aldo Moro, Harry Potter Junior oder auch Till Eulenspiegel und sind vier von über vierzig deutsch-, englisch-, französisch- oder italienischsprachigen Kindergärten in Bukarest. Und auf einer Bukarester Nobelmeile mit den höchsten Im-

046ru Foto: jr

mobilienpreisen der Stadt öffnete im Dezember 2005 ausgerechnet ein Kinderladen namens „Harlekino" seine Pforten. Die wohlhabende Klientel der Stadt, ob ausländische Bewohner oder reiche Rumänen, wird früh und allgegenwärtig beworben. Geboten wird den Kindern ein **Programm vom Feinsten:** Klavierunterricht, Ballett, Computerkurse, Sprachunterricht, Marionettentheater, Internationale Kinder-Tennisschule ... die Liste würde eine Seite füllen, würde man alle Angebote hier aufzählen.

Die *tarifele,* also die **Gebühren,** können je nach Kindergarten ein doppeltes rumänisches Durchschnittseinkommen erreichen, liegen in der Regel aber bei 100 bis 150 Euro im Monat. Medizinische Betreuung ist in diesen Preisen inbegriffen.

Draußen auf der Straße sieht das Bukarester Kinderleben ganz anders aus. In rumänischen Städten leben mehr als 100.000 Kinder auf der Straße. In den kalten Wintermonaten hängen die **Straßenkids** schon mal stundenlang von Autolack-Dämpfen betäubt vor den wärmenden Heizungsventilatoren der U-Bahn-Schächte. Von Lösungsmittelträumen umwölkt schaffen es viele kaum, sich die Hälfte der täglichen Kalorien zu besorgen, die sie zum Überleben bräuchten. Nach den Angaben der Bukarester Zeitung „Flagrant Independent" schaffen nur etwa 2 von Hundert Autolack-Kindern die Reintegration in die Gesellschaft. Mithilfe ausländischer Hilfsorganisationen konnte bereits zahlreichen Straßenkindern geholfen werden – viele der Träume rumänischer Kinder und Jugendlicher, die auf der Straße leben, sind jedoch noch unerfüllt.

Die düsteren Bilder, die kurz nach der Wende aus rumänischen **Waisenhäusern** über die Bildschirme Europas liefen, möchte ich nicht wieder heraufbeschwören. Längst haben sich die meisten dieser sozialen Schandflecken zu Mustererziehungsheimen entwickelt.

Doch die jahrelange Praxis, Kinder an dubiose Organisationen, kriminelle Agenturen oder Eltern ohne Berechtigungsnachweis zur Adoption freizugeben, soll nicht unerwähnt bleiben. Die USA drängte Rumänien noch 2003 in der „Herald Tribune" mit der Schlagzeile *„Let your children go",* Adoptionen zu erleichtern, während die EU in Person *Günter Verheugens* als Erweiterungskommissar dem Land deutlich mit dem Scheitern der Aufnahme in die Gemeinschaft drohte, falls es die Praxis heimlicher und **illegaler Adoptionen** nicht stoppen würde. Viel Geld war damals im Spiel. Korrupte Richter, Leiter von Waisenheimen und „Vermittlungsagenturen" haben am Geschäft mit den Kindern teilweise horrende Beträge amerikanischer Eltern kassiert. Erst 2004 konnte sich Rumänien dazu durchringen, ein neues, EU-freundliches Gesetz auf den Weg zu bringen. Es lässt Adoptionen nur noch dann zu, wenn es sich bei den Bewerbern um die Großeltern des Kindes handelt.

Prostitution – die Häuser der Toleranz

„Wieso können 75 % der rumänischen Männer nach dem Orgasmus nicht einschlafen? Weil sie gleich danach nach Hause müssen."
(rumänischer Witz)

Wissen Sie was eine Melotherapie ist? Nein. Vielleicht haben Sie schon einmal etwas von der Cromotherapie gehört? Auch nicht. Der „Bucharest Guide for Business and Entertainment", der in allen größeren Hotels der Hauptstadt ausliegt, bietet dem gestressten Geschäftsmann diese und diverse andere **Entspannungstherapien** an, die, so versprechen es jedenfalls die Abbildungen, von bis zu drei Therapeutinnen gleichzeitig im Ganzkörperkontakt ausgeführt werden.

Massagen und Entspannungstherapien scheinen die Geschäftsform mit den höchsten Zuwachsraten in Rumäniens Hauptstadt zu sein, wenn man vom massiven **Werberummel** Rückschlüsse auf die sich dahinter verbergenden Firmen ziehen darf. In jeder Telefonkabine findet man Telefonnummern mit eindeutigen Angeboten, großflächige Werbung für Escort-Service, Tantra-Massagen oder Erotic-Therapien hängen an Bushaltestellen und als straßenüberspannende Banner im Stadtzentrum.

Vor allem Constanza und Bukarest erleben seit Jahren einen Boom der erotischen Branche. Inzwischen findet man hier von Feng-Shui-Massagen über Table-Dance, bis hin zum Stereo-Tantra alles, was die Sexbranche hergibt. Doch **Prostitution** ist in Rumänien weiterhin **offiziell verboten.** Die Hochglanzbroschüren sprechen allerdings eine eindeutige Sprache.

Casa de Toleranţa nennt man die Freudenhäuser der käuflichen Liebe im rumänischen Volksmund, was soviel heißt wie **Häuser der Toleranz.** Kein Taxifahrer darf offiziell zugeben, dass er ein solches Haus kennt, er würde sofort seine Lizenz aufs Spiel setzen, wenn er dabei erwischt würde, wie er Fahrgäste zu den illegalen Häusern fährt.

Das in Rumänien gebräuchliche Wort **„Fraier"** bedeutet übrigens „Verlierer" oder „Versager". Das deutsche Wort „Freier" gelangte Anfang des 20. Jahrhunderts nach Rumänien. Weil die Freier von den Frauen und ihren Zuhältern oft betrogen und sogar beraubt wurden, waren sie letztlich immer Verlierer, wenn sie die Bordelle verließen.

Syphilis und Krankheiten, die kein Arzt kennt

Nicht nur in Constanza und der Haupstadt, auch in der „Provinz" blüht das Geschäft mit der käuflichen Liebe. Vor den großen Jugendstilhotels in Satu Mate versammeln sich abends die Damen gruppenweise, um sprachgewandt die Männer auf einen Drink zu bitten. Viele von ihnen beherrschen im **Grenzgebiet zu Ungarn** gleich mehrere Sprachen. Dass sich einige junge Mädchen jenseits der Grenze in Ungarn ihr Geld verdienen, indem sie sich einfach an die Straße stellen, hatte sich in den grenznahen Gebieten schnell herumgesprochen.

Peşte (Fische) werden die Zuhälter genannt, die mittlerweile auch im Niemandsland der langen, geraden Straßen in Rumäniens Mitte Gruppen von Mädchen in kurzen Röcken absetzen, damit diese wild gestikulierend auf sich aufmerksam machen und Kundschaft heranschaffen. Meist handelt es sich bei den Fahrern und den Mädchen um Roma, die sich nach Aussagen der Gesundheitsbehörden wenig um einen Schutz kümmern. **Krankheiten** machen bei Männern die Runde, von denen die Frau zu Hause noch nie etwas gehört hat. Auch Aids wird dadurch in Rumänien zunehmend zu einem Thema, das die Menschen bewegt.

Legalisierung

Die Journalistin *Monica Andrei,* die sich für eine Legalisierung der Prostitution in Rumänien stark macht, verweist auf ein historisches Vorbild. Das *Crucea de Piatră* (Steinkreuz), das **berühmteste Bordell Rumäniens,** das in den 1920er und 1930er Jahren in Bukarest existierte, hätte den Mädchen nicht nur Schutz vor Zuhälterei geboten, sondern auch medizinische Betreuung. Der Name dieses Bordells sei damit inzwischen in Rumänien zu einem Synonym für die Legalisierung der Prostitution im Land geworden, so *Andrei.*

Auch zwei rumänische Bürgermeister haben sich – aus unterschiedlichen Gründen – für die Legalisierung der Prostitution eingesetzt. *Ion Rotaru* aus Piatra Neamţ machte sich bereits 2004 dafür stark, ein Bordell in der Stadt zu betreiben. *Rotaru* hatte sogar schon Land für die Bebauung gekauft. Solange ein Gesetz über die Legalisierung im Parlament aber nicht verabschiedet sei, wolle er 30 arme Familien im Bordell wohnen lassen. Den Frauen, die dann später einmal dort arbeiten sollten, hatte man in der Stadtverwaltung bereits einen offiziellen Namen gegeben: *„operatoarele ecologice"* – **ökologische Arbeiterinnen.**

Ein zweiter Bürgermeister, *Neculai Onţanu* aus dem Bukarester Sektor 2, war es leid, dass *„die Krankenhäuser voller Mädchen mit Syphilis sind. Wir sind prüde wie die Amerikaner, aber jeder sieht doch die Mädels auf der Straße stehen."* *Onţanu* begründet eine Legalisierung des Straßenstrichs auch *„mit den Steuergeldern"*, die man einnehmen könne, um *„die Straße endlich zu reparieren"*. Wie sähe es denn aus, so *Onţanu,* wenn die Freier die Frauen besuchen kämen und die Straße sei kaputt.

Homosexuelle – das andere Rumänien

Erst seit Januar 2002 ist die Homosexualität in Rumänien straffrei. Noch 1998 wurde eine erste Gesetzesreform im Parlament abgelehnt. Ein Drittel der Abgeordneten hatte die Straffreiheit damals verhindert, obwohl die EU ein **Antidiskriminierungsgesetz** als Bedingung für Beitrittsverhandlungen gefordert hatte.

Als der prominente Fernsehjournalist *Mario Tuca* das Thema Homosexualität 1999 zum ersten Mal im Fernsehen erörtern wollte, wurde ihm eine Viertelstunde lang von der Sendezentrale der Ton abgeschaltet. Der in der Diskussionsrunde vertretene Priester der orthodoxen Kirche sagte, für eine in tiefer Religiösität verwurzelte rumänische Gesellschaft käme es einem Schock gleich, im Fernsehen mit solchen gotteslästerlichen Themen konfrontiert zu werden.

In Rumänien wagt nach wie vor niemand im öffentlichen Leben sich zu seiner Homosexualität (weder als Schwuler noch als Lesbe) zu bekennen. Selbst in den großen Städten und der Hauptstadt findet eine Schwulenbewegung aus Angst vor Übergriffen nur **im Verborgenen** statt. Die einzige Homobar Bukarests, der kleine Queens Club, nutzt seine Monopolstellung aus, indem er horrende Preise verlangt und diese mit der Gefahr von Übergriffen rechtfertigt. Die meisten der Besucher führen ein Doppelleben. Im Club sind sie schwul, draußen darf das keiner wissen, seinen Namen möchte niemand nennen.

Laut einer Umfrage möchten 86 Prozent der Rumänen keine Homosexuellen in ihrer **Nachbarschaft.** Völlig undenkbar sei es, so der einhellige Tenor der Politiker und Kirchen, dass ein Homosexueller eine Position als Lehrer oder Professor einnehme.

Dabei herrschte, was die Homosexualität in Rumänien betraf, vor dem Jahr 1934 vollständige Freizügigkeit. In Transsylvanien etwa war es allenfalls gesetzlich verboten, seiner *„sexuellen Neigung unter Zuhilfenahme von Gewalt"* nachzugehen. Doch nach einer Polizeirazzia in einem Männerbordell im Jahr 1934 wendete sich das Blatt. *König Carol II.* stellte Homosexualität im Strafgesetzbuch **erstmals unter Strafe.** Schärfer noch reagierten die Kommunisten, die 1957 drei bis zehn Jahre Gefängnis für „abartige Neigungen" vorsahen.

Noch heute warnen Politiker öffentlich davor, dass Rumänien zwar nach **Europa** wolle, jedoch nicht nach Sodom. Der Sprecher der rumänisch-orthodoxen Kirche, *Constantin Stoica,* fragte allen Ernstes im Fernsehen, *„warum man denn in Europa zuallererst mit dem Hintern eintreten muss"*, und sagte weiter: *„Wenn Homosexualität etwas Normales wäre, dann müsste auch Diebstahl etwas Normales sein."*

047ru Foto: jr

BILDUNG, GESUNDHEIT UND SOZIALES

„Das Schulwesen sichert die Hinführung zur Liebe zum eigenen Land, zur historischen Vergangenheit und zu den Traditionen des rumänischen Volkes."

(Artikel 4.2., Bildungsgesetz 1995)

Bildungswesen

Das rumänische Bildungssystem war nicht nur bis zur Wende im Jahr 1989, sondern auch mindestens noch 10 Jahre darüber hinaus zentralistisch orientiert. Die vergleichsweise hohe **Alphabetisierungsrate** von 98 Prozent ist, so die rumänische Bildungsexpertin *Maria Miclescu,* eines der wenigen wirklichen Verdienste des kommunistischen Systems, das sich im internationalen Wettbewerb bildungspolitisch früher mit Ländern wie Nordkorea oder Kuba gemessen hat.

Das staatliche rumänische Bildungswesen ist weiterhin **kostenfrei,** erhielt aber bereits mehrfach Zahlungen der EU (33 Millionen Euro), da das Ministerium für Bildung und Forschung seit der Modernisierung des Bildungssystems unter chronischer Geldknappheit leidet.

Der sympathische Ziegenhirte Cornel aus dem Olttal hat das Singen, Schreiben und Lesen nicht in der Schule, sondern mühsam als Erwachsener vom Priester nach dem Gottesdienst gelernt. Sein Motto hieß damals: Bildung gegen Ziegenmilch.

Die sehr geringen Lehrergehälter von durchschnittlich 270 Euro monatlich tragen zwar zur finanziellen Stützung des Systems bei, führten aber im Jahre 2005 auch zu den **ersten Streiks** der Lehrerschaft in Rumänien überhaupt. Ein weiterer Grund, der die Lehrer auf die Straße brachte, war eine nach wie vor nicht behobene Erblast des Kommunismus: der Mangel an qualifizierten Weiterbildungsmöglichkeiten.

Die Neugliederung der Bildungsstrukturen sieht nur noch eine **achtjährige Schulpflicht** vor (früher 10 Jahre), die über die Vorschule, Primarschule, Sekundarschule und nachgymnasiale Schulen an die Hochschule heranführen soll. Die rumänische Vorschule, *grădinița,* deren Kosten vollständig vom Unterrichtsministerium übernommen werden, nimmt Kinder von drei bis sieben Jahren auf. Seit der Jahrtausendwende gibt es zunehmend auch englisch- und deutschsprachige Kindergärten in den größeren rumänischen Städten. Die Primarschule, Şcoala primară, deckt als Tagesschule die ersten vier Schuljahre ab und geht im Regelfall nahtlos in die Sekundarschule über, die von der fünften bis achten Klasse als Gymnasium, *gimnaziu,* fungiert. Der Unterricht in der gymnasialen Oberstufe (ab dem 16. Lebensjahr) kann in Ausnahmefällen auch in Abend- oder in Fernkursen erteilt werden, was vor allem für Kinder mit einem langen Schulweg eine revolutionäre Neuregelung darstellt. Der Besuch des Gymnasiums schließt mit einer Fähigkeitsprüfung ab, nach deren Bestehen ein eigenes Fähigkeitszeugnis ausgehändigt wird, das so genannte *Certificat de Capacitate.*

Wahlweise zum Gymnasium können von den Schülern auch Einrichtungen der **Berufsbildung,** *Şcoala profesională,* also Berufsschulen (zwei bis vier Schuljahre) oder Lehrlingsschulen (ein bis drei Schuljahre) besucht werden.

Den Abschluss der Sekundarschule bildet das **Lyzeum,** *liceu,* das in den letzten vier Schuljahren von der 9. bis 12., in einigen Lyzeen auch bis zur 13. Klasse besucht wird. Auch hier kann in Ausnahmefällen eine Fern- oder Abendschule bewilligt werden. Um auf einem Lyzeum angenommen zu werden, dürfen die Schüler nicht älter als 17 Jahre sein und müssen nach ihrer bestandenen Fähigkeitsprüfung auch noch einen Aufnahmewettbewerb bestehen *(concurs).* Das Lyzeum endet mit der Abschlussprüfung *bacalaureat,* die je nach Profil des Lyzeums und den Wahlfächern gegliedert ist.

Als **thematische Schwerpunkte,** die sich rumänische Schüler während ihrer Zeit auf dem vierjährigen Lyzeum selbst wählen, können durchaus Fächer auftauchen, die mitteleuropäische Schüler allenfalls von der Universität her kennen. Hier eine kleine Auswahl der vielen Möglichkeiten: Maschinenbau, Bergbau, Erdöl, Metallurgie, Holzgewinnung, Druckgewerbe, Wasserwirtschaft, Landwirtschaft, Forstwirtschaft, Bergbau, Militär oder Theologie.

Das **Hochschulsystem** unterscheidet die Hochschul- und Forschungseinrichtungen: Universitäten, Institute, Akademien, Konservatorien und Universitätskollegs. Seit 1990 wird das Studium neben dem Tagesstudium zunehmend auch als Abend- und Fernstudium durchgeführt und dauert in der Regel drei bis vier, in manchen Studiengängen (Medizin) auch sechs Jahre. Im Gegensatz zu mitteleuropäischen Universitäten müssen Studienanwärter auf jeden Fall an allen Hochschulen und für alle Fakultäten noch eine **Aufnahmeprüfung,** den *concurs,* bestehen.

Die **Studentenzahlen** sind nach der Revolution von 1989 explosionsartig gestiegen. Die meisten Studenten gibt es an technischen Fakultäten (39%), dann folgen diejenigen, die auf ein Lehramt im Sekundärschulbereich studieren (23%), dann die Studenten der Wirtschaftswissenschaften (18,6%) und Medizin (10%).

Gesundheitswesen

Da die offiziellen Zahlen des rumänischen Gesundheitssystems von der kommunistischen Propaganda über Jahre hinweg **gefälscht** wurden, war eine objektive Einschätzung der Lage in rumänischen Krankenhäusern und Arztpraxen lange Zeit nicht möglich. Nach der Revolution verwies die Regierung der EU gegenüber vor allem auf die hervorragende Qualifizierung der rumänischen Ärzte.

Wie es in Wirklichkeit um das Gesundheitssystem in Rumänien steht, kann man an einigen **Indikatoren** ablesen. So liegt die Säuglingssterblichkeit mit 27,24 pro 1000 international immer noch sehr hoch. (Vergleich Deutschland: 5 pro 1000, Kuba: 7 pro 1000). Die Lebenserwartung der Männer beträgt durchschnittlich 67,6, die der Frauen 74,8 Jahre, womit Rumänien genau um 10 Jahre hinter dem europäischen Durchschnitt liegt. Mit Ausgaben von 190 Euro pro Kopf und Jahr für die medizinische Versorgung der Bevölkerung liegt Rumänien in der europäischen Länderliste ziemlich weit hinten.

Die häufigsten **Todesursachen** sind inzwischen mit denen der Industrieländer deckungsgleich. Auch in Rumänien sterben die meisten Menschen mittlerweile an Herzleiden, Schlaganfällen und Krebs.

Die **Versorgung mit Medikamenten** ist durch die Öffnung der Märkte und die Neueröffnung von zahlreichen westlich gesponserten Apotheken längst vom Sorgenkind des Gesundheitssektors in eine Vorzeigerolle geschlüpft. Dies kann in manchen Städten zu der durchaus grotesken Situation führen, dass sich bis zu vier konkurrierende *farmacie* direkt nebeneinander befinden, da es bezüglich eines Apothekenmindestabstands noch keine gesetzlichen Regelungen gibt (wie in Deutschland). Auch auf dem Land hat sich die Versorgung mit Arzneien und technisch-medizinischen Geräten seit 2004 deutlich verbessert.

Das Gesundheitssystem in Rumänien gehört zu den am stärksten von der **Korruption** betroffenen gesellschaftlichen Bereichen (siehe Kapitel „Manual de Şpaga"). Sämtliche Gehälter der Ärzte und des Krankenhauspersonals in Rumänien werden aus den Mitteln der nationalen Gesundheitskasse beglichen. Eine Bezahlung darüber hinaus wäre also eigentlich nicht erforderlich. Doch so genannte Gefälligkeitszahlungen, Geschenke oder Dienstleistungen, die man für Ärzte, Krankenschwestern oder die Krankenhaus-Verwaltung als Patient leistet, um in den Genuss einer einwandfreien Behandlung zu kommen, gehören mittlerweile zur Regel.

Krankenversicherung

Der normale Beitragssatz zur Krankenversicherung, der *asigurari de sanatate,* beträgt in Rumänien 14% des Bruttolohns, wobei eine Hälfte vom Arbeitgeber und die andere vom Arbeitnehmer getragen wird. Es gibt keine Krankenkassen wie in Deutschland, sondern die Beiträge werden in die so genannte *casa naţională de sănătate,* eine **einheitliche nationale Gesundheitskasse,** einbezahlt. Dieses System basiert auf einer Hausarztpflicht. Da es in Rumänien noch keine Krankenversicherungskarte mit Speicher-Chip gibt, muss man dem Hausarzt gegenüber vor jeder Behandlung einen Nachweis darüber erbringen, dass die Beiträge in Höhe von 7% des Einkommens auch eingezahlt wurden. Da die Einführung einer Versicherungskarte 2005 aus finanziellen Gründen scheiterte, ist die **elekronische Versicherungskarte** mit Mikrochip nun für 2009 geplant.

Seit September 2004 kann man eine zusätzliche private Krankenversicherung für ergänzende Leistungen abschließen. Interessanterweise sind im rumänischen KV-System mit den Beiträgen eines Arbeitnehmers neben Kindern bis zum sechzehnten Lebensjahr und dem Ehepartner auch die **Großeltern** und Behinderte ohne eigenes Einkommen mitversichert.

Private Hightech-Medizin und Versicherung

Das düstere Bild der reinen Statistik, die sich auf die durchschnittlichen Fakten und Zahlen medizinischer Versorgung, der Sterbe- und Geburtenraten fokussiert, ist aber (wie meistens in Rumänien) nur die halbe Wahrheit. Die andere Seite der Medaille sind die wie Pilze aus dem Boden schießenden privaten **Hightech-Kliniken,** Zentren für Schönheitsoperationen und privat betriebenen Kurpaläste, die einen Vergleich mit westlichen Häusern nicht zu scheuen brauchen.

Die **ausgezeichnete Qualifizierung** vieler Ärzte wird meist erst in privaten Kliniken richtig honoriert, da die Bezahlung diejenige in öffentlichen Kliniken um ein Vielfaches übersteigt. Da sich die Leistungen rumänischer Zahnärzte, Orthopäden und Kurkliniken mittlerweile auch im Westen herumgesprochen haben, boomt das Geschäft mit der Gesundheit vor allem in den Schönheits- und Zahnkliniken der großen Städte und den Kurbetrieben am Schwarzen Meer und in den transsylvanischen Bergen.

Altersversorgung und andere Sozialleistungen

„Cine nu are bătrâni, să-şi cumpere."
„Hast du keine Alten, so musst du dir welche kaufen."
(rumänisches Sprichwort)

Die rumänische Alternative zum westlichen singulären Familienmodell stützt sich nach wie vor auf den starken Zusammenhalt im generationenübergreifenden **Verwandschaftsverbund.** Warum man *bunica* und *bunico,* die Großmutter und den Großvater, nicht einfach ins Altersheim abschieben kann, hat meistens ganz praktische Gründe: Man braucht sie häufig noch für die kleinen, wichtigen Dinge des Alltags. Sei es die Betreuung der Enkel, sei es die Pflege des kleinen Gartens auf dem Land – die alten Menschen sind in Rumänien einfach nicht wegzudenken. Das zu Beginn zitierte rumänische Sprichwort bringt es klar zum Ausdruck: Die rumänischen Senioren werden immer wertvoller.

Die Rumänen können, wenn sie mindestens 15 Beitragsjahre lang ihre Rentenversicherung eingezahlt haben, mit 65 (Männer) oder 60 Jahren (Frauen) in Pension gehen. Eine Frühpension lehnen die meisten ab, da die eh schon geringe *pensie* (Rente), noch einmal um bis zu 50% vermindert würde. Betrug die monatliche **Durchschnittsrente** vor 10 Jahren noch 35 Euro, so ist sie 2006 auf 85 Euro gestiegen. Diese offizielle Zahl wird aber nur von denjenigen erreicht, die die vollen Beitragsjahre eingezahlt haben. Frauen 30 Jahre, Männer 35 Jahre lang. Ähnlich wie im Westen können auch in Rumänien Piloten (mit 50 Jahren) und Bergleute (mit 45 Jahren) schon früher in Rente gehen, was diese Berufe bei männlichen Rumänen nach wie vor zu Traumberufen macht.

Das rumänische Sozialsystem besteht aus drei Säulen. Da wären zum einen die Sozialen Versicherungen, *asigurari sociale,* die eine ganze Samm-

048ru Foto: jr

lung an Leistungen beinhalten: Rentenversicherung, Unfallversicherungen, Mutterschutzleistungen, Kurleistungen und Zahlung im Todesfall. Alle diese Leistungen sind ein **Sozial-Paket** und lassen sich nicht trennen wie in Deutschland, Österreich oder der Schweiz. Die Beiträge dieses Paketes werden jährlich angepasst. So betrugen sie für 2006 von Arbeitnehmerseite aus 9,5 % des Bruttomonatsgehaltes. Die Arbeitgeber zahlten etwa 20 % des bezahlten Lohnes in diesen Topf.

Die zweite Säule ist die **Arbeitslosenversicherung,** *asigurări de şomaj.* Hier betragen die Sätze 1 % für die Arbeitnehmer und 2,5 % für die Arbeitgeber. Der Erhalt von Arbeitslosengeld hängt von der Beitragszeit ab. Hat man beispielsweise 5 Jahre lang eingezahlt, erhält man ein Anrecht auf eine sechsmonatige Zahlung, wer zehn Jahre lang eingezahlt hat, bekommt im Kündigungsfall für die Höchstdauer von zwölf Monaten Arbeitslosengeld. Was die Auszahlung betrifft, ist der rumänische Staat auf ein in Europa wohl einmaliges unbürokratisches Modell gekommen.

Jeder Arbeitslose, ob Arzt, Professor, Verkäufer oder Straßenkehrer erhält einheitlich 75 % des **rumänischen Mindestlohns,** netto. Das sind monatlich 67,50 Euro (Stand Juli 2006). Die für Besserverdienende entstehende extreme Schieflage aufgrund dieser vereinheitlichten Regelung führt bei den betroffenen Bevölkerungsgruppen übrigens deshalb zu keinen nennenswerten Protesten, da Ärzte, Professoren und Rechtsanwälte in Rumänien außerordentlich selten arbeitslos werden.

Nach dem Arbeitslosengeld hat man Anrecht auf **Sozialhilfe,** *ajutor social.* Diese entspricht in Rumänien dem Satz für das Existenzminimum. Das sind gesetzlich 25 Euro für einen Ein-Personen-Haushalt, 45 Euro für einen Zwei-Personen-Haushalt und 76 Euro monatlich, wenn noch 2 Kinder vorhanden sind.

Die dritte Säule des rumänischen Sozialsystems ist die **Krankenversicherung** (s. auch Kapitel „Krankenversicherung“). Die durchschnittliche Gesamtbelastung eines Arbeitnehmers für alle Sozialabgaben beträgt 17,5 % vom Bruttolohn (Vergleich Deutschland ca. 21,4 %).

Denk- und Sport-Olympiaden

Synapsen-Training

Die Rumänen zählen seit Jahrzehnten auf den Gebieten Mathematik, Physik und Chemie zur **weltweiten Bildungselite,** wie die Veröffentlichungen im internationalen Wissenschaftsbereich zeigen. Das intellektuelle Ausbluten des Landes, das Abwandern hochbegabter Studenten in die USA oder nach Westeuropa, versuchte man jahrelang durch Appelle an den Nationalstolz zu verhindern. Mittlerweile bleiben viele der Elitestudenten wieder im Land und fördern eine Bewegung, die bei uns kaum bekannt ist, aber 1959 in Rumänien geboren wurde, die Wissenschafts-Olympiaden.

Wenn die Rumänien von einer *Olimpiadă,* also einer Olympiade sprechen, denken sie dabei in den seltensten Fällen an die Olympischen Spiele. Vielmehr sind meistens die **Denk-Turniere** gemeint, die jeder Rumäne und jede Rumänin aus seiner Schulzeit kennt. Auf Stadt-, Kreis- und Landesebene werden in den Fächern Mathematik, Physik, Chemie, Informatik und Biologie die Besten ermittelt, die dann auch international gegeneinander antreten.

Die allererste Denk-Olympiade fand 1959 in Braşov am Fuße der Karpaten statt. An diesem internationalen Mathematikwettkampf nahmen zwar anfangs nur 7 kommunistische Länder teil, aber das sollte sich bald ändern. Mittlerweile kommen die Teilnehmer aus 91 Staaten und Rumänien landet bei den internationalen Denk-Spielen regelmäßig unter den **Top-Ten** der Welt. Rumänische Schüler sind sehr ehrgeizig und Denkwettkämpfe werden auf allen Ebenen vom Staat gefördert und finanziell unterstützt. So erhalten Denksport-Sieger im Alter von 10 Jahren Prämien von 25 Euro, internationale Sieger werden mit etwa 1000 Euro zusätzlich motiviert.

Die intellektuellen Wettkämpfe werden übrigens mittlerweile auch in Astronomie, Linguistik oder Philosophie ausgetragen, wo es darum geht, wer den besten Essay zu einem bestimmten Thema schreibt. Als der Rumäne *Alexandru Marcoci* 2005 bei der **Philosophie-Olympiade** in Warschau die Goldmedaille gewann, überschlug sich die einheimische Presse mit Meldungen, die Rumänien bereits im „Kultur-Olymp" sahen. Der Sieger dazu nur lapidar: *„Bildung ist Wettkampf, Bildung ist Trumpf."*

Sport als bestes Doping-Mittel

Rumänien zählt mit zu den interessantesten Wintersportländern Osteuropas. Jede Menge Karpatenschnee, herrliche Skipisten, wunderbare Loipen in Transsylvanien, nur eines fehlt: international erfolgreiche **Wintersportler.** Da herrscht wirklich Ebbe. Aber dafür hat Rumäniens Sportseele andere Trostpflästerchen ...

Als Rumäniens Nationalmannschaft am 28.4.2004 um 19.00 Uhr MEZ Deutschland in einem Freundschaftsspiel mit 5:1 im **Fußball** besiegte, war es, so ein rumänischer Freund aus Piatra Neamț, als ob ein Ruck durch die Karpaten gegangen wäre. Was wäre wohl passiert, wenn *Philipp Lahm* nicht zwei Minuten vor Schluss mit seinem Tor noch ein wenig Ergebniskosmetik betrieben hätte? 5:0, eine solche deutsche Niederlage hat es zum letzten Mal 1931 gegen Österreich gegeben.

Wenn man Rumänen nach weiteren sportlichen Erfolgen befragt, an die sie sich erinnern können, dann fallen ihnen meistens weniger die Erfolge selbst, als vielmehr die **Namen** ein, die damit verbunden waren. Es sind genau fünf: *„The big five"* nennt sie der rumänische Sportjournalist *Dorin Chiotea*.

Die überragende Sportlerin des Landes, die 1999 neben *Pelé, Muhammad Ali, Carl Lewis, Steffi Graf* und *Mark Spitz* in Wien in der Kategorie Athletik als Sportlerin des Jahrhunderts geehrt wurde, ist die Turnerin **Nadia Comăneci.** Sie gewann 1976 bei den Olympischen Spielen in Montreal im Alter von 14 Jahren 3 Goldmedaillen sowie 1 Silber- und 1 Bronzemedaille und erreichte als erste Turnerin der Geschichte in der Wertung am Stufenbarren eine 10,0. Diese Note konnte allerdings an der Anzeigetafel in Kanada nicht dargestellt werden, da die Jury vor dem Wettkampf eine solche Note als unerreichbar bezeichnet hatte und einen Umbau der Anzeige auf zwei Dezimalstellen ablehnte. *Comăneci,* die auch bei der Olympiade in Moskau – trotz Manipulationen der sowjetischen Kampfrichter - erneut zwei Goldmedaillen gewann, engagiert sich in Rumänien vor allem für Waisenkinder.

Der zweite Name, den rumänische Sportfans nennen, wenn es um ihre Helden geht, ist der von **Gheorghe Hagi.** Der von rumänischen Zeitungen schnell als Karpaten-Maradona gefeierte Fußballer war zu seiner aktiven Zeit als genialer Exzentriker bekannt, der als Höhepunkt seiner Karriere neben dem Europapokal der Landesmeister mit Steaua Bukarest auch den viermaligen Gewinn der türkischen Meisterschaft mit Galatasaray Istanbul vorweisen kann. Er selbst gibt jedoch als Höhepunkt seiner Karriere den 3:2 Erfolg bei der Fußball-Weltmeisterschaft 1994 gegen Argentinen an. Rumänien erreichte damals überraschenderweise das Viertelfinale und schied dort im Elfmeterschießen gegen Schweden aus.

Nummer drei im Bunde der rumänischen Sportstars ist die Läuferin **Gabriela Szabo,** die im Jahr 2006 im Alter von 30 Jahren noch zu den zehn besten Langstrecken-Läuferinnen der Welt zählte. Ihr größter Erfolg war der Gewinn der olympischen Goldmedaille über 5000 m in Sydney im Jahr 2000. *Szabo* hält auch den Weltrekord über 5000 m in der Halle mit 14:47,35 Min.

Die beiden Tennisspieler **Ion Ţiriac** und **Ilie Năstase** schließlich haben die Farben Rumäniens auf die Center-Courts dieser Welt gebracht. Der sportlich Erfolgreichere von beiden war zweifellos *Ilie Năstase,* der 1972 und '73 die Weltrangliste im Tennis anführte. Gemeinsam mit *Ţiriac* gewann *Năstase* 1970 die French Open im Doppel. *Ion Ţiriac* verlegte seine Aktivitäten ab 1983 auf das Managen von *Boris Becker,* das ihn international ins Rampenlicht brachte. Seit Januar 2006 ist er, laut Bericht der rumänischen Zeitschrift „Capital", mit einem Privatvermögen von 1 Milliarde Dollar der reichste Mann Rumäniens.

052ru Foto: jr

KUNST, THEATER, LITERATUR UND FILM

„O sculptură desăvârşită trebuie să aibă darul de a îl vindeca pe acela care o priveşte.“
„Eine vollkommene Skulptur muss die Eigenschaft haben, ihren Betrachter zu heilen.“

(Constantin Brâncuşi)

Bildende Kunst

Kunst wurde in Rumänien seit jeher vor allem als Gebrauchskunst begriffen. Kein Wunder, dass die größten der alten Meister des Landes dem Kunsthandwerk entstammten. Mit größeren Kunstevents wie der Kuhparade 2005 in Bukarest oder der Eröffnung des MNAC, des Nationalen Museums für zeitgenössische Kunst im überdimensionierten Palast des Volkes, im Jahre 2004 versucht man, den Anschluss an die **internationale Kunstszene** zu finden. Rumänien hat nur wenige Künstler, die auch international für Furore oder zumindest für Aufmerksamkeit sorgten, geschweige denn zu Ruhm gelangten. Wenn man es ganz genau nimmt, hat Rumänien sogar nur einen einzigen modernen bildenden Künstler von Weltrang.

Eine Bildkunst ganz eigener Art entsteht durch die langgestreckten Gänge, die in Sibiu die modernen Passagen vorweggenommen haben

Die unendliche Suche des Brâncuşi

Der bedeutenste Künstler Rumäniens, der Bildhauer *Constantin Brâncuşi* (1876–1957), lief im Jahr 1904 zu Fuß von Bukarest nach Paris. Er hatte als Student in der Kunstgewerbeschule in Craiova ein Werk des französischen Bildhauers **Auguste Rodin** gesehen und wollte sich seinem großen Vorbild nun „langsam nähern", wie er es nannte. Auf dem 2000 km langen Weg studierte *Brâncuşi* die Natur, ließ sich Zeit, besichtigte Budapest, Wien, München und Zürich. Als Sohn eines einfachen Bauern musste er sich ohne Geld nach Paris durchschlagen. Dort angekommen arbeitete er als Messdiener und Kellner, bevor er im Jahre 1907 endlich sein großes Vorbild *Rodin* kennen lernte. Dieser war von dem Talent des jungen Rumänen begeistert, ließ ihn in seinem Atelier arbeiten und lobte seine Werke „Gebet" und „Die Qual" vor der Société des Beaux-Arts. Doch als *Rodin Brâncuşi* anbot, als Geselle in seiner Werkstatt zu arbeiten, entgegnete dieser nur: *„Nichts kann im Schatten eines großen Baumes wachsen." Brâncuşi* wollte seinen Weg als Künstler selber gehen. Später gab er in einem seiner Bücher allerdings zu, dass seine Kunst ohne die Entdeckung durch *Rodin* kaum möglich gewesen wäre.

Heute sind die Werke von *Brâncuşi* im **Museum of Modern Art** in New York ebenso zu sehen wie im Centre Pompidou in Paris, wo man in einer Dauerausstellung auch die Originalwerkstatt des Bildhauers besuchen kann. *Constantin Brâncuşi* gilt als einer der größten Revolutionäre im Bereich der modernen Kunst. Er war ständig auf der Suche nach dem einfachen Ausdruck, der simplen Form, und versuchte seine Plastiken auf eine „Ästhetik pur" zu reduzierten. Er wolle, so sagte er seinem Freund *Amedeo Modigliani,* **das Wesentliche** aus der Form herauskitzeln, bis nur noch die Essenz als Wesensern sichtbar wäre. Sein Werk „Schlafende Muse" demonstriert diese Reduktion auf beeindruckende Weise. Ein auf eine Eiform reduzierter Kopf mit geschlossenen Augen scheint für den Betrachter in einem zeitlosen Raum zu schweben. Die bildnerische Metapher für die Unendlichkeit, ein anderes wichtiges Thema von *Brâncuşi,* verkörperte er durch mehrfache Wiederholung einfacher Stilelemente. Eines seiner bekanntesten Werke „Die unendliche Säule", das im Brâncuşi-Park der Stadt Târgu Jiu zu sehen ist, taucht in zahllosen Variationen immer wieder in seinem Werk auf.

Seine **Inspirationen** bezog *Brâncuşi* von afrikanischen Plastiken und prähistorischer Kunst gleichermaßen. Seine wichtigen Werke „Die Feder", „Der Anfang der Welt", „Der Tisch der Stille" oder „Das Tor des Kusses" haben immer auch einen religiösen oder philosophischen Aspekt, der auf die Frage abzielt, was ist die Essenz, was ist das Wesen des Menschen.

Alte und neue Ikonographie

Wer bei rumänischer Ikonographie nur an die Außenfresken der Moldauklöster oder an die Kunst der Ikonenmaler denkt, wird beim Anblick der Werke, die der neuen, modernen Stilrichtung der **poetisch-fantastischen Ikonographen** zuzurechnen sind, sicherlich überrascht sein. Der spielerische Umgang mit archaischen, historischen und kirchlichen Motiven in der modernen Plastik, Malerei und Designkunst war in Rumänien lange Zeit ein Tabu. Erst seit dem Jahr 2002, in dem rumänische Künstler der Gruppen *Sigma* und *Prolog* auch in internationalen Galerien ausstellten und von Kunstliebhabern in aller Welt hofiert wurden, geriet die neue Sichtweise auf alte Themen vermehrt auch in den Blickpunkt der rumänischen Öffentlichkeit.

Ähnlich wie der sinnsuchende Bildhauer *Brâncuşi* sind auch die Vorreiter der neuen fantastisch-ikonographischen Bewegung, *Constantin Flodor*

Was kann man unter dem von Brâncuşi geschaffenen Tor des Kusses wohl Schöneres tun, als sich zu küssen. Bei Brautpaaren erfreut sich dieses Kunstwerk daher außergewöhnlicher Beliebtheit.

(1939–1992) und *Virgil Mihaescu* (1944–1988), auf der Suche nach den verborgenen Inhalten von abbildender historischer Bildkunst. Während sich der Impressionist *Nicolae Grigorescu* (1838–1907) als Begründer der modernen rumänischen Malerei in seinen Motiven dem bäuerlichen Leben der wallachischen Heimat zuwandte oder *Corneliu Baba,* der *Goya* Rumäniens, die Grenzen der Porträtkunst auslotete und *Theodor Pallady* (1871–1956) die Ursprünge in der Renaissance suchte, wagen die neuen Ikonographen den Brückenschlag zwischen **Tradition und Moderne.**

Die Herangehensweise der Künstler ist dabei einfach und faszinierend zugleich, da sie neben den exakten traditionellen Techniken auch mit moderner surrealer Verfremdung arbeiten. Dabei werden Stilelemente alter byzantinischer Traditionen ebenso aufgegriffen wie solche spontan **verfremdenden Elemente** wie Kerzenrauch. *„Die farbigen Innenfresken vieler Klosterkirchen haben ja"*, so der Künstler *Flodor, „jahrhundertelang unter Kerzenrauch gelitten. Die meisten Bilder wurden allmählich rußgeschwärzt. Für die Betrachter haben sich die Fresken dabei immer mehr in etwas ‚Erahntes' verwandelt. Auch wir wollen der Fantasie mittels einer verfremdeten Realität auf die Sprünge helfen."*

Theater

„Ein französischer Dichter hat gesagt, Abschied nehmen heißt ein wenig sterben. Ich sehe das umgekehrt. Weggehen heißt ein wenig leben."
(Eugène Ionesco)

Das Schauspiel als Spätentwickler

Bis ins 19. Jahrhundert fand Theater in Rumänien ausschließlich in geschlossenen Gesellschaften adliger Villen oder als folkloristisches Theater auf der Straße statt. Dort waren es seit dem Mittelalter vor allem **türkische Darsteller** und Künstler, die neue Formate wie das Marionettentheater oder den Wanderzirkus bekannt machten.

Die ersten öffentlichen Theaterstücke wurden 1814 in Iaşi und 1818 in Bukarest aufgeführt. Da es zu dieser Zeit noch keine Berufsschauspieler gab, musste man sich bis zur Gründung der ersten rumänischen Theaterschule, der „Philharmonischen Gesellschaft" 1833, mit **Laienschauspielern** zufrieden geben. Das Vakuum fehlender großer Theaterkultur füllten Ensembles aus allen Teilen Europas aus, die das ganze Jahr über im Nationaltheater Bukarest gastierten.

Heute spielt das Theater in Rumänien nicht nur seine übliche Rolle als abendlich schicker Edel-Event, sondern zieht überraschend viele **junge Besucher** an, wie die überfüllten Häuser des bedeutendsten rumänischen Theaterfestivals in Sibiu zeigen.

Die Geburt der rumänischen Komödie

Im Jahre 1888 wurde mit dem Schriftsteller und Dramaturgen **Ion Luca Caragiale** (1852–1912) ein Theaterbesessener zum Direktor des Nationaltheaters in Bukarest gewählt, der dem rumänischen Schauspiel zum ersten Mal eine eigene Richtung gab. *Caragiale* gilt als Begründer des rumänischen Nationaltheaters und machte sich zudem einen Ruf als Wegbereiter der Komödie.

Der Anfang seiner dramaturgischen Karriere war ausnahmslos von Misserfolgen gekrönt, da ihm Kritiker eine unsittliche und vor allem unpatriotische Haltung vorwarfen. In der Tat gelang es dem Schauspielersohn *Caragiale* in seinen Stücken „Eine stürmische Nacht“ *(O noapte furtunoasă)* und „Der verlorene Liebesbrief“ *(O scrieşoare pierdută)* gesellschaftliche und politische Misstände zu entlarven und sich damit zum Vorreiter eines **kritischen Realismus** zu machen. In seiner Komödie „Herr Leonida und die Reaktion“ verwechseln bürgerliche Emporkömmlinge das Explodieren von Faschingsböllern mit dem Ausbruch einer Revolution, eine Szene, die die scharfe Beobachtungsgabe und den Humor *Caragiales* besonders schön wiedergibt.

Beim Publikum feierte der Tausendsassa, der sich auch als Redakteur, Souffleur, Lehrer, Gastwirt, Komponist und Herausgeber einer Satirezeitschrift betätigte, zunehmend Erfolge. Doch die **fortlaufende Kritik** der Junimea-Gesellschaft machte ihm das Leben in Bukarest zusehends unmöglich. Im Jahr 1904 verließ *Caragiale* die Stadt verbittert, um sich mit seiner Familie nach einer kleinen europäischen Odyssee letztlich in Berlin niederzulassen, wo er 1912 starb. In einem Zeitungsinterview bezeichnete *Caragiale* seine Haupteigenschaften mit *„Musikliebhaber! Gut entwickeltes musikalisches Gehör, Gedächtnis und Geschmack.“* Im deutschen Exil wollte er vom Theater nicht mehr allzu viel wissen. Die Liebe zur Musik sollte in Berlin den Raum einnehmen, der vorher allein dem Leben auf der Bühne gegolten hatte.

Die anfängliche Kritik in Rumänien ist längst einer Art **Heldenverehrung** gewichen. Seine Gebeine wurden in einer feierlichen Prozession unweit des Grabes von *Mihai Eminescu,* dem größten Dichter Rumäniens, aufgebahrt und seine Geburtsstadt Haimanale im Bezirk Prahova hat sich sogar einen neuen Namen gegeben und heißt heute Caragiale.

Theater des Absurden

Der große Dramatiker **Eugène Ionesco** (1909–1994) wird zwar von den meisten Rumänen gerne als Einheimischer vereinnahmt, da er in Slatina geboren wurde, sein Abitur in Craiova machte, an der Universität Bukarest französische Sprache und Literatur studierte und dort als Lehrer arbeitete. (Aus diesem Grund findet man ihn in rumänischen Büchern durchgehend nur mit der rumänischen Endung *-cu,* die auf seinen Geburtsnamen *Ionescu* verweist.) Seinen Aufstieg zu einem der bedeutendsten Dramaturgen des Welttheaters erlebte *Ionesco* jedoch ausnahmslos in Frankreich, das ihn seinerseits natürlich nur als Franzosen sehen möchte.

Vor seiner Tätigkeit als Dramaturg versorgte *Ionesco* ab 1938 verschiedene Zeitschriften in Rumänien mit Neuem aus der literarischen Szene in Paris, wo er engen Kontakt zum Schriftsteller *Mircea Eliade* und zum Philosophen *Émile Cioran* pflegte. Was den Rest seiner **Biografie** betrifft, verwies *Ionesco* darauf, dass er es vorzöge, wenn die Menschen in seine Stücke gingen, anstatt sich um sein Leben zu kümmmern.

Als die beiden Stücke „Die kahle Sängerin“ *(La Cantadrice chauve)* und „Die Unterrichtsstunde“ *(La Leçon)* 1979 einen neuen Weltrekord aufstellten, weil sie 22 Jahre lang ununterbrochen aufgeführt worden waren, war der Name *Ionesco* international bereits längst zum Markenzeichen für **absurdes Theater** geworden. *Ionesco* ging es in seinen Stücken – allen voran „Die Stühle“ – darum, *„die graue Decke des Alltags ein wenig anzuheben, um darunter die ‚Jungfräulichkeit der Welt‘ zu entdecken.“*

In „Die Stühle“ macht er sich über die profane Welt eines Hausmeisterehepaars lustig, die im irrigen Glauben leben, der Welt eine wichtige Botschaft mitteilen zu müssen, sich in Wirklichkeit aber noch nicht einmal richtig ausdrücken können. Das Ehepaar erwartet deshalb einen professionellen Redner. In ihrer Fantasie bildet sich das kleinbürgerliche Paar auch ein, wichtige Persönlichkeiten der Weltgeschichte bei sich zu Hause zu empfangen und stellt Stühle im Zimmer auf, die im Verlauf der Handlung bald das ganze Zimmer füllen. *Ionesco* bezeichnete sein heute meistgespieltes Stück im Untertitel als **„tragische Farce“** und sieht es als pathetische Aufforderung einer wirklichen Verständigung in einer immer absurder werdenden Welt.

Ähnlich dem Bildhauer *Brancusi* ist auch *Ionesco* auf der beständigen Suche nach einer verborgenen Essenz, einer lebenswichtigen, vergessenen, bislang **ungenannten Wirklichkeit,** die sich hinter der Realität verbirgt. Wahrscheinlich ist dieser künstlerische Wunsch nach einer klaren, einfachen Wahrheit, nach einer poetischen Tür, hinter der sich die Welt entblößt, eine ur-rumänische Sehnsucht.

Raus aus dem geistigen Ghetto – jüdisches Theater

Das heutige, aus dem Bukarester Baraşeum Theater hervorgegangene Jüdische Theater, *Teatrul Evreiesc de Stat,* ist 1948 als erstes staatsgelenktes jüdisches Theater der Welt entstanden und nach dem, bereits 1876 in Iaşi gegründeten *Jiddischen Theater Avraham Goldfaden,* die zweite große jüdische Bühne Rumäniens. Das Baraşeum war nach den Beschlüssen von 1941, die nichtarischen Schauspielern den Auftritt in rumänischen Theatern verboten, in einem unscheinbaren Haus gegründet worden. Zu den Aufführungen während des **Zweiten Weltkrieges** kamen auch Nichtjuden und auch heute besteht das Publikum des Jüdischen Theaters hauptsächlich aus orthodoxen Rumänen.

In den aktuellen Inszenierungen treten international bekannte jüdische Künstler wie *Maja Morgenstern, Rudi Rosenfeld, Ruxana Guttmann* und *Leonie Waldmann* auf. Bewusst verweist man darauf, dass auch heute noch einige Stücke in **Jiddisch** gespielt werden, der Verständlichkeit halber ist es allerdings für Rumänen möglich, sich die Texte über Kopfhörer simultan ins Rumänische übersetzen zu lassen.

One-Man-Show der etwas anderen Art

Auf einer Tournee in den 1970er Jahren sollte das Jüdische Theater Bukarest im Moldaugebiet eine Vorstellung auf Jiddisch geben. Das Stück von *Schalom Alechem* war für das Kulturhaus eines ehemaligen Schtetl vorgesehen. Als der Abend der Aufführung gekommen war, saß nur ein einziger älterer Mann im riesigen Saal. Der Regisseur *Franz Josef Auerbach* fragte den Mann, wo denn wohl die anderen blieben. *„Welche anderen?"*, fragte der Jude. *„Ich bin der Letzte."* Nach einer kleinen Beratung entschlossen sich die Bukarester, das Stück vor dem alten Mann aufzuführen. Sie spielten es so, als ob sie vor einem großen Publikum spielten, als ob alle Juden, die bestimmt zum Stück gekommen wären, aber nicht mehr da waren, noch leben würden.

„Theater auf dem Dachboden" – wichtige Experimente

Neben dem wichtigsten Theater Rumäniens, dem Nationaltheater, dem Theater Bulandra und dem beliebten Theater Nottara mit seinem engagierten Direktor und Schauspieler *Mircea Deaconu* macht seit kurzem das **neue Theater ARCA** in der Hauptstadt auf sich aufmerksam, das von den Medien auch als das „Theater auf dem Dachboden" *(Teatrul din Pod)* bezeichnet wurde.

Für Aufregung sorgte die neue Theatertruppe bereits bei der Premiere ihres ersten Stücks „Top Dogs" des Schweizer Autoren *Urs Widmer,* weil sie einen für rumänische Verhältnisse unverschämt hohen **Eintritt von 100 Euro** pro Person verlangte (der normale Theaterbesuch in der Hauptstadt kostet zwischen 5 und 25 Euro!). Erst einige Zeit später kamen die Medien dahinter, dass die geladen Zuschauer Sponsoren waren, die mit dieser Summe eine neue Form des rumänischen Theaters unterstützen wollten.

Schauspieler, die den Zuschauern bereits von den großen Bühnen oder aus Film- und Fernsehproduktionen her bekannt sind, wie zum Beispiel *Valeria Seciu* oder *Victor Rebengiuc* müssen in Rollen schlüpfen, in denen man sie so bisher noch nicht gesehen hat. Der Direktor *Victor Scoradet* formuliert es so: *„Die* ***Schauspieler*** *in Rumänien werden schnell auf irgendeinen Typ oder eine Persönlichkeit festgelegt. Wer einmal ein Schuft war, bleibt ein Schuft. Doch die Schauspieler sehnen sich nach Abwechslung."*

Also bekommt die seriöse Dramatikerin *Valeria Seciu* eine komische Rolle und der König Lear des Bulandra-Theaters *Victor Rebengiuc,* der auch als tragischer Held aus dem Film „Nici und Flo" bekannt ist, wird ebenfalls den Clown geben, während *Claudia Bleont* sich zum ersten Mal als Sängerin zeigt und der Komiker *Serban Ionescu* endlich einmal eine tragische Rolle spielen darf.

Literatur

„Sînt a filei două fețe, vede-n capăt începutul, cine știe să le-nvețe."
„Die Zukunft und die Vergangenheit sind die beiden Seiten eines Blattes. Wer das weiß, sieht im Ende den Anfang."
(Mihai Eminescu)

Wer in die rumänische Literatur eintaucht, wird durch diese Entdeckungsreise wohl den besten Zugang zur **„Karpatenmentalität"** bekommen, die für viele immer noch rätselhaft und fremd ist. Leider sind noch nicht alle der wichtigsten Schriftsteller und Dichter Rumäniens in die deutsche Sprache übertragen worden. Daher sei an dieser Stelle auf die ausgewählten Literaturhinweise und Tipps im Anhang hingewiesen.

Märchen und Volksdichtung

Die rumänische Literatur hat ihre Wurzeln in der volkstümlichen Erzählkunst und Volksdichtung. Bereits frühzeitig zeigte sich dabei ein Hang zur Magie und Fantastik, der sich in einer eigenen Gattung als **„magische**

Dichtung" entfaltete. Die *Doina* ist den Rumänen als Liebes- oder Klagelyrik bis heute in der Musik ebenso erhalten geblieben wie die epischen Balladen, die vor allem das Leben der Hirten und Schäfer zum Inhalt haben. Am bekanntesten ist hierbei eine tragische Hirtengeschichte um das Schaf *Miorița,* die letztlich zum Nationalepos der Rumänen werden sollte.

Einen wichtigen Schritt in Richtung einer unabhängigen **Literatursprache** ging Ende des 18. Jahrhunderts die so genannte *Siebenbürgische Schule.* Ihre Vorreiter wie *Gheorghe Şincai* (1754–1816) betonten nicht nur die romanischen Ursprünge der rumänischen Sprache, sondern ersetzten auch die kyrillische Schrift durch das lateinische Alphabet.

Als wichtigste frühe literarische Gattung gelang es als Erstes den Märchen, eigene Akzente zu setzen, indem sie satirische und schelmische Elemente in die rumänische Literatur trugen. Märchen und Fabeln wurden von Fürsten wie dem moldauischen Gelehrten *Dimitrie Cantemir* (1673–1723) auch gerne dazu benutzt, dem Volk **„literarische Belehrungen"** zu erteilen, wie er dies in seiner verschlüsselten Tierfabel *„Istorica ieroglifica"* von 1705 tat. *Cantemirs* Text gilt als erster Roman in rumänischer Sprache.

Als bedeutendster Märchendichter Rumäniens gilt *Ion Creangă* (1839–1889), dessen Dichtungen „Der Geldbeutel mit den zwei Pfennigen" oder „Das Märchen vom weißen Mohren" auch **über die Grenzen Rumäniens** hinaus bekannt wurden. Dass der vom Schul- und Kirchendienst suspendierte Lehrer und Diakon *Creangă* überhaupt mit dem Schreiben begann, hatte er seinem Freund und Gönner *Eminescu* zu verdanken, der heute als größter und wichtigster Dichter Rumäniens gilt.

Rumänische Klassik

Die politische Einigung der Fürstentümer Moldau und Wallachei im Jahr 1859 markiert die kulturelle Hinwendung Rumäniens zum Westen. Während die Kunst und Literatur vorher sehr slawisch geprägt war, waren die Mitglieder einer neuen literarischen Gesellschaft namens *Junimea* durchweg im westlichen Ausland ausgebildete, zumeist Deutsch sprechende **Intellektuelle.** In ihrem literarischen Sprachrohr *„Convorbiri Literare"* brachten sie Themen der europäischen Freiheitsbewegungen ebenso mit ein, wie neue Tendenzen der Romantik und Aufklärung.

Zu ihren Mitgliedern, die die literarische Entwicklung Rumäniens entscheidend prägen sollten, zählten u. a. der Kritiker *Titu Maiorescu* (1840–1917), der Dramatiker *Ion Luca Caragiale* (1852–1912), *Ioan Slavici* (1848–1925), Autor des wegweisenden Romans „Mara", der Märchendichter *Ion Creangă* (1837–1889) und **Mihai Eminescu** (1850–1889). *Eminescu* sollte fortan zur bestimmenden und inspirierenden literarischen Kraft werden

050ru Foto: jr

und als **bedeutendster einheimischer Dichter** die rumänische Hochsprache modernisieren und revolutionieren. *Eminescu,* der oft auch als der *Goethe* Rumäniens bezeichnet wird, hat in seinen Gedichten, Novellen und Märchen die rumänische Sprache entscheidend beeinflusst und in seinen Schriften oft in subversiv ironischem Ton zu gesellschaftlichen und religiösen Themen Stellung bezogen. Obwohl er einerseits gefühlsmäßig der alten Volksdichtung nahe stand und seine Dichtung und Schriften vor allem von mythischen Ereignissen des Mittelalters berichten, war er andererseits ein fortschrittlich denkender, **aufgeklärter Zeitgenosse,** der die tief in der orthodoxen Religion verwurzelten Rumänen durchaus auch schockieren konnte.

So sagte *Eminescu,* der heute als die **entscheidende poetische Stimme** seines Zeitalters und seines Landes gilt, und als „universeller" Nationaldichter in keiner Hochzeitsansprache, keinem kulturpolitischen Statement von Bedeutung und keiner orthodoxen Trauerrede in Rumänien fehlen darf, auf die Frage, wem er sich denn zugehörig fühle, nur kurz und nüchtern: *„Eu sunt buddhist"* – „Ich bin Buddhist."

Bereits 1866, im Alter von 16 Jahren, brannte *Eminescu* mit einem Wandertheater durch. Sein Studium der Philosophie in Wien und Berlin brachte ihn in engen Kontakt zur Literatur der **deutschen Romantiker.** Nach seiner Rückkehr übersetzte *Eminescu* u. a. *Friedrich Schiller* ins Rumänische. Einige seiner eigenen Gedichte hat er umgekehrt ins Deutsche übersetzt und sie überraschenderweise dabei so sehr verändert, dass man gar nicht mehr von Übersetzungen, sondern eher von Nachdichtungen sprechen kann.

Als Beispiel sei hier die letzte Strophe seines Gedichtes *„Mai am un singur dor"* („Ich habe noch eine letzte Sehnsucht") angeführt, das als eines der **schönsten Werke** dieses großen Dichters zählt:

Mai am un singur dor:
În liniştea serii
Să mă lăsaţi să mor
La marginea mării.
Să-mi fie somnul lin
Şi codrul aproape
Pe-ntinsele ape
Să am un cer senin.
Nu-mi trebuie flamuri,
Nu voi sicriu bogat,
Ci-mi împletiţi un pat
Din tinere ramuri.

Wenn meine letzte Stunde schlägt,
Tragt mich ans Meer, ans blaue
Dass ich eh man ins Grab mich legt,
das Meer noch einmal schaue
Dass vor des Todes Dunkelheit
Mit sterbendmatten Augen
Den Glanz ich der Unendlichkeit
Noch einmal in mich sauge.

Das goldene Zeitalter

Genauso wie man die Periode der Weimarer Republik in Berlin als die Goldenen Zwanziger bezeichnet hat, spricht man auch in der rumänischen Kulturgeschichte von einem Goldenen Zeitalter, wenn es um diese Zeit geht. Bukarest als **Paris des Ostens** wurde zu einem Magneten für Literaten und Künstler, die sich zunehmend am Westen orientieren.

Die einzige deutschsprachige Buchhandlung Rumäniens
findet man in Hermannstadt am Großen Ring: die Librärie Schiller

Auf der anderen Seite gab es immer mehr rumänische Künstler, die Rumänien den Rücken kehrten um ins **Pariser Exil** zu flüchten. In der Literaturszene in Bukarest entbrannte eine lebhafte Diskussion darüber, ob man sich im kleinbürgerlichen Milieu zwischen Donau und Karpaten als Schriftsteller richtig entfalten könne oder besser emigrieren solle. Der Disput endete nicht selten im Streit um „rumänische Werte".

Zu den Verteidigern ländlicher Kultur als Quelle der Inspiration und „Schlüssel zum Geheimnisvollen" gehörte der Dramatiker und Philosoph *Lucian Blaga* (1895–1961), der in der Volkskultur einen wesentlichen Katalysator der Hochkultur sieht. Die **„Traditionalisten"** beriefen sich gerne auf einen der bedeutendsten Dichter Rumäniens, den Siebenbürger **George Coşbuc** (1866–1918), der die Goldenen Jahre selbst nicht mehr erlebt, aber mit seinen Gedichten über das rumänische Dorf entscheidend beeinflusst hat. Von *Coşbuc* inspiriert erlebte die Lyrik in den 1920er Jahren mit *Tudor Arghezi* und *Ion Barbu* einen neuen Höhepunkt. Der leider noch fast völlig unbekannte *Urmuz* (Pseudonym von *Demetru Demetrescu-Buzău*) verstarb als junger Dichter 1923, hat jedoch die Dadaisten ebenso wie *Ionesco* entscheidend beeinflusst.

Zu den Initiatoren des modernen rumänischen Romans gehörten der Schriftsteller, Dramaturg und Poet *Camil Petrescu* (1894–1957), der mit

Bookarest: Die Stadt der Bücher

Nicht nur rund um die Universität von Bukarest sieht man Buchläden, Antiquariate und Straßenhändler en masse. Die Händler machen in ihren Buchkiosken bereits in der Nähe des Piaţa Romana und entlang des Magheru ihre Geschäfte. Auch die zwei größten Buchmessen der Hauptstadt, die *Gaudeamus* und die *Bookarest*, verzeichnen jährliche Zuwachsraten von über 20 %. Die **Literatur boomt** in Bukarest und das hat seine guten Gründe. Die Schriftsteller des Landes haben wieder einen hohen Bekanntheitsgrad erreicht, man kennt ihre Gesichter, ja man kann sogar wieder in ihre Vorträge gehen – das war nicht immer so!

In den 1970ern, als viele der rumänischen Schriftsteller keinen sonderlichen Enthusiasmus für die aus China importierte Kulturrevolution zeigten, verbot man die Autorenfotos auf den Buchdeckeln mit der Begründung, es solle kein **Personenkult** um die Kulturschaffenden entstehen. Ausserdem kam es zu schlimmen Repressalien und zum Massenexodus desillusionierter Schriftsteller ins Ausland. Die Exilliteratur war zeitweise lebendiger als die im eigenen Land.

Heute findet man sie wieder, die literarischen Salons und die schicken Buchtempel und oft genug bieten sie Schriftsteller zum „Anfassen". Ein ganz besonderer dieser Bücherorte ist das **Cartureşti,** eine stille Buch- und Kulturoase, keine 30 Meter vom belebten Boulevard Magheru entfernt. Das Konzept, ruhige Teestube mit Bücherlesestube zu verbinden, war völlig neu in der quirligen Hauptstadt.

seinem Schlüsselwerk „Die letzte Liebesnacht, die erste Kriegsnacht" das große Weltthema Tod und Liebe in die **rumänische Prosa** einführte und der Symbolist *Georg Bacovia* (1881–1957), der mit dem Roman „Plumb" erstmals an die Tür des Absurden klopfte. Zu den wenigen Autoren aus dieser Zeit, die auch ins Deutsche übersetzt wurden, zählt der Romancier und Dramaturg *Liviu Rebreanu* (1885–1944), der mit seinem Werk „Adam und Eva" sogar einen Erfolg im Westen landen konnte. Die hier bereits verwurzelte neue Avantgarde der Literatur- und Kunstszene versuchte sich in einer bisher nie dagewesenen Experimentierfreudigkeit.

Als einer der letzten großen Surrealisten der **Poesie** ist *Gellu Naum* (1915-2001) zu nennen, der für den deutschen Sprachraum vom rumäniendeutschen Dichter *Oskar Pastior* ebenso wiederentdeckt und übersetzt wurde wie *Panait Istrati* (1884–1935), der „wandernde Schriftsteller". Seine Erzählung „Kyra Kyralina" zählt heute zu den Klassikern der sinnlich-vitalen rumänischen Literatur dieser Zeit.

Literaten und Philosophen im Pariser Exil

Im Gegensatz zu den daheimgebliebenen „Traditionalisten" verließen viele rumänische Schriftsteller und Künstler ihr Land zwischen den Weltkriegen, um in Paris, Berlin oder Italien ihr Glück zu versuchen.

Als Gegenpol zu *Lucian Blaga,* dem Verteidiger der „Landkultur", sollte sich der Schriftsteller und Philosoph *Emil Cioran* (1911–1995) etablieren, der sich von 1945 an sogar weigerte, Rumänisch zu sprechen oder zu schreiben. Bereits die Titel einiger seiner Werke lassen erahnen, wie weit sich der Kulturkritiker *Cioran* auf das Gebiet des **pessimistischen Existentialismus** begeben hatte. So bezweifelt er in den Aphorismen seines Werkes „Vom Nachteil geboren zu sein" grundlegend, dass es überhaupt einen Sinn hätte zu leben und in seinem Erstlingswerk „Auf den Gipfeln der Verzweiflung" konstatiert er: *„Die Tatsache, dass ich lebe, beweist, dass die Welt keinen Sinn hat."* Auch die Briefe seines lebensbejahenden Freundes *Constantin Noica* (1909–1987) konnten den Skeptiker *Cioran* nicht von seinem pessimistischen Kurs abbringen. Auf die Frage, was im Leben wirklich zähle, sagte er so lapidar wie bitter: *„Nichts zählt wirklich".*

Auch den wohl bekanntesten rumänischen Schriftsteller der Neuzeit, *Mircea Eliade* (1907–1986), zog es frühzeitig ins Pariser Exil, was übrigens dazu führte, dass man *Eliade* später oft gar nicht als Rumänen wahrnahm. Nachdem er bereits 1945 nach Frankreich emigrierte, führte der weitere Weg den bekannten **Mythen- und Religionsforscher** in die USA, wo seine eigentliche Karriere erst begann. Es ist kaum bekannt, dass *Eliade* bereits 1930 mit „Isabelle und die Wasser des Teufels" einen Roman in rumänischer Sprache veröffentlichte, der in seiner literarischen Qualität seinen späteren Büchern in nichts nachsteht.

Sein literarisches Werk umfasst neben Romanen („Das Mädchen Maitreyi") auch fantastische Erzählungen („Nächte in Serampore") und Reiseerzählungen („Indisches Tagebuch"). In seinem **religionsphilosophischen Werk** „Das Heilige und das Profane" macht *Eliade* darauf aufmerksam, dass auch unsere moderne, hochtechnisierte Welt von Mythen und archaichen Verhaltensweisen geprägt sei. Seine Forderung, Religion von „innen heraus" zu begreifen, führte den vielseitig interessierten Forscher auch zu eigenen Versuchen mit schamanischen Ritualen sowie Trance- und Ekstasetechniken.

Literarische Kurorte

„Te uiți la lucruri. Dar le vezi numai, dacă le uiți."
„Du siehst die Dinge, aber du siehst sie nur, wenn du sie vergisst."
(Constantin Noica)

Der einleitende Aphorismus ist ein Wortspiel des rumänischen Schriftstellers und Philosophen **Constantin Noica** mit dem rumänischen Ausdruck *a uita*. Dieses Verb bedeutet im Rumänischen sowohl „sehen" als auch „vergessen". *Noica,* der sich dem asiatischen Denken sehr verbunden fühlte, möchte betonen, dass man erst vergessen muss, was ein Ding „ist", um seine wirkliche Tiefe „sehen" zu können.

Constantin Noica, der mit *Eliade* und *Cioran* eng befreundet war, geriet als Intellektueller bereits frühzeitig ins Visier des kommunistischen Regimes. Der missglückte Versuch eine Hegel-Interpretation nach Paris zu schicken, brachte ihm in den 1950er Jahren sechs Jahre **Gefängnis** ein, wobei er noch Glück hatte, da der Richter die geforderten 20 Jahre Haft als zu hoch empfand.

Nach seiner Entlassung wirkte *Noica* eigenen Angaben zufolge als „kultureller Trainer", der den Menschen „auch in totalitären Zeiten" **kritisches Denken** beibringen wollte. Seine bekanntesten „Geistes-Athleten", die er in seinem selbstgewählten **Exil im Kurort Paltiniş** in den Bergen trainierte, waren die Schriftsteller *Andrei Pleşu* und *Gabriel Liiceanu.*

Pleşu, der ebenfalls in der *Ceauşescu-*Ära verfolgt wurde, übernahm nach der Revolution das Amt des Kulturministers und zwischen 1997 und 1998 auch das des Außenministers. Mit der von ihm herausgegebenen Zeitschrift „Dilema Veche" schuf er eines der wichtigsten Organe für die **neue Literatur-Szene.** Heute gilt der Schriftsteller *Pleşu* als einer der geistreichsten und schreibgewaltigsten Intellektuellen Rumäniens.

Gabriel Liiceanu wurde neben seinen Tätigkeiten als Schriftsteller, Philosoph und Übersetzer (*Platon* und *Heidegger*) zu einem der bedeutendsten **Verleger** Rumäniens, der als Leiter des Verlages *Humanitas* vor allem auch junge und unbekannte Autoren fördert. Relativ unbekannt, aber sehr sehenswert sind auch seine Dokumentarfilme, wie beispielsweise der über *Eugène Ionesco.*

Dissidenten des Geistes

Im Dunstkreis der „Schule von Paltiniş" um die Denker *Noica, Pleşu* und *Liiceanu* entstand zunehmend eine literarische Atmosphäre, die sich der totalitären Herrschaft der Kommunisten verweigerte. Zu den beiden herausragenden **Dissidenten,** die sich dagegen verwehrten, in die bestellten Lobeshymnen auf *Ceauşescu* und den ruhmreichen Sozialismus einzustimmen, gehören die Schriftsteller *Ana Blandiana* und *Mircea Dinescu.*

Die Dichterin *Blandiana,* deren Vater 1964 als politisch Verfolgter im Gefängnis saß, wurde während des kommunistischen Regimes mit einem **Publikationsverbot** belegt. *Dinescu,* der sich wortgewaltig gegen die Diktatur äußerte, stellte man sogar unter Hausarrest. Nach der Revolution wurden beide politisch aktiv und engagierten sich in der außerparlamentarischen Opposition oder wie im Fall *Dinescus,* als Publizist und Satiriker.

Auch deutschsprachige rumänische Autoren litten zunehmend unter den Repressalien eines Regimes, dessen **anti-intellektuelle Haltung** auch vor Verfolgung und Folter nicht zurückschreckte. So versuchte *Richard Wagner* z. B. den Freiheitshoffnungen der 68er-Bewegung und des Prager Frühlings literarischen Ausdruck zu verleihen, geriet damit jedoch ebenso in die Fänge der Securitate und in Haft wie *William Totok, Gerhardt Cejka* und noch weitere Mitglieder der „Banater Gruppe". *Wagner* schreibt: *„Was wir zu sagen hatten, sagten wir offen, wir hatten ja nichts zu verbergen, und was wir dachten, wollten wir unter die Leute bringen ... Die Leute der Securitate wurden zu Kennern unserer Literatur, auf ihre Veranlassung hin wurden unsere Werke – wir schrieben deutsch, sie lasen rumänisch – schon sehr früh ins Rumänische übersetzt."*

Ebenso wie *Wagner* emigrierte auch seine damalige Frau, die rumäniendeutsche Schriftstellerin *Herta Müller* 1987 nach Deutschland. *„Ich wäre in Rumänien geblieben, wenn Ceauşescus Staatspolizei mir das Leben dort nicht unmöglich machen würde"*, sollte sie 1993 in einem Interview mit der Zeitschrift „Vogue" sagen. *Herta Müller,* die heute zu den herausragenden und vielfach preisgekrönten deutschen Autorinnen zählt, durfte in Rumänien anfangs nur **zensiert** erscheinen. In ihrem Erstlingswerk *„Niederungen"*, das sich mit ihren Kindheitserinnerungen in einem Banater Dorf be-

Interview mit Mircea Cărtărescu

Im Mai 2006 hatte ich das Glück, mit dem heutzutage wohl bekanntesten und erfolgreichsten zeitgenössischen rumänischen Schriftsteller *Mircea Cărtărescu* ein Interview im Schloss Solitude in Stuttgart zu führen.

Remus: *Herr Cărtărescu,* können Sie vom Schreiben leben?

Cărtărescu: Ich kenne keinen einzigen Prosa-Schriftsteller, der in Rumänien vom Schreiben alleine leben könnte. Natürlich gibt es Schriftsteller und Essayisten wie *Gabriel Liicianu,* die das können, aber der ist Verleger und lebt ganz gut davon, oder *Andrei Pleşu,* der als ein Angestellter des Staates sein Geld verdient. Also ich muss auch weiterhin zur Uni gehen, um mir dort als Professor für Literatur meine Brötchen zu verdienen. Ach ja, vielleicht lebt auch *Ana Blandina* vom Schreiben, aber keine Ahnung wie sie das macht.

Remus: Unvorstellbar, Sie feiern doch riesige Erfolge.

Cărtărescu: Bis vor zwei Jahren (2004) hatte ich fast überhaupt kein Einkommen, bis zum Erfolg von „Warum wir die Frauen lieben", dass sich in Rumänien 100.000 mal verkauft hat. Es hat sich sogar besser verkauft als *Paulo Coelho* oder „Sakrileg" von *Dan Brown.* Der Erfolg meines Buches ist vielleicht in Rumänien darauf zurückzuführen, dass es so schön schlank und handlich ist. Die Rumänen lesen nicht viel, und schon gar keine dicken Bücher. Es ist eine Sammlung von Kurzgeschichten, die ich in der Frauenzeitschrift „Elle" veröffentlicht habe. Es war also ursprünglich nur für Frauen gedacht. Ich habe also für Frauen geschrieben – heute lesen das auch die Männer. Verrückt.

Als mir jemand sagte, man könne diese Artikel für „Elle" in einem Buch zusammenfassen, war ich erst sehr skeptisch. Mein Verleger *Liicianu* war auch skeptisch – aber er sagte: „Du weißt, ich drucke alles von dir, sogar ein Buch mit weißen Seiten."

Wir hatten erst 2000 Exemplare gedruckt und keine Werbung gemacht. Die waren in einer Woche ausverkauft. Es ist auch in Spanien verlegt worden. Es wird 2007 bei Suhrkamp erscheinen. „Warum wir die Frauen lieben" war mein erstes Buch, das mir etwas Geld eingebracht hat. In der Universität verdiene ich 300 Euro im Monat.

Remus: Bei ihrem ersten internationalen Preis sagten sie, es gäbe viel mehr rumänische Schriftsteller, die weltweit bekannt sein müssten? Warum sind rumänische Schriftsteller so unbekannt?

Cărtărescu: Die rumänische Literatur ist schwer zu übersetzen und das ist ein Problem. Denn wir Schriftsteller in Rumänien leben sehr durch unsere Sprache. Wir leben von der Chemie der Sprache, von ihrem Klang. Sie ist fantastisch. Die größten Schreiber sind bei uns Poeten. Wir leben von der Spannung zwischen den verschiedenen Schichten unserer Sprache. Die slawischen, griechischen, türkischen, ungarischen, deutschen Schichten unseres Sprachkuchens haben alle eine andere Färbung. Wer den ganzen Kuchen essen möchte, muss sich als Ausländer schon an unseren Ort, in unsere Sprache begeben. Sonst verdirbt er sich den Magen. Aber unsere Sprache ist auch ein Gefängnis, so schön sie auch ist.

Remus: Könnten Sie bitte fünf oder sechs Ihrer Favoriten aus der jungen Literaturszene benennen.

Cărtărescu: Der erste, den man nennen muss, ist **Mircia Horia Simionescu.** Er ist eine Art rumänischer *Borges* und schreibt auch ein wenig in der Art wie *Italo Calvino*. Er ist der größte rumänische Stilist. Er ist sehr spielerisch, aber auch sehr, sehr intellektuell ... Dann wäre da **Stefan Agopian,** der seine Wurzeln im Armenischen hat, ein

071ru Foto: jr

sehr guter Schriftsteller. Leider lebt der sehr anerkannte Schreiber und Führer meiner Generation nicht mehr, **Mircea Nedelciu,** er gehört unbedingt in die Top 10. Die beste Schriftstellerin Rumäniens heißt *Simona Popescu* und hat ein Buch über die Häutungen unseres Selbst geschrieben. Wir sind ja zu verschiedenen Zeiten immer ein Anderer und die abgestreifte Haut ist auch eine sehr schöne Metapher für die Erinnerung. Dann wäre da **Gheorghe Crăciun,** ein sehr guter und sehr ernster Schriftsteller, der auch schon in Frankreich veröffentlicht wurde und schließlich **Gabriela Adameşteanu,** die die wichtigste politische Zeitschrift Rumäniens, die „Revista 22", herausgibt. Ihr Roman „Dimineaţa perdută" („Verlorener Morgen") zählt zum Schönsten, was ich je gelesen habe.

Remus: Woher kommen Ihre Inspirationen?

Cărtărescu: Ganz und gar aus mir selbst heraus. Aus meinem inneren Leben. Oft kann ich nicht einmal sagen, worum es in meinem Roman geht ... und es ist mir auch egal, es handelt sich um eine innere Landkarte meines eigenen Ichs. Ich mische sehr alte Erinnerungen, die verschiedenen Stadien meines Lebens, meines inneren Schmetterlings.

Remus: Metamorphosen scheinen ihnen zu gefallen. Lieben Sie Ovid?

Cărtărescu: Sicher liebe ich Ovid. Aber es waren nicht die Römer, sondern die Griechen, die im Schmetterling ein Symbol für die verborgene Seele sahen, ein Symbol der Veränderung. Von der Raupe zur Puppe zum Schmetterling ... Die mystische Geschichte unserer Seele. Hier auf der Erde krabbeln wir nur wie Raupen herum, aber wir alle hoffen, eines Tages Schmetterlinge zu werden.

schäftigt, reflektiert sie in knappen, abgehakten Sätzen die Niederungen des gesellschaftlichen Lebens. Ein Erzählfluss ist nicht vorhanden, der Leser merkt die abrupten Lücken, das plötzliche Schweigen. Später sollte *Herta Müller* diese Lücken die „verschwiegenen Sätze" nennen, die das Schreckliche, das Unsagbare besser verschweigen.

Ebenso wie *Herta Müller* lebt auch *Oskar Pastior* heute in Berlin. Der Sprachakrobat, Wortentdecker, Übersetzer und Georg-Büchner-Preisträger des Jahres 2006 wurde aus Rumänien in **sowjetische Arbeitslager** deportiert, wo er die ersten vier Nachkriegsjahre verbringen musste. Heute zählt *Pastior* zu den großen Entdeckern rumänischer Erzählkunst und Dichtung für den deutschen Sprachraum. Ebenfalls als Dichter und Übersetzer, aber vor allem auch als kritischer Beobachter der postkommunistischen Übergangszeit hat sich der rumäniendeutsche Schriftsteller *Dieter Schlesak* einen Namen gemacht.

Zeitgenössische rumänische Literatur

Angesichts der vielen unterschiedlichen Stilrichtungen und Inhalte der modernen rumänischen Literatur operiert die dortige Literaturkritik bereits seit den 1960er Jahren nur noch mit dem Begriff der **„Generationen".**

So versteht man unter der Generation 60 all die Schriftsteller, die sich entweder wie **Nichita Stanescu** (1933–1985) in metaphysischen Bildneuschöpfungen auf eine poetische Sinnsuche gemacht haben oder wie **Marin Sorescu** (1936–1997) in „Der Fakir als Anfänger" in nüchtern-ironischem Ton an einer einfallsreichen Mythenzerstörung beteiligen.

Dicht am Leben: Die Romane von Eginald Schlattner

Wenn einer der bekanntesten deutschen Literaturkritiker, *Dennis Scheck*, ins Siebenbürgische reist, sich mitten in der kleinen Ortschaft Rothberg mit dem Stuhl auf eine Straße setzt, um dort einen rumänischen Schriftsteller zu interviewen, dann muss es sich dabei um einen ganz besonderen Literaten handeln. *Eginald Schlattner*, der mit seinen Büchern „Der geköpfte Hahn", „Rote Handschuhe" und „Das Klavier im Nebel" die deutschen Bestsellerlisten stürmt, ist solch ein ganz besonderer Schriftsteller. Seine Schreibsprache ist Deutsch, seine Mundart ist Sächsisch, seine Romane sind prall gefüllt mit einem Leben, das uns hierzulande eher fremd ist. *Schlattner* kennt alte Worte und Wörter, die auch die wortkundigsten Deutschrumänen längst vergessen haben. Seinen Stoffen, die sehr authentisch und lebensnah erzählt sind, merkt man an, dass der Autor sie selbst erlebt hat. Am dichtesten an seinem Leben entlang geschrieben ist dabei wohl der Roman „Rote Handschuhe", der von seiner zweijährigen Haft bei der Securitate in „Stalinstadt" erzählt, wie Brasov zum damaligen Zeitpunkt hieß.

070ru Foto: jr

In den 1970er Jahren entstand unter Leitung des bekanntesten rumänischen Literaturkritikers *Nicolae Manolescu* eine wichtige literarische Gruppe der Moderne, die früh den Namen **„Montagszirkel"** erhielt, weil sich die Schriftsteller regelmäßig montags zum Diskutieren trafen. Neben *Mariana Marin* und *Florin Jaru* gehörte dieser Gruppe auch der junge Student *Mircea Cărtărescu* an, der heute der wohl bekannteste und erfolgreichste zeitgenössische rumänische Schriftsteller ist.

Sein Buch „Nostalgia" konnte 1988 nur in stark zensierter Form unter dem Titel „Der Traum" erscheinen, war aber der erste rumänische Roman der neuen Autoren-Generation, der 1993 auch ins Deutsche übersetzt und in Deutschland verlegt wurde. Die fünf Prosatexte behandeln die abstruse, oft surreale Bukarest-Odyssee verschiedener Protagonisten. Oft wendet sich **Cărtărescu** direkt an seine Leser, drückt sein Mitgefühl für ihre Zweifel aus, befragt sie oder stellt Hypothesen über den weiteren Verlauf der Handlung an, um dann z. B. triumphierend zu schildern, wie man eine Pechsträhne bezwingen kann. Sein erfolgreichstes Buch „Warum wir die Frauen lieben" ist heute das meistverkaufte Prosawerk Rumäniens.

Die Schriftstellerin Herta Müller hatte in Rumänien unter der Verfolgung und den Repressalien der Securitate zu leiden. Bereits seit 1987 lebt sie Berlin.

Das Hauptproblem der jungen rumänischen Schriftsteller und Philosophen ist, dass sie ohne Übersetzungen im Ausland kaum wahrgenommen werden. So wäre es sicher ebenso wünschenswert, *Eugen Cojocaru* und sein Werk „big bangs back" bald einer breiten deutschen Leserschaft zu präsentieren wie auch die jungen Autoren, die inzwischen als **Generation 80 und 90** von der gestrengen Kritik gefeiert werden: *Dan Lungu, Ion Mureşan, Marta Petreu, Letitie Ilea oder Cosmin Manolache.*

Film

In der postkommunistischen Zeit der 1990er Jahre lag der rumänische Film in Trümmern. Seit 1990 wurden immer weniger Filme produziert, im Jahr 2000 war der Tiefpunkt erreicht, als kein einziger rumänischer Kinofilm gedreht wurde. Der Dokumentarfilmer *Laurenţiu Calciu* proklamierte das **Ende des rumänischen Films,** da man immer nur auf der Suche nach sensationellen Stoffen und Geschichten sei und *„nicht im Stande, das Interessante hinter dem täglichen Leben zu sehen."*

Seit dem Jahr 2000 geht es jedoch wieder aufwärts. Die neuen Filmemacher Rumäniens wollen keine Flucht mehr in fantastische Streifen antreten und auch keine pathetischen Historienschinken mehr zeigen, wie es *Sergiu Nicolaescu* bereits zu kommunistischen Zeiten getan hat. Sie wollen, so wie es bereits der Altmeister, der Regisseur *Liviu Ciulei* verlangt hatte, vor allem **Realismus** zeigen. So äußerte sich die Filmgruppe „Zwischen Himmel und Erde" *(Între cer şi pâment)* der Bukarester Filmakademie und sagte, es würde Zeit, den wahren Realismus Rumäniens zu zeigen – jenseits einer stereotypen westlichen Reduktion auf Bilder von Dreck, Armut, Straßenkindern oder Hochwasser-Katastrophen. Einer ihrer Studenten sagte im Film „Boheme aus Bukarest" aus dem Jahr 2003: *„Wir wollen keine vergessene Nation am Rande Europas mehr sein."*

Goldener Bär und Goldene Palme

Rumänische Regisseure können für ihre Projekte mit keinen hohen Fördergeldern rechnen. Für einen normalen Spielfilm gewährte die staatliche **Filmförderung** CNC *(Centrul National de Cinematografie)* zum Beispiel 2006 nicht mehr als 250.000 Euro. Um so erstaunlicher sind die großen Erfolge, die junge Filmschaffende auf internationalen europäischen Festivals erreichten.

Eines der größten cineastischen Talente des Landes ist der in Genf ausgebildete **Cristi Puiu.** 2004 erhielt er für seinen Kurzfilm-Beitrag „Eine

Stange Kent und ein Päckchen Kaffee" in Berlin einen *Goldenen Bären,* der allerdings im Rummel um *Fatih Akins* Film „Gegen die Wand" etwas unterging. (Dafür lieferte in *Akins* Siegerfilm die rumänische Gruppe „Fanfare Ciorcalia" die Musik.)

Bereits der Erstling von *Cristi Puiu „Marfa şi Banii"* (Koks und Kohle) wurde zu einem **internationalen Erfolg.** Das Rezept von *Puiu* sind seine unspektakulären, oft mit der Handkamera gedrehten Bilder, mit denen er in „Koks und Kohle" den Alltag des organisierten Verbrechens beleuchtet oder in seinem Film „Der Tod des Herrn Lazarescu" *(Moartea domnului Lazarescu)* die nächtliche Irrfahrt eines Todkranken durch die Krankenhäuser Bukarests dokumentiert. Die entwürdigende Odyssee des 63-jährigen *Dante Remus Lazarescu* zwischen zynischen und arroganten Ärzten und der herzlichen und fürsorglichen Rettungsschwester *Mioara* ist dabei durchaus als Metapher für den moralischen Zustand der rumänischen Gesellschaft gedacht.

Auch als Drehbuchschreiber machte sich *Cristi Puiu* mittlerweile einen Namen. Wer etwas über die kulturellen Unterschiede und Gemeinsamkeiten zwischen Rumänen und Deutschen erfahren möchte, dem sei das **deutsch-rumänische Liebesdrama** „Offset" aus dem Jahr 2005 ans Herz gelegt, in dem neben *Katharina Thalbach* auch die in Rumänien geborene Schauspielerin *Alexandra Maria Lara* mitwirkt.

Neben *Cristi Puiu* gehört der junge Regisseur **Cristian Mungiu** zu den neuen Talenten des rumänischen Kinos. In seinem Film *„Occident"* aus dem Jahr 2002 geht es um die Themen Emigration und Flucht. *Mungiu* verschachtelt die reisefreudigen Zukunftsträume von drei Personen zu einer intelligenten Komödie, in der sich alle Handlungen gegenseitig beeinflussen.

Interessant ist auch der Lebensentwurf des Geschäftmanns *Tudor,* der im Film *„Trafic"* von **Catalin Mitulescu** eine 20-minütige Pause dazu benutzt, sein ganzes Leben mit einem Schlag zu ändern. Der Jury in Cannes war die filmische Umsetzung dieser Idee eine *Goldene Palme* Wert.

Cineastische Highlights

Einer der schönsten und amüsantesten rumänischen Filme ist sicherlich **„Filantropica"** von *Nae Caranfil* aus dem Jahr 2002. In dieser schwarzen Satire hat sich der erfolglose Schriftsteller und frustrierte Lehrer *Ovidiu* (Monatslohn 150 Euro) in die attraktive Schwester seines Problemschülers *Robert* verliebt und würde ihr gerne ein wenig imponieren. Doch während seine Schüler mit dem Mercedes und teuren Handys zum Unterricht kommen, hat *Ovidiu* materiell nicht viel zu bieten. Ein gemeinsamer

Abend mit seinem Schwarm kostet ihn gleich einen halben Monatslohn. Einen Ausweg aus der Misere scheint nur ein gewisser Herr *Puiutz* zu kennen, der als „Bettelkaiser" schauspielernde Bettler auf Bukarests Straßen schickt. Jeden mit einer neuen, spannenden Geschichte. Lehrer *Ovidiu* glaubt sich anfangs im falschen Film und weigert sich, als Trickbetrüger oder Bettler aufzutreten. Doch dann entdeckt er seine wahren „dichterischen Talente".

Sehr sehenswert ist auch der Film **„Niki und Flo"** des bekannten Altmeisters *Lucian Pintilie* über den Werteverfall im modernen Rumänien. In dieser 2003 gedrehten Tragikomödie kommt es am „Nationalen Tag der Armee" zu einer fatalen Kurzschlusshandlung zwischen einem traditionsbewussten Oberst im Ruhestand *(Niki)* und dem offenen, jeder neuen Mode gegenüber aufgeschlossenen *Flo.* Am Anfang scheint durch die Hochzeit ihrer Kinder alles auf eine Versöhnung zwischen Tradition und Moderne hinauszulaufen, wenn nur der großspurige *Flo* nicht immer alles besser wüsste.

Einen skurrilen Rückgriff auf den in Rumänien vor der Revolution sehr verbreiteten Märchenfilm unternimmt der Regisseur *Sinisa Dragin* in seinem Werk **„Jeden Tag küsst uns Gott auf den Mund"** *(„În fiecare zi Dumnezeu ne saruta pe gura").* Ein frisch aus einer langjährigen Haft entlassener Metzger kann seinen Jähzorn nicht zügeln und hinterlässt bereits auf dem Nachhauseweg eine neuerliche frische Blutspur. Doch während ihm das Töten anderer leicht fällt, misslingt ein Selbstmordversuch kläglich. Gott, so die Aussage des Regisseurs, scheint noch etwas anderes mit dem Metzger vorzuhaben ...

Die Emanzipation einer Frau in einer Welt archaischer Werte schildert schließlich der wild-poetische Film **„Ryna"** von *Ruxandra Zenide,* einer nun in der Schweiz lebenden rumänischen Regisseurin. *Ryna* würde sich nichts so sehr wünschen wie lange Haare, ein Kleid oder einen Besuch auf einem Tanzfest. Doch ihr despotischer Vater, ein Tankstellenbesitzer, der sich nichts so sehr gewünscht hatte wie einen Sohn, verbietet ihr jede mädchenhafte „Spinnerei" und Allüre. So schert sich *Ryna* weiter die Haare kurz und läuft im Mechaniker-Overall herum. Erst als sich ein französischer Wissenschaftler in die Tristesse ihres Daseins im romantischen Donaudelta verirrt, beginnt die Rebellion der Tochter.

Filmstadt Buftea und die Hollywood-Stars

Die kleine Filmstadt Buftea vor den Toren Bukarests hat sich mittlerweile in den USA ebenso wie im westlichen Europa einen Namen als **Klein-Hollywood** gemacht. Fast monatlich geistern neue prominente Namen durch die Hauptstadt-Gazetten, da Buftea längst zu einem Synonym für preisgünstiges Filmen unter hochprofessionellen Bedingungen geworden ist.

Das liegt vor allem an den **Castel-Film-Studios,** die nur einen Bruchteil der Kosten ihrer Konkurrenz in Kalifornien, in der Cinécitta oder in Babelsberg verlangen, und jährlich etwa zehn Filme auf ihrem Gelände produzieren. So kann Buftea bereits auf eine eindrucksvolle Filmographie verweisen. 2002 entstand in Rumänien der Film „Cold Mountain" mit *Nicole Kidman, Renée Zellweger, Donald Sutherland* und *Jude Law.* 2005 drehte *Gerard Depardieu* hier, davor waren es *Rutger Hauer, Christopher Lambert, Jeanne Moreau, Wesley Snipes, Charles Aznavour, Andy Garcia* oder *Jean Claude van Damme.*

Besonders spannend finden es die Rumänen natürlich, wenn ihre Stars *Maya Morgenstern* oder *Daniela Nane* gemeinsam mit *Ben Kingsley* in Buftea vor der Kamera stehen oder wenn ein rumänischer Autor von einem **Hollywood-Regisseur** verfilmt wird, wie es *Francis Ford Coppola* mit dem rumänischen Schriftsteller *Mircea Eliade* im Sommer 2006 im Film „Tinerete fară Tinerete" tat.

Auf den jährlichen rumänischen Filmfestivals in Cluj-Napoca (Tiff-Festival), in Bukarest (Dakino-Festival) oder am Schwarzen Meer in Portița (Anonimul) erscheint zwar noch keiner der sehnlichst erwarteten Stars, aber ein klein wenig **Glanz** der großen Filmstars wirft „Bufteawood" auf jeden Fall bereits ab.

054ru Foto: jr

MUSIK UND TANZ

Singen, tanzen und musizieren sind in Rumänien seit jeher aufs Engste verknüpft. So steht schon das Wort *cânta* sowohl für das Singen, als auch für das Spielen eines Instrumentes, was für einen Rumänen keinen großen Unterschied ausmacht. Die *lăutari,* die Musikanten, können sowieso beides und das meist von Kindesbeinen an. In den traditionellen Landschaften des Maramureş, in der nördlichen Moldau oder Teilen Siebenbürgens findet sich auch heute kaum ein Dorf ohne Musikkapelle und kaum eine Familie ohne Musikanten. Feste sind ohne **Musik und Tanz** undenkbar. Die Musiker, die oft keine Noten lesen können, haben die alten Stücke von ihren Vätern und Müttern auswendig gelernt und spielen sie sehr exakt auf ihren Violinen, ihren Trompeten oder Hackbrettern nach. Und mit ein bisschen *Ţuica* improvisieren sie auch mal wild drauflos und spielen die *ciocârlia,* den Lerchengesang, so schnell, dass man mit den Füßen kaum mehr nachkommt.

Eine Zigeunerhochzeit oder eine Taufe wären ohne Musik absolut undenkbar. Hier begleiten Musiker eine Taufgesellschaft in Bukarest – und die Passanten feiern spontan mit.

Volkstümliche Musik

Die **Hirtenlieder,** die volkstümlichen Stücke und Tänze, werden seit Jahrhunderten überliefert und auf alten Naturinstrumenten gespielt, wie der aus Bambus gefertigten Panflöte *(nai),* der Langflöte *(taragot)* oder dem *cimbal,* einem Hackbrett mit alpenländischem Charakter. Zum Bestand an volkstümlichen Liedern gehören auch die alten Balladen, wie *„Meşterul Manole"*, *„Mioriţa"* oder *„Soarele şi luna"*, die mitunter von Liedermachern, wie zum Beispiel von *Tudor Gheorghe,* in modernen Fassungen mit philharmonischen Orchestern eingespielt werden.

Die traditionelle Volksmusik hat sowohl Eingang in die Festtagsmusik als auch in die klassische Musik Rumäniens gefunden und sogar die **manipulativen Bemühungen** *Ceauşescus* überlebt. Der hatte nämlich verlangt, alle religiösen Stellen der überlieferten Lieder zu ändern. Professionelle Sänger mussten in riesigen Musik-Inszenierungen, die auch im Fernsehen übertragen wurden, den so genannten *Cântarea Romaniei,* ihre Stimmen anstatt auf die Religion auf den ruhmreichen Sozialismus erheben.

Seit 1990 jedoch pfeifen die Rumänen auf alle sozialistischen Vorgaben und spielen und tanzen wieder wie zu uralten Zeiten. Bei Dorffesten und Hochzeiten gehören die atemberaubend schnell gespielte und getanzte *sîrba* ebenso wie der Kreistanz *hora* zum festen Bestandteil rumänischer **Feierkultur.** Zu den bekanntesten Musik- und Volksfesten gehört die *Hora de la Prislop* am Prislop-Pass im Maramureş. Volkstümliche Musikwettbewerbe werden mittlerweile fast in jeder größeren rumänischen Stadt veranstaltet.

Insgesamt gibt es weit über 5000 verschiedene überlieferte rumänische Tänze und ebenso viele verschiedene Musikrichtungen. Die rumänische Musik ist auch über die Grenzen hinaus populär, wie man im Jahr 2004 am Lied der Eurovision-Song-Contest-Siegerin **Ruslana** aus der Ukraine sehen konnte: Einige ihrer musikalischen Motive entnahm sie den Stücken der in Rumänien ansässigen Huzulen. Die rumänischen Volkslieder, seien es *colinde* (Weihnachtslieder), *Balladen* oder *doine* (rumänische Chansons) sind in ihrer Rhythmik derart vielgestaltig, dass sie oft nicht mit dem westeuropäischen Taktbegriff vereinbar sind.

Die rumänische Musik gehört mit Abstand zu den komplexesten und reichsten in Europa. Der ungarische Komponist **Béla Bartók** (1881–1945) hatte es sich um 1930 zur Aufgabe gemacht, dieses reiche Kulturgut aufzuzeichnen und ist dazu mit alten Wachs-Grammophonplatten in die entlegensten rumänischen Dörfer gereist. Seine überlieferten Tänze und Melodien hat er in einem eigenen Phonogrammarchiv angelegt und dabei uralte und seltene Stücke aus der rumänischen Volkstradition bewahrt.

Klassische Musik

Neben *Béla Bartók* stand auch der ungarische Musiker *György Ligeti* (1923–2006) schon früh in seiner musikalischen Entwicklung unter dem Einfluss der rumänischen Volksmusik, die schnell Eingang in die hiesige Klassik gefunden hat. Zu den ersten klassischen rumänischen **Komponisten** gehörte *Eduard Caudella* (1841–1924), der im Westen vor allem mit seinen monumentalen Opern wie „Petru Rareu" Furore machte. Sein Zeitgenosse *Ciprian Porumbescu* (1853–1883) ging, obwohl er nur 30 Jahre alt wurde, in die musikalischen Annalen ein, weil er sowohl die erste rumänische als auch die heutige albanische Nationalhymne komponierte.

Ein Synonym für die klassische rumänische Musik sollte **George Enescu** (1881–1955) werden, der bereits als fünfjähriges Wunderkind in Wien Violine studierte. Weltruhm erlangte *Enescu* vor allem durch seine Streichquartette, die ihn auf alle Bühnen der Welt brachten. Neben seinem Engagement als Musiker war *Enescu* in Rumänien auch als Dirigent, Lehrer und Musikwissenschaftler tätig. Doch er unterrichtete ebenfalls in Siena (Italien) und in den USA. Am Ende seines Schaffens waren die französischen Einflüsse unverkennbar. Mit seinen „Sept chansons de Clement Marot" sollte *Enescu* auf seine alten Tage noch einmal Weltruhm erlangen. Dem breiten rumänischen Publikum sollte *Enescu* durch seine von der Volksmusik inspirierten *„Rumänischen Rhapsodien (op.11)"* bekannt werden.

Viel zu kurz währte das Leben des Pianisten und Komponisten **Dinu Lipatti** (1917–1950), der bereits mit 33 Jahren an Leukämie verstarb. Seine kongeniale Interpretation der Walzer von *Chopin* hatte ihn bereits im Alter von 16 Jahren auf die französischen Bühnen gebracht.

Zu den Dirigenten, die weit über die Grenzen Rumäniens hinaus Berühmtheit erlangten, zählt zweifellos **Sergio Celibidache** (1912–1996), der neben *Leonard Bernstein* in den 1950er Jahren die Orchester der Welt zu Hochleistungen führte. Der mehrsprachige *Celibidache* – er studierte zu Beginn seiner Karriere in Berlin Mathematik (!) – lehnte Tondokumente übrigens grundsätzlich ab. Bis auf sehr wenige Aufnahmen, die zu Beginn seiner Karriere entstanden, gab es demnach keine Veröffentlichungen. Geheime Mitschnitte, die sehr umstritten waren, wurden dennoch nach seinem Tod veröffentlicht.

Zu den herausragenden **Einzelinterpreten** rumänischer Liedkunst gehört neben der Opernsängerin *Angela Gheorghiu* und der Sopranistin *Hariclea Darclée* vor allem *Maria Tanase* (1913–1963) (s. auch Exkurs). Die bis heute in Rumänien verehrte Sängerin wurde durch ihre gefühlvollen Interpretationen von Volks- und Kinderliedern ebenso bekannt wie durch ihre Chansons, die sie vor allem in Paris populär machten.

Balladen der Sehnsucht

Was den Portugiesen ihr Fado, ist den Rumänen ihre **Doina.** Die alten Balladen erzählen von Überschwemmungskatastrophen ebenso wie vom Verlust des Liebsten, von der *Nostalgia,* der Liebe zur Heimat, von der ewigen Sehnsucht nach Freiheit oder einfach nur von der stundenlangen vergeblichen Suche nach einem entlaufenen Schaf.
Eine Doina an dieser Stelle mit Worten zu erklären, macht nicht allzu viel Sinn, weil man sie hören muss. Aber es mag helfen, eine der sehr seltenen **Übersetzungen** heranzuziehen, um zu verstehen, was eine Doina ihrem tiefsten Wesen nach sein könnte:

Maria Tanase

Die Stimme der *Maria Tanase* hüpft und springt, scheint keinen Regeln folgen zu wollen, in den Scherzliedern, die sie zwischen ihren abgrundtiefen melancholischen Texten immer wieder platziert. Wie eine **Achterbahnfahrt** durch die Gefühlswelt kommt einem heutigen Hörer der Wechsel zwischen klassischem, wehmütigem Chanson und dem aufgeregten, lachenden Singen der Trinklieder vor.

Bereits in den 1930er Jahren nahm Maria Tanase ihre ersten Platten auf. Es waren vor allem die orientalisch geprägten Volkslieder ihrer Kindheit, die sie von Zigeunern gelernt hatte, die ihren Liederschatz bereicherten. Das **Spektrum** der rumänischen Musik, die sie später in Paris vorführen sollte, reichte mühelos von leise flüsternden Wiegenliedern über erzählende *cântece* (Volksweisen) bis hin zu temperamentvollen, derben Liebesliedern. Ihren gefühlvollen Interpretationen konnte jedoch kaum ein Orchester folgen, denn die *Tanase* sang sie stets „in ihrem eigenen Takt". „Welt, oh Welt ..." Die knisternden Geräusche alter Schellackplatten können eine ganz eigene, interessante Spannung aufbauen, wenn die Instrumente langsam einsetzen und man die Stimme von *Maria Tanase* erwartet. *„Lume ... Lume"* – eine klagende Doina erhebt sich und besingt einfach nichts anderes als die Welt, die Welt. Vor über 50 Jahren war das und die Rumänen haben ihre große *Tanase* nie vergessen.

Die Sängerin, die niemals ein Konservatorium besucht hatte, begann mit dem Singen auf der Veranda ihrer elterlichen Wohnung in einer heruntergekommenen Bukarester Vorstadtsiedlung. Ihre Eltern bewirtschafteten dort eine Blumengärtnerei und die Legende weiß zu berichten, dass ihr Vater dort nur Frauen anstellte, die auch gut singen konnten. Die kleine *Maria* saß also dort zwischen den Blumen und lernte die **Lieder der Gärtnerinnen.**

Später ermutigten sie Freunde, sie solle das Singen zu ihrem Beruf machen, doch die *Tanase* befand sich noch auf der Suche nach „ihren Liedern", wie sie das nannte. Gemeinsam mit dem Musikwissenschaftler *Harry Brauner* durchstöberte sie die **Archive.** Später sollte sie selber auf Reisen im ganzen Land zu einer Sammlerin alter rumänischer Volksweisen werden.

„Schätze will ich bewahren, indem ich sie lebendig mache", sagte sie einmal und darin war sie wirklich eine Meisterin – im Lebendigmachen von Musik.

Doina (Übersetzung: *Eugen Cojocaru*)

Doina, Doina cântec dulce
Când te- aud nu m-aş m-ai duce
Doina, Doina viers cu foc
Când te-aud eu stau în loc.

Bate vânt de primăvară
Eu cânt doina pe afară
De mă-ngână florile
Florile şi privighetorile.

Vine iarna viscoloasă
Eu cânt doina-nchis în casă.
Doina cânt, doina suspin,
Tot cu doina mă mai ţin.

Doina zic, doina şoptesc,
Tot cu doina vieţuiesc.
De-mi mai mângâi zilele,
Zilele şi nopţile.

Doina, Doina süßes Liedlein,
Wo du klingst, da möcht' ich sein,
Doina, Doina, feurige Verse
Wo ich dich höre, da bleibe ich stehen.

Wenn die Frühlingswinde wehen,
Werd' ich draußen Doina singen.
Und die Blumen summen mir nach
Blumen – und die Nachtigallen.

Kommt die Wintereiseskälte
Sing ich Doina dann im Haus.
Doina sing ich, Doina seufz ich,
immer Doina hält und stärkt mich.

Doina sag ich, Doina flüster ich,
Immer Doina hält lebendig.
Meinen Kummer streichelt sie
An den Tagen, in den Nächten.

055ru Foto: jr

Im Reich des Pan

Das zur Bukarester Universität gehörende **Konservatorium George Enescu** zählt nach eigenen Angaben zu den fünf besten Musikakademien der Welt. An der Musikschmiede studierten bereits *Celibidache* und *Enescu*.

Heute sind amerikanische, koreanische und japanische Studenten ebenso vertreten wie Rumänen aus der Provinz, die sich dort an einem der ganz wenigen europäischen Lehrstühle für Panflöte eingeschrieben haben. Ihr Professor gehört zweifelsfrei zu den weltweit besten Interpreten dieses Instruments: **Gheorghe Zamfir,** ein auch als „Hexer auf der Panflöte" bekannt gewordener Virtuose. Der 1946 geborene Autodidakt *Zamfir* hatte sich erst recht spät mit *Fănică Luca* einen Lehrer genommen, machte in den 1980ern in Paris Karriere und kehrte erst nach der Liberalisierung nach Bukarest zurück, wo er heute auf dem rumänischsten aller Musikinstrumente unterrichtet.

Die auf Rumänisch *nai* genannte Flöte ist bereits im osmanischen Reich von Derwischen und Musikern gespielt worden, wurde aber erst in Rumänien zur **Konzertpanflöte** weiterentwickelt. Die klassische rumänische *Konzertnai* hat dabei kaum etwas mit den südamerikanischen Varianten der Andenflöte gemeinsam. Schließlich lässt sich auf ihr Jazz und *Mozart* gleichermaßen spielen.

Der Legende nach geht der Name der Panflöte auf den **Gott Pan** zurück, der eine Nymphe namens Syrinx verfolgt haben soll. Als diese an einen Fluss kam, verwandelte sie sich in Schilfrohr. Als der Wind hineinblies, kamen klagende Töne aus den Rohren. Pan band sieben der Schilfrohre zusammen, achtete darauf, dass sie unterschiedlich lang waren und schuf so die erste Panflöte, die in der ursprünglichen Version zu einer Hirtenflöte werden sollte.

Gheorghe Zamfir, der Magier auf der Panflöte, unterrichtet nach seiner Rückkehr aus Paris wieder an der Enescu-Musikhochschule in Bukarest

Gheorghe Zamfir war der erste, der die Panflöte in Konzerten gemeinsam mit Orgeln erklingen ließ. Auch seine neueste Idee hat es so bisher noch nicht gegeben: Mit sieben seiner besten Schüler(innen) möchte er schwierige, atemberaubend schnelle rumänische Volkmelodien und klassische Stücke synchron als **Panflöten-Orchester** spielen, was bisher noch niemandem gelungen ist.

Musik der Roma

Musik ist in Rumänien traditionellerweise auch das Geschäft zahlreicher Roma, die in vielen Dörfern als einzige diese Kunst verstehen. All ihre Namen aufzuzählen, würde ein eigenes dickes Buch füllen. Doch einige der sich in Rumänien ganz selbstbewusst als Zigeuner *(Ţigan)* bezeichnenden jungen Roma-Musiker machen mittlerweile auch auf den Bühnen der Welt Karriere. Die **Vorbilder** der älteren Musiker (z. B. des Trompeters *Costel Vasilescu*) sind entweder *Romica Puceanu,* die gemeinsam mit den *Gore-Brothers* die Stilrichtung der *cântece de mahala,* der Vorstadtmusik, bestimmt hat oder *Ion Petre Stoican,* der bereits in den 1950ern zur Sensation an der Violine avancierte.

Die jüngeren Musiker hingegen orientieren sich bereits seit Jahren an einem Phänomen, das **Manele** genannt wird, und mittlerweile ganz Rumänien ergriffen hat: Diese Mischung aus volkstümlicher Musik und orientalischen Elementen, die als elektronisch bearbeitete Dauerberieselung von morgens bis abends auf dem eigenen Fernseh-Musikkanal *tărăf* läuft, ist in den *mahalas,* also den Vorstädten Bukarests geboren worden und seit Jahren ein Dauerbrenner. Musiker wie *Adi de la Vâlcea* oder *Florin Salam* werden vor allem von der Jugend abgöttisch verehrt. Ihr prominentester Vertreter, *Adrian Copilul Minune,* der sich aufgrund seines Vorbildes *Danny de Vito* seit 2005 *Adi de Vito* nennt, ist für viele Zigeunermusiker mittlerweile sogar zu einem Film- und Nationalheld aufgestiegen. Die *Manele*-Texte, die bewusst machohaft und chauvinistisch interpretiert werden, und die monotonen Melodien der Manele spalten inzwischen die Anhänger und Liebhaber der Zigeunermusik in zwei unversöhnliche Lager.

Ganz anders als *Manele* ist die Stilrichtung der **Brass-Blechblasmusik,** die in atemberaubend schneller Manier in die Beine geht und trotz mitunter exorbitanter Lautstärke sehr komplexe Klangfarben erzeugen kann. Die beiden berühmtesten Gruppen dieses Genres sind *Fanfare Ciocârlia* (s. auch Exkurs) aus dem Dorf Zece Prajini und *Tărăf de Haidouks* aus dem Dorf Clejani unweit von Bukarest.

Fanfare Ciocârlia – Musik und Tanz bis zum Abwinken

Während rumänische Rockgruppen wie Vama Veche und solche wie O-Zone oder Akcent erst langsam auch im Westen bekannt werden, haben sich die elf Mitglieder der Gypsy-Brassband Fanfare Ciocârlia aus dem Dorf Zece Prajini längst eine eigene **Fangemeinde** in der ganzen Welt erobert.

Die Musik der „Fanfaren" – so bezeichnen die in Rumänien lebenden Zigeuner ihre Blaskapellen – begleitet das rituelle Leben im nördlichen Teil von Rumänien. Ob Geburten, Taufen, Hochzeiten oder andere Feste – überall sind die flott aufspielenden Blasorchester fester Bestandteil der Feier. Diese **Tradition der Blechbläser** stammt noch aus der Zeit der osmanischen Besatzung. Noten sind den Musikern zwischen 22 und 60 Jahren fremd – die Kunst des Musizierens wurde und wird vom Vater zum Sohn weitergegeben. Den Sinn für die rasante Rhythmik haben die jungen Musiker schon von Kindesbeinen an im Blut.

Fanfare Ciocârlia spielt in enormem Tempo und mit einem unglaublichen Sinn für Improvisation alles, was ihnen gerade einfällt – von traditionellen Tänzen bis hin zum Jazz. Ihr Repertoire besteht dabei aus einer schier endlosen Menge an Stücken, deren **Wurzeln** in der Volksmusik Rumäniens liegen und gleichzeitig eine Musiktradition der Roma repräsentieren. Das Vibrato der Trompeten, der mächtige Bass, treibende Paukenschläge, die schreienden Saxophon- und wilden Klarinettenklänge lassen inzwischen auch Amerikaner und Japaner in Verzückung geraten. Die Musiker sind stolz auf ihr Orchester: *„Wir sind eine der letzten Ţigani-Kapellen dieser Art in Rumänien, mit alter Tradition, reichem Repertoire und – wir sind die Schnellsten ...!"*

Längst sind aus den armen Dorfmusikern international gefeierte Stars geworden. Nur in ihrer Heimat dauerte es ein wenig, bis die Roma-Musiker auch offiziell zu einem **rumänischen Festival** eingeladen wurden. Am 10. Juni 2006 war es dann soweit. Das Scheppern ihres verbeulten Blechs war auch in Transsylvanien nicht mehr länger zu überhören. Die Fanfaren spielten zum ersten Mal in Rumänien zum Tanz auf: auf dem internationalen Filmfestival in Cluj-Napoca.

Die Gruppe Fanfare Ciocârlia wurde (ebenso wie auch die Tărăf de Haidouks) von einem westlichen Musiker entdeckt. Bis zu diesem Zeitpunkt im Jahre 1989 hatten die Dorfmusiker niemals außerhalb ihrer Region gespielt. Mittlerweile jedoch tanzen selbst die **Diskobesucher in Tokyo** und Montreal nach der schnellen *„lautari*-Musik". Den Zigeunermusikern kann das nur Recht sein. Mit ihren Tantiemen und Konzertauftritten finanzieren sie mittlerweile das ganze Dorf – und jeder junge Musiker dort hat nur einen Wunsch: einmal zu den berühmten Fanfare dazuzugehören.

Die Gruppe Fanfare Ciocârlia begeistert auf einem ihrer vielen Auslandskonzerte in Ulm das Publikum

055ru Foto: jr

DER RUMÄNISCHE ALLTAG

„Alles was bisher in Rumänien geschaffen wurde,
trägt das Stigma des Fragmentarischen …
Jede rumänische Daseinsform wird
vom Genie des Augenblicks beherrscht."

(*Emil Cioran,* rumänischer Philosoph)

Straßenverhältnisse und Infrastruktur

Lebens- und Sterbensraum Straße

Ana und *Radu* sitzen auf der neu aufgestellten Bank, die nur einige Meter von der einzigen Straße im kleinen Ort Neagra entfernt aufgestellt wurde. Keinen Steinwurf entfernt fließt die Mureş an dicht bewachsenen Uferauen dahin. Das reflektierende Licht der Sommersonne tanzt auf den Wellen. Die grünen Weiden hinter dem Fluss sind blumenübersät. Dahinter ziehen sich sattgrüne Tannenwälder die Hügel hinauf. Rumänische **Dorfidylle** pur.

Das Schweinchen aus Bârsana im Maramureş kommt gleich in eine Holzkiste, um dann auf dem Markt in der nahen Stadt verkauft zu werden

Doch die Sitzbank ist nicht in Blickrichtung Fluss, nicht in Richtung Wiesen und Wald aufgestellt! *Ana* und *Radu* sitzen und blicken in Richtung **Straße,** die sich schnurgerade durch den Ort zieht. So, als würden sie die zahllosen vorbeirauschenden Autos zählen, bewegen sich ihre Köpfe hin und her. Auf die Frage, warum der Bürgermeister die Bank nicht mit Blickrichtung Fluss aufgestellt hat, sagt *Radu: „Man möchte doch den Fortschritt sehen. Der Fluss ist nichts besonderes, den kennen wir nun schon seit über 70 Jahren."*

Im Agrarland Rumänien ist die Straße mehr als nur eine reine Fahrfläche für motorisierte Menschen. Hier sind die Straßen **Lebensräume.** Wer sich in Rumänien als rasender Automobilist aufspielen möchte, wird nicht selten unsanft gebremst. Die Ursache könnten beispielsweise diskutierende Frauengruppen sein, die sich, in Ermangelung eines Dorfplatzes, zum nachmittäglichen Stelldichein auf der einzigen Straße des Ortes verabredet haben. Aber auch Rinder- und Schafherden, die zu Zeiten des Almauf- oder -abtriebs die Straße blockieren, oder plötzlich hinter Kurven auftauchende Pferdefuhrwerke und streunende Hunde machen einem schnell klar, dass Straßen im ländlichen Rumänien Hauptschlagadern des dörflichen Lebens sind.

Die Folge liegt auf der Hand. Mit zunehmender Motorisierung (an die vor einigen Jahrzehnten in Rumänien keiner gedacht hätte) wird diese Lebensader schnell zur tödlichen Falle. Die **Unfall- und Todeszahlen** auf ländlichen Straßen liegen seit Jahren unvermindert hoch. Wer schon ein-

Waghalsige „Helden" der Landstraße

Dass rumänische Männer wenig Geduld haben, hatte ich bereits im Kapitel „Der rumänische Mann im Mittelpunkt seiner Welt" herausgestellt. Für niemanden trifft dies mehr zu als für Auto- und Busfahrer, die mitten in unübersichtlichen Kurven überholen, rote Ampeln ignorieren, Standspuren missachten oder, wenn es mal wieder nicht vorangeht, weil die Dorfstraße verstopft ist, einfach über den Bürgersteig brettern, um sich dreist vorne wieder in den Verkehr „einzuordnen". In kurvigen Ortschaften mit ausgeschildertem Überholverbot scheint es für manche ein regelrechter Sport zu sein, im Hochgeschwindigkeitsrausch die Fußgänger auf den Dorfstraßen wie Slalomstangen zu umkurven.

Mit waghalsigen Ausweichmanövern ist ständig zu rechnen, da es vor allem in der rush hour schnell zu ungeduldigen Reaktionen kommen kann und fehlgeleitete Fahrer sich auch einmal dauerhaft auf die Gegenfahrbahn verirren. Immer mehr Gemeinden gehen darum in Rumänien dazu über, an besonders gefährlichen Passagen überdimensionierte Hinweisschilder mit der jährlichen Todesstatistik nach Unfällen aufzustellen oder gleich mahnende, auf Betonsockeln angebrachte Autowrackdenkmäler zu errichten, um allzu risikofreudige Fahrer an das mögliche plötzliche Ableben zu erinnern.

mal in Rumänien Auto gefahren ist, wird schnell merken, dass die hohen Todeszahlen weniger den schlechten Straßen, als vielmehr der unverantwortlichen Fahrweise der Neumotorisierten zuzuschreiben sind.

Die nationale Schmach – fehlende Autobahnen

Offiziell gibt es in Rumänien **Nationalstraßen** *(drum national - DN)* und **Regionalstraßen** *(drum județean - DJ).* Erstere sind durchweg sehr gut befahrbar, letztere unterliegen starken regionalen Qualitätsschwankungen. **Autobahnen** gibt es in Rumänien nur auf dem Streckenabschnitt Bukarest – Piteşti. Die befahrbaren 226 rumänischen Autobahnkilometer werden jedoch von einigen Medien als „nationale Schmach" empfunden, da selbst das halb so große Bulgarien bereits 324 km Autobahn besitzt.

Der geplante Bau der so genannten **Bechtel-Autobahn** von der ungarischen Grenze über Cluj-Napoca, Târgu Mureş bis nach Braşov ist jedoch heftig umstritten, zumal sie durch einige Naturreservate führen soll.

Als **Rennstrecken** gelten vor allem die diversen geraden und dicht befahrenen Abschnitte der E60. Vor allem von Oradea nach Cluj und Bukarest nach Piteşti. In den Bergregionen sind die höchsten Streckenabschnitte meistens am besten zu befahren. Dies liegt daran, weil Fernverkehr, der den Asphalt besonders schädigt, hier sehr selten in Erscheinung tritt.

Schlaglöcher und andere Überraschungen

Wenn man ein Straßenverhältnis als die Beziehung zwischen einem Auto und seiner Fahrfläche bezeichnen könnte, dann wäre dieses Verhältnis in Rumänien sehr häufig gestört. Schlaglöcher und plötzliche Bodenwellen strapazieren Unterboden und Stoßdämpfer manchmal über alle Maßen. Besonders an Bahnübergängen kommt es häufig zu starken abrupten **Fahrbahn-Absenkungen,** die auch körperlich spürbar sind. Kein Schild sieht man in Rumänien öfter als den Hinweis *„vulkanizare",* die Möglichkeit zur Reifenreparatur.

Wer auf eine schlechte Strecke gerät, sollte sich in Rumänien (vor allem nachts) glücklich schätzen, einen ortskundigen Fahrer vor sich zu haben. Man erkennt sie mühelos am Walzer-Fahrstil, wenn sie ohne sichtbaren Grund und unverhofft plötzlich Schleifen fahren oder imaginären Hindernissen auszuweichen versuchen. Schuld an dieser scheinbar verrückten Fahrweise sind die zahlreichen Schlaglöcher oder gar fehlende Kanaldeckel. **Ortskundige Autofahrer** antizipieren die Schlaglöcher und geben auch durch verminderte Geschwindigkeit rechtzeitig zu erkennen, wenn gut ausgebaute Strecken ohne jede Vorwarnung in Feldwege oder Schotterpisten übergehen. Im Bereich der Gemeinde Fărăgău, 15 km westlich von Reghin, nützt aber auch das vorausschauendste Verhalten nichts mehr. Seit 1990 ist die dortige Straße auf 5 km ein einziges durchgehendes Schlagloch-Desaster. Der Witz an der Sache ist, dass der Name des Dorfes übersetzt soviel bedeutet wie **„ohne Löcher"** *(fara gaur)*.

Neben schlechten Straßen erfordern auf vielen Nebenstrecken jedoch auch fehlende Randreflektoren, ungesicherte Baustellen, nicht beleuchtete Hinweisschilder und eine fehlende Straßenmarkierung vom nächtlichen Fahrer eine **erhöhte Aufmerksamkeit.** Aber auch auf den Nationalstraßen ist besondere Vorsicht und Rücksicht geboten. Hier benutzen alkoholisierte Spät-Heimkehrer - in dunkler Kleidung und zu Fuß unterwegs - zur eigenen Orientierung gerne einmal die weiß gekennzeichnete Straßenmitte. Auch plötzlich aus der Dunkelheit auftauchende streunende Hunde, Wildtiere oder völlig unbeleuchtete Pferdekarren strapazieren die Konzentration der Fahrer.

Der tagtägliche Autostopp

Eigentlich müsste Autostoppen in Rumänien immer seltener werden. Ein Gesetz aus dem Jahr 2005 untersagt es Autofahrern, jemanden vom Straßenrand aufzulesen, der ihnen persönlich nicht bekannt ist. Wer jedoch

057ru Foto: jr

Achtung! Straßengebühren und 0,0-Promille!

Seit dem 1. Januar 2005 ist für Pkws und Wohnmobile (nicht für Motorräder!) eine Straßenbenutzungsgebühr zu entrichten. Der Preis der Mautvignette, der so genannten *rovignieta,* ist abhängig von der Schadstoffklasse, dem Gesamtgewicht des Fahrzeugs, der Anzahl der Achsen und der Aufenthaltsdauer. Die Vignette wird an allen Grenzübergängen sowie an den grenznahen Tankstellen (Petrom, Rom Petrol, MOL und ÖMV) verkauft.

Den vergleichsweise günstigen Preis, die Monatsvignette kostet je nach Einstufung zwischen drei und sechs Euro, sollte man angesichts der verschärften Polizeikontrollen in Kauf nehmen. Autofahrer, die auf Rumäniens Straßen ohne gültige Vignette angetroffen werden, zahlen zwischen 80 und 120 Euro Geldbuße. Außerdem herrscht ein generelles, striktes **Alkoholverbot für Autofahrer.** Die 0,0-Promille-Grenze wird vor allem an Wochenenden sehr streng überwacht.

die wirklichen Verhältnisse der rumänischen Infrastruktur kennt, weiß, dass dieses Gesetz einem **Schildbürgerstreich** gleichkommt. Rumänen lassen sich von Anhaltern, die ihnen nicht persönlich bekannt sind, nun einfach kurz nach dem Einsteigen Name und Anschrift nennen, dann könnten sie bei einer eventuellen Polizeikontrolle diese Personalien angeben und behaupten, der oder die Mitreisende sei ihnen bekannt.

Auf dem rumänischen Lande gehen nicht nur die Uhren anders. Die Fahrt mit öffentlichen Verkehrsmitteln gleicht mitunter einem Glücksspiel. Man weiß nie, ob und wann der Bus kommt. Da sich die Mehrzahl der Rumänen auf dem Land kein eigenes Auto leisten kann, hat sich der **Autostopp** als Fortbewegungsart bei Jung und Alt etabliert. Also stellt sich die Großmutter mit der gleichen Geduld an die Straße wie der junge Lehrling und versucht mit tänzerischen Einlagen oder pantomimischer Ausdruckskraft die Aufmerksamkeit der vorbeirasenden Autofahrer zu gewinnen. Üblich ist es, dem Fahrer am Ende einen kleinen Betrag in Lei zukommen zu lassen, der etwa die Hälfte des Preises ausmacht, den das entsprechende Busticket gekostet hätte. Die meisten Rumänen nehmen jedoch von Ausländern keine **Mitfahrgebühr** an, da sie die Reisenden als Gäste des Landes betrachten. Selbst Rucksacktouristen mit großem Gepäck kommen in Rumänien sehr gut voran.

Manchmal brechen im Gebirge, wie hier vor Vatra Dornei, auch einmal ganze Straßenstücke einfach unter der Last des zunehmenden Verkehrs ab

058ru Foto: jr

Schlaraffenland Straßenrand

Der Lebensraum Straße bringt es in Rumänien zwangsläufig mit sich, dass auch der Lebensunterhalt oft direkt an den Straßen verdient wird. So gibt es kaum einen Winkel Rumäniens, in dem man zur wärmeren Jahreszeit nicht auf **fliegende Händler** trifft, die u. a. Steinpilze, Pfifferlinge, Walderdbeeren, wilde Himbeeren oder selbstgebrannte Obstschnäpse am Straßenrand verkaufen. Meistens beginnen die Familien bereits in der Morgendämmerung mit dem Sammeln der Pilze und Beeren, um sich ab der Mittagszeit mit ihren bunten Eimern an strategisch günstigen Stellen entlang der meistbefahrenen Bergstraßen, Klosterrouten oder gut einsehbaren Landstraßen zu postieren.

Für ältere Menschen ist das Sammeln der Waldfrüchte neben der kargen Rente oft die einzige Einnahmequelle. Da Einkünfte von täglich drei Euro die Durchschnittsrente pro Tag bereits deutlich übersteigen, stehen in den letzten Jahren immer mehr **Pensionäre** für diesen Tageslohn bei Wind und Wetter an der Straße. Wer zum Sammeln selbst nicht in der Lage ist, stellt sich als verkaufsförderndes gebrechliches Mütterchen zu den gefüllten Eimern, während die flinken Enkel im Wald für Nachschub sorgen.

Gute Geschäfte am Straßenrand machen ganzjährig die Verkäuferinnen von selbstgemachter Marmelade aus gesammelten Waldfrüchten

Neben Waldfrüchten werden zunehmend auch selbst gemachte Konfitüren, Marmeladen und Sirup an den Straßen verkauft. Vor einigen Klöstern verkaufen **Kräuterfrauen** ihre gesammelten Kostbarkeiten, die sie zu Rheumapasten oder Elexieren verarbeitet haben. In kleinen Dosen sollen sie sich sowohl als Badezusatz als auch als Massagecreme eignen. Eine besondere Spezialität, der Tannensirup *(sirop de muguri de brad),* hilft vor allem als Medizin bei Hals- und Bronchialbeschwerden.

Die Tanne spielt auch bei den zahlreichen Käseverkäufern an Transsylvaniens Straßenrändern eine wichtige Rolle. Ihr **Schafskäse in Tannenrinde** *(brânza în coajă de brad)* ist eine ganz besondere Spezialität, bei der man den Käse in eine mit Schnur vernähte Tannenrinde verpackt. Das Aroma der Rinde verleiht dem Käse einen charakteristischen Geschmack. Die Käsehersteller bieten daneben vor allem geräucherten Käse *(brânza afumat)* an, der selbst eine längere Autofahrt übersteht.

In einigen Gebirgsregionen bauen auch Imker ihre Stände an der Straße auf und verkaufen dort ihren **Wald- und Gebirgshonig.** Die bunten Bienenhäuser stehen verkaufswirksam gleich in Sichtweite, obwohl der Honig in den wenigsten Fällen vollständig aus der eigenen „Straßen-Produktion" stammt, sondern von umliegenden Imkereien aufgekauft wurde.

Entlang der rumänischen Dorfstraßen ist so ziemlich alles zu finden, was die Gemüsebeete und Obstgärten hergeben. Riesige Kürbisse, Säcke mit Äpfeln, Birnen oder Kartoffeln säumen den Wegesrand. Wer in den Häusern nachfragt, wird jedoch meistens noch ganz andere **Köstlichkeiten** wie süße Weintrauben, selbstgebrannten Pflaumenschnaps oder Kuchen im Angebot finden.

Wohlstand aus der Fremde

„Hai să emigrăm"
„Los, lass uns emigrieren"
(Lied der rumänischen Rockgruppe Vama Veche)

Erdbeerpflücker als Wirtschaftsfaktor

Der Volksmund nennt sie *căpşunari* (Erdbeerpflücker) und das waren sie wohl am Anfang auch ausschließlich. Die ersten Rumänen, die nach der Revolution im Ausland jobten, haben ihr Geld zuerst 1991/1992 als **Erntehelfer** auf den riesigen Erdbeerfeldern in Spanien verdient. Mittlerweile ist dieser Begriff zu einem Oberbegriff für all die Tätigkeiten im Ausland geworden, die ein wenig Hoffnung auf ein besseres Leben machen.

Ob als Altenpfleger in Griechenland, Kiwipflücker in Italien, Eintänzer auf einem Luxusliner, Croupiér in Südfrankreich, Spargelstecher in Deutschland, Haushaltshilfe in England oder Barkeeper auf Korsika - die teils merkwürdigen, teils **pfiffigen Beschäftigungen** der Rumänen im Ausland füllen dort viele exotische Marktlücken und die Geldbörsen der daheimgebliebenen Familien.

Im Osten wohnen - im Westen arbeiten. Jede dritte rumänische Familie hat mittlerweile einen Verwandten, der sein Geld im Ausland verdient. Über 8 Millionen Rumänen leben vorwiegend im westlichen Ausland. Die inzwischen rund drei Milliarden Euro, die von Familienmitgliedern in ihr Heimatland transferiert werden, tragen sichtbar zur Stabilisierung der **wirtschaftlichen Familienverhältnisse** bei. Auf der Strecke bleiben die so genannten *solişti* („Solisten"), die Alleinstehenden, und diejenigen, für die niemand im Ausland das so wichtige Zubrot verdient.

Doch auch der rumänische Staat profitiert von seinen *căpşunari*. So wird das solide wirtschaftliche Wachstum, das etwa Ende der 1990er Jahre eingesetzt hat und dem Land regelmäßig ein jährliches Wachstum von mindestens fünf Prozent beschert, auf die vielen neuen kleinen Firmen zurückgeführt, die durch den Geldfluss aus dem Ausland entstehen konnten. Doch die Stabilisierung der chronisch schwächelnden Währung, des Leu, so die Wirtschaftsexperten, sei durch die beträchtlichen **Devisenrückflüsse** all derer entstanden, die sich im Ausland „am Aufbau Rumäniens beteiligen", wie es der ehemalige Ministerpräsident *Teodor Stoljan* so schön ausdrückt.

Die Stadt der Frauen

Etwa 20 km östlich von Satu Mare in der Ortschaft Negreşti-Oaş staunt man als Besucher nicht schlecht. Entgegen aller Erwartung hier an der Eintrittspforte ins Maramureş auf einfache traditionelle Holzhäuser, Handwerksbetriebe und eine ausschließlich bäuerliche Landbevölkerung zu treffen, reiht sich erstaunlicherweise ein nobler, schicker Neubau an den anderen. Über 1000 Villen sollen es inzwischen sein, die hier im infrastrukturellen Niemandsland stehen. Männer sind auf den Straßen in Negreşti-Oaş nicht anzutreffen. Die zurückgebliebenen Frauen, Kinder und Alten berichten, alle **arbeitsfähigen Männer** hätten die Ortschaft schon seit Jahren verlassen. Das überwiesene Geld käme nun aus Irland, Italien oder Kanada. Neuerdings, so erzählt eine ältere, zahnlose Dame auf der Hauptstraße, käme sehr viel Geld aus Chicago.

Auf die Frage, welcher Beschäftigung die Männer in der Fremde denn nachgingen, erntet man nur Achselzucken. Nur die alte Zahnlose plaudert drauflos. Immer weniger der Männer kämen einmal im Jahr kurz nach Hause, um an ihren Villen weiter zu arbeiten. Man höre so einiges. So hätten die Männer des Dorfes am Anfang in Deutschland und Frankreich *„sicherlich ihr Geld durch Zapp-Zarap verdient"*, doch gehe man wohl, so sei im Dorf zu hören, jetzt einer regelmäßigen und ehrlichen Arbeit in Chicago nach. Sie macht ein Kreuzzeichen. Während die völlig in Schwarz gekleidete Alte **Zapp-Zarap** sagte, hatte sie mit einer Drehbewegung der Hand angedeutet, dass die Beschäftigung der Männer wohl auf den Gebieten Diebstahl und Raub gelegen haben könnte. Zapp-Zarap ist eine lautmalerische rumänische Beschreibung dieses Vorgangs, bei dem Etwas eben ruck-zuck oder zapp-zarap verschwinden kann.

In Negreşti-Oaş gibt es keine Restaurants, keine Hotels und auch keine Kneipe. Geld verdient hier allein ein Baustoffunternehmer, der kaum weiß, woher er die ganzen Sonderwünsche an **Baumaterialien** wie Carrara-Marmor oder Perlmuttpulver zur Wandverschönerung nehmen soll. Mancher kurzfristig aus Italien oder Spanien zurückkehrende Bauherr wünscht sich, so sagt er, gläserne Außenaufzüge oder Marmorbäder mit Fußbodenheizung. Manche bringen sich goldene Wasserhähne oder glasierte Kacheln aus Irland oder Griechenland mit.

Manche Frauen in Negreşti-Oaş haben ihre Männer seit Jahren nicht gesehen. Sie träumen den Traum von einem zukünftigen Leben, kümmern sich um die Kinder und die Alten. Für sie findet das Leben nur in der **Zukunft** statt, irgendwann einmal, wenn ihre Männer zurückkehren werden - oder auch nicht.

Das liebe Geld

„Was macht ein Rumäne, wenn er keine Lei mehr hat?
Er geht auf die Bank und tauscht 100 Euro."
(rumänischer Witz)

Vor gar nicht langer Zeit war es für die meisten Rumänen und Rumänienbesucher sehr einfach **Millionär** zu werden. Die landeseigene Währung, der Leu (1 Leu = 100 Bani) kursierte bis zu einer Scheingröße von 5.000.000. Da 27 Euro etwa 1 Million Lei entsprachen, wurden die Preise für ausländische Luxuskarossen beim Autohändler - verkaufstechnisch sinnvoll - gleich in Euro angegeben. Wer würde sich auch einen Pkw kaufen, wenn draußen die unleserliche Summe 1.500.400.000 ROL stehen würde (wobei ROL als ISO-Code offiziell für Rumänische Lei stand). Seit dem 1. Juli 2005 hat man in einer **Währungsumstellung** einfach vier

Nullen gestrichen, wobei aus einer Million der neue 100-Lei-Schein wurde und die Währung mit dem ISO-Kürzel RON versehen (für **RO**mânia Lei **N**ou bzw. **RO**manian **N**ew). Die alte Währung bleibt noch bis zum 31.12.2006 gültig. Laut Berichten der Notenbanken in Westeuropa soll das neue rumänische Geld übrigens das fälschungssicherste der Welt sein. Es besteht aus sehr resistentem Plastik und scheint auf Fälscher jedenfalls bisher kaum einen Reiz ausgeübt zu haben.

Obwohl der bargeldlose Zahlungsverkehr auch in Rumänien längst Einzug gehalten hat, ist die gute alte Lohntüte in Form eines gefüllten Briefumschlags im Berufsleben immer noch die übliche Art, sein Gehalt zu empfangen. Lohn und Rente werden **bar** ausgezahlt. Das *salariu,* also das Gehalt, wird dabei zweimal im Monat gezahlt. Die Abschlagszahlung, die etwa Mitte des Monats erfolgt, dient dabei in erster Linie dem besseren Überblick.

Die Einführung eines **Kontos** beginnt sich erst langsam in Rumänien durchzusetzen. Vor allem die Zahlungen der fleißigen Verwandten oder Bekannten, die aus dem Ausland erfolgen, haben diese Entwicklung jedoch beschleunigt.

Das Leben, ein Marktplatz

Das Wort Mangelwirtschaft kennen viele junge Rumänen nur noch vom Hörensagen. In den großen Städten hat längst der **Überfluss** Einzug gehalten. An Stelle der langen Warteschlangen kommunistischer Zeiten sieht man nun die Schlangen vor den Kassen großer französischer Handelsketten oder deutscher Baumärkte.

Wenn auch die Löhne weiterhin unter dem europäischen Durchschnitt liegen, so bieten die zahlreichen aus dem Boden schießenden **Shopping-Malls** und Großmärkte *(en gros)* doch mittlerweile ein Angebot, das demjenigen im Westen in nichts nachsteht. Seit Metro, Carréfour und Billa auch in die kleineren Städte expandieren, verdrängen sie zunehmend die traditionellen, kleinen Märkte und Handelsplätze, die in Rumänien seit Jahrhunderten als *basar, pața* oder *târg* existierten. Auch offizielle Verkehrszeichen verschwinden in den Großstädten gelegentlich schon einmal hinter überdimensionierten Hinweisschildern großer, neuer Handelsmärkte und Einkaufstempel.

Auf den Tiermärkten hat man als Käufer alle Freiheiten der Welt, was man von den Schweinen, Schafen, Ziegen und Hühnern nicht immer behaupten kann

059ru Foto: jr

Piața, Bazar und Târg

Wer in Rumänien von einer *piață* (gespr. Piatzer) spricht, meint damit gewöhnlich den zentralen Platz einer Stadt oder eines Dorfes. Da an diesem Ort ursprünglich auch immer gehandelt und verkauft wurde, ist der Begriff *piață* auch gleichbedeutend mit **Markt.** Meist kommen heute neben den offiziellen Obst-, Fleisch-, Fisch- und Gemüsehändlern auch viele private Gelegenheitshändler und Hobbygärtner zu einer *piață,* um hier ihre Petersilienbüschel oder Lauchstangen in die Luft zu strecken. Da den Kleingärtnern und Bauern zum übermäßigen Düngen das Geld fehlt, sind die angebotenen Waren meist zwangsläufig Bioprodukte. Das Kürzel Bio hat aber ohnehin in Rumänien inzwischen Kultstatus erreicht, da man die magische Wirkung der drei Buchstaben auf das Kaufverhalten von Touristen schnell erkannte.

Die klassische Unterteilung zwischen einem *piață,* auf dem vorwiegend Essbares und Blumen angeboten werden und einem **bazar,** auf dem von der Schraube bis hin zum Bügelbrett vor allem Werkzeuge und Haushaltsgegenstände zu finden sind, verschwindet zusehens. Auf den größten, buntesten und lebhaftesten Märkten Bukarests beispielsweise, dem *Piața Amzei* und dem *Piața Obor,* tummeln sich zwischen den Gemüseständen zunehmend Händler mit Batterien und elektronischen Kleingeräten

„Made in China", aber auch solche mit Luxus-Uhren-Imitaten und diversen Raubkopien.

Die Rumänen, deren Sprache – wie bereits erwähnt – so reich an Mehrfachbezeichnungen ist, haben noch ein weiteres Wort für „Markt". So verweisen Städtenamen wie Târgu Mureş, Târgu Neamţ oder Târgu Jiu auf den Schnittpunkt großer Handelsstraßen, an denen ehemals überregionale **Vieh- und Getreidemärkte** entstanden waren. Der Ausdruck *târg* als städtischer „Vorname" ist dabei in etwa mit den Namen deutscher Gemeinden wie Markt Erlbach oder Markt Schwaben zu vergleichen. Aus großen Pferde-, Esels- und Schafmärkten entwickelten sich im Laufe der Zeit jedoch nicht nur Gemeinden und Städte, sondern des Öfteren auch Mädchen- und Heiratsmärkte.

Mädchen-, Vieh- und Heiratsmärkte

Bereits die „gewöhnlichen" **Wochenmärkte** sind in Rumänien ein Erlebnis. Besonders ursprünglich, bunt und lebendig sind sie im Apuseni, in der Südbukowina und im Maramureş, wo sich am Marktag ein ganzes Tal versammelt und zwischen Ziegen, Eseln und Pferden noch keine Händler mit Musikkassetten und Video-Raubkopien zu finden sind. Dagegen kann man Viehhändler beim Feilschen bewundern, Wolldecken, bemalte Möbel und unglasierte Keramik erstehen.

Manchmal verwandeln sich Märkte, die eine besondere Anziehung auf die Menschen haben, im Laufe der Zeit auch in Volksfeste. So geschehen mit dem so genannten **Heiratsmarkt** in den Westkarpaten. Nicht Ziegen- oder Schafskäse standen auf dem Găina-Berg früher im Mittelpunkt, sondern junge Männer und Frauen, die sich mit ihren Eltern auf den Hügeln des Apuseni-Gebirges trafen, um einen Partner fürs Leben zu finden.

Alles dicht am Prislop

Die geliebte Motorisierung, die es nun endlich ermöglicht, sich selbst auf den Weg in die entlegensten rumänischen Täler zu machen, wird beim Volksfest am Prislop-Pass zunehmend zu einem Problem. Durch die gleichzeitige Anreise von Tausenden von Besuchern ist an den Serpentinen der engen Pass-Straße bereits am frühen Vormittag mit dem Auto ein Durchkommen kaum mehr möglich. Wer nach dem Fest zugeparkt ist und das Pech hat, dass seine Autonachbarn völlig abgefüllt sind, sollte die Nacht zum Tage machen und durchtanzen, wie es sowieso immer mehr Rumänen tun. Die lauen Augustnächte sind auch in der Höhe des Rodnagebirges nicht allzu kühl. Wen es dennoch friert: Einige der Verkäufer haben immer einen Schafwoll-Pullover im Angebot.

Da es früher zwischen den abgelegenen Dörfern Transsylvaniens keine Busverbindungen gab, geschweige denn Autos, mit denen man mal auf die Schnelle in die Nachbarorte fahren konnte, hatten Männer und Frauen nur sehr selten Gelegenheit, jemanden aus entfernteren Dörfern kennen zu lernen. Auch die Feldarbeit und Viehaufzucht ließ keine Zeit für langwierige Suchexpeditionen in die unzugänglichen Nachbargemeinden. Zudem hatte man bereits im Mittelalter die genetischen Resultate bemerkt, die zustande kamen, wenn man über Generationen hinweg ausschließlich innerhalb der kleinen Dörfer heiratete. Also verabredeten sich die Dörfer einer Region einmal im Jahr zur **kollektiven Brautschau.**

Die Heiratsmärkte, die noch im 16. und 17. Jahrhundert am Prislop-Pass und auf dem *Muntele Găina* (Berg des Huhns) abgehalten wurden, machten ihrem Namen alle Ehre. Zwischen den Familien wurde geschachert, gehandelt und gefeilscht, denn man hatte natürlich sinnvollerweise auch seine schönsten Pferde, Schafe, Ziegen und Hühner zum Markt mitgebracht. So entwickelte sich der Heiratsmarkt im Lauf der Jahrhunderte zu einem **bunten Fest,** auf dem neben dem Handeln bald auch getanzt, musiziert und gefeiert wurde.

Auch heute noch treffen sich die Menschen im Juli am *Muntele Găina,* um bis in den von Leuchtfeuern illuminierten Abend hinein zu tanzen, zu trinken und zu singen. Einen Heiratsmarkt gibt es jedoch seit dem Aufkommen der Motorisierung hier ebenso wenig wie am Prislop-Pass im Rodna-Gebirge. Auch dort ist aus einem ursprünglichen Markt, in diesem Fall einem Heirats- und Schäfermarkt, mittlerweile ein buntes **Musik- und Volksfest** geworden. In jedem Jahr am ersten oder zweiten Sonntag im August kommen Musik- und Trachtengruppen aus allen Teilen Rumäniens zur *Hora de la Prislop* zusammen, um vom frühen Morgen bis in die Nacht hinein ihre Musik, Kostüme und Tanzkünste zu präsentieren.

Tante Emma auf Rumänisch

Auf dem Land erfüllt der gute alte Tante-Emma-Laden nach wie vor noch seinen Zweck. Die im ungarischen Grenzgebiet zu findenden kleinen Krämerläden heißen **Mini Shop ABC** oder kurz nur ABC und man findet darin problemlos alles von A wie Alkohol bis Z wie Zahnbürste.

Außerhalb dieses Ungarn nahe stehenden Landstrichs heißen die kleinen Läden landesweit **Magazin Mixt.** Vor allem in abgelegenen Dörfern des Donaudeltas, den Weiten der Walachei oder in einsamen Bergregionen übernimmt das Magazin Mixt auch andere Funktionen und dient wahlweise zusätzlich als Post, Kneipe, Minirestaurant oder Vermittlungsagentur für Übernachtungsmöglichkeiten. Grundsätzlich ist Einkaufen in einem „Mixt" immer auch **ein gesellschaftliches Ereignis,** da die kleinen Läden oft einer der wenigen Treffpunkte im Ort sind, an denen man sich ungezwungen zu einem kleinen Plausch oder wichtigen Gesprächen begegnen kann. Besitzer eines Magazin Mixt gehören neben den Taxifahrern zu den am besten informierten Personen eines Ortes.

In rumänischen Städten gibt es mindestens ein Magazin Mixt, das als **Non-Stop-Laden** durchgehend geöffnet ist. Im Gegensatz zu früheren Zeiten, in denen sich der meist männliche Besucher in solchen Läden anlehnen und aufwärmen konnte, öffnet sich anstelle der Ladentür neuerdings jedoch oft nur noch eine kleine Durchreiche. Nächtliche Überfälle haben die Ladenbesitzer vorsichtig gemacht.

Wohnen

„Tu eşti adevărat un Termopan."
„Du bist aber ein wirklicher Glücksvogel."
(Die neueste Wendung aus der Jugendsprache bezieht sich auf alle, die sich ein Thermopane-Fenster, also ein doppeltverglastes, wärmeisoliertes und schalldichtes Fenster leisten können.)

Die rumänische Variante der Zeitschrift „Schöner Wohnen", die monatlich erscheinende „Casa Lux", bringt es mittlerweile auf 260 prall gefüllte Seiten, in denen es an eleganten Vorzeigehäusern und herrschaftlichen Villen nicht mangelt. Der **Bauboom,** der etwa seit dem Jahr 2000 durchs Land zieht, macht mittlerweile auch vor den entlegensten Provinzen nicht halt. Die meisten Touristen, die das rumänische Land zum ersten Mal besuchen, staunen nicht schlecht über großzügig dimensionierte Pensionen mit ausgebauten holzverkleideten Dachstühlen oder über edle Landhäuser mit Marmorbädern und riesigen Gärten.

Reihenhaussiedlungen wird man in Rumänien fast nirgendwo finden. Wenn Rumänen bauen, so möchten sie gerne **viel Platz** um das eigene Heim. Nähe zu benachbarten Häusern wird allenfalls bei solchen der eigenen Familie geduldet. Oft entstehen hochmoderne Ferienwohnungen, *casei de vacanţă,* (mit eigenem Wohnanteil, der Rest wird vermietet) direkt neben alten, traditionellen Holzhäuschen.

Wenn ein Familienmitglied einen Job im Ausland hat oder einer gut bezahlten Arbeit in der Stadt nachgeht, wird ein Teil des gesparten Geldes in Immobilien angelegt, die gerne auch etwas größer und weitläufiger sein dürfen, als die winzige, beengte Stube des Elternhauses, in der man aufgewachsen ist.

Traditionelle Baukultur

Sieben Millionen Rumänen, also ein knappes Drittel der Bevölkerung, lebt in Bauern- oder Landhäusern, den *case țărănești.* Am spektakulärsten sind vielleicht die Häuser im Apuseni-Gebirge, deren hohe, steile, dunkelbraune Rieddächer frappant an die Astrahan-Wollmützen der Bauern und Schäfer erinnern. Die **Apuseni-Häuser** fügen sich mit ihren angegliederten, ebenfalls braun „bemützten" Scheunen sehr harmonisch in die hügelige Landschaft ein.

Ganz anders die **sächsischen Häuser,** die sich mit ihrem pastell- und türkisfarbenem Putz und den bunt bemalten Fenstern als regelrechte Farbtupfer im rumänische Einheitsgrau der Dörfer erweisen.

Die alljährlichen Hochwasser entlang der Donau und im Delta zeigen, wie wenig die alte **Lehmbauweise** der Häuser diesen Naturkatastrophen entgegenzusetzen hat. Die meisten der Lehmhäuser fallen einfach wie Kartenhäuser in sich zusammen, nachdem sich ihre Mauern mit Wasser vollgesogen haben. Die Menschen, die diese Häuser bewohnten, stehen anschließend im wahrsten Sinne des Wortes vor dem Nichts, weil die Lehmhäuser in den Fluten versinken und die Mauern ihrer Häuser sich vollständig auflösen.

Deltablau und reetgedeckt

Seit der Revolution spielen Farben eine immer wichtigere Rolle in der Fassadengestaltung. Viele Landhäuser, aber auch die Neubauten westlicher Bauart, fallen einem schon von weitem durch ihren strahlenden sattgelben, orangen oder grasgrünen **Anstrich** ins Auge.

Die Farbe ist traditionellerweise auch bei den reetgedeckten Häusern aus Strohlehm im Donaudelta ein wichtiges Thema. Fast alle Häuser des Deltas verwenden ein tiefes, **dunkles Blau,** sei es für die Türen, die Fenster oder die ganze Fassade. Als Grund für diesen „deltablau" genannten Farbton geben einige Bewohner ihre enge Verbundenheit zur Natur und Religion an, weil Blau doch die Farbe des Himmels sei, während andere ganz pragmatisch die Moskitos als Begründung anführen. Denn die Quälgeister, die in den Sommermonaten zu Abermillionen das Delta bevölkern, würden die blaue Farbe instinktiv meiden.

Die Techniken der Verzierung

Fast ohne farblichen Akzent kommen die Holzhäuser des Maramureş aus, die dafür aber den unverkennbaren rumänischen Hang zum Verzieren und zum mythisch Verspielten zeigen. Die kunstvoll **geschnitzten Holztore** besitzen für die Menschen aus dem Maramureş eine große

Symbolkraft. So stellen diese mächtigen Pforten nicht nur einen einfachen Durchgang, sondern auch einen Übergang von einer Welt in eine andere dar. Traditionellerweise werden die **wichtigsten Übergangsmomente** und markanten Wegmarkierungen des menschlichen Lebens – Geburt, Hochzeit und Tod – in den geschnitzten Motiven der Tore thematisiert. Doch nicht nur die Tore, auch die aus aufeinandergeschichteten Holzbohlen bestehenden Häuser sind durch Schindeln, Schnitzereien oder Intarsien verziert.

Eine seit dem 13. Jahrhundert bestehende Verschönerungskunst ganz anderer Art zeigen viele Häuser in Siebenbürgen, Oltenien und der Bukowina. Die dabei verwendete **Kratzputz-Technik,** auch *scraffito* genannt, verleiht dem Putz der Häuser eine ganz eigentümliche Musterung. Die Ritz-, Kratz- und Schabekunst macht in Kombination mit farblichen Mehrschicht-Techniken aus so manchem rumänischen Haus ein kleines Schmuckstück und manchmal sogar ein schützenswertes Kunstwerk.

Die Pforten der Welt

Die geschnitzten Holztore, die man als prächtige verzierte Eingangspforten vor den Häusern des waldreichen Maramureş sehen kann, gelten als Wahrzeichen der Region. Die alte Tradition der Holzschnitzer, der *cioplitori,* wird dort fast in jedem kleinen Dorf am Leben erhalten. Die **tiefere Bedeutung** der dabei verwendeten Symbolik wurde früher nur vom Vater an den Sohn weitergegeben, doch Völkerkundler haben den Sinn der verwendeten Ornamentik inzwischen entschlüsselt.

Im Mittelpunkt der alten mystischen Holz-Symbolik steht das Zeichen der Sonne, die häufig mit einem nach oben weisenden Strahlenkranz, in der Mitte der verschließbaren Holztüre auftaucht. Sie repräsentiert die Geburt und steht auch für **Fruchtbarkeit,** Erfolg und Glück. Für die Geburt, aber auch für Wachstum und Schönheit, stehen auch die über der Sonne und einer Querstrebe auftauchenden geöffneten Blüten, während Trauben und Weinblätter Fruchtbarkeit und Wohlstand verkörpern.

Als Symbol der Einheit, das eine Dorfgemeinschaft, aber auch die Familie zusammenhalten soll, werden geflochtene Seile oder umeinander gedrehte Bordüren angesehen. Da es sich immer um zwei Seile handelt, stehen sie grundsätzlich auch für die **Polarität** im Allgemeinen, also von Mann und Frau, Gut und Böse, Tag und Nacht usw. Räder und Spiralblüten symbolisieren die Regelmäßigkeit des Kosmos, die sich am besten in der stetigen Wiederkehr der Jahreszeiten zeigt.

Die meist zentral über der Eingangstür angebrachten Kreuze stehen für die religiöse Wiederkehr. Neben der christlichen Wiedergeburt, die nach dem Jüngsten Gericht erfolgt, haben Kreuze aber auch noch eine vorchristliche Bedeutung, da sie **Schutz** vor bösen Geistern bieten. Die Abbildungen von Hirschen, Wölfen und Bären, die in Rumänien bereits auf Funden aus der Bronzezeit entdeckt wurden, werden von den Schnitzern ebenfalls als Schutz-, aber auch als Kraftsymbolik verwendet.

Innen- und Außenleben

Wenn der Priester alljährlich am 6. Januar bei der so genannten *bobotează* die ländlichen Häuser betritt, um die Wohnung zu segnen, geht es in den Räumen häufig **sehr eng** zu. Familien auf dem Land wohnen nicht selten in nur einem oder zwei kleinen Zimmern zusammen. Die gute Stube ist meistens Wohn-, Ess-, und Schlafzimmer in einem. Der dick mit gewebten Decken und bunt bestickten Kissen belegte Divan verwandelt sich nachts in ein Bett und der Esstisch findet dann sporadische Verwendung als Kleiderablage.

Übereinanderliegende dicke Teppiche am Boden und der obligatorische bunte **Wandwollteppich,** *der scoarţă,* verwandeln die Räume gemeinsam mit dem gußeisernen Holzofen vor allem zur Winterzeit in gemütliche und behagliche Orte. Die Wandteppiche und Decken dienen dabei nicht nur dekorativen Zwecken, sondern isolieren zur kalten Jahreszeit auch die Wände und den Boden.

Ansonsten ist im Hauptzimmer alles zu finden, was den Menschen lieb und teuer ist. Kreuze, Bilder der Angehörigen und Ikonen schmücken die Wände. Geflochtene Körbe und Holzkommoden fehlen ebenso wenig wie die **Mitgifttruhe,** die *lada de zestre,* in der sich als Aussteuer bestickte Tages- und Tischdecken, gewebte Läufer und selbst geschneiderte Kleider befinden. Die gut gefüllte Mitgifttruhe ist ein beliebtes Erbstück, das von den Frauen der Familie von Generation zu Generation weitergegeben wird. Die meisten der darin enthaltenen textilen Kunstwerke sind selbst hergestellt.

Auf dem Land gilt: Do-it-yourself

Die Landbewohner in Rumänien handeln nach der Do-it-yourself-Methode. Jeder auf dem Land ist auch ein wenig Schreiner und Zimmermann, um **Reparaturen** an der Scheune, den Zäunen oder den Gattern selbst vornehmen zu können. Wer dies nicht (mehr) kann, tauscht die Früchte des Gartens gegen entsprechende nachbarschaftliche Leistungen.

Die obligatorische Holzbank, *bancă,* auf der es sich nach dem „Tagwerk“ die Großeltern (*bunico* und *bunica*) gerne gemütlich machen, ist im Maramureş und anderen ursprünglichen Regionen ebenso **selbst hergestellt** wie die runden Gartenpavillone und Freisitze, in denen man im Sommer mit Freunden grillt, trinkt und feiert.

Viele Rumänen sind **Selbstversorger** und könnten ohne die Nahrungsmittel aus Eigenanbau kaum überleben. Auch viele berufstätige Stadtbewohner bewirtschaften an den Wochenenden ihre Gartengrundstücke auf

dem nahen Land, wo sie vor allem Kartoffeln und Gemüse anbauen. Wer als Städter von den Eltern auf dem Land eine kleine Imkerei, Obstbäume, Weinreben, Hühner, Fasane oder Schweine geerbt hat, sorgt dafür, dass sich wochentags Nachbarn um Haus und Hof kümmern, die dann mit Honig, Wein, Fleisch oder Obstschnaps entlohnt werden.

Das notwendige Wasser kommt übrigens auf dem Land zu 90% nicht aus der Leitung, sondern wird am obligatorischen **Brunnen,** der *fântână,* geschöpft, gekurbelt oder gezogen. Zwar muss für dieses Brunnenwasser (noch) keine Abgabe an die Gemeinde gezahlt werden, doch da die Bohrung und der Brunnenbau verhältnismäßig teuer sind, teilen sich die Dorfbewohner oft einen zentralen Brunnen, der dann auch zum beliebten Treffpunkt der Wasserträger wird.

Überbleibsel Blocuri

Fast an jedem rumänischen Stadtrand wachsen in mehr oder weniger großer Zahl Betonklötze wie überdimensionierte graue Schuhkartons in die Höhe. Einst galten diese so genannten *blocuri* als fortschrittliches **sozialistisches Wohnideal** und wer eine Blockwohnung in den Satellitenstädten

Hier hat sich ein Geschäftsmann seinen Traum vom trauten Heim erfüllt

060ru Foto: jr

ergattern konnte, wähnte sich im Himmel der Modernität. Fließendes Wasser und Zentralheizung machten anfangs auch enteignete Bauern, die im Rahmen der Systematisierung zwangsweise in solche Wohnsilos einquartiert wurden, zu Privilegierten.

Was ihre traditionellen Stadtviertel betraf, bezahlten viele Städte jedoch einen hohen Preis für den sozialistischen Hochhauswahn. Historisch gewachsene **Altstädte** mit Jugendstil-Häusern wurden dem Erdboden gleich gemacht. Anstelle von verspielten Fassaden mit reicher Ornamentik traten glatte, graue Plattenbauwände. Nicht nur an der Peripherie der Städte, sondern auch in einigen Stadtzentren ergießen sich heute noch ganze Betonmeere, deren Tristesse durch Betonbrunnen und Betonsitzbänke nur noch absurder und augenfälliger wird.

Nach der Revolution hat man sich in Bukarest, Konstanza, Cluj und Timişoara wohl oder übel mit den hässlichen baupolitischen Überbleibseln der kommunistischen Ära arrangiert. Alternativen für die Bewohner der *blocuri* bestehen wenige und so leben 22 % der Rumänen nach wie vor in den grauen Blöcken. Viele Familien haben in den 1990er Jahren das Angebot zum günstigen Kauf der ehemals staatlichen Wohnungen genutzt. Viele der neuen Besitzer träumen davon, ihre **Eigentumswohnungen** mit

Block-Fassaden gibt es leider immer noch in fast jeder rumänischen Stadt

Thermopane-Fenstern versehen zu können, damit es im Winter nicht mehr zieht und der Lärm und Schmutz nicht mehr in die Wohnungen dringt. Auch eine eigene Heizung steht ganz oben auf der Wunschliste, um sich von der externen Warmwasserversorgung abzukoppeln, die in vielen Städten im Winter nur an drei Tagen der Woche gewährleistet werden kann.

Die **Adresse der blocuri-Bewohner** kann sich schon mal zu einem wahren postalischen Bandwurm entwickeln. So wohnt z.B. eine Bukarester Familie in: Bucureşti, Sec. 6, Str. Focşani 16, Bl. 38, Sc. 4, Et. 2, App. 12. Die Auflösung und Übersetzung dieser kryptischen Anschrift lautet: Bukarest, Sektor sechs, Focşani-Straße Nr. 16, Block 38, Treppenaufgang vier, zweite Etage, Appartement 12. Im Gegensatz zu früheren Zeiten, als die Mehrzahl der Wohnblocks rund um die Uhr geöffnet war, empfängt einen heute nach oft mühsamem Suchen der Adresse eine verschlossene Haustüre ohne Schlüsselloch, aber mit der berüchtigten Gegensprechanlage mit unten angebrachtem Schlitz. Nur wer über den passenden Barcode-Schlüsselanhänger verfügt und diesen im richtigen Tempo durch den Schlitz ziehen kann, gelangt in den Wohnblock.

Nicus Rückblende: Wie Rumänien auf den Hund kam

„Das Dilemma mit den streunenden Hunden ist auch auf die Zeit Ceauşescus zurückzuführen. Durch die von ihm angeordnete Umsiedlung zehntausender Bauern in triste städtische Plattenbausiedlungen verloren natürlich auch deren Hunde ihre gewohnte Umgebung. Auf die Straßen Bukarests entlassen, wurden die sich vermehrenden Hunde für die Behörden zu einer nicht vorhergesehenen Plage - vor allem, als man kurz nach der Revolution auch noch eine Hundeabgabe von den Besitzern verlangte. Für die Bauern, die die Hunde früher meist nur als reine Wachhunde gehalten hatten, wurden sie in der Großstadt plötzlich zu einem unerschwinglichen Luxus. Und eine wirkliche „Aufgabe" hatten sie in den Städten auch nicht mehr. Die Brutalität, mit der die Behörden und private Hundefänger gegen die steigende Hundepopulation vorgingen, rief schnell die Tierschützer auf den Plan. In einigen Städten arbeiteten Hundefänger mit Drahtschlingen, die an langen Stöcken befestigt waren. Um den Imageschaden in Westeuropa begann man sich erst Gedanken zu machen, nachdem auch aus Brüssel Stimmen lauter wurden, die sich gegen die Quälerei auf Rumäniens Straßen aussprachen."

Eine interessante Art, Nebeneinkünfte zu erzielen, haben einige *blocuri*-Bewohner in Bukarest entdeckt. Sie nehmen großflächige **Reklametafeln** an den Fassaden ihrer Hochhäuser klaglos in Kauf, obwohl diese ihre Fenster verdecken und oft wochenlang kein Lichtstrahl in ihre Wohnungen dringt. Der Grund: Die Werbeagenturen zahlen den im Dunkeln lebenden Bewohnern eine kleine Entschädigung für die verminderte Wohnqualität.

Die kleinen Geschäfte des Alltags

„Die Demut ist wie ein Stein, den du dir selber an den Fuß kettest."
(Carmen-Francesca Banciu)

Überlebensstrategien

Sich's leicht machen, auch dort, wo das Leben hart und schwer ist, so in etwa könnte man ein Lebensmotto (oder Überlebensmotto) der Rumänen zusammenfassen. In früheren Zeiten wanderte bereits morgens um sieben Uhr ein fröhlich pfeifender **Sammler** übers Land, der ein kleines Wägelchen hinter sich herzog, weiß die Schriftstellerin *Carmen-Francesca Banciu* zu berichten. Er sammelte Flaschen und Kompottgläser ein, für die er je einen Leu erhielt. Um neun Uhr folgte dann eine Frau, die alle Plastikbeutel einsammelte. Kaum danach kam die Lumpensammlerin und schließlich die Kinder, die den Hausmüll nach Verwertbarem durchschauten.

Die Bilder haben sich nach der Revolution nur wenig gewandelt. Auch heute noch suchen Straßenkinder in den giftigen Dämpfen der Mülldeponien am Stadtrand nach **Verwertbarem** und da sie nun wenigstens durch caritative Einrichtungen zu einer täglichen Mahlzeit kommen, scheint ihr Leben mit der aufkommenden Wegwerfgesellschaft zumindest ein wenig einträglicher geworden zu sein. Manche leben sogar ganz fürstlich vom Wohlstandsmüll, wie *Mihail* aus Hermannstadt, der bereits im Kapitel über Zigeunerhochzeiten vorgestellt wurde. Seine Familie verfügt über ein regelrechtes kleines Imperium von Müllsammlern, die als Netz verteilt in der ganzen Stadt tätig sind.

Eine **Müllverwertung** ganz anderer Art betreibt *Nelu* aus der Nähe von Arad. Er verkauft aus Drahtgeflecht gebogene kleine Fahrräder oder Figuren an der Ampelkreuzung. Gleich gegenüber auf der anderen Straßenseite, versucht sein Freund *Dan* selbst gelötete Benzin- und Öleinfülltrichter an den Mann oder die Frau zu bringen. Erneut werden, wie bereits im Kapitel „Straßenverhältnisse und Infrastruktur" deutlich wurde, die Straße

Eginald Schlattner: „Das Klavier im Nebel"

„... In der Strada Lipscani gelang das Tauschgeschäft. Es war noch immer die berühmte Leipziger Straße, ein orientalischer Basar mitten in Bukarest. Kleinhändler boten wie eh und je ihre Ware vor den Türen der winzigen Läden feil, wobei jeder den anderen schreiend übertrumpfte. Vor allem die Textilien hingen weithin sichtbar an Stangen und Gestellen und schaukelten im Wind. Doch alle wußten: Die Tage dieses kunterbunten Treibens waren gezählt, trotz des Schwalls von sowjetischen Fähnchen, mit denen neuerdings die Erzeugnisse garniert waren.

Eine fesche Leinenhose gegen eine verschimmelte Tonscherbe, wie das? Mit einer Zungenfertigkeit sondergleichen – kaum dass Clemens den Sinn der Wörter ausmachen konnte – beschwatzte Rodica den Händler, dass diese miese Tonscherbe ein Teil des Humpens sei, aus dem der dakische König Decebal um das Jahr 100 nach Christi Geburt Apfelmost getrunken habe. Im Nu hatte der Händler ein paar obskure Zeichen in den grünlichen Ton gekratzt, und vor ihren Augen wechselte die Scherbe noch einmal den Besitzer. Ein älterer Herr im Gehrock mit goldenem Zwicker zählte mehrere Scheine hin, die den Preis der Hose bei weitem überstiegen.

„Warum Apfelmost und nicht Wein?" fragte Clemens.

„Du kennst offensichtlich unsere Geschichte nicht. Habt ihr in euren deutschen Schulen nicht gelernt, das schon der Vorgänger von Decebal, König Buerebista, die Weingärten hat niederbrennen lassen, weil alles Volk nur noch betrunken dahintorkelte und keiner mehr arbeitete?"

Zitiert aus: *Eginald Schlattner:* Das Klavier im Nebel. Roman. S. 323. © Paul Zsolnay Verlag, Wien 2005. Abdruck mit freundlicher Genehmigung des Paul Zsolnay Verlages.

062ru Foto: hz

und der Straßenrand zu einer wichtigen Möglichkeit, im harten rumänischen Alltag zu überleben. Die Philosophie der geschäftstüchtigen Straßenhändler ist dabei so einfach wie plausibel: Wer sich ein Auto leisten kann, hat auch genügend Geld für die kleinen (un)wichtigen Dinge übrig. Hinzu kommt die potenzielle Menge an Kundschaft, die wohl nirgends so hoch ist wie an der Straße.

Kreative Improvisationskünstler

„Gerade die Mangelsituation hat viele Rumänen zu besonders geschickten Handwerkern gemacht. Viele rumänische Autofahrer waren regelrechte Improvisationskünstler was die Reparatur ihrer Autos betraf. Die Anfälligkeit des guten alten Dacia 1300 zwang sie einfach dazu und an manchen Autos war nach 10 Jahren kaum mehr ein originales Teil dran. Einige, die als Mechaniker in der Autobranche arbeiteten, nannten sich ganz selbstbewusst die besten Mechaniker der Welt."
(*Ion Petrescu*, Fahrlehrer)

„Sein Geld als Scheibenputzer an Ampeln zu verdienen, ist in Rumänien zu hart und zu gefährlich. Wenn dich die Autofahrer anspucken, ist das noch harmlos, aber viele fahren einfach los, auch wenn du noch auf der Kühlerhaube hängst. Dann bremsen sie wieder ab. Ich habe mich schon mehrmals verletzt. Für die bist du nicht mehr als menschlicher Dreck. Die Polizei hilft dir auch nicht. Die Polizisten haben mir sogar abends manchmal einfach meinen Tagesverdienst abgenommen, weil es angeblich verboten wäre, Frontscheiben zu reinigen." *George* aus Sibiu, der sich hier beschwert, hat sich mittlerweile auf ein anderes „Geschäft" verlegt. Zwar wird er auch hier meistens angeschimpft, doch die Kundschaft, die er *„ein wenig zu meinem Glück"* zwingt, drückt meistens ein Auge zu und ihm einen Euro in die Hand. *George* wäscht die Autos von Ausländern, die auf den städtischen bewachten Parkplätzen stehen. **Ungefragt und ohne Auftrag.** *„Ich wasche sie blitzeblank und warte dann einfach, bis die Besitzer wiederkommen. Das dauert meistens nur einen Tag, wenn ich Pech habe auch mal drei Tage. Oft sind sie erst sauer. Doch dann lasse ich meinen Charme spielen. Ein Euro ist immer drin."*

Günter Totok, einen Deutschrumänen aus dem Banat, brachten die wiederkehrenden Fleischskandale im Deutschland der 1990er Jahre auf die

Stahlarbeiter südlich von Piteşti, die vieles noch in Handarbeit machen, wofür anderswo längst Maschinen eingesetzt werden

Der Schäfer und sein Hubschrauber

Ein sehr wohlhabender Schafbesitzer aus der Nähe von Târgovişte sah 1984 im Fernsehen, wie australische Schäfer ihre gewaltigen Herden vom Hubschrauber aus beaufsichtigten. Pfiffig wie er war, beantragte er bei der entsprechenden staatlichen Behörde ebenfalls einen Hubschrauber, da er die *„jährlich rasant steigende Zahl von Schafen für die sozialistische Volkswirtschaft"* sonst nicht mehr *„fachgerecht"* beaufsichtigen könnte. Der Wunsch des Schäfers wurde mit der Begründung abgelehnt, nur dem Führer *Ceauşescu* und seiner Frau *Elena* sei es erlaubt, ihre „Schäflein" vom Helikopter aus zu beaufsichtigen. Wie die Ironie der Geschichte es wollte, war es dann ein Hubschrauber, mit dem das Diktatoren-Ehepaar am 22. Dezember 1989 vom Dach des Zentralkomitees der KP in Bukarest floh. Nach abenteuerlicher Flucht wurden sie ausgerechnet in Târgovişte, ganz in der Nähe des ideenreichen Schäfers festgenommen.

Idee, in Rumänien eine **Straußenzucht** nahe der ungarischen Grenze zu eröffnen: *„Ursprünglich hatte ich nur an den Export gedacht, aber mittlerweile findet man das magere und delikate Straußenfleisch auch schon auf rumänischen Speisekarten."* Unweit des geschäftstüchtigen Ingenieurs *Totok* denkt in der Gemeinde Ineu *Constantin Albulescu* über die Ansiedlung von südamerikanischen Hochlandtieren nach. *„Warum",* so der Agraringenieur, *„sollten sich Alpakaschafe und Lamas nicht auch in den rumänischen Karpaten wohlfühlen?"* Jedenfalls scheint der Umzug nach Transsylvanien den heimatverbundenen Banater *Albulescu* mehr zu schrecken als die neuen Herausforderungen als Alpakaschäfer. Einige Tiere hat er sich in Peru schon einmal angesehen und möchte sie 2007 nach Rumänien holen.

Auf eine andere Idee kamen einige Rumäninnen, die für eine bekannte Schweizer Firma in Rumänien **Winterjacken** produzieren. Die pfiffigen Damen, die nicht genannt werden möchten, verwerten die übrig gebliebenen Stoffreste, die normalerweise weggeworfen werden, und nähen daraus Rucksäcke, Winterjacken und Allwetteranoraks, die sie selber vermarkten.

Bei manchen Rumänen scheint die Kreativität und **Improvisationskunst** gerade dann aufzublühen, wenn sie das Leben am härtesten trifft. Der Erfinder *Radu Filipescu* der 1983 über 20.000 Flugblätter mit Texten gegen *Ceauşescu* und das damalige Regime verteilt hatte und daraufhin zu 10 Jahren Gefängnis verurteilt wurde, erinnert sich: *„Während der Haft habe ich trotz Folter und aller Demütigungen versucht, meinen Verstand und Geist für die Zeit nach dem Gefängnis wach zu halten und zu schulen."* Es scheint sich gelohnt zu haben. Kurz nach der Revolution meldete der Erfinder eine elektronische Papageienklemme (Parrot™ Clip) zum weltweiten Patent an, die er sich in der Haft ausgedacht hatte. *Filipescu: „Es gibt Dinge, die würde ich immer wieder tun, die immer wieder getan werden müssen. Dazu gehört auch der Protest gegen Ceauşescu. Aus einer aufrechten Haltung heraus kann auch sehr viel Kreativität erwachsen."*

Aussterbende Berufe

Wer in Bukarest einen guten Schuhmacher brauchte, machte sich bis etwa 2004 auf den Weg ins alte Handelsviertel rund um die „Leipziger Straße", die Strada Lipscani. Noch vor wenigen Jahren gab es in der – nach Leipziger Händlern benannten – Straße, alle möglichen und unmöglichen **Handwerksbetriebe.** Heute tut man sich immer schwerer, hier noch einen Schuhmacher oder einen Besenbinder zu finden, ganz zu schweigen von Kleinfassmachern, Gürtlern oder Wachsziehern.

In den neu entstandenen riesigen **Konsumtempeln,** der *Bucureşti Mall* oder der *Plaza Romania* wird man nur müde belächelt, wenn man nach einem Schuhmacher fragt, so als ob der von heute auf morgen nicht mehr benötigt würde. Billige Textilien aus der Türkei, Massen- und Wegwerfartikel aus China, Taiwan und Korea überschwemmen die Stadt, die altes Handwerk und Reparaturen als längst überholte Relikte anzusehen scheint.

Weißgerber? Nagelschmiede?

Ein Leben wie in einer völlig anderen Zeit: Mitten im Apuseni liegt versteckt ein Hirtengehöft mit Werkstatt zur Kerzenherstellung. Der Bauer auf dem Nachbarhof nutzt seine alte Ölpresse noch und weiß auch, wie die Tuchwalke funktioniert, die seit Jahren unbenutzt herumsteht. In den Gärten der Bauern des Maramureş gehören Pflaumendörröfen, Obststampfen und alte Ölmühlen ebenso zum Lebensalltag wie Korbflechten, Spinnen, Knüpfen und Weben. Neben diesem relativ verbreiteten Handwerk gibt es eine Vielzahl von Berufen und Fertigkeiten, die selbst hier langsam in Vergessenheit geraten, wie das Wachsstrebersammeln, das Weißgerben, das Nagelschmieden oder Saitenmachen. Und wer weiß schon noch, was ein Göpelschöpfwerk oder eine Kufenwiege ist?

„Mit den alten Traditionen verschwinden nicht nur die Bezeichnungen, sondern auch die Fähigkeiten der Menschen." weiß der Bauer *Vasil Niculae* aus Havârna im Moldaugebiet. *„Aber manchmal ist es auch gut, dass ein Beruf ausstirbt. Wer möchte schon noch als Salinist mit seinen Knien durch die Salzstollen rutschen oder sich die Hände in Goldbergwerksstollen aufreißen."* Viel wichtiger sei es, so *Niculae*, lebenswichtige Traditionen wie das Schnapsbrennen zu erhalten.

Aber es gibt sie noch in Rumänien, die Töpfer *(olari)*, die Eisenhändler *(fierari)*, die Messerschleifer *(tocilari)* und selbstverständlich auch die Schuhmacher *(cizmari)*. Man findet sie, von hohen Gewerbemieten verdrängt, in den kleinen Gassen und *blocuri*-Siedlungen am Bukarester Stadtrand. Aber auch Schneider, Wollschläger, Leinenweber, Sattler, Glasmaler, Flößer und Messerschmiede zählen noch zum rumänischen Alltag. Vor allem in der Region Maramureş, im Apuseni-Gebirge, im Donaudelta und im nordwestlichen Moldaugebiet findet man noch viel **altes Kunsthandwerk** und viele traditionelle Tätigkeiten.

Casinos und andere Spielhöllen

Spielen ist Männersache

Die rumänische Spielleidenschaft ist kein neuzeitliches Phänomen. Vor allem öffentliches Spielen in Parks und Grünanlagen hat Tradition. So sieht man auf alten Fotografien aus den 1920er Jahren wie Männer im eleganten Gehrock und Hut im Park Schach *(Şah)* und Backgammon *(table)* spielen. In den letzten Jahren hat die Begeisterung für das **öffentliche Schachspiel** etwas nachgelassen, dafür rücken Spiele wie *canastă* oder das sehr beliebte *remy* immer mehr in den Vordergrund. Beim *remy* werden Steine mit verschiedenfarbigen Zahlen aus einem getürmten Haufen gezogen. Wer bestimmte Zahlenreihen oder Kombinationen besitzt, kann seine Steine ablegen. Das Ziel besteht darin, am Ende keinen Spielstein mehr zu besitzen.

Spielen ist Männersache und Frauen haben, so die einhellige Meinung, auf den „öffentlichen Spielplätzen" nichts verloren. In den zahlreichen Spielbanken, Bingo-Hallen und Casinos, die seit einigen Jahren in rumänischen Städten wie Pilze aus dem Boden schießen, sind jedoch auch **Frauen willkommen.** Oft sind allerdings die Grenzen zwischen Night-Club und Spielhölle fließend, vor allem in den schummrig beleuchteten Casinos in der Calea Victoriei oder am Bulevardul Magheru in Bukarest. Die größeren Etablissements wie das MGM Casino bieten neben Poker, Roulette und Black Jack auch Live-Konzerte und Shows an.

Bingo!

Personen in „unzulässiger Kleidung" werden am Eingang vom bewaffneten Wachschutz direkt abgewiesen. In den kleineren Spielhallen hingegen achtet man weniger auf die Kleidung. In den oft grell erleuchteten Sälen sitzen Rumäninnen und Rumänen stundenlang zusammen und machen die Nacht zum Tage oder umgekehrt. Die meisten der rauchigen Bingo-Hallen haben 24 Stunden geöffnet. Bingo ist schon seit Jahren **der Renner** in Rumänien. Die modernen Spielsäle haben mittlerweile elektronisch aufgerüstet. Wo früher die Gewinnzahlen noch mit der Hand an große Kreidetafeln geschrieben wurden, leuchten heute blinkende Zahlenlichter auf. Die Spielenden kreuzen die Zahlen auf ihren Zetteln an, die umgerechnet nur 30 Cent kosten und warten darauf, eine vollständige Gewinnreihe zu haben. Die Gewinne bewegen sich meist zwischen 20 und 50 Euro, die Verluste können hingegen wesentlich höher ausfallen.

„Familienväter verspielen hier schon mal in einer Nacht mühelos ein mühsam verdientes Monatsgehalt." sagt die Journalistin *Adriana Istodor* von der Tageszeitung „Evenimentul Zilei". *„Die Spielsucht ist ein relativ neues Phänomen in Rumänien, das durch die massenhafte Präzenz von Casinos und Spielhallen nur noch verschlimmert wird. Es entsteht eine neue Schicht von Verlierern. Zunehmend sind auch immer mehr Frauen von der Spielsucht betroffen. Wenn sie ihr Geld nicht beim Bingo verlieren, so wartet nebenan bereits eine neu eröffnete Halle mit Spielautomten."*

Kriminalität

„Lupul îşi schimbă părul, dar năravul ba."
„Der Wolf mag den Pelz wechseln,
doch seinen Charakter wechselt er nicht."
(rumänisches Sprichwort)

Viele Rumänen stört es sehr, dass ihr Land im übrigen Europa als Synonym für Diebstahl und Verbrechen herhalten muss. Rumänien ist im internationalen Vergleich ein **sicheres Land.** Kapitalverbrechen wie Morde oder Vergewaltigungen sind sehr selten und auch die Bukarest-Statistiken der Autodiebstähle oder Raubüberfälle liegen deutlich unter denen von Amsterdam oder Paris.

Wieso Rumänien in den Ruf eines für Reisende gefährlichen Landes kam, versuchen Schriftsteller wie *Mircea Cartarescu* mit den Vorurteilen zu begründen, die man sich im Ausland über Rumänien macht: *„Wer ständig Fernsehbilder von verwahrlosten Waisenkindern, streunenden Hunden, Vampiren und bettelnden Roma-Kindern sieht, wenn es um Rumänien geht, wird diese schaurigen Bilder auch auf die Kriminalität übertragen, die man sich dann dementsprechend hochrechnet."* Obwohl die offiziellen Kriminalitäts-Statistiken im orthodoxen Rumänien das Land deutlich hinter den

Nachbarstaaten Bulgarien, Ukraine und Kroatien auflistet und auch die Europäische Union dem Land beste Noten ausstellt, hat Rumänien weiter mit seinem **schlechten Ruf** zu kämpfen.

Wirklich große Probleme besitzt das Land weiterhin im Bereich der **Korruption,** die neben dem Gesundheitssektor vor allem die Bereiche der öffentlichen Verwaltung und der Polizei durchdrungen hat. In den letzten Jahren ist mit den steigenden Touristenzahlen auch die Kleinkriminalität auf den Straßen und an den Stränden wieder leicht angestiegen.

Zapp-Zarap

Wenn man den Kriminalstatistiken glauben darf, scheinen **Taschendiebstahl** und Trick-Betrug besonders lohnenswert zu sein. Jedenfalls belegen sie im Rahmen der Kleinkriminalität die vorderen Plätze. Interessant ist die starke Diskrepanz zwischen Stadt und Land, da in den rumänischen Städten 86 % aller Diebstähle verübt werden. Vorsicht vor flinken Diebesfingern ist überall dort geboten, wo dichtes Gedränge herrscht, wie am *Gara de Nord* in Bukarest, in öffentlichen Verkehrsmitteln oder in Touristengruppen, die sich vor Sehenswürdigkeiten versammelt haben. Zu den beliebtesten Plätzen der Taschendiebe zählen die sich öffnenden Türen der Busse und Bahnen. Mit Vorliebe quetschen sich die zumeist jungen Diebe mitten ins **Gedränge** der herausquellenden Passagiere, um dann mit frisch erbeuteten Uhren oder Portemonnaies gleich weiter in die abfahrende Bahn oder den Bus einzusteigen.

Der in der rumänischen Umgangssprache lautmalerisch als Zapp-Zarap beschriebene Taschendiebstahl wird auch gerne bei **Familienfesten** wie **Hochzeiten und Kindstaufen** ausgeübt. Strömen die gut gelaunten und freigiebigen Festgäste aus der Kirche, spionieren zum Beispiel bettelnde Kinder aus, welcher der Feiernden über „einen lockeren Geldbeutel" verfügt, da es üblich ist, den Straßenmusikern einige Scheine zuzustecken. Diese Informationen fließen dann per Kopfnicken und Augensprache an einen fingerfertigen Dieb, der die ausgesuchten Gäste um ihre Börse erleichtert

Meistens „arbeiten" die jugendlichen Diebe in Banden zusammen, die streng hierarchisch organisiert sind. Einige der körperlich stärkeren „Firmenchefs" entpuppen sich dabei schnell als kleine Despoten. Ein etwa

Der Wachmann einer Sicherheitsgesellschaft zeigt, wie es gemacht wird. In der Hauptstadt boomt das Security-Gewerbe. Jeder fünfte junge Mann würde gern einen solchen Job annehmen.

063ru Foto: jr

zwanzigjähriger Roma verriet mir an einer Bukarester Straßenbahnhaltestelle stolz, dass er sieben *căluți,* also „sieben Fohlen" laufen habe. Seine sieben, offiziell nur bettelnden Jungs, müssen jeden wie auch immer ertragreichen „Fischfang" an den „Chef" abgeben. Viele Hauptstädter, die das harte Leben der **jugendlichen Betteldiebe** kennen, die bei zu geringem „Umsatz" abends auch einmal eine „Abreibung" vom Chef kassieren, unterstützen die Kinder dennoch lieber mit Nahrungsmitteln als mit Geld.

Im Pfandhaus

Die Bezeichnung *casa de amanet* für Pfandhaus sieht man in den Städten Rumäniens fast an jeder Ecke - entweder als Werbung oder als Hinweisschild. Allein in Cluj-Napoca gibt es über **150 Pfandhäuser.** Für viele Menschen gehört der Gang zum Pfandverleih längst zur täglichen Gewohnheit, manche lassen sogar ihr Auto regelmäßig bepfänden. In einem Pfandhaus in Cluj wurde ich Zeuge einer Szene, die, wie mir die Geschäftsinhaberin später bestätigte, durchaus typisch für die Einstellung vieler junger Rumänen zur Warenwelt ist.

Vor der Tür des Pfandhauses stand eine unentschlossene und wild diskutierende Gruppe Jugendlicher. Ein junger Mann kam nach einiger Zeit hinein und bot eine Uhr und ein Handy an. *„Tut mir leid",* sagte eine Angestellte, *„wir ersticken hier schon in Uhren und Handys."* Keine drei Minuten später kam ein anderer Jugendlicher in den Laden und forderte in resolutem Ton 100 Lei für sein Handy. Die Chefin selbst mischte sich nun ins Geschehen ein. Sie zeigte auf **Hunderte von Handys,** die sie in der Auslage liegen hatte:

„Wir brauchen keine mehr. Wo hast du es denn her. Ist es deins?"
„Na sicher ist es meins, ich habe es doch eben erst gefunden."
„Soso, gefunden?!"
Der junge Mann wurde kleinlaut und bat mit leidendem Gesicht:
„100 Lei, nur für 10 Minuten".
„Und wo willst du in 10 Minuten die 110 Lei auftreiben, um das Handy auszulösen. Du musst auch meine Provision mitbezahlen."
„Ich komme bestimmt wieder."
„Klar kommst du wieder, mit einem neuen Handy."
„Ja genau, ich komme bestimmt wieder und bringe Ihnen ein noch besseres Handy."

Nachdem die Jugendlichen abgezogen waren, erklärte die Chefin, die angebotenen Waren seien oft gestohlen und würden natürlich nicht wieder ausgelöst. Wenn „Not am Mann" sei, würden sich Jugendliche bereits mit umgerechnet ein bis zwei Euro für ein **gestohlenes Handy** zufrieden geben und wenn es bei ihr nicht klappen würde, dann vielleicht bei einem anderen Pfandhaus in der Nähe.

Löwenbabys unter Drogen

Gegen die Schiffs-Drogenkuriere, die ihre heiße Ware aus der Türkei in Constanza am Schwarzen Meer an Land bringen, um sie in Schulen an oft minderjährige Schüler zu verkaufen, versucht die rumänische Regierung bereits seit dem Sommer 2004 mit drakonischen Höchststrafen vorzugehen. Der Konsum von harten Drogen, so die Regierung, sei daraufhin stark zurückgegangen, während der von weichen Drogen wie Cannabis weiter zugenommen habe. Rumänien gilt für Drogendealer als wenig profitabler Absatzmarkt und hat sich darum in den letzten Jahren mehr und mehr zu einem Drogen-Transitland entwickelt. Harte Drogen aus Kleinasien werden nicht mehr über die „klassische" Balkanstrecke Serbien, Bosnien, Kroatien und Slowenien in den Westen gebracht, sondern zunehmend über Rumänien und Ungarn.

Zu den skurrilsten Fällen von Drogenmissbrauch in Rumänien zählt die seit Jahren übliche Praxis, kleine Löwenbabys mit Tranquilizern ruhig zu stellen. Die bei Touristen äußerst begehrten Junglöwen werden stundenlang in lärmenden, verrauchten Diskotheken, vor dem sommerlichen Schloss Peleş oder in Wintersportgebieten als Fotomotive angeboten. Diese Prozedur ertragen die kleinen Löwen nur, indem sie unter Drogen gesetzt werden. Als Tourist sollte man diese Quälerei nicht unterstützen.

Ess- und Trinkkultur

„Spune-mi ce mănânci ... ca să-ţi spun cine eşti!"
„Sag mir, was du isst und ich sage dir, wer du bist!"
(rumänisches Sprichwort)

Der Himmel des Mundes

Dort wo die Deutschen schlicht von einem Gaumen sprechen, sitzt bei den Rumänen der *ciel de gura,* der **Himmel des Mundes.** Auch was die nationalen Speisen betrifft, gerät man rund um die Karpaten, die Donau und das Schwarze Meer gerne ins metaphorische Schwärmen. *„Ein guter Braten und ein guter Wein sind in Rumänien",* so der kulinarische Kenner und Dichter *Mircea Dinescu, „wie Poesie, die man mit der Zunge fühlen kann."*

Rumänen sind außerordentlich gastfreundlich. Eine Einladung zum Essen ist meist unvermeidlich und für den mitteleuropäischen Gast anfangs mit einer **geschmacklichen Offenbarung** verbunden. Auf dem Land gibt es nur Selbstangebautes, Selbstgroßgezogenes, Selbstgekeltertes oder Selbstgebranntes. Die zwei wichtigsten Attribute, mit denen sich die rumänische Küche am besten beschreiben läßt, lauten frisch und ökologisch. Essen wird so frisch wie möglich zubereitet. Privat angebautes Obst und Gemüse aus dem Garten ist grundsätzlich unbehandelt. Lammfleisch schmeckt noch nach Lammfleisch, Möhren noch nach Möhren und grüne Bohnen noch nach grünen Bohnen.

Sărmăle und Mămăligă

Ein Nationalgericht, das wahlweise als Vorspeise, Hauptspeise oder Beilage in Erscheinung treten kann, sind die berühmten *sărmăle.* Die deutschstämmigen Sachsen in Rumänien nennen sie **Krautwickel** oder, wenn es mal feierlich zugehen muss, auch Rouladen in Sauerkohl. Für die *sărmăle* gibt es oft beträchtliche regionale Unterschiede in der Zubereitung, denn je nach Gebiet verwendet man verschiedene Füllungen. Nur für das „Mäntelchen" gibt es verhältnismäßig wenige Variationen. Gewickelt werden sie entweder mit sauer eingelegten Weißkohlblättern, Wirsing-, Spitzkohl- oder Weinblättern. Obwohl die *sărmăle* ursprünglich aus der bäuerlichen Küche kommen, sind sie heute überall in Rumänien fester Bestandteil der Festtagsküche.

Auch die zweite Nationalspeise – *mămăligă cu brânza şi smântâna* – war traditionellerweise ausschließlich ein Essen der einfachen Leute und Schaf-

Rezept: sărmăluțe moldoveneşti – Krautwickel nach Moldauart

Wenn Rumänen etwas lieben, verleihen sie gerne eine „Ehren-Verkleinerungsform". So werden aus den einfachen *sărmăle* schon mal die *sărmăluțe* oder „Krautwickelchen" und aus der *mămăligă* die *mămăliguțe* oder das „Maisbreichen", was zugegebenermaßen auf Deutsch etwas albern klingt. Eine der besten regionalen Varianten des rumänischen Krautwickels ist die folgende aus der Moldaugegend.

Zubereitungszeit: 1 ½ Stunden

Zutaten: ½ kg Schweinefleisch, ¼ kg Kalbfleisch, ¼ Hammelfleisch oder geräucherter Schweinenacken, 200 g Reis, 250 g Schweineschmalz, 4 Zwiebeln, Pfeffer, Salz, Zucker, frischer Tomatensaft, Dill, Bohnenkraut, Weißkohlblätter, 10 kleine Tomaten, 2 Lorbeerblätter, Maiskörner, Kirschbaumblätter

Vorbereitung: Zuerst entfernt man den Strunk eines Weißkohlkopfes, der nicht zu eng anliegende Blätter haben darf. In das entstehende Loch wird Salz gefüllt und der Weißkohl mit dem Loch nach oben in einen Topf mit Salzlake gelegt. (Auf drei Liter Wasser kommen 190 Gramm Salz.) Während der einmonatigen Lagerung wird die Salzlake mehrmals am Tag gerührt. Dann bleiben der Kohl und die Lake noch einmal einen Monat ruhig stehen und man fügt der Flüssigkeit noch Dill, Maiskörner und Kirschbaumblätter hinzu.

Zubereitung: Nachdem man die dünnsten Kohlblätter ausgewählt hat, werden diese in heißem Wasser blanchiert. Dann dreht man das gesamte Fleisch durch den Wolf. Der Reis wird halbgar gekocht und kalt gestellt. Die klein geschnittenen Zwiebeln werden im Schweineschmalz kurz angedünstet. Dann gibt man alle Zutaten mit den klein geschnittenen Kräutern, einer Prise Salz, Zucker und Pfeffer in eine große Schüssel und mischt alles gleichmäßig durch. Anschließend rollt man ein wenig der entstandenen Masse in das dünne, blanchierte Kohlblatt und wickelt daraus kleine Röllchen (die *sărmăle*), die man seitwärts eindrückt und verschließt.

Den Rest des klein geschnittenen Kohls verteilt man gleichmäßig mit etwas Bohnenkraut auf einem Topfboden. Darauf schichtet man die *sărmăle* sowie die Lorbeerblätter und gießt den Tomatensaft darüber. Die oberste Schicht besteht aus den kleinen Tomaten. Abschließend wird der gefüllte Topf in einen Ofen geschoben und bei kleiner Hitze 2,5 Stunden lang gegart, bis die Tomaten schön knusprig und die *sărmăle* schön saftig sind. *Sărmăle* werden im Moldaugebiet mit warmer Polenta und Sahne serviert.

Im Olttal kann man am Wegesrand wunderbaren Schafskäse erwerben. Besonders beliebt ist der schmackhafte Käse, der in Tannenrinde gewickelt wird: brânza de brad

064ru Foto: jr

hirten. Doch der sattgelbe **Maiskuchen mit Käse und Sahne** ist längst zu einer landesweiten Spezialität geworden, die auf keiner rumänischen Speisekarte fehlen darf und mit der sich ein ganzes Volk identifiziert. Die Bandbreite der rumänischen Polenta reicht dabei von der einfachen Beilage oder Brotersatz bis hin zur ausgetüftelten kulinarischen Köstlichkeit im Spezialitätenrestaurant.

Suppenvielfalt

Rumänische Suppen gibt es in drei verschiedenen Variationen. Entweder als *borş*, als *supă* oder als *ciorbă*. Der **borş** ist eine Flüssigkeit, die aus vergorener Kleie hergestellt wird und dessen Zubereitung einiges Geschick erfordert. Er wird der Suppe hinzugefügt, um diese anzusäuern, weil die Rumänen ihre Suppen gerne etwas sauer essen. Wahlweise kann auch noch etwas saure Sahne hinzugefügt werden. Obwohl der *borş* klanglich an die russische Suppe Borschtsch erinnert, hat er mit dieser kaum etwas gemeinsam.

Mit **supă** bezeichnet man in Rumänien alle cremigen, sahnigen oder auch nur wässrigen Suppenvariationen.

Der krasse Gegensatz dazu ist die dicke und reichhaltige **ciorbă,** die man der Einfachheit halber in manchen Restaurants mit Eintopf übersetzt.

Am bekanntesten ist die *ciorbă de burtă,* eine Kuttelsuppe bzw. Pansensuppe, die mit Sahne und Knoblauch verfeinert wird und landesweit auf den Speisekarten zu finden ist. Als rumänische Minestrone könnte die *ciorbă de legume* durchgehen, eine recht kräftige und reichhaltige Gemüsesuppe. Als Beilage zu den Suppen erhält man meist ungefragt ein wenig saure Sahne, *smăntănă,* zum verfeinern und *ardei,* eine mitunter recht scharfe, auf jeden Fall aber verdauungsfördernde Paprikaschote.

Tütensuppenintermezzo

Mit mächtigem Werbeaufwand versuchen Westfirmen mittlerweile ihre Instandprodukte in den neuen Markt im Osten zu drücken. Doch auch die Studenten, die als wandelnde Maggitüte durch die Bukarester Innenstadt laufen, um für die Träume des Tütensuppenkapitals zu werben, verzichten (zumindest bislang) nur äußerst ungerne auf ihre heißgeliebten, frisch zubereiteten rumänischen Gemüse- und Fleischsuppen. Wie lange sich die tapferen rumänischen Familien noch dem **Bombardement mit Gratispackungen,** Werbewurfsendungen oder Fast-Food-Reklame erwehren können, ist die Frage. Ein großer Tütensuppenproduzent hatte 2005 in einer Sommer-Werbeaktion die unglaubliche Summe von einer Million Euro für denjenigen ausgeschrieben, der einen Zettel mit dieser Summe in einer der firmeneigenen Tütensuppen finden würde. Doch trotz des Werberummels blieben die meisten Rumänen standhaft, zumal bislang noch niemand die Million gewonnen hat.

Delikate Bergküche

Man staunt nicht schlecht: Gegrillte Pilze mit Käse und Schinken *(ciuperci la grătar cu caşcaval şi bacon),* geräucherte Entenbrust *(piept de raţă afumat)* oder Forellenfilet *(filet de păstrăv)* stimmen nicht unbedingt mit dem Bild überein, das man sich von einer Arme-Leute-Vorspeise macht. Doch die Schäfer oder Bergbauern, die gerade einmal 140 Euro im Monat verdienen, scheuen keine Kosten oder Mühe, ausländischen Gästen die besten und **frischesten Spezialitäten** aufzutischen. Die Pilze sind selbst im Wald gesammelt, die Wildente selbst geschossen und die Forelle natürlich selbst gefangen. Rumänische Land- und Bergbewohner entwickeln mitunter einen besonderen Stolz und ein bewundernswertes Geschick, sich und ihren Gästen mit einfachsten Mitteln ein köstliches Essen zu zaubern.

Die rumänische Schäferküche unterscheidet deutlich zwischen Schaf-, Lamm- und Hammelgerichten. *cotlet de oaie la gratar,* kräftige gegrillte Schafskotletts, sind nicht zu vergleichen mit einem butterweichen Lamm-

Fuck off – Maggi

Der Schriftsteller *Mircea Cartarescu* hatte im Mai 2006 die Mitwirkung in einem Werbespot für Tütensuppen abgelehnt, obwohl man ihm dafür 10.000 Euro angeboten wurden. Doch *Sorin,* ein Student der Informatik, brauchte das Geld, obwohl er sich ein wenig schämte, als überdimensionale Tütensuppe herumzulaufen. Er habe im Film „Occident" noch darüber gelacht, wie ein Mann auf Bukarests Straßen Werbung als verkleidetes Riesen-Handy machte und während seiner Arbeitszeit eine Frau, die man zu Werbezwecken in ein Bärenkostüm gesteckt hatte, kennen lernte. *„So etwas ist mir leider noch nie passiert. Für unsere Werbeaktion hat man nur drei ‚männliche Tütensuppen' ins Stadtzentrum geschickt. Ich musste immer den Boulevard Magheru herauf und herunter laufen. Ganz schöne Schweißarbeit, so im Sommer. Aber die Aktion hat ja auch nicht allzu lange gedauert."*

Den westlichen Werbestrategen war in ihrem Bemühen, die rumänische Frau von ihrer geliebten frischen Gemüsesuppe *(Ciorba de legume)* zu entfremden, eine teuflich gute Strategie eingefallen. *Sorin* schüttelt den Kopf: *„Auf so etwas können auch nur Rumäninnen reinfallen, die keine Ahnung haben, wie Werbung funktioniert."*

Der Nestlé-Konzern hatte in allen Fernseh-Sendern und Radiostationen verkünden lassen, dass man Maggi-Herzen an seine Fenster kleben sollte. So genannte Maggi-Männer würden dann ins Haus kommen und 200 Euro an die glückliche Hausfrau zahlen. Anschließend bekäme man noch zusätzlich 50 Euro für jedes Maggi-Produkt, das man im Hause hätte – bis zu einer limitierten Menge von 16 Produkten. *Sorin,* der sich im Laufe der Werbemonate zum vehementen Gegner der Tütensuppenhersteller entwickelt hat, erzählte: *„In der Hoffnung auf 1000 Euro hat sich wochenlang ganz Bukarest zum Narren gemacht und diese Herzen an die Fenster geklebt. Gerüchte machten die Runde, dass alle Maggi-Produkte im Großmarkt Carréfour schon ausverkauft wären. Doch dann kam unsere Gegenkampagne. Unter dem Motto ‚Wir lassen unser Land nicht verkaufen' klebten ich und andere Anti-Reklame-Aktivisten rote Aufkleber mit der Aufschrift ‚Muie' an die Fenster, die den Maggi-Herzen täuschend ähnlich sahen."*

„Wie könnte man denn Muie am besten übersetzen?", fragte ich *Sorin, „das heißt doch Fresse, oder nicht?"*

„Auch, aber in diesem Falle bedeutet es etwa so viel wie ‚Fuck off'. Bald erklärte sich ein ganzes Land solidarisch mit uns. Es kam zu heißen Diskussionsrunden im Fernsehen. Also ich glaube nicht daran, das es diesen Tütensuppenkapitalisten gelingt, uns unsere Ciorba auszutreiben."

braten, dem *friptură de miel.* Länger haltbar ist *pastramă de oaie,* gepökeltes Lamm, welches traditionellerweise mit rumänischer Polenta, der *mămăligă* serviert wird. Ein anderes **traditionelles Schäfergericht** ist der *traista ciobanului,* der in der korrekten Übersetzung „Schäfers Sack" genannt werden müsste. Doch dieser Name taucht auf den Speisekarten der siebenbürgischen Lokale nicht auf, in denen man den *traista* verschämt mit Brotsack übersetzt. Mit Brot hat das elegant zusammengeknotete und überaus köstliche Fleischgericht allerdings herzlich wenig zu tun.

Rückblende Nicu: Ein Volk wird auf Diät gesetzt

„Etwa seit 1980 beschäftigte sich Ceauşescu mit der Ernährung des Volkes. Da er immer mehr Geld für seine großen Bauvorhaben brauchte, bestand ein Weg, mehr Geld einzusparen, darin, den Nahrungskonsum zu reduzieren. Natürlich konnte man den Rumänen das nicht so einfach unter die Nase reiben. Also ließ Ceauşescu einige wissenschaftliche Gutachten anfertigen. Das Ergebnis lautete, die normale Kost der Rumänen, Mais, Brot und Fleisch sei zu kalorienreich und somit gesundheitsschädlich. In der deutschsprachen Zeitung „Neuer Weg" konnte man 1982 nachlesen, dass man die Ernährung des Volkes auf Fertignahrung umstellen wolle. Ein Kantinensystem sollte in landesweiten Volksspeisungen genau auf die Kalorienzahl achten. Einige Betriebe hatten bereits begonnen, so genannte „Schutznahrung" herzustellen. Als erste neue Volksnahrung wurde Fibropan angeboten, ein ekelhaftes faseriges Zeug. Als nächstes kam dann ein Gemisch aus Weizenkleie und Graupen aus den Agrofabriken. Ekelerregend und grau. Selbst an den wenigen Imbissbuden wurde diese Pampe angeboten. Ceauşescu wollte damals am liebsten sein ganzes Volk auf Zwangsdiät setzen. Dünner sind die Leute schon geworden, denn den in Fabriken hergestellten Fraß wollte doch keiner essen."

Ebenfalls in den Bergen zu Hause sind das *muşchi de porc sibian,* das Hermannstädter Schweinefilet, und *muşchi de porc împănat,* der gespickte Schweinebraten. Auf einigen Hütten in den Bergen kann es auch passieren, dass die Almbäuerin Besuchern mit einem breiten Grinsen die Spezialität *fudulii la gratar,* **gegrillte Schweinehoden,** schmackhaft machen möchte.

Tochitura, fleischliches Allerlei

Als Hauptgang, *fel de mâncare principal,* findet man in allen Restaurants, die traditionelles rumänisches Essen anbieten, mindestens ein Gericht, in dem das Wort *tochitură* vorkommt. Die eigentliche Heimat der *Tochitură* ist die Moldau, wo sie als *tochitura moldovenească* (Geschnetzeltes nach moldauischer Art) mit Polenta und geriebenem Käse *(brânza rasa)* serviert wird. Jeder Landesteil kennt seine eigenen *tochitură*-Gerichte und versucht diese natürlich zu einer **landesweiten Spezialität** zu machen. In einigen Gebieten verbirgt sich hinter einer *tochitură* kein Geschetzeltes, sondern eine Schlachtplatte, die *tochitură măcelărească,* und wer in Siebenbürgen eine würzige *tochitură ardelenească* bestellt, erhält geräucherte Würstchen, mit einer Pfefferschote *(ardei), mit Zwiebeln (ceapa)* und Schweinefleisch.

Anleihen bei den Nachbarn

Im Maramureş-Gebiet, in Siebenbürgen oder nahe der ungarischen Grenze benötigt man als Deutschsprachiger keine großartigen Fremdsprachenkenntnisse, um satt zu werden. So begegnet einem hier z. B. eine Wurst, die sich *rosbrat* nennt und die als *rosbrat ardelenesc* etwas pikanter schmeckt als die berühmte Vorlage, die Thüringer Rostbratwurst. Auch andere rumänische Spezialitäten kommen einem klanglich **durchaus vertraut** vor. Da wären einerseits die *cartofi,* also die Kartoffeln. Aber auch das *şniţel,* Schnitzel, die *cremvurşt,* Wiener Würstchen und der *parizer,* eine Art Mortadella, dürften deutschsprachigen Rumänienbesuchern leicht über die Lippen kommen. Die süße Leckerei *ştiţel,* Schtiezel, hat sich während der Habsburger Zeit ebenfalls aus Zentraleuropa in die rumänischen Speisepläne eingemogelt. Als *baumştiţel,* Baumstietzel, eine Art Baumkuchen aus gedrehtem Teig, wird der Stietzel heute gerne auf den Weihnachtsmärkten rund um Braşov genascht.

Anlehnungen an die **habsburgische Küche** finden sich auch in süßen Nudelgerichten wie den *taitei cu mucă,* süßen Nudeln mit Nüssen, sowie in den als Beilagen in Transsylvanien und dem Banat bekannten Pflaumenklößen, den *gombot cu prune.*

Oft reicht allein die Bezeichnung für ein Gericht aus, um eine gewisse räumliche Nähe zum slawischen Nachbarn herzustellen. So kommt das *piept de pui,* also die Hähnchenbrust, in dieser Region auch schon einmal als *piept de pui kievskaya* auf den Tisch. Gemeint ist hier die ukrainische Variante, bei der die Hähnchenbrust als Roulade gewickelt und in Butter geschwenkt wird. Die **ungarische Nachbarschaft** hingegen zeigt sich im beliebten *gulaş unguresc,* einer kräftigen und würzigen Gulaschsuppe, die auf der Speisekarte manchmal auch als *guyas* auftaucht. Als weiteres Gericht ungarischen Ursprungs sei noch das köstlich scharfe Kalbfleischpaprika mit Klößen erwähnt: *papricaş de viţel cu ciuperci galuste.*

Süßer Abgang

Was den rumänischen Nachtisch betrifft, spannt sich ein kulinarischer Bogen von den süßen Kalorienbomben der Türkei bis hinauf zu den nicht minder gehaltvollen Mehl- und Eierspeisen Österreichs. Jeder der ehemaligen Besatzer scheint irgendwie eine **süße Köstlichkeit** in den Karpaten hinterlassen zu haben. So wären die aus Honig gebackenen kleinen Kuchen *baclava* ein Beispiel für den türkischen Einfluss. Die habsburgische Herkunft der Nachspeisen *ştrudel* (Strudel) und *cremşnit* (Kremschnitte) erkennt man bereits am Namen. Auch die *placinta,* ein wahlweise süßer oder herzhafter Eierpfannkuchen, wird den Österreichern zugeschrieben, hat aber einen wesentlich längeren Weg hinter sich (siehe Exkurs „Wie sich ein Kuchen in einen Schinken verwandelte").

Ebenfalls ein Eierkuchen sind die *clătite,* die jedoch dünner als die verwandte *placinta* sind und den französischen *crêpes* ein wenig ähneln. Im ganzen Land als Nachtisch sehr geschätzt sind die *papanaşi.* Diese Spritzkuchen erinnern ein wenig an Berliner, zumal sie genau wie diese am liebsten mit Marmelade *(gem)* gegessen werden. Jede rumänische Region kennt ihre eigenen **Nachspeisen.** Einige davon haben sich im ganzen Land durchgesetzt. Aus dem Moldaugebiet stammt die *lapte de pasăre* (Vogelmilch), eine aus Milch, Eiern, Zucker, Vanille und Zitrone hergestellte kalt servierte Creme. Wenn Rumänen den Nachtisch gar nicht mehr erwarten können, versüßen sie sich das Leben bereits während der Hauptspeisen durch geschickt gewählte Soßen oder Beilagen. Die gegrillte Gänseleber mit süßer Apfelsoße, *ficat de gâscă cu sos calvados,* wäre hierfür ein Beispiel.

Wie sich ein Kuchen in einen Schinken verwandelte

Der in ganz Rumänien bekannte süße Strudel *(Placinta)* mag so manchen geschmacklich und sprachlich an den in Österreich und Böhmen bekannten *Palatschinken* erinnern. Doch der Ursprung der mit Äpfeln und Zimt oder mit Frischkäse gefüllten rumänischen Nachspeise liegt ganz woanders. Bereits die alten Lateiner im antiken Rom kannten einen flachen Kuchen, den sie *placenta* nannten. Von hier trat die Süßspeise gemeinsam mit den römischen Soldaten bereits um die Zeitenwende eine Reise in das dakische Reich an. Auf dem Territorium des heutigen Rumäniens wurde aus der *placenta* eine *placinta,* die noch auf einer heißen Schieferplatte gebacken wurde und aus Hefeteig bestand. Im 16. Jahrhundert verschlug es die Süßspeise von den Karpaten nach Ungarn, wo sie eine kleine sprachliche Wandlung hin zum *palacsinta* erfuhr. Zur Zeit der Donaumonarchie Österreich-Ungarn war es dann nur noch ein kleiner Sprung für den ehemals römischen Nachtisch auf die Teller der österreichischen Hauptstadt. Im Wienerischen wandelte sich der ungarische *palacsinta* in den heute noch bekannten *Palatschinken* und so wurde aus einem süßen Kuchen durch eine mehrmalige sprachliche Metamorphose letztlich ein Schinken. Nur geschmacklich hat sich auf der tausendjährigen Reise wenig verändert. Die Nachspeise wird weiter am liebsten süß verspeist und hat mit Schinken natürlich nichts zu tun.

Auf ein Gläschen Worte

„Pic - pic - pic, pic - pic - pic.
Până n-o mai rămânea nimic."
„Gluck - Gluck - Gluck, Gluck - Gluck - Gluck.
Bis nichts mehr übrig bleibt."
(rumänische Redensart)

„Für einen Rumänen wäre es einfach undenkbar, alleine zu trinken oder zu essen, wie man es manchmal in deutschen Restaurants sieht. Wir Rumänen reden ja auch nicht mit uns selber. Denn dann wäre alles verloren." sagt der Schriftsteller und Lebenskünstler *Eugene Cojocaru*. Damit es erst gar nicht soweit kommt, dass jemand vor lauter Einsamkeit mit sich selbst zu reden beginnt, wie man es in Rumänien den melancholischen Russen nachsagt, verabredet man sich am besten mit einem Freund oder Kollegen **auf ein Gläschen Worte,** auf ein *pahar de vorbă*.

Obwohl es dabei durchaus auch einmal zu Alkoholexzessen kommen kann, kennt man das wettkampfmäßige Saufen, wie es etwa auf dem Münschener Oktoberfest oder auf Mallorca betrieben wird, in Rumänien kaum. Wer sich betrinkt, hat meistens auch einen Grund dazu und letztlich ist dann doch jedem Rumänen sein kostbarer *țuica* zu schade, um ihn einfach nur sinnlos in sich hineinzuschütten. Denn der tiefe Zweck des edlen Obstlers ist und bleibt das **gesellschaftliche Zusammensein** und das Kommunizieren. So haben denn auch kommunikations- und kontaktfreudige Rumänen in der Bukowina mit dem Wunsch *„Auf das wir uns unter dem Tisch wieder sehen"* einen pfiffigen Trinkspruch geschaffen, der in ganzer Schönheit wiedergibt, worum es selbst dann noch gehen sollte, wenn sich zwei Freunde nicht mehr auf den Beinen halten können.

Țuica – der Schnaps kennt alle Sprachen

Florin, ein Bekannter aus Repedea im Maramureş erklärt den größten Vorteil von rumänischem Schnaps: *„‚Țuica ştie toate limbile', sagt das rumänische Sprichwort, der Schnaps kennt alle Sprachen. Wenn du ein wenig was getrunken hast, kannst du sogar die Mongolen verstehen und die Russen sowieso."*

Schnaps ist, wie in vielen osteuropäischen Staaten üblich, auch in Rumänien ein fester Bestandteil der männlichen Feier- und Lebenskultur. Dies gilt in ganz besonderem Maße für eines der rumänischen Nationalheiligtümer, den *țuica de prune*. Auch Frauen greifen, insbesondere an Feiertagen und auf dem Lande, gerne einmal zu einem guten Tröpfchen

Pflaumenschnaps. Dabei stellt sich nach häufigen Verkostungen schnell heraus, dass der beste *ţuica* nur ein Selbstgebrannter sein kann. Einen traditionell ganz besonders guten Obstbrand gibt es im Maramureş, wo ich kurz vor Weihnachten 2005 nicht nur erfuhr, wie man Hunderte von Krautwickeln herstellt und Brot im alten Holzofen bäckt, sondern auch bei der „heiligen Zeremonie der *ţuica* -Zubereitung" dabei sein durfte.

Den *ţuica* oder *şnaps* nennt *Florin Muscă,* ein Waldarbeiter aus dem Maramureş, stolz seine *frumoşică,* wobei die Verkleinerungsform als Ehrenbezeichnung soviel wie „mein Schönchen" bedeutet. Einige Wochen vor Weihnachten hatte *Florin* bereits begonnen, *ţuica* im Kupferkessel, dem so genannten *cazan,* herzustellen. Zur eigentlichen **Schnaps-Herstellung** braucht man einen Kessel und ein Auffanggefäß. Das Obst, das entweder aus Äpfeln, Kirschen oder Pflaumen besteht, lässt man üblicherweise zwei bis drei Monate in Fässern gären. Der *boştiţa,* der Obstmaische, werden dann unter beständigem Rühren die guten Geister abgerungen. Man brennt den Schnaps im Maramureş und anderen Gegenden traditionellerweise zweimal, dann wird er stärker. *„Manche möchten 52, manche 56, aber mit 54% schmeckt er am Besten",* sagt *Florin.*

Selbst gebrannter Schnaps wird in vielen Gegenden immer noch rumänische Hausmannskost genannt und gehört damit für die meisten Rumänen auf dem Land zu den **Grundnahrungsmitteln.** Jeder kulinarische Reigen wird traditionell mit einem Gläschen Pflaumenschnaps eröffnet und beendet. Die Frauen trinken selbst gebrannte Kirschwässerchen, die Männer lieber Hochprozentiges. Die *băuturi tari,* also die wirklich starken Sachen, gibt es im Apusenigebirge, wo ein gebrannter Schnaps auch einmal die 95%-Marke erreichen kann. Getrunken wird der Rachenputzer aber dann nur aus einem *pahar degetar,* einem Glas, das eher einem **Fingerhut** gleicht.

Nichts fürchten die *ţuica*-Liebhaber so sehr wie die zukünftigen Reglementierungen und „Schnapsbürokraten" aus Brüssel, die ihnen eventuell sogar das Brennen verbieten werden. Denn *ţuica,* das ist in vielen Gegenden Rumäniens mehr als nur ein beliebtes **Nationalgetränk.** Er ist Verdauungshilfe und Medizin bei Gesundheitsproblemen, er ist Währung in Notzeiten, Aufwärmmittel im Winter, Nahrung am frühen Morgen, Liebesersatz und Seelentröster in einem.

In diesem Weinladen in der Nähe von Caransebeş (im Banat) kann man über 50 rumänische Weine probieren und natürlich kaufen

059ru Foto: jr

Uraltes Weinland

Rumänien gehört mit über 6000 Jahren Wein-Geschichte zu den ältesten Weinländern der Welt. Lange bevor die Römer am Karpatenbogen begannen Rebstöcke zu ziehen, bauten die Thraker dort schon Wein an, der sogar von **Homer** in der „Ilias" gewürdigt wurde. Auch der Geschichtsschreiber *Herodot* berichtet von einem regen Weinhandel der Griechen an der Schwarzmeerküste und selbst in der Zeit der türkischen Herrschaft wurde in Transsylvanien Rebensaft gekeltert.

Einen deutlichen Aufschwung erlebte der Weinbau in Siebenbürgen im 12. Jahrhundert dank der eingewanderten **deutsche Siedler** aus dem Rhein- und Moselgebiet. Sie brachten neue Rebsorten und neue Kelterverfahren nach Südosteuropa.

Durch die lange Tradition haben viele Rumänen nicht nur den Weinanbau, sondern auch das Keltern und die Weingewinnung gelernt. Über 20 Prozent der Gartenbesitzer ziehen sich Rebstöcke in ihrem Garten. Die offizielle Statistik, wonach Rumänien mittlerweile 49 Liter Bier pro Jahr konsumieren, denen nur 25 Liter Wein gegenüber stehen, gibt ein völlig falsches Bild wieder. Getrunkener **Wein aus Eigenanbau** taucht in den Statistiken nämlich nicht auf. Nach wie vor trinken die Rumänen wesentlich mehr Wein als Bier.

Foto: jr 066ru

ZU GAST IN RUMÄNIEN

Ausländer in den Augen der Rumänen

„Ein Deutscher“, so berichtet eine junge Rumänin aus Sighişoara, hätte ihr aus Deutschland eine Postkarte mit dem Hinweis geschickt, *„Viele liebe Grüße, Blutkreislauf noch vollständig erhalten (trotz dreiwöchigem Aufenthalt im Dracula-Land).“ „Da sieht man“,* sagt sie *„was die meisten hertreibt und was sie im Kopf haben.“* Primitiv finde sie es, wenn sich Deutsche oder Amerikaner nur für die **Gruselgeschichten** in Rumänien interessieren würden, egal ob es sich um Dracula oder *Ceauşescu* handeln würde und wenn sie aus ihrem Urlaub nicht auch einige schöne Impressionen über Rumänien mitgenommen hätten.

Viele Rumänen fühlen sich vor allem von **geographischen Ignoranten** genervt, die permanent Bukarest und Budapest verwechseln, was aber in

Für viele national gesinnte Rumänen wäre dieses Romamädchen auf dem Titel eines Buches über Rumänien undenkbar. Gäste des Landes sollten wissen, dass es beim Thema „Zigeuner“ mitunter sehr lautstark und kontrovers zugehen kann.

letzter Zeit, so die einhellige Meinung, Europäern immer seltener, dafür aber Amerikanern immer noch erstaunlich oft passieren würde. *„Keiner hier in Rumänien hört es gerne, wenn Besucher davon sprechen, hier auf dem Balkan gelandet zu sein, selbst wenn es in einigen Landesteilen tatsächlich so aussehen mag wie auf dem Balkan."* gibt *Radu Linde* zu bedenken, der sich in Iaşi um die mediale Präsenz der orthodoxen Kirche verdient gemacht hat. *„Es ist auch ein Armutszeugnis, wenn uns die Westler für ein slawisches Land halten."* Seine Frau *Gabriele* ergänzt: *„... und niemand in Rumänien kann den Begriff Armenhaus Europas mehr hören."* Die meisten Besucher seien total überrascht, so Frau *Linde,* in Rumänien ein völlig normales, zivilisiertes Land vorzufinden.

Als regelrecht beleidigend empfinden es die meisten Rumänen, pauschal als kriminell abgestempelt zu werden. Die offiziellen Kriminalitäts-Statistiken weisen in Rumänien **weniger Gewalttaten** aus, als in den Nachbarländern Kroatien, Bulgarien und Ukraine. Auch die Diebstahlszahlen liegen vergleichsweise niedrig. So ist es wahrscheinlicher, nach einem Abendspaziergang in Kopenhagen oder Amsterdam sein Auto nicht mehr vorzufinden, als etwa in Bukarest.

Der **schlechte Ruf Rumäniens** im Ausland zeigt sich manchmal auch an Kleinigkeiten, die den meisten Westeuropäern gar nicht so bewusst sind. So ist es einfach unverständlich für viele Rumänen, wieso der Name ihrer Geheimpolizei *Securitate* in aller Munde ist, während die Geheimpolizei Ungarns oder Polens, die zu kommunistischen Zeiten ebenfalls aktiv an der Verfolgung und Ermordung von Dissidenten beteiligt war, weitgehend unbekannt geblieben ist. *„So bleibt"*, wie es der Schriftsteller *Mircea Dinescu* aus Bukarest ausdrückt, *„von Dracula, über Zigeuner- und Waisenkinder bis hin zu einer brutalen Vergangenheit, für die die meisten nichts können, immer etwas Dreck am Land kleben."*

Was man in Rumänien vermeiden sollte

Wer fremde, vor allem orientalische Länder besucht, bekommt in Reiseführern meistens Ratschläge mit auf den Weg, welche Bekleidung er tunlichst nicht in der Öffentlichkeit, geschweige denn in einer Moschee tragen sollte. Auch in Rumänien verbietet es sich selbstverständlich, orthodoxe Klöster in Shorts oder im kurzen Rock, geschweige denn im **Bikini** oder der Badehose zu betreten. Eigentümlicherweise kommt in Reiseführern über Rumänien niemand auf die Idee, einen solchen Ratschlag zu erteilen, weil er wahrscheinlich einfach zu banal und selbsterklärend ist.

Doch spannender wird die Angelegenheit, wenn man nach Themen forscht, die man in Rumänien besser nicht oder nur sehr behutsam zur Sprache bringen sollte. Was sollte man in Rumänien also besser meiden? Die Nachfrage nach **heiklen Themen** führte in meinem Freundeskreis in Bukarest nur zu heillosem Gelächter. *„Heutzutage kannst du mit Rumänen über alles reden. So schnell ist hier keiner beleidigt. Versuch's doch."*

Ich bemühte mich, einige Reizworte wie beißende Hunde, stehlende Zigeuner, Schlaglöcher auf den Straßen, verwahrloste Waisenkinder oder korrupter Staatsapparat provozierend genug zu transportieren. Aber tatsächlich konnte man niemanden mehr mit solchen Randerscheinungen aus der Reserve locken. Selbst härtere Kaliber wie *„verwahrlostes Umweltbewusstsein"* wurden mit einem sanften *„zu pauschal"* hinweggefegt. Aber es handelte sich um meine Freunde, um Intellektuelle, um kritische Bukarester Geister. Wenn Spielregeln vorab festgelegt werden, so stellte ich fest, wird sich keiner eine Blöße geben und sich über Dinge aufregen, die ein Ausländer moniert. Also gab ich es offiziell auf. Was konnte einen Rumänen schließlich schon aus der Ruhe bringen?

Keine halbe Stunde später hatten wir uns heillos in der Wolle. Irgendwie waren wir auf das Thema **Sprache** gekommen und ein Literaturwissenschaftler hatte behauptet, das Rumänische sei die einzige Sprache der Welt, die genau so geschrieben würde, wie man sie spricht. Mein Einwand, das würden Chinesen auch von ihrer Schriftsprache behaupten, wurde noch müde belächelt. Als ich dann Gegenbeispiele brachte und sagte, jeder Rumäne würde *soare* (Sonne) schreiben, aber das Wort als *suare* aussprechen und der Name Maria müsste auf Deutsch und Rumänisch folgerichtig Marija bzw. Mariia geschrieben werden, hatte ich einigen der Anwesenden schon die Zornesröte ins Gesicht getrieben. Die Rumänen sind sehr stolz auf ihre melodische und schöne Sprache. Und das zu Recht. Doch es gibt in Rumänien verschiedene Nationalheiligtümer, die man besser nicht antastet, und sei das Argument auch noch so gut. Die Sprache ist eines davon. Ich würde mir wünschen, ein deutscher Schüler würde sich so leidenschaftlich für das Deutsche ereifern, wie die Rumänen es für ihre Sprache tun.

Was sollte man in Rumänien also besser vermeiden? Vermeiden Sie aufreizende **Besserwisserei,** was die rumänische Sprache betrifft. Schlucken sie jede belehrende Leidenschaft hinunter. Auch hat es keinen Sinn, schwierige und heikle Themen wie Plastikflaschen in Gebirgsseen, Ungleichbehandlung von Frauen in Kirchen oder männliche Gewalt in der Familie mit Macht permanent ansprechen zu wollen. Viele Rumänen sind heute kritisch genug. Man muss nur etwas Geduld haben, dann kommen viel problematische Themen ganz von selbst auf den Tisch.

Verhaltenstipps

Zahlenmystik und andere Rätsel

Eigentlich gibt es gar nicht so viele große Unterschiede zwischen Deutschen, Franzosen, Italienern, Engländern und Rumänen. Bei genauerer Betrachtungsweise allerdings stellen sich dann doch **unterschiedliche Ansichten,** andere Verhaltensweisen oder, wie der Rumäne sagen würde, ein anderer *codul de maniere* (Verhaltens-Code) heraus.

Ein dickes Fettnäpfchen wäre es beispielsweise, einer Rumänin zur Begrüßung, zum Geburtstag oder zum Muttertag zehn Rosen zu schenken. Man schenkt in Rumänien keine gerade **Anzahl von Blumen** an eine noch lebende Person. Gerade Zahlen sind für die Toten gedacht und würden eine sehr schlechte Ausgangsbasis für eine eventuell gerade zart keimende Freundschaft bedeuten. Warum das so ist? Ich musste selbst sehr lange durch Rumänien reisen, um das herauszufinden, da dieser *codul de maniere* wirklich mysteriös ist. Die Lösung des Rätsels ist außerordentlich „philosophisch-mathematisch", macht aber Sinn und ist ausgesprochen clever. Man schenkt eine ungerade Zahl an Blumen, da diese nicht durch zwei teilbar ist. Denn alles, was durch zwei teilbar ist, wäre nicht ganz und gar für den Beschenkten alleine gedacht. Man will zum Ausdruck bringen: Diese Blumen sind ganz und gar nur für dich gedacht (ohne teilbare Hintergedanken). Einem Toten gegenüber schenkt man eine gerade Anzahl Blumen, um auszudrücken, dass man sein „Andenken" mit ihm teilt, also auch in Gedanken bei ihm ist und sich auch noch weiter um die Blumen kümmert.

Kleine Geschenke

Während man es in Deutschland eventuell als unhöflich empfinden mag, wenn jemand sich sofort nach Entgegennahme auf sein **Geschenk** stürzt und es **auspackt,** ist dies in Rumänien durchaus üblich. Man öffnet es sofort, damit von vorneherein jegliches Missverständnis, was dieses Geschenk betreffen könnte, aus der Welt geschafft werden kann.

Kleine Geschenke erhalten grundsätzlich die Freundschaft. Luxusartikel wie Kaffee oder ein Deodorant waren früher in Rumänien Währungen. Das hat sich auf gewisse Weise kaum geändert. Blumensträuße für die

Männer gehen sehr gerne mit ihresgleichen essen. Ein Freund begründete dies kurz und knapp: „Dabei kann man besser entspannen als mit einer Frau."

072ru Foto: jr

Lehrerin, Pralinen für den Hausarzt, ein Küsschen für den Polizisten gelten in Rumänien durchaus immer noch als **höflicher Akt,** selbst wenn man dabei einen manipulativen Hintergedanken haben sollte.

Bitte vor Ihnen

Nein, ich habe mich nicht verschrieben, „Bitte nach Ihnen" gibt es in Rumänien zwar auch, aber zuerst einmal sollte man die wichtigste Spielregel zwischen Mann und Frau genau kennen, die da heißt: Ein Mann betritt immer zuerst und **vor einer Frau** das Restaurant, die Bar, die Hotelhalle usw. Dieses Verhalten, das einige westliche Frauen als unhöflich empfinden mögen, können rumänische Männer wunderbar begründen.

Der Mann geht nämlich zum **Schutz der Frau** als Erstes durch die Tür. Eventuell hält sie ihm noch höflich die Tür auf, ist sie doch dankbar dafür, dass sie sich nicht als Erste den Blicken fremder Männer ausliefern muss. Der Mann sichert sozusagen das Terrain ab und sieht nach, ob die „Luft rein ist" was eine eventuelle Gefährdung der Begleiterin betrifft.

Dieses Verhalten, das eindeutig auf eine orientalische Mentalität schließen lässt und für westliche Frauen oft als demütigend empfunden wird (was, ich soll hinterherdackeln?) wird aber durch das **höfliche Verhalten** der Männer beim Verlassen des Restaurants wieder wett gemacht. Hier endlich, darf die Frau auf den (keineswegs gefährlichen) Bürgersteig als Erstes hinausgehen. Die Begründung: Es gehört sich einfach so, dass der Mann die Frau beim Verlassen einer Lokalität vor unangenehmen Blicken in ihrem Rücken schützt.

Der Handkuss

In höflichen Kreisen hört man es überall, das vornehm gehauchte *„sarut mâine"* – „Küss die Hand". Ob diese Begrüßung bereits vor den Habsburgern am Karpatenbogen heimisch geworden ist, bleibt leider unklar. Die **Höflichkeitsbekundung** wird jedenfalls in Rumänien auch durchaus von jüngeren Frauen gebraucht, um einer älteren Frau „die Ehre zu erweisen". Die motorisch richtige Ausführung eines Handkusses fällt je nach Landesteil und gegenseitigem Bekanntschaftsgrad ein klein wenig anders aus. Grundsätzlich gilt: je südlicher, desto forscher und je besser bekannt, desto näher dürfen die Lippen die Hand der Frau berühren.

Obwohl der Handkuss allerdings bei sehr guten Bekannten nur in äußersten „Notfällen", etwa zur Beilegung einer Zwistigkeit, galant herangezogen wird. Schließlich kann man sich doch bei guter Bekanntschaft gleich auf die Wange küssen. Grundsätzlich sollte ein Handkuss nicht in der **Öffentlichkeit,** vor allem nicht mitten auf der Straße gegeben werden, sondern nur in geschlossenen Räumen.

Der Wangenkuss und Berührungen

Was das Küssen der Wange bei Begrüßung und Abschied betrifft, ist der Rumäne ganz Südländer. Bei Begegnungen, Begrüßungen, Verabschiedungen gilt grundsätzlich: Rumänen **berühren sich** gerne und häufig. Auch die beiläufige Berührung eines Westeuropäers, beispielsweise während eines Gesprächs, ist keineswegs unhöflich gemeint. Der kulturell bedingte Abstand, den Nordlichter so gerne einhalten, erscheint einem Rumänen höchst fragwürdig. Wenn man sich halbwegs sympatisch ist, stellt sich die Frage: *„Warum soll man jemandem die Hand geben, wenn man sich auch küssen kann?"*

Salz verschütten

Salz verschütten, das kennt man ja auch aus anderen Weltgegenden, bringt **Unglück.** Fragt sich nur: Wieso? Antwort: Auch im sehr salzreichen Rumänien war das Salz früher sehr kostbar. Wenn man also diese Kostbarkeit verschüttet hatte, so konnte das nichts Gutes bedeuteten. Aber es gibt zahlreiche Gegenmittel, um das Unheil abzuwenden, die man sich am besten in jeder Region erklären lässt.

Prost und halbvolle Gläser

An anderer Stelle in diesem Buch wurde schon einmal angemerkt, dass ein leidenschaftliches **Prost** beim Umtrunk in Rumänien zu langen Gesichtern führen kann. Erklärt man hingegen den Zusammenhang, hat man gleich einen Gesprächstoff, der gerne immer wieder für Erheiterung sorgt. Wieso können die Deutschen ihr Gegenüber ungestraft als „Dummkopf" (denn Prost bedeutet genau dies!) bezeichnen? Ein klar artikuliertes „Prosit" hingegen bleibt ohne jede humoristische Wirkung, da man diesen Ausspruch auch in Rumänien kennt (aber nie gebraucht). Ein gut gelauntes *noroc* (Glück), *sanatate* (Gesundheit) oder auch *mulți ani* (viele Jahre) kommt in Rumänien als **Trinkspruch** hingegen immer gut an und wer einem nur Gutes wünschen möchte, sagt es genau so: *numai bine.*

Bei einer **Begrüßung** im fremden Haus ist es durchaus üblich, einen Schnaps gereicht zu bekommen. Eine Ablehnung wird als Beleidigung empfunden (behauptet man zumindest). In Wirklichkeit nimmt es einem kein Rumäne übel, wenn man keinen Schnaps mag und dies auch klar sagt, oder sogar noch Auto fahren muss. Als **Beleidigung** im umgekehrten Fall würde es aber jeder Rumäne empfinden, wenn man ihm zur Begrüßung nur ein halb volles Glas anbietet. Die Gastfreundschaft gebietet es, einem Gast in rumänischem Hause niemals nur „die halbe Wahrheit" einzuschenken. Es könnte einem als Geiz ausgelegt werden.

Verbindlichkeit und Pünktlichkeit

Kleine interkulturelle Unterschiede gibt es auch, was das Zeitverständnis und das Gesprächsverhalten über das Phänomen Zeit betrifft. Rumänen neigen dazu, Termine nicht ganz so verbissen zu sehen wie Deutsche das für gewöhnlich tun. Um Missverständnisse, die bei Verabredungen geschehen könnten, von vorneherein zu vermeiden, sollte man a) immer etwas **„Pufferzeit"** veranschlagen und b) ein Handy mitnehmen, was in Rumänien als unentbehrlich angesehen wird.

068ru Foto: jr

ANHANG

Die Schäfer in den Bergen freuen sich immer über eine kleine Aufmerksamkeit, wie ein kühles Erfrischungsgetränk im Sommer oder etwas Warmes im Winter

Rumänien im Internet

- Als Ergänzung zu diesem Buch bietet der Autor *Joscha Remus* auf seinen Rumänien-Websites **www.romtour.eu, www.sheeptravel.eu** und **www.romania-travelguide.eu** zusätzliches Bild- und Informationsmaterial. Außerdem finden sich aktuelle Rumänien-Links, Reisetipps, Interviews mit *Herta Müller* und *Mircea Cărtărescu* und vieles mehr.
- **www.rennkuckuck.de** – Die privat betriebene Seite des Rumänienliebhabers *René Thiel* bietet neben stets aktuellen Reiseempfehlungen (Rumänien-Rundbrief) und Reiseberichten auch eine Auflistung von Sprachkursen, Unterkünften sowie eine Mitfahrbörse an. Auf den Forumsseiten des Rennkuckucks werden vom billigen Telefonieren bis hin zu neuen Rezepten viele Rumänienthemen debattiert. Legendär sind die TV-Tipps, die alle Rumänien und Moldawien relevanten Sendungen beleuchten.
- **www.sibiweb.de** – Die freie, offene und politisch unabhängige Informations- und Kommunikationsplattform gehört zu den ergiebigsten Seiten im Netz, wenn es um Siebenbürgen und die Deutschen in Rumänien geht. Die auch auf Norwegisch (!), Englisch, Ungarisch und Rumänisch verfügbare Seite legt vor allem Wert auf professionelle Darstellung der Geschichte. Großes Adressenverzeichnis!
- **www.siebenbuerger.de** – Die Seiten der Landsmannschaft der Siebenbürger Sachsen in Deutschland sind vor allem für die Reisenden hochinteressant, die ihren Urlaub in Siebenbürgen verbringen wollen. Sehr übersichtlich gegliedert und ausführlich werden rund 250 Ortschaften in Siebenbürgen beschrieben und in wunderbaren Luftaufnahmen präsentiert. Unter den Stichworten „Rumänien-Reise – Gästehäuser" wird eine Liste mit Übernachtungsmöglichkeiten (auch solche in Pfarrhäusern) aufgeführt. Eine kostenlose Vermittlung bietet die Mitfahrzentrale an. Deutsche Jugendliche können über die Seite an einem Austauschprogramm teilnehmen und das siebenbürgisch-sächsische Leben in einer Gastfamilie erleben.
- **www.karpatenwilli.com** – *Wilhelm Scherz* ist Karpatenwilli und hat sich und Rumänien mit dieser Seite ein Denkmal gesetzt. Neben zahlreichen Fotos, Karten und Linkinfos findet der Rumänieninteressierte vor allem Geschichten aus erster Reise-Hand. Rumänienbesucher kommen selbst zu Wort und schildern mitunter sehr amüsante Begebenheiten.
- **www.maramures.de** – Wer einmal wissen möchte wie sich Geschichten in der Zipsersprache anhören, sollte die Seiten von *Björn N. Reinhardt* besuchen. Viel Wissenswertes über Rumäniens schönen Nordwesten.

- **www.tvtv.de** – Einfach unter Profisuche das Stichwort Rumänien eingeben, dann erhält man alle Fernsehsendungen, die in den nächsten zwei Wochen etwas mit diesem Thema zu tun haben. Zum Beispiel: Donau kulinarisch im WDR.

Literaturtipps

Sachbücher

- **Mit uns leben.** Lehrwerk für den Unterricht mit rumänischen Aussiedlern (Sprachführer). Klett, 2005.
- **Rumänien im Brennpunkt.** Zahlreiche Beiträge zur Geschichte und ein Beitrag vom ehemaligen Kulturminister *Andrei Marga:* Sprache als Machtinstrument. Verlag Südostdeutsches Kulturwerk, 1998.
- *Jaqueline Bauer:* **Traditionsbruch in der rumäniendeutschen Heimatliteratur des 20. Jahrhunderts.** Sehr gut geschriebene Magisterarbeit, die speziell Interessierten einen ersten Überblick verschafft. Gießen, 2001.
- *Neagu Djuvara:* **Kurze Geschichte der Rumänen.** Spannend geschriebene, kurzweilige Einführung eines Autors aus dem rumänischen Bojarengeschlecht. Monumenta Verlag Sibiu, 2006.
- *Mozes Heinschink, Daniel Krasa:* **Romani. Wort für Wort.** Wunderbarer Sprachführer im Taschenformat für die Unterhaltung mit rumänischen Ţigani und Roma (AusspracheTrainer als CD-ROM erhältlich), Reise Know-How.
- *Oana Negulescu:* **Politische und wirtschaftliche Transformation in Rumänien 1989–1996.** Leicht und verständlich geschriebene Dissertation. ibidem, 2002.
- *Joscha Remus, Hans-Gerd Spelleken:* **Rumänien und Republik Moldau.** Ein umfassender Reiseführer mit zahlreichen Stadtplänen, Wanderkarten und tausend Ideen für alle, die das Land wirklich entdecken wollen. Reise Know-How.
- *Jürgen Salzer:* **Rumänisch. Wort für Wort.** Kompetenter Sprachführer für die Reise (AusspracheTrainer und Digitalausgabe als CD-ROM erhältlich). Reise Know-How.
- *William Totok:* **Die Zwänge der Erinnerung.** Persönliche Erfahrungen des Autors aus der Zeit der Diktatur. Junius Verlag, 1988.
- *Richard Wagner:* **Sonderweg Rumänien.** Bericht aus einem Entwicklungsland nennt der Autor sein überaus kenntnisreiches Buch. Rotbuch, 1991.

- **Europa erlesen. Bukarest.** Literarische Reise durch die Hauptstadt mit zahlreichen Autoren wie *Richard Swartz, Richard Wagner, Gregor von Rezzori, Hans Magnus Enzensberger* u. a. Wieser Verlag, 1999.
- Europa erlesen. **Siebenbürgen.** Literarische Reise durch Transsylvanien mit zahlreichen Autoren wie *Lucian Blaga, Eginald Schlatter, Oskar Pastior, Erwin Wittstock* u. a. Wieser Verlag, 1999.
- **Herkunft Rumänien – Freunde, wundert euch schleunigst.** Literarische Reise mit *Mircea Dinescu, Ana Blandiana, Werner Söllner u. a. Edition Isele*: 1995.
- **Rumänische Märchen.** Eines der wenigen in Rumänien erschienenen deutschsprachigen Märchenbücher, das dem interessierten Leser zahlreiche Entdeckungen bietet, z. B. Jugend ohne Alter und Leben ohne Tod. Ion Creangă Verlag, 1987.
- *Mircea Cărtărescu:* **Nostalgia.** Fantastisches und verrücktes Buch über das Leben einiger Menschen in Bukarest, hyperreal, verträumt, vielfältig. Volk und Welt, 1993.
- *Ion Creangă:* **Basme Märchen.** Zweisprachiges Büchlein mit u. a. dem Märchen vom weißen Mohren und Prinz Stutensohn. Editura România Press, 2003.
- *Mircea Eliade:* **Die Sehnsucht nach dem Ursprung.** *Eliade* auf der Suche nach den Quellen der Humanität. Edition Suhrkamp, 1989.
- *Mihai Eminescu:* **Versuri/Gedichte.** Ausgewählte zweisprachige Gedichte. Editura Radu Bărbulescu, 2003.
- *Herta Müller:* **Der Fuchs war damals schon der Jäger.** Genaue Beobachtungen aus der bedrohlichen Zeit, ein Roman über die Macht despotischer Regime. Rowohlt, 1994.
- *Herta Müller:* **Der König verneigt sich und tötet.** Müller schildert ihr Verhältnis zum Schreiben und Erlebnisse aus der rumänischen Kindheit. Hanser, 2003.
- *Oskar Pastior:* **O du roher iasmin.** Schöner Gedichtband des Sprachakrobaten aus Rumänien, der heute in Berlin lebt. Engeler, 2002.
- *Andrei Pleşu:* **Wer in der Sonne steht wirft Schatten.** Poetisch hintergründige Beschreibungen über die Zeit seiner Verbannung ohne jede Bitterkeit. Arcaden, 2000.
- *Simona Rocovitza:* **Ende der Eiszeit.** Zweisprachige, tief gedachte und gefühlte Gedichte, übersetzt von Beatrice Ungar. Honterus, 2004.
- *Eginald Schlattner:* **Das Klavier im Nebel.** Schlattners neuestes Werk, eine breit angelegte Familiensaga über eine Fabrikantenfamilie aus Schäßburg/Sighişoara. Zolnay, 2005.

- *Eginald Schlattner:* **Der geköpfte Hahn.** Dicker, kultivierter Erinnerungsroman über das Zusammenleben von Deuschen, Rumänen, Ungarn und Juden. dtv, 2005.
- *Eginald Schlattner:* **Rote Handschuhe.** Ebenso dicker, kultivierter Erinnerungsroman über Schlattners Zeit in den Fängen der *Securitate*. Zolnay, 2001.
- *Dieter Schlesak* (Hrsg.): **Gefährliche Serpentinen.** Rumänische Lyrik der Gegenwart ausgewählt von *Dieter Schlesak*. Edition Druckhaus, 2000.
- *Richard Swartz:* **Audienz beim König der Roma.** Eichborn, 1996.

Literatur im Original

- *Mircea Cărtărescu:* **Baroane!** Humorvolle und hintergründige Artikel, die ursprünglich für die Zeitung Journal Național geschrieben wurden. Humanitas, Bukarest 2005
- *Mircea Cărtărescu:* **De ce iubim femeile** (Warum wir die Frauen lieben). Erschienen in der Edition Cartea de pe Noptieră. Keine allzu schweren Texte, amüsant, hintergründig und kurzweilig. Humanitas, Bukarest 2004.
- *Eugene Cojocaru:* **big bangs back.** Es geht um nichts Geringeres als die Formel des menschlichen Universums und das Verhältnis vom Okzident zu Rumänien - sehr anspruchsvoll. Ideea Europeană, 2006.
- *Gabriel Liiceanu:* **Jurnalul de la Paltiniş** (Das Tagebuch von *Paltiniş*). Schilderung des *Noica*-Schülers *Liiceanu* über dessen Schule der Aufmerksamkeit in der Nähe von Hermannstadt. Cartea Romaneascӑ, 1983.
- *Andrei Pleşu:* **Comédii la porțile orientului.** *Pleşu* beschreibt ein Rumänien ohne jede Hemmungen und mit dem gewohnt hintersinnigen Humor. Humanitas, 2005.
- *Nichita Stănescu:* **Opera Poetica.** Gesamtwerk des großen Dichters. Humanitas, 1999.

Deutschsprachige rumänische Zeitungen

- **Allgemeine Deutsche Zeitung.** 013701 Bukarest, Piața Presei Libere 1, Tel. +40 (0)21 3178915. Deutschsprachige Zeitung für Rumänien. Internet: www.adz.ro
- **Hermannstädter Zeitung.** 550164 Sibiu/Hermannstadt, Str. Tipografilor 12, Tel. +40 (0)269 213422. Deutschsprachige Zeitung für den Raum Siebenbürgen. Internet: www.hermannstaedter.ro

Know-How auf einen Blick

Edition RKH

Durchgedreht – Sieben Jahre im Sattel
Eine Finca auf Mallorca
Geschichten aus dem anderen Mallorca
Mallorca für Leib und Seele
Rad ab!

Praxis

Aktiv Algarve
Aktiv Andalusien
Aktiv Dalmatien
Aktiv frz. Atlantikküste
Aktiv Gardasee
Aktiv Gran Canaria
Aktiv Istrien
Aktiv Katalonien
Aktiv Marokko
Aktiv Polen
Aktiv Slowenien
All inclusive?
Bordbuch Südeuropa
Canyoning
Clever buchen, besser fliegen
Clever kuren
Drogen in Reiseländern
Feste Europas
Fliegen ohne Angst
Frau allein unterwegs
Fun u. Sport im Schnee
Geolog. Erscheinungen
Gesundheitsurlaub in Dtl. Heilthermen
GPS f. Auto, Motorrad
GPS Outdoor
Handy global
Höhlen erkunden
Hund, Verreisen mit
Inline Skating
Inline-Skaten Bodensee
Internet für die Reise
Kanu-Handbuch
Kartenlesen
Kommunikation unterw.
Kreuzfahrt-Handbuch
Küstensegeln
Marathon-Guide Deutschland
Mountainbiking
Mushing/Hundeschlitten
Nordkap Routen
Orientierung mit Kompass und GPS
Paragliding-Handbuch
Pferdetrekking
Radreisen
Reisefotografie
Reisefotografie digital
Reisen und Schreiben
Reiserecht
Respektvoll reisen
Schutz vor Gewalt und Kriminalität
Schwanger reisen
Selbstdiagnose unterwegs
Sicherheit Meer
Sonne, Wind, Reisewetter
Spaniens Fiestas
Sprachen lernen
Survival-Handbuch Naturkatastrophen
Tauchen Kaltwasser
Tauchen Warmwasser
Trekking-Handbuch
Unterkunft/Mietwagen
Vulkane besteigen
Wandern im Watt
Wann wohin reisen?
Wein-Reiseführer Deutschland
Wein-Reiseführer Italien
Wein-Reiseführer Toskana
Wildnis-Ausrüstung
Wildnis-Backpacking
Wildnis-Küche
Winterwandern
Wohnmobil-Ausrüstung
Wohnmobil-Reisen
Wracktauchen
Zahnersatz, Reiseziel

KulturSchock

Familenmanagement im Ausland
Finnland
Frankreich
Islam
Leben in fremden Kulturen
Polen
Rumänien
Russland
Spanien
Türkei
Ukraine
Ungarn

Europa

KulturSchock

Diese Reihe vermittelt dem Besucher einer fremden Kultur wichtiges Hintergrundwissen. **Themen** wie Alltagsleben, Tradition, richtiges Verhalten, Religion, Tabus, das Verhältnis von Frau und Mann, Stadt und Land werden nicht in Form eines völkerkundlichen Vortrages, sondern praxisnah auf die Situation des Reisenden ausgerichtet behandelt. Der **Zweck** der Bücher ist, den Kulturschock weitgehend abzumildern oder ihm gänzlich vorzubeugen.

Bisher sind folgende Bände erschienen, weitere in Vorbereitung:

● Ägypten ● Argentinien ● Australien
● Brasilien ● VR China/Taiwan ● Cuba
● Ecuador ● Finnland ● Frankreich
● Indien ● Iran ● Irland ● Japan ● Jemen
● Kambodscha ● Kaukasus ● Kleine Golfstaaten/Oman ● Laos ● Marokko
● Mexiko ● Pakistan ● Peru ● Polen
● Russland ● Spanien ● Thailand
● Thailands Bergvölker und Seenomaden
● Türkei ● Ukraine ● Ungarn ● USA
● Vietnam ● Vorderer Orient

● KulturSchock: Familienmanagement im Ausland
● KulturSchock: Mit anderen Augen sehen

Jeder Titel 208–324 Seiten, umfangreich illustriert, Register

REISE KNOW-HOW Verlag, Bielefeld

Register

A

B

C

D

E

R

S

T

U

Bildnachweis

Die Kürzel an den Abbildungen stehen für folgende Personen, Firmen und Einrichtungen. Wir bedanken uns für ihre freundliche Abdruckgenehmigung.

ag Arno Gotting
jr Joscha Remus (der Autor)
hz Archiv der Hermannstädter Zeitung (Sibiu/Hermannstadt, www.hermannstaedter.ro)
vt Virgi Tomuleţ

Rumänien Übersicht
UKRAIN
UNGARN
SERBIEN
Sighetu Marmației
Vișeu de S
Satu Mare
Carei
Baia Mare
Borșa
Năsăud
Zalău
Oradea
Dej
Bistrița
Cluj-Napoca
Târgu Mureș
Ștei
Vărșand
Turda
APUSENI-GEBIRGE
Câmpeni
Abrud
Nădlac
Arad
Blaj
Sighișoara
Alba Iulia
Sânnicolau Mare
Jimbolia
Deva
Sebeș
Timișoara
Hunedoara
Sibiu
Hațeg
SÜDK
Caransebeș
BANATER GEBIRGE
Moravița
Reșița
Călimănești
Târgu-Jiu
Râmnicu-Vâlcea
Băile Herculane
Pite
Donau
Drobeta-Turnu Severin
Sla
Craiova
Calafat
0
50 km
Donau

UKRAINE
Rădăuți
Botoşani
Suceava
Câmpulung Moldovenesc
Prut
MOLDAWIEN
Târgu Neamț
Iaşi
OSTKARPATEN
Piatra Neamț
Vaslui
Huşi
Bacău
Miercurea Ciuc
Oneşti
Odorheiu Secuiesc
Adjud
Prut
Mărăşeşti
Tecuci
UKRAINE
Braşov
Galați
Brăila
Sulina
Slănic
Tulcea
Murighiol
Buzău
Babadag
Sf. Gheorghe
Ploieşti
Donau
Urziceni
Hirşova
SCHWARZES MEER
BUKAREST
Slobozia
Cernavodă
Mamaia
Călăraşi
Constanța
Adamclisi
Oltenița
Negru Vodă
Mangalia
Giurgiu
Vama Veche
BULGARIEN

069ru Foto: ag

Der Autor

Als sich Joscha Remus vor 30 Jahren mit einem Interrailzug auf die Spurensuche nach Rumänien begab (sein Vater stammt aus der Bukowina), konnte er noch nicht ahnen, dass dieses Land ihn fortan nicht wieder loslassen sollte. Seine Verwandten in Cluj mussten ihn damals vor der Securitate verstecken, da ein Familienmitglied beim Militär arbeitete und Kontakt zu Westbürgern für solche Familien strengstens verboten war.

Heute genießt Joscha Remus die Freiheit, das Land in aller Ruhe immer wieder neu zu entdecken und lebt wahlweise, je nach Wetter und Ruhebedürfnis, mit seiner rumänischen Frau in Deutschland oder in Rumänien. In Rumänien veranstaltet er „Sheep-Travel-Reisen" durch die Karpaten und organisiert Paddel-Touren im Donaudelta.

Joscha Remus arbeitet als Wissenschafts- und Reisejournalist u. a. für DIE ZEIT, das Magazin ZEIT WISSEN und die Schweizer Weltwoche. Ein von ihm verfasster Sprachführer Lëtzebuergesch sowie ein Rumänien-Reiseführer sind ebenfalls bei REISE KNOW-HOW erschienen. Auf seinen Webseiten www.romtour.eu, www.romania-travelguide.eu, www.deltatour.eu und www.sheep-travel.eu findet man zusätzliche Informationen zum Reisen in Rumänien und zahlreiche Bilder über Land und Leute.

Dank

Alle Personen aufzuführen, die wichtige Informationen zu diesem Buch beigesteuert haben, würde Seiten füllen. Stellvertretend seien darum genannt: Mitropolit Daniel Cobotea, Mircea und Ioana Cărtărescu, Gheorghe Zamfir, Nadia Comaneci, Herta Müller, Eginald Schlattner, Gabriela und Radu Linde, Ticu Lacatuş, Henry Ernst, Attila Sandor Demeter, Hilke und Harald Gerdes, Claudia Cirlig, Hans Frank, Michael Werther, Eugen Cojocaru und Iuliana Vasiloiu.

Ein besonderer Dank gilt Beatrice Ungar und der Redaktion der Hermannstädter Zeitung, die zahlreiche Bilder aus ihrem Archiv zur Verfügung gestellt haben, Hermann Fabini für seine Informationen über die Kirchenburgen (und die Zeichnungen), Mihaiela Donisa vom Insight Magazin sowie den geduldigen Mitgliedern des Deutsch-Rumänischen Forums Stuttgart.